U0781453

远东国际军事法庭庭审记录·中国部分
——侵占东北检方举证

Transcripts of the Proceedings
of the International Military Tribunal for the Far East:
The China related
——Invasion of Manchuria

主编 程兆奇

程维荣 译 程兆奇 校

上海交通大学出版社
SHANGHAI JIAO TONG UNIVERSITY PRESS

国家图书馆出版社
NATIONAL LIBRARY OF CHINA PUBLISHING HOUSE

内容提要

本书所译，为东京审判庭审记录中1946年7月1日至9月10日期间的中国部分，以关于1937年前日本侵占中国东北的庭审记录为主，也涉及了1937年前后日本侵华战争的部分内容，包括国联调查团与李顿报告书、暗杀张作霖、九·一八事变、日本对"满洲国"的占领与劫夺、日本侵入热河与策动华北自治，以及日本国内军国主义狂潮的兴起与右翼政变等一系列事件及相关资料，揭示了重要历史事实与日本甲级战犯发动侵华战争的罪行。

本书以上海交通大学出版社、国家图书馆出版社2013年英文版《Transcripts of the Proceedings of the International Military Tribunal For the Far East（远东国际军事法庭庭审记录）》为底本翻译，参照雄松堂1968年日文版《極東國際軍事裁判速記録》校对。

图书在版编目（CIP）数据

远东国际军事法庭庭审记录.中国部分 / 东京审判研究中心编译. —上海：上海交通大学出版社，2016
ISBN 978-7-313-14847-6

Ⅰ.①远… Ⅱ.①东… Ⅲ.①远东国际军事法庭—史料 Ⅳ.①D995

中国版本图书馆CIP数据核字（2016）第080135号

远东国际军事法庭庭审记录·中国部分
——侵占东北检方举证

主　　编：程兆奇	译　著：程维荣
出版发行：上海交通大学出版社	地　址：上海市番禺路951号
邮政编码：200030	电　话：021-64071208
出 版 人：韩建民	
印　　制：上海景条印刷有限公司	经　销：全国新华书店
开　　本：787 mm×960 mm　1/16	印　张：30.5
字　　数：381千字	
版　　次：2016年5月第1版	印　次：2016年5月第1次印刷
书　　号：ISBN 978-7-313-14847-6/D	
定　　价（共十二册）：1200.00元	

版权所有　侵权必究
告读者：如发现本书有印装质量问题请与印刷厂质量科联系
联系电话：021-59815625 * 8028

法庭场景

法官席

法庭场景

法庭场景

远东国际军事法庭
法官

庭长：
威廉·弗拉德·韦伯爵士
Sir William Flood Webb
（澳大利亚）

密朗·C·克拉默
Myron C. Cramer
被替换法官：
约翰·P·希金斯
John P. Higgins
（美国）

梅汝璈
Mei Ju-Ao
（中国）

帕特里克勋爵
Lord William Donald
Patric
（英国）

伊万·米歇耶维奇·柴扬诺夫
Ivan Mikheevich Zaryanov
（苏联）

爱德华·斯图尔特·麦克杜格尔
Edward Stuart McDougall
（加拿大）

亨利·伯纳德
Henry Bernard
（法国）

伯纳德·维克多·A·勒林
Bernard Victor A. Röling
（荷兰）

艾瑞玛·哈维·诺斯克罗夫特
Erima Harvey Northcroft
（新西兰）

拉达宾诺德·帕尔
Radha Binod Pal
（印度）

德尔芬·哈那尼拉
Delfin Jaranilla
（菲律宾）

上海交通大学东京审判研究中心

远东国际军事法庭检察官

首席检察官：
约瑟夫·贝瑞·季南
Joseph Berry Keenan
（美国）

向哲濬
Hsiang Che-chun
（中国）

亚瑟·S·柯明斯-卡尔
Arthur S. Comyns Carr
（英国）

谢尔盖·亚历山德罗维奇
·戈伦斯基
Sergei Alexandrovich
Golunsky
（苏联）

阿兰·詹姆斯·曼斯菲尔德
Alan James Mansfield
（澳大利亚）

亨利·格兰顿·诺兰
Henry Grattan Nolan
（加拿大）

罗伯特·奥尼托
Robert L. Oneto
（法国）

W.G.F. 伯格霍夫·穆德
W.G.F. Borgerhoff
Mulder
（荷兰）

罗纳德·亨利·奎廉
Ronald Henry Quilliam
（新西兰）

P.P. 戈文达·麦农
P.P. Govinda Menon
（印度）

佩特罗·洛佩兹
Pedro Lopez
（菲律宾）

远东国际军事法庭
A 级战犯被告

荒木贞夫
Araki Sadao

土肥原贤二
Doihara Kenji

桥本欣五郎
Hashimoto Kingoro

畑俊六
Hata Shunroku

平沼骐一郎
Hiranuma Kiichiro

广田弘毅
Hirota Koki

星野直树
Hoshino Naoki

板垣征四郎
Itagaki Seishiro

贺屋兴宣
Kaya Okinori

木户幸一
Kido Koichi

木村兵太郎
Kimura Heitaro

小矶国昭
Koiso Kuniaki

上海交通大学东京审判研究中心

松井石根
Matsui Iwane

松冈洋右
Matsuoka Yosuke

南次郎
Minami Jiro

武藤章
Muto Akira

永野修身
Nagano Osami

大川周明
Okawa Shumei

大岛浩
Oshima Hiroshi

冈敬纯
Oka Takazumi

佐藤贤了
Sato Kenryo

重光葵
Shigemitsu Mamoru

岛田繁太郎
Shimada Shigetaro

白鸟敏夫
Shiratori Toshio

铃木贞一
Suzuki Teiichi

东乡茂德
Togo Shigenori

东条英机
Tojo Hideki

梅津美治郎
Umezu Yoshijiro

远东国际军事法庭 A 级战犯

被告席

法庭场景

法庭场景

季南检察长

梅汝璈法官

向哲濬检察官

倪征噢检察官

秦德纯证人

编辑委员会

(以姓氏笔画为序)

顾　问：向隆万　步　平　陈　力　张　杰
　　　　郭新立　韩永进　梅小侃　程天权
主　编：程兆奇
成　员：王少普　户谷由麻　方自今　石　鼎
　　　　刘　统　李　斌　杨大庆　宋志勇
　　　　季卫东　高　红　倪乃先　梅小璈
　　　　曹树基　韩建民　程维荣　翟　新

序　言

程兆奇

一

　　远东国际军事审判是第二次世界大战后由美、中、英、苏、法、澳、荷、加、新、菲、印十一国代表联合国对在亚洲战场挑起战争和在战争中犯下广泛暴行的日本进行的审判。审判地点在东京，简称为"东京审判"。审判的根据是《波茨坦公告》、《远东国际军事法庭宪章》以及近代以来一系列有关发动战争和战争暴行的国际法、条约、协定、保证和战争爆发后同盟国领导人关于惩罚战争犯罪的讲话。

　　日本接受《波茨坦公告》，美军进驻日本后，先后分四次（九批）逮捕了126名A级战犯嫌疑人，最后确定起诉其中的荒木贞夫、土肥原贤二、桥本欣五郎、畑俊六、平沼骐一郎、广田弘毅、星野直树、板垣征四郎、贺屋兴宣、木户幸一、木村兵太郎、小矶国昭、松井石根、松冈洋右、南次郎、武藤章、永野修身、大川周明、大岛浩、冈敬纯、佐藤贤了、重光葵、岛田繁太郎、白鸟敏夫、铃木贞一、东乡茂德、东条英机、梅津美治郎二十八名。远东国际军事法庭于1946年5月3日开庭，至1948年11月12日宣判，其间庭审416日、817次，宣判7日、14次，合计开庭423日、831次。因开庭后松冈洋右和永野修身病亡，大川周明精神失常，最终对二十五名被告分别处以绞刑、无期徒刑、有期徒刑。

　　《远东国际军事法庭宪章》规定审判语言为英语和被告方语言（即日语），《远东国际军事法庭庭审记录》包括了英文和日文的两种文本。

英文本在审判结束后随国际检察局和法庭事务局档案文献一起移送美国国家档案馆。英文记录曾于审判期间由法庭事务局逐日印刷并隔日分发给法官、检察官、辩护律师等相关人员,英美的加兰德出版社和梅伦出版社分别于 1981 年和 1998 年至 2006 年结集影印出版(Pritchard, R. John and Sonia Magbanua Zaide. *The Tokyo War Crimes Trial*. New York & London: Garland Publishing Inc., 1981.; Pritchard, John R. *The Tokyo Major War Crimes Trial: The Transcripts of the Court Proceedings of the International Military Tribunal for the Far East*. Lewiston: The Edwin Mellen Press, 1998—2005.)。2013 年国家图书馆和上海交通大学重新影印出版了新版《远东国际军事法庭庭审记录》(国家图书馆出版社、上海交通大学出版社 2013 年)。日文庭审记录,审判期间也曾由日本政府印制局少量印刷,分发给日本辩护律师和相关人员。20 世纪 50 年代起日本法务省搜集有关战犯审判资料,后曾排印收藏。日本雄松堂据之于 1968 年影印出版(極東国際軍事裁判所:『極東国際軍事裁判速記録』,雄松堂書店,1968 年)。因庭审记录中起诉书的部分在审判结束之际已曾出版(極東国際軍事裁判公判記録刊行会:『極東国際軍事裁判公判記録』,富山房,1948—1949 年),雄松堂版未再刊出。

英文版《远东国际军事法庭庭审记录》是从 1946 年 4 月 29 日(日文版始于 1946 年 5 月 3 日)至 1948 年 11 月 12 日的庭审准备、庭审至宣判的记录,内容包括检方向法庭和被告提交起诉书、法庭成立、立证准备、检方立证、辩方反证、检方反驳辩方反证、辩方再反驳检方反驳、检方最终论告、辩方最终辩论、检方回答和法庭判决的全过程。英文版原有 49858 页,此次影印出版将每日之前未计页码的证人、证据索引一并计入,对原页码诸如接续"1/2"、"A"、连续内容为同一页码、相同的内容在不同页码中重出以及空白页等,也都逐页计入,重编页码后共计 51 447 页。

二

在近代日本的对外扩张中，中国蒙受了最大的灾难，日本对中国的侵略和暴行在东京审判中理所当然地受到了追究。从东京审判起诉书的55项诉因中我们可以看到有20项与日本侵华和在华暴行有关，在最后判决的10项确定诉因中有4项与中国有关；在被判处绞刑的7名A级战犯中有6名的起诉罪名涉及中国，最后的判决罪名中有4人涉及中国。中国与东京审判的关系由此可见一斑。然而，东京审判具体审理了哪些罪行？提出了哪些证据？检辩双方进行了怎样的攻防？留下了哪些值得检讨的问题？诸如此类的基本情况长久以来一直不明。有鉴于此，我们在和国家图书馆共同规划出版《远东国际军事法庭庭审记录》的同时，将庭审记录涉华部分的整理、翻译也列入了计划。这一工作从摘录、翻译、审校，及至今天杀青，已历时三年。

《远东国际军事法庭庭审记录·中国部分》，顾名思义，是庭审记录有关中国的部分。东京审判从1946年7月1日检方立证阶段审理"对满洲的军事统治"始，至1948年4月16日"原告方反对诉答"止，包括了检方举证、辩方反证、检方反驳辩方反证、辩方再反驳检方反驳、检方最终论告、辩方最终辩论、检方回答各个阶段，其中涉及中国的部分的审理共有120日，留下的记录约10 400页，译成中文近300万字。

此次出版除南京暴行，我们按庭审顺序和篇幅分为侵占东北检方举证、全面侵华检方举证、毒品·侵占东北检方举证、侵占东北辩方举证（上、下）、全面侵华辩方举证（上、下）、南京暴行罪检辩两方举证、被告个人辩护举证（上、下）、检辩双方最终举证与辩护等卷。南京暴行未按时序，不仅是因为南京暴行是东京审判审理的最大暴行，也是因为南京暴行篇幅较大，本可自成一卷。

庭审记录的英、日文版多有此详彼略、此是彼非，甚至此有彼无的情况，自上世纪80年代以后特别是近年日本学者的互勘已确认无疑。经过庭审记录索引、附录的编纂（东京审判研究中心编纂《远东国际军事法庭庭审记录索引、附录》，上海交通大学出版社、国图出版社2013年），我们更进一步了解到英、日文本互有短长，单以某本为据难免失当。因此，我们此次译、校，尽可能地参酌了两种文本。

"判决"作为"审判"的结果，十分重要，所以虽不是"庭审"，庭审记录的英、日文版仍将判决书作为附录收入。本来我们也计划将判决书与中国有关的部分析出，列入全书最后一册。后经再三考虑，觉得判决作为庭审的总结有着无可比拟的重要性，不宜节译，所以请向隆万先生负责将时隔一甲子前张效林先生未能译全的《远东国际军事法庭判决书》重校一过，补译张译本删去的150余页判决书原文，另行单独出版。

三

《远东国际军事法庭庭审记录·中国部分》由上海交通大学东京审判研究中心组织翻译、审定，程兆荣、龚志伟具体负责。郁金豹、姜津津、金迪、崔霞、赵玉蕙、孙艺、杨雪君、于浩、李强、邓咏秋、王亚宏、靳志雄、王晓、王锦锦、张慧霞等参与了相关工作的协调和审稿，石鼎、陈丽娜为各卷制作了包括人名、地名、事件、组织、机构、团体、文献、思想、主张等的名词索引。

由于东京审判文献的整理、出版在中国长期是空白，使我们有时不我待的急迫感，在制定工作计划时不免贪多务得，不切实际，因此对译稿的审校虽已竭尽全力，失误仍在所难免，特别指出，是在欢迎批评指正的同时，也谨向读者深致歉意。

远东国际军事法庭法官、检察官、被告、辩护律师及主要工作人员

法官名单
庭长
［澳］威廉·弗拉德·韦伯爵士（Sir William Flood Webb）
法官
［美］约翰·P. 希金斯（John P. Higgins）
［美］密朗·C. 克拉默（Myron C. Cramer）
［中］梅汝璈（Mei Ju-Ao）
［英］帕特里克勋爵（Lord William Donald Patric）
［苏］伊万·米歇耶维奇·柴扬诺夫将军（Ivan Mikheevich Zaryanov）
［加］爱德华·斯图尔特·麦克杜格尔（Edward Stuart McDougall）
［法］亨利·伯纳德（Henry Bernard）
［荷］伯纳德·维克多·A. 勒林（Bernard Victor A. Röling）
［新］艾瑞玛·哈维·诺斯克罗夫特（Erima Harvey Northcroft）
［菲］德尔芬·哈那尼拉（Delfin Jaranilla）
［印］拉达宾诺德·帕尔（Radha Binod Pal）

检察官名单
首席检察官
［美］约瑟夫·B. 季南（Joseph B. Keenan）

陪席检察官：

［中］向哲濬（Hsiang Che-chun）

［英］亚瑟·S. 柯明斯-卡尔（Arthur S. Comyns Carr）

［苏］谢尔盖·亚历山德罗维奇·戈伦斯基（Sergei Alexandrovich Golunsky）

［澳］阿兰·詹姆斯·曼斯菲尔德（Alan James Mansfield）

［加］亨利·格兰顿·诺兰（Henry Grattan Nolan）

［法］罗伯特·奥尼托（Robert Oneto）

［荷］W. G. F. 伯格霍夫·穆德（W. G. F. Borgerhoff-Mulder）

［新］罗纳德·亨利·奎廉（Ronald Henry Quilliam）

［印］P. P. 戈文达·麦农（P. P. Govinda Menon）

［菲］佩特罗·洛佩兹（Pedro Lopez）

助理检察官：

鄂森（Daniel S. Ao）

约翰·W. 布拉伯纳-史密斯（John W. Brabner-Smith）

詹姆斯·H. 布洛克（James H. Brock）

W. 格兰维尔·布朗（W. Glannville Brown）

裘劭恒（Henry Chiu）

查尔斯·T. 科尔（Charles T. Cole）

史密斯·N. 克罗（Smith N. Crowe）

弗洛伊德·W. 坎宁安（Floyd W. Cunningham）

T·R. 德拉尼（T. R. Delaney）

J. S. 辛宁·达姆斯特（J. S. Sinninghe Damste）

约翰·达西（John Darsey）

雷金纳德·斯宾塞·戴维斯（Reginald Spencer Davies）

罗杰·德坡（Roger Depo）

罗伯特·M. 多尼西（Robert M. Donihi）

哈里曼·多尔西（Harryman Dorsey）

莱斯特·C. 杜尼根（Lester C. Dunigan）

威廉·E. 爱德华兹（William E. Edwards）

约瑟夫·F. 英吉利（Joseph F. English）

约翰·W. 菲利（John W. Fihelly）

罗兰·W. 菲克赛尔（Rowland W. Fixel）

雅克·格埃路（Jacques Gouelou）

瓦伦丁·C. 汉马克（Valentine C. Hammack）

格鲁弗·C. 哈丁（Grover C. Hardin）

亨利·A. 豪克斯赫斯特（Henry A. Hauxhurst）

休·B. 赫尔姆（Hugh B. Helm）

卡莱尔·W. 希金斯（Carlisle W. Higgins）

索利斯·霍维茨（Solis Horwitz）

约翰·F. 汉默尔（John F. Hummel）

克里斯莫斯·亨弗瑞斯（Christmas Humphreys）

G. 奥斯蒙·海德（G. Osmond Hyde）

埃尔顿·M.海德尔（Elton M. Hyder Jr.）

A.T. 伊万诺夫（A.T. Ivanov）

V. 开普伦（V. Kaplan）

A.V. 昆宁（A.V. Kunin）

桂裕（Kwei Yu）

兰伯特夫人（Mrs. Lambert）

A.T. 拉维吉（A.T. Laverge）

刘子健（James T.C. Liu）

格蕾丝·卡诺德·卢埃林（Grace Kanode Llewellyn）

威利斯·E. 马霍尼（Willis E. Mahoney）

沃特·I. 麦肯锡（Walter I. McKenzie）

沃斯·E. 麦克基尼（Worth E. McKinney）

K. 克里斯那·梅农（K. Krisna Menon）

F. A. 米格农（F. A. Mignone）

罗伊·摩根（Roy Morgan）

托马斯·F. 莫内恩（Thomas F. Mornane）

托马斯·H. 莫洛（Thomas H. Morrow）

倪征燠（Judson T. Y. Nyi）

爱德华·E. 奥尼尔（Edward E. O'Neill）

肯尼斯·N. 帕金森（Kenneth N. Parkinson）

阿历克斯·A. 帕什科夫斯基（Alex A. Pashkovsky）

吉多·皮尼亚泰利（Guido Pignatelli）

威廉·普劳特（William C. Prout）

詹姆斯·J. 罗宾逊（James J. Robinson）

S. J. 罗森布里特（S. J. Rosenblit）

亨利·A. 萨盖特（Henry A. Sackett）

亚瑟·A. 桑德斯基（Arthur A. Sandusky）

约翰·D. 谢伊（John D. Shea）

列夫·尼古拉切维奇·斯米尔诺夫（Lev Nikolaevich Smirnov）

科特·施泰纳（Kurt Steiner）

C. R. 斯特鲁克（C. R. Strooker）

大卫·N. 萨顿（David N. Sutton）

V. 塔杰沃相（V. Tadevosyan）

弗兰克·S. 塔夫纳（Frank S. Tavenner, Jr）

A. N. 瓦西里耶夫（A. N. Vasiliev）

罗伯特·M. 沃尔特（Robert M. Vote）

罗伯特·L. 威利（Robert L. Wiley）

阿尔伯特·威廉姆斯（Albert Williams）

尤金·D.威廉姆斯（Eugene D. Williams）

吉尔伯特·S.伍尔沃斯（Gillbert S. Woolworth）

被告名单

荒木贞夫（Araki Sadao）

土肥原贤二（Doihara Kenji）

桥本欣五郎（Hashimoto Kingoro）

畑俊六（Hata Shunroku）

平沼骐一郎（Hiranuma Kiichiro）

广田弘毅（Hirota Koki）

星野直树（Hoshino Naoki）

板垣征四郎（Itagaki Seishiro）

贺屋兴宣（Kaya Okinori）

木户幸一（Kido Koichi）

木村兵太郎（Kimura Heitaro）

小矶国昭（Koiso Kuniaki）

松井石根（Matsui Iwane）

松冈洋右（Matsuoka Yosuke）

南次郎（Minami Jiro）

武藤章（Muto Akira）

永野修身（Nagano Osami）

大川周明（Okawa Shumei）

大岛浩（Oshima Hiroshi）

冈敬纯（Oka Takazumi）

佐藤贤了（Sato Kenryo）

重光葵（Shigemitsu Mamoru）

岛田繁太郎（Shimada Shigetaro）

白鸟敏夫（Shiratori Toshio）

铃木贞一（Suzuki Teiichi）

东乡茂德（Togo Shigenori）

东条英机（Tojo Hideki）

梅津美治郎（Umezu Yoshijiro）

辩护律师名单
美籍辩护人

本·布鲁斯·布雷克尼（Ben Bruce Blakeney）

乔治·F. 布鲁伊特（George F. Blewett）

约翰·G. 布兰农（John G. Brannon）

阿尔弗雷德·W. 布鲁克斯（Alfred W. Brooks）

贝弗利·M. 科尔曼（Beverly M. Coleman）

罗杰·F. 科尔（Roger F. Cole）

查尔斯·B. 科戴尔（Charles B. Caudle）

欧文·坎宁安（Owen Cunningham）

詹姆斯·N. 弗里曼（James N. Freeman）

乔治·A. 弗内斯（George A. Furness）

E. 理查德·哈里斯（E. Richard Harries）

约瑟夫·C. 霍华德（Joseph C. Howard）

萨缪尔·J. 克莱曼（Samuel J. Kleiman）

阿里斯蒂德斯·G. 拉扎勒斯（Aristides G. Lazarus）

迈克尔·列文（Michael Levin）

威廉·洛根（William Logan）

弗洛伊德·J. 马蒂斯（Floyd J. Mattice）

威廉·J. 麦克科马克（William J. McCormack）

爱德华·P. 麦克德莫特（Edward P. McDermott）

劳伦斯·P. 麦克马纳斯（Lawrence P. McManus）

萨缪尔·艾伦·罗伯茨（Samuel Allen Roberts）

大卫·F. 史密斯（David F. Smith）

富兰克林·E. 沃伦（Franklin E. Warren）

乔治·C. 威廉姆斯（George C. Williams）

乔治·山冈（George Yamaoka）

查尔斯·T. 扬（Charles T. Young）

日籍辩护人

藤井五一郎（Fujii Goichiro）

花井　忠（Hanai Tadashi）

林　逸郎（Hayashi Itsuro）

穗积重威（Hozumi Shigetaka）

长谷川元吉（Hasegawa Motoyoshi）

神崎正义（Kanzaki Masayoshi）

清濑一郎（Kiyoshi Ichiro）

小林俊三（Kobayashi Shunzo）

草野豹一郎（Kusano Hyoichiro）

伊藤　清（Ito Kiyoshi）

宫田光雄（Miyata Mitsuo）

成富信夫（Naritomi Nobuo）

西　春彦（Nishi Haruhiko）

大原信一（Ohara Shinichi）

冈本尚一（Okamoto Shoichi）

冈本敏男（Okamoto Toshio）

奥山八郎（Okuyama Hachiro）

太田金次郎（Ota Kinjiro）

三文字正平（Sanmoji Shohei）

岛内龙起（Shimanouchi Tatsuoki）

盐原时三郎（Shiobara Tokisaburo）

宗宫信次（Somiya Shinji）

菅原　裕（Sugawara　Yutaka）

高野弦雄（Takano Tsuruo）

高桥义次（Takahashi Yoshitsugu）

高柳贤三（Takayanagi Kenzo）

竹内金太郎（Takeuchi Kintaro）

冢崎直义（Tsukasaki Naoyoshi）

宇佐美六郎（Usami Rokuro）

鹈泽总明（Uzawa Somei）

山田半藏（Yamada Hanzo）

柳井恒夫（Yanai Tsuneo）

法庭工作人员表(部分)

弗雷德 T. 亚伯拉罕（Fred T. Abram）	法庭记录员
相泽（音）（Aizawa）	英、日翻译
詹姆斯 F. 巴顿（James F. Barton）	法庭记录员
安托瓦尼特·杜达（Antoinette Duda）	法庭记录员
埃德（Eder）	法庭记录员
塞缪尔·戈德堡（Samuel Goldberg）	法庭记录员
杰克·格林伯格（Jack Greenberg）	法庭记录员
林秀一（Hayashi Hidekazu）	语言监督官
伊丹明（Itami Akira）	语言监督官
岩本正仁（音）（Iwamoto Masahito）	英、日翻译

卡普勒（Kapleau）	法庭记录员
川岛（音）（Kawashima）	英、日翻译
科纳普（Knapp）	法庭记录员
克拉夫特（Kraft）	语言仲裁官
莱夫勒（Lefler）	法庭记录员
曼茨（Mantz）	法庭文书传递
益田（音）（Masuda）	英、日翻译
增谷秀雄（音）（Masutani Hideo）	英、日翻译
松崎进（音）（Matsuzaki Susumu）	英、日翻译
兰尼·宫本（Lanny Miyamoto）	语言监督官
水田重利（音）（Mizuta Shigetoshi）	英、日翻译
拉德纳·摩尔（Ladner Moore）	语言仲裁官
森富男（Mori Tomio）	英、日翻译
罗伯特 B. 莫尔斯（Robert B. Morse）	法庭记录员
野上清光（音）（Nogami Kiyomitsu）	英、日翻译
冈孝（Oka Takashi）	英、日翻译
小野寺正（Onodera Sho）	语言监督官
莱彻斯（Reichers）	法庭记录员
岛田昌一（音）（Shimada Masakazu）	英、日翻译
岛内敏郎（Shimanouchi Toshiro）	英、日翻译
约翰 J. 史密斯（John J. Smith）	法庭记录员
达夫妮·斯普拉特（Daphne Spratt）	法庭记录员
高村严（Takamura Iwao）	英、日翻译
土屋隼（Tsuchiya Jun）	英、日翻译
D. S. 范·米特（D. S. Van Meter）	法庭文书传递
埃尔薇拉·惠伦（Elvira Whalen）	法庭记录员
朱利安·沃尔夫（Julian Wolf）	法庭记录员
洛兰·耶尔登（Lorraine Yelden）	法庭记录员

前 言

本册所译,为东京审判庭审记录中1946年7月1日至同年9月10日期间的中国部分,以关于1937年前日本侵占中国东北的庭审记录为主,也涉及1937年前后有关日本侵华战争其他内容的庭审记录。本册内容主要是依据起诉书提出检方证据,记载了庭审相关阶段检方宣读书面证据、检察官询问检方证人,以及辩方对检方证人交叉询问的过程。

本册开始,检方即引用《李顿报告书》作为基本证据。报告书阐明了近代以来中国东北局势的演变、九一八事变的原因与经过、国联调查团在东北的调查经过及其结论。检方并引证日本证人的证词,对证人进行了询问,并先后提交其他证据,包括日本方面的政府文书与函电等档案资料、阁员演说、私人日记、民众信函、战犯狱中供词、日本与"满洲国"协定等,此外还记录了中国证人童受民、陈大受控诉日本掠夺中国经济的罪行的作证。

通过引证大量原始资料以及在法庭上询问证人,检方主要证明了以下各点:

第一,暗杀张作霖是日军蓄谋实施的行动;日军还"仔细制定了计划以应对他们与中国军队之间可能出现的战事",在九一八事变中爆炸铁路,"快速的和准确地"实施该计划、进而占领整个中国东北。上述结论,揭穿了日方嫁祸于中国的谎言。

第二,九一八事变以前,在日本国内出现了要求对外扩张、"建立东亚新秩序"、实现"八纮一宇"的军国主义狂潮;在关东军内部,积极鼓吹制造事变侵占中国东北,建立日本控制下的傀儡政权的少壮派军人集团势力崛起。

第三，日本通过侵入热河、签订《塘沽停战协定》和《何梅协定》、支持德王"自治政府"等活动，策动"华北自治"、扶植亲日政权，实施将华北从中国分裂出去的方针。

第四，日本大肆掠夺华北、华中占领区的矿藏资源和电力设施，特别是通过"计划"和"统制"中国东北矿藏、农业、工业与铁路系统，实现其把东北当成日本"工业原料的来源"地与"人口拓展地"，以"加速增强和充实"日本国力、"推进战争"的企图。

第五，日本在中国东北炮制"满洲国"，在卢沟桥事变以后的华北、华中先后拼凑"临时政府"、维新政府以及汪记"国民政府"等高度亲日政权，而其诱降中国国民政府的阴谋则遭到破产。

第六，日本违背国际条约及其对美国的承诺，其侵华政策与美国在华利益发生冲突，遭到美国抗议，双方为"门户开放"、"利益均沾"问题进行了多次交涉。

除此以外，在本册中还可以看到日本内阁与军部之间，日本陆军与海军之间，以及关东军内部权力运作与矛盾关系，日本战犯在侵略战争中的作用乃至其个人经历与气质特征等侧面。书中关于一些历史事件与人物的阐述，不乏情景描述与细节记载；对法庭上论辩双方的唇枪舌战，也尽量保留原貌。读者甚至可以在有些段落中如见其人，如闻其声。而辩方对检方证人的询问，往往由于缺少充分论据，客观上难以起到为日本战犯推卸战争责任的作用。

总的来说，本册记录的东京审判相应阶段程序严格，检方证据充分，对日本从九一八事变前后至发动全面侵华战争的罪恶有较为客观的记述，具有较高的可信度和独特的史料价值，有助于读者了解这一段史实，认识日本侵华战争的真相。

本册译稿完成以后，由上海交通大学东京审判研究中心程兆奇老师进行了校对，由该中心的石鼎老师、陈丽娜老师编制了索引。在出版过程中,得到上海交通大学出版社郁金豹老师和金迪老师的大力支持与协助,在此一并表示衷心感谢。

程维荣

2014 年 4 月

本册出庭发言者

法官

威廉·弗拉德·韦伯

检察官

约翰·达西
沃特·麦肯锡
休·赫尔姆
亨利·萨盖特
埃尔顿·海德
格蕾丝·卡诺德·卢埃林

大卫·尼尔森·萨顿
裘劭恒
亨利·奥斯汀·豪克斯赫斯特
约瑟夫·贝瑞·季南
亚瑟·斯特雷德特尔·柯明斯-卡尔

辩护律师

富兰克林·沃伦
威廉·麦克科马克
清濑一郎
伊藤清
太田金次郎
高野弦雄
冈本敏男
萨缪尔·克莱曼
阿尔弗雷德·布鲁克斯

冈本尚一
花井忠
劳伦斯·麦克马纳斯
穗积重威
威廉·洛根
迈克尔·列文
林逸郎
阿里斯蒂德斯·拉扎勒斯
山田半藏

三宅正一郎　　　　　　　　乔治·山冈
本·布鲁斯·布雷克尼　　　鹈泽总明
太原信一　　　　　　　　　约瑟夫·科林斯·霍华德
乔治·弗内斯

证人

冈田启介　　　　　　　　　童受民
田中隆吉　　　　　　　　　陈大受

凡　例

1. 本书所译，为东京审判庭审记录中1946年7月1日至同年9月10日期间的中国部分，以关于1937年前日本侵占中国东北的庭审记录为主，也涉及1937年前后有关日本侵华战争的部分其他内容。

2. 本书主要根据庭审记录英文版翻译，参照日文版校对，内容按照庭审记录顺序排列，不作变更。

3. 书前"本册出庭发言者"为译者整理而成。

4. 为方便阅读，由译者将全书分段并加各段标题。分段主要根据庭审内容，标题仅起提示作用。

5. 译文中一些历史名词如"满洲国"、(汪记)"中华民国政府"，等，一般保留原状，有的按相关出版规定作了处理。

6. 原文中少量明显错误或者有疑问的地方，译者以脚注作了说明。

目 录

一、国联会议与李顿报告书　001
二、近代以来中国东北局势的演变　016
三、九一八事变的爆发经过　031
四、皇姑屯事件与关东军少壮派的崛起　049
五、田中、斋藤与冈田内阁的内外方针　061
六、军部的密谋与樱会的建立　078
七、关东军策划侵占中国东北　098
八、"华北自治运动"的发端与推进　128
九、关东军在中国东北的统治　144
十、土肥原、冀察政务委员会与德王政权　170
十一、"满洲独立"思潮在日本的泛滥　193
十二、日本内阁会议与攻占哈尔滨　226
十三、塘沽协定与日军侵入热河　245
十四、日本对上海电力工业的劫夺　256
十五、日本在"满洲国"的经济统制　271
十六、日本在"满洲国"的"管辖权重组"　320
十七、日本投资开采中国东北铁矿与煤矿　345
十八、华北钢铁公司对日占企业的接收　364
十九、美日交涉在华"门户开放"与"机会均等"　371
二十、近卫声明与日本在华占领区的资源垄断　385
二十一、日本扶植华北、华中诸政权　406

索引　429

一、国联[1]会议与李顿报告书

1946 年 7 月 1 日，星期一
日本东京都旧陆军省大楼内远东国际军事法庭

……

（13∶34 重新开庭）

……

达西检察官：迄今我们所谈的是一般情况，接下来我们要特别关注日本对满洲的侵略，涉及它占领、开发和统治中国包括热河在内的通常被称为满洲各省的阴谋和计划。在发言过程中能同声翻译吗？

韦伯庭长：我知道将对您所说的提供同声翻译。

语言部主任：庭长阁下，不错，我们提供日语的同声翻译。

达西检察官：这个阴谋包括策划、发动和进行对该区域的侵略战争。证据涉及起诉书第 1 至第 5 项、第 6 项、第 18 项和第 27 项。它们显示的不仅是对上述领土的侵略，而且是向中国华北各省和内蒙古，特别是河北和察哈尔的进一步扩张。

作为先前侵略政策的结果，日本到 1928 年为止，已经在满洲取得了各项实质性的权利和利益，其中包括：

---

[1] 国联，即国际联盟，1920 年成立的由英美等国主导的国际组织，旨在协调国际关系，平息各国间纠纷。总部设于日内瓦，有大会、理事会及秘书处等机构。包括中国在内的成员国最多时达到 60 余个。但国联在维护世界和平方面并未起到应有作用。第二次世界大战爆发后，国联无形中瓦解，1946 年 4 月国联宣布解散。

对关东半岛 99 年的租借；

对南满铁路 99 年的租借（该铁路在其运营区域内属于半官方）；

经营满洲其他铁路的权利；

在安东、沈阳和营口开辟日本居留地的权利；

雇佣日本人"特别官吏"的优先权；

设置邮局和经营电话电报业务的权利；

经营矿产和森林的优先权；

其他许多权利，其中至关重要的是铁路和领事馆守备队的驻扎权，守备队由日本正规军士兵组成。

后面这一项权利及其对相关限制的违背，为在满洲集结大量部队以增援租借地的关东军打进了一个楔子。

1927 年田中内阁上台后，军部促使政府对满洲采取所谓"积极政策"。简单地说，该政策就是日本应最大限度地攫取权利，以承担起整个满洲和平与秩序的责任。在该项政策驱动下，同年 5 月以及 1928 年 4 月，日本两次向中国出兵。

军部对与合法政府正常谈判及合作日益不耐烦，在此背景下拟定了制造一次事变、为使用武力占领满洲并建立一个从属于日本的傀儡政府提供口实的计划。

我们将证明：

正是东京的参谋本部和关东军的一群军官，以及一些政府人员，制造了 1931 年 9 月 18 日夜里的事变；

他们导致日军占领满洲、热河与内蒙古；

他们扶植了一个由日本通过关东军加以统治和操纵的傀儡政府。

日本于 1932 年 9 月完成正式承认这个政府独立的程序。直到 1945 年 9 月，日本一直通过关东军统治和操纵该政府，日本及其关东军一直将满洲领土作为侵略中国毗邻地区的基地。具体地说，1931 年 9 月 18 日夜，阴谋者在沈阳北郊的南满铁路制造一场爆炸，并且将责任转嫁给中国方面。但是，爆炸如果对铁路造成了破坏，那并不足以阻止其后从长春向南开来的列车即刻准时到达。在当年早些时候策划事变的过程中，就从日本运来大炮，安置在离中国兵营不远的战略要地的工事内，并加以伪装。爆炸铁轨后，这些大炮立刻开始轰击中国兵营。所有在满洲的日军都同时配合行动。驻扎在朝鲜边境上的日军，未得到天皇上谕就渡过鸭绿江参与行动。这就是名闻遐迩的越境事件。

当国际联盟所任命的调查团完成其使命以前，日军已经巩固了其对满洲的占领。

1932年春，前清皇帝溥仪建立起傀儡政府并充任执政，该政府完全听命于关东军。当地民众并不希望在满洲出现一个独立的国家，这场运动由日本军方占据大部分要津的日本人组成的自治指导部筹划。关东军决定新政府的人事和政策，并攫夺海关和税收，重新调整税金和税率，协调金融及经济政策，以使日本和这个新的国家成为一个经济体。

日本于同年9月15日正式承认在满洲的所谓新国家的独立，日本对"满洲国"政府的持续的控制和统治，反映出上述姿态的纯粹诡辩性质，直到日本在1945年投降。

采取上述承认行动后，关东军立即制定并由其司令官颁布了有关"满洲国"的政策——施政必须由日本人掌握；溥仪是名义上的统治者，日本并不承认他的权力；不允许任何政党存在；经济必须通过关税壁垒与日本的经济相协调。

日本内阁每年都要制定开发满洲的新的和进一步的政策，并通过关东军加以实施。其他起诉事项揭示了满洲经济开发的具体性质和范围。

所谓独立国家建立后，内蒙古的热河省被宣布为独立国家的一部分。热河的政府和民众对此并没有表现出任何理解与协作行为，上述行动被证明无效。实际上，关东军至1933年春才占领热河，并强行将其纳入傀儡政府的统治下。

日本的侵略从热河省一直往南并且越过了长城。就在这个地区，侵略暂时停顿下来。1933年5月31日签订塘沽停战协定，由此在河北省东北部建立了一个以长城作为其北部边缘的非军事区。

1935年5月，梅津大将要求中国国民政府解散河北省内的国民党，从那里撤走中央军，并且撤换那些被指责为情感上抗日的中国官员。这个行动是日本在华北各省所推进的自治运动的开端。

我们将证明关东军司令官南大将、驻天津日军司令官梅津大将，以及土肥原陆军大佐为扩展和增强日本在中国的军事、政治和经济统治的目的，在华北各省协力建立一个自治区域，从而导致在《塘沽协定》所建立的非军事区内，同年11月25日由日本操纵和控制的冀东防共自治政府出台。

关东军执行了这个对地方政府施加军事、政治和经济压力的分化政策。

1935年1月，通过军事行动，将内蒙古的一块地区纳入了满洲的傀儡政府统治地盘。天津的陆军守备队得到实质性强化。在满洲、内蒙古和西伯利亚边境上，发生了许多军事事件，在广袤的地区建立起政治和经济的控制及统治。

作为反制措施，中国国民政府于同年12月建立冀察政务委员会，1936年强化了内蒙古政务委员会，由此维持这些省份对"中央政府"的松散的忠诚。1936年还签订了与苏联和外蒙古之间的互助条约。以上两项反制措施有效挫败了在内蒙古的自治运动。由于其向西和向南同时扩张的政策受挫，1936年11月25日签订日本与德国反共协定，1937年7月7日发生卢沟桥事变，这两个事件在后来都得到了发展。

所有这些旨在诉诸武力占领满洲和进一步侵略的共同策划和阴谋，违反了日本作为签署方之一对国际条约的庄严保证。这些条约包括1899年7月和1907年10月的《海牙公约》，1919年6月的《凡尔赛条约》，1922年2月的《九国公约》，以及1928年8月的《凯洛格——白里安公约》。所有这些条约都明确否定诉诸武力解决国家间的纷争。

在积极推进其对满洲军事侵略的同时，日本向充满疑虑的世界显示它的和平诚意。

在 1931 年 9 月开始对满洲的侵占后，日本向美国承诺它既无意占领满洲，也没有在中国的任何领土野心。

接着，日本继续在满洲的军事行动，10 月 8 日轰炸锦州，11 月 19 日占领齐齐哈尔。

11 月 24 日，日本向美国保证涉及关东军向西进攻锦州的消息全系子虚乌有。

尽管由于国际压力而一度停止，关东军向西挺进仍在持续。锦州在 1932 年 1 月沦陷。

1931 年 12 月 22 日，日本向美国承诺不会损害中国主权。1931 年与 1932 年，日本还向国联做出了多次类似的保证。

日本接着作了进一步侵略的准备，1932 年 2 月占领哈尔滨。到 3 月，日本已经牢固地占领满洲，建立起一个傀儡政府。

我们将通过日本政府的官方记录、被告的供认、共谋者的承认，以及同时期日本政治家和官员的作证，证明在此复杂背景下的每一个和全部的行动。一言以蔽之，我们将用日本人自己提供的证据证明其所犯下的罪行。

我们提交的绝大部分证据将与每一名被告人之间存在着直接或间接的关系。根据法庭通知，我们将在这里指控的最积极参与案件的被告人是：

荒木贞夫，从 1931 年 8 月至 12 月是总监府总务部长，同年 12 月至 1934 年 1 月为陆相。

土肥原贤二，被称为"满洲的劳伦斯"，[1] 1931 年任关东军特别任

---

〔1〕 劳伦斯：英国近代著名间谍，长期在阿拉伯国家活动。

务课课长；同年9月至10月任奉天市市长；1933年为关东军司令部陆军少将。

桥本欣五郎，1933年是陆军参谋部大佐。

广田弘毅，1933年至1934年的斋藤内阁外相，1934年至1936年为冈田内阁外相，1936年至1937年为首相。

板垣征四郎，在历任职务中，1929年是关东军高级陆军大佐，1932年为陆军少将，1934年为参谋次长。

松冈洋右，1933年任日本驻国联首席代表，1935年至1939年为南满铁路公司总裁。[1]

南次郎，1929年是驻朝鲜军司令官，1931年4至12月为陆相，1934年至1936年任关东军司令官。

大川周明，满铁东亚经济调查局理事长，1931年9月占领满洲计划的推动者。

在此，我愿意介绍这些一直参加本案该阶段工作的人员：

格蕾丝·卢埃林女士，来自哥伦比亚特区，联邦最高法院律师。

韦伯庭长：衷心欢迎您，您或许是第一个在国际军事法庭出庭的妇女。

达西检察官：沃特·麦肯锡，密歇根州底特律市的州律师协会成员，请假从密歇根东区破产事务鉴定办公室前来。

亨利·萨盖特，从负责印第安纳州事务的联邦助理检察官任上请假前来。

埃尔顿·海德，德克萨斯州律师协会成员，请假从州助理检察长任上前来。

根据法庭需要，麦肯锡先生准备出庭。

韦伯庭长：现在休庭15分钟。

（14:50休庭）

---

[1] 南满铁路公司：即南满洲铁道株式会社，下译"满铁"。

（15:05 重新开庭）

法庭执行官：现在继续开庭。

韦伯庭长：麦肯锡先生请。

麦肯锡检察官：如果法庭允许，现在我想提请法庭注意检方证据第23号所包含的国际联盟公约，用以参照。

作为支持达西先生开场陈述的第一步，我想宣读作为基本文件之一的第57号证据的节选，该证据被冠以"国际联盟委任的调查团报告"之名，通常称为李顿报告书。

第一段节选从第1到第12页，显示日本1931年9月在满洲的行动进程，旨在引起国联注意，同时叙述了国联任命调查团的经过。

（宣读）：1931年9月21日，中国政府驻日内瓦代表致函国联秘书长，要求他提请理事会注意中国与日本之间因发生在9月18日夜的沈阳事件的纷争，并且根据国联公约第11条向理事会申诉，请求采取直接步骤防止危害国际和平的局势的进一步发展。

9月30日，理事会通过如下决议。

理事会：

（1）注意到中国政府和日本政府对由理事会主席向它们发出的紧急呼吁的回应，以及两国回应呼吁时已经采取的步骤；

（2）认识到日本政府关于它在满洲没有领土要求的声明的重要性；

（3）注意到日本代表关于他的政府将继续尽快撤军，有效保证并与日本国民生命和财产安全同步的向铁路地带内的撤军已经开始，以及希望尽快实现上述意图的声明；

（4）注意到中国代表的声明，即他的政府将承担日军撤退后铁路地带以外日本国民生命和财产安全的责任，而且将重新建立中国的地方政府和警察力量；

（5）相信双方政府都迫切要求避免采取可能扰乱两国之间和平与良好理解的任何行动，注意到中国代表和日本代表都保证各自政府将采取一切必要措施防止事态扩大或者局势恶化；

（6）要求双方尽一切努力加速恢复它们之间的正常关系，并且为此目的而继续和迅速地执行上述任务。

（7）要求双方随时向理事会提供局势发展的全面的消息；

（8）如果没有任何预料之外的重要情况，决定于1931年10月14日星期三在日内瓦再次召开会议，以考虑当时的局势；

（9）授权理事会主席在与他的同事、特别是与双方代表协商后，鉴于从双方或者理事会其他成员处收到的关于局势发展的消息而决定会议不再必要，可以取消原定在10月14日举行的理事会会议。

在讨论通过这个决议的过程中，中国代表表达了他的政府"可以由理事会设计的为保证迅速和完全撤退日本军队和警察，并且完全恢复原状的最好的方式，是向满洲派遣一个中立调查团"的观点。

关于中日间的争议，理事会从10月13日至24日再次举行会议。由于日本代表的反对，会议上提出的决议未能取得一致意见。

11月16日，理事会在巴黎再一次开会，花了几乎四个星期研究局势。11月21日，日本代表在阐述其政府对9月30日决议能否在精神上和文字上都得到遵守的担忧以后，建议派遣一个调查团前往现场。建议得到理事会所有其他成员的欢迎。同年12月10日，理事会成员一致通过了以下决议。

理事会：

（1）重申其1931年9月30日一致通过的决议，中日两国各自声明认真遵守决议。因此理事会要求中日政府采取必要步骤实行该项决议，使日军得依照决议规定的条件，尽快撤退至铁路地带内。

（2）认为自10月24日理事会会议后，事态更为严重；注意到两国政府将采取所有必要措施防止事态扩大，并避免足以再起战争及丧失生命的任何行动。

（3）请两国继续将事态发展随时报告理事会。

（4）请理事会其他会员国将其代表就地得到的消息随时告知理事会。

（5）无偏见地执行上述措施。

鉴于本案的特殊情形，准备促进两国政府对其纷争作最后的和根本的解决，因此决定委派一个五人组成的调查团就地考察，并将影响国际关系而足以扰乱中日两国之间和平及其所依赖的良好理解的情形，向理事会报告；

中日两国政府得各向调查团派遣一名成员；

两国政府对调查团提供一切便利，以使其就地获得所需情报；

如双方开始谈判，则此项谈判不在调查团职权范围以内，调查团对任何一方的军事部署亦无干涉之权；

调查团的委派及其考察，对9月30日决议内日本政府关于日军撤退至铁路地带的保证没有任何妨碍。

（6）从现在起至1932年1月25日下次例会间，理事会仍然受理本案，并请理事会主席注意本问题，于必要时得再行召集会议。

对于通过本决议，理事会主席白里安先生做出如下声明：

您面前的决议有两个方面的内容：① 终止对和平的直接威胁；② 推进两国之间争议的现实原因的最终解决。

理事会高兴地看到当前会议期间，对扰乱中日关系情形的调查是双方可以接受的。理事会因而欢迎11月21日向它提出的成立一个调查团的建议。决议的最后一段规定了该调查团的任命与作用。

我现在对该决议逐段作一些说明。

第1段——该段重申9月30日理事会一致通过的决议,其特别强调日军根据规定的条件尽快撤回铁路地带。

理事会赋予该决议以极端重要性,而且劝告两国政府履行在9月30日许诺的义务。

第2段——不幸的是,自从理事会最后一次会议以来,所发生的事件严重恶化局势,并且理所当然地导致了对其的担忧。避免任何可能引起进一步战争以及其他可能恶化局势的行为,迫在眉睫。

第4段——根据第4段,要求双方以外的理事会成员继续向理事会提供从其现场代表那里获得的消息。这样的消息在过去已经被证明很有价值。具备派遣代表至不同地点可能性的国家同意尽一切可能继续并改善当前的做法。

为此目的,这些国家将与双方保持接触,后者一旦要求,可以指明其希望代表到达的地点。

第5段——规定了调查团的设置。服从于其纯粹的咨询性质,调查团受委托的范围颇广。原则上,它觉得需要研究的问题,假如与任何影响国际关系、可能扰乱中日间和平或者其所赖以存在的良好理解有关的事项,都可以包括在内。两国政府间的任何一方都有权要求调查团考虑调查该方特别希望调查的任何问题。调查团具有充分的判断力去决定它向理事会报告的事项,并且拥有在希望的时候提出中期报告的权力。

如果双方根据9月30日决议确定的义务在调查团到达时还没有得到履行,调查团应该尽快就当时局势向理事会报告。

其中特别规定,如双方开始谈判,则此项谈判不在调查团职权范围以内,调查团对任何一方的军事部署亦无干涉之权。该项规定并不限制调查团的调查之权。显然,调查团享有充分的行动自由,以取得为它的报告所需要的情报。

日本代表对第2段做出保留,声称他代表他的政府接受其规定,"并且理解这一段并不是想阻止日本军队采取对直接保护日本臣民生命和财产、防止满洲各地猖獗的盗匪和不法之徒活动必要的举措"。

中国代表从他的方面接受了决议,但是请求记录他对原则问题的部分意见和保留如下:

(1) 中国必须按照国联公约的规定,中国作为签约方的现存条约以及所接受的国际法原则与实践,充分保留或者说有资格获得的任何或全部的权利、赔偿和司法地位。

(2) 中国认为决议案及理事会主席声明做出的安排包括四个基本的和独立的要点:第一,立即停止军事行动;第二,在最短时间内结束日本对满洲的占领;第三,今后发生的一切情形应由中立国人员继续报告国联;第四,理事会委任一调查团就地调查满洲的一切状况。上述安排在实际上和精神上建立于这些要点的基础上。如违背其中任何一点,足以破坏其余各点。

(3) 当调查团抵达满洲时,如日军仍未撤退完毕,该团应即将此情形并附建议书报告国联,作为其首要职责。

(4) 中国要求日本赔偿损失的权利,不因决议案未明确规定而丧失。

(5) 上述理事会要求双方不致恶化局势的指令,不应该以满洲局势所导致的无法无天为借口而恣意违背。满洲现在无法无天的环境,实因日军侵略使生活失其常态所致。恢复和平生活的唯一妥善办法,为日军撤退,使中国得以负维持治安秩序的责任,中国绝不承认任何外国军队攫取维持治安的权力。

(6) 中国对继续和改善当前的中立观察以及其他国家代表的报告感到满意,中国政府可随时邀请中立国人员到其所指定地点调查真相。

(7) 中国向来反对外国在其领土内驻兵的原则,绝不因为赞成决议案中"日军撤退至铁路地带"的规定而放弃。

(8) 中国认为日本在满洲推进"独立运动"而损害中国领土及行政完整,违背其避免使局势进一步恶化的承诺及理事会议的规定。

理事会主席随即选任了调查团成员,在征得两国同意后,成员资格最终在 1932 年 1 月 14 日由理事会批准如下:

阿尔德罗万迪伯爵(意大利);

亨利·克劳德尔将军(法国);

李顿爵士(英国);

弗兰克·罗斯·麦考易中将(美国);

海因里希·施内博士(德国)。

……

麦肯锡检察官(宣读):

与此同时,远东局势的发展导致中国政府于 1932 年 1 月 29 日根据国联公约第 10、11 和 15 条向国联提出了进一步的申诉。同年 2 月 12 日,中国代表根据公约第 15 条第 9 段要求理事会将争议提交全体大会。由于未收到理事会的进一步指示,调查团继续根据 12 月 10 日理事会决议解释其意见,其中包括如下各点。

(1) 对中日问题的调查。该问题已经被提交理事会,包括其原因、发展和在调查时的局势。

(2) 对中日纷争的可能解决方式的考虑。这种解决将恢复两国的基本利益。

调查团的使命决定了其工作计划。

到达满洲——冲突的主要地点以前,调查团已经与日本政府和中国政府,以及各种意见的代表之间建立了联系,以确定两国利益的性质。2月29日调查团到达东京,日方成员在那里加入团队。调查团荣幸地拜谒了天皇陛下。在东京逗留的八天中,每天都与政府成员包括首相犬养毅、外相芳泽、陆相荒木中将、海相大角大将等举行会谈。此外还会见了重要银行家、实业家、各类组织代表和其他人。我们从所有这些人中得到了日本在满洲的权利和利益的消息,以及它与该地的历史关系。我们还讨论了上海的局势。我们离开后,得知就在东京期间在满洲以"满洲国"名义建立了一个新的"国家"。在大阪,我们与实业界代表举行了会谈。

3月14日,调查团莅临上海,中方成员在那里加入团队。我们在上海逗留了两个星期,除了一般调查,还尽可能多地了解最近的战事,以及停战的可能性。我们此前在东京已经就此与芳泽先生讨论过。我们访问了被破坏的地区,听取了日本海军和陆军当局关于最近行动的声明。我们也会见了中国政府一些要员,和包括广东籍人士在内的实业、教育以及其他界别的领导人物。

3月26日,调查团到达南京,其中一些成员顺道访问了杭州。在接下来的一个星期中,调查团有幸受到国民政府主席和中国其他重要官员的接见。

为了更充分地了解代表性意见和中国不同地区的实际情况,我们于4月1日前往汉口,途中并在九江逗留,调查团部分成员访问了湖北省、四川省的宜昌、万县和重庆。

4月9日,调查团抵达北平。在那里,与张学良元帅和一些上一年9月18日以前是满洲行政当局成员的官员举行了会谈。作为9月18日夜沈阳兵营长官的中国将军提供了证据。

由于中方成员顾维钧博士进入满洲遇到阻碍,我们在北平的滞留被延长了。

前往满洲时,调查团分成两组,一组人由铁路经山海关前往沈阳,另一组人包括顾博士,由海路至大连,在日本铁路地带内旅行。

反对顾博士进入"满洲国"领土的意见在调查团莅临长春——日本铁路地带北端后被撤回。

我们在满洲逗留大约六个星期,访问了沈阳、长春、吉林、哈尔滨、大连、旅顺、鞍山、抚顺和锦州。我们还想访问齐齐哈尔,但是当我们抵达哈尔滨时,附近地区战火连绵。日本军事当局声称他们此时在中东铁路西线上不能保证调查团的安全。于是,我们中的一些成员坐飞机访问了齐齐哈尔。从那里,他们沿洮南——昂昂溪铁路和四平街——洮南铁路重新加入在沈阳的团队。

我们在满洲期间写了一份初步的报告,于4月29日寄往日内瓦。

我们与关东军司令官本庄中将等军官以及日本领事举行了多次会谈。在长春我们拜访了"满洲国"执政、前宣统皇帝,他以亨利·溥仪的名字为世人知晓。我们也会见了"满洲国"政府成员,包括日本籍的官员与顾问、省长等。代表团受到当地民众的迎接,他们中的大多数都由日本人或者"满洲国"官员代表。除了公开会议,还安排我们与许多私人会见,包括中国人与外国人。

调查团于6月5日回到北平,在那里,开始了对所搜集到的篇帙浩繁的资料的分析,并且与行政院长汪精卫先生、外交部长罗文干博士,以及财政部长宋子文先生举行了两次会议。

6月28日,调查团经过朝鲜前往东京。途中因为日本斋藤内阁尚未任命外相而耽搁。7月4日调查团到达东京后,与新内阁领导人包括首相、海相斋藤大将、外相内田伯爵,以及陆相荒木中将举行了会谈。从这些会谈中,我们得知日本政府关于满洲局势发展和中日关系的观点与政策。

在与中日政府双方最新接触后,调查团返回北平,在这里起草报告。

两个原先对调查团工作并无多大帮助的中日方成员,现在提供了数量浩繁的有价值的资料证据。从一个成员那里收到的材料都同时提供给另一个成员,并给予他发表评论的机会。这些文件将被出版。

我们会见的列在附录名单的许多人员与组织显示了所调查的证据数量。在旅行期间,我们还获得了为数众多的印制的小册子、请援书、请求书和信件。仅仅在满洲,我们就收到了大约 1 550 封中文信和 400 封俄文信,尚不包括用英文、法文或日文写的信函。

安排、翻译和研究这些文件需要可观的工作量。虽然我们辗转各地不停活动,这项工作已经着手进行。当我们于 7 月回到北平并且最后一次访问日本前终于完成。

调查团的使命,决定着它的工作计划和途径,并且指导着它的报告的方案。

首先,我们试图通过描述两国在满洲的权益,提供一个历史背景,以揭示引起争议的基本原因。其中调查了实际冲突爆发前夕的具体问题,也描述了自从 1931 年 9 月 18 日以来的事件进程。贯穿于相关议题的观点是,我们坚持少提过去行为的责任,而重在寻找避免将来重启战端的方式的必要性。

随后,报告以我们希望提交理事会的关于其所面临的各类议题的反映与思考,以及一些对我们显得可能提供冲突的持久解决和重建中日之间良好理解的建议而结束。

……

二、近代以来中国东北局势的演变

1946年7月2日，星期二
日本东京都旧陆军省大楼内远东国际军事法庭

……
（9：36重新开庭）
……

麦肯锡检察官：我完全理解频繁宣读记录和文件必然造成疲劳与枯燥。《李顿报告书》是一份不寻常的文件。在经过仔细考虑和充分讨论以后，基于多年的庭审经验，我们真诚相信，如果在《李顿报告书》里阐明的事实必须由其他证据证明的话，在以后的一些天里每天花一两个小时宣读报告书，不仅节约了法庭许多小时或者许多天的时间，而且使检方得以准确提供对显示起诉书指控的全部阴谋所必要的全面背景的基础。

我还要声明在节省法庭时间的努力中，翻译监督官与我共同仔细筹划了语言释义工作的方式，这样它们中的大部分都可以被同步翻译成英语。节录可能使法庭容易理解，并且得以明白我们提供的我们希望其既不单调也不枯燥乏味的证据。而且，有必要使记录完整地追溯到日本军事侵略的开始。

韦伯庭长：麦肯锡先生，我明白翻译过程中，理解语句会因人而异，这将使日语译员感到窘迫。让我们继续努力吧。今天早晨我得知，没有人对这一点有所怀疑。

麦肯锡检察官：谢谢，庭长阁下。

……

麦肯锡检察官：我要向法庭说明我计划与语言部共同使用的方法包括引用成段的文字，对此我已经指出并且在页边作有标记。仅仅为了使英文流畅，或者为了使语义更为清晰，我才对引文作一些变动。

《李顿报告书》的第一章是对整个中国局势最近发展的概述。这一章对充分理解向国联提交的问题或许有意义，但我并不认为此时阅读整个发展过程具有多少重要性。既然法庭对日本在满洲的军事侵略特别感兴趣，所以我们省略该章。

第二章是关于满洲的，我相信第 24 页开头的 1 段以及第 25 页的头 4 段半对法庭有所帮助。

（宣读）：满洲，在中国被称为东三省，一个广袤、膏腴的地区，仅仅在 40 年以前还几乎是未开发的地区，迄今依旧人烟稀少，在解决中国和日本过剩人口问题方面扮演着日益重要的角色。山东省和河北省向满洲输送了几百万赤贫的农民，而日本则向这个地区输出工业品和资本，以换取粮食与原料。在向中国和日本提供各自需要的同时，满洲也证明了自己作为其合作伴侣的作用。[1] 没有日本的活动，满洲不能吸引和吸收这样巨大的人口数量；没有中国农民和劳动力的源源输入，满洲发展不可能如此迅速，使日本获得市场与粮食、肥料及原料供应。

满洲虽然如此依赖合作，但由于已经指出的原因而注定成为冲突地区：起先是俄国与日本之间，然后是中国和它的两个强邻之间。开始，满洲仅仅作为一个地区卷入这个巨大的政策冲突旋涡，

---

[1] 本书原文包括引文中，"中国"或"中国本土"往往指相对于"满洲"、内蒙古等地而言的中国长城以南部分。

对该地区的占领被认为受远东政治的支配。以后,当它的农业、矿业和森林资源被发现时,它转而成为群雄觊觎之地。在第一个阶段,俄国通过牺牲中国取得了特别的条约权利,其中涉及南满的特权随后被转交日本。这种特权的使用,在南满经济发展中越来越重要。军事目的拥有最高地位,但是俄国和日本在满洲发展活动中取得的广泛的经济利益,更为强调这两个国家的外交政策。

一开始,中国在发展领域极少显示积极性,几乎同意满洲从自己的控制下交给俄国。即使重申它在满洲主权的朴茨茅斯条约签订以后,在世界的眼光中,俄国和日本在这些省进行的经济活动也要比中国自己更为突出。与此同时,数百万中国农村移民获得了土地。移民是和平与悄然的,却是实质上的占领。当俄国与日本正在划定它们各自在北满和南满的势力范围时,中国农民占有了土地,于是满洲的所有权无疑属于中国。在此情况下,中国可以坐等一个再次断言其主权的有利时机。1917年俄国革命给了中国在北满的这样一个机会,中国开始在政府和国家发展中发挥较为积极的已经被忽略很长时期的作用。近年来,中国试图削减日本在南满的影响。该政策导致的不断增多的摩擦,在1931年9月18日达到顶点。

据估计,满洲总人口大约3 000万,据说其中2 800万是中国人或者说是被同化的满洲人。朝鲜人大约80万,其中大部分聚居在中朝边境的所谓间岛地方,其余散居在满洲各地。蒙古部落居住在与内蒙古接壤的草原,其数量很少。在满洲大约有15万俄罗斯人,大部分生活在中东铁路沿线,特别是在哈尔滨。大约23万日本人,主要集中在南满铁路沿线的居住地和关东租借地(辽东半岛)。日本人、俄罗斯人和其他外国人(不包括朝鲜人)总数在满洲不超过40万人。

满洲地域辽阔,拥有等于法国和德国总和那样大的面积,估计有38万平方英里。在中国,它总是被说成"东三省",因为其行政区域被划分成南面的辽宁(或称奉天)、东面的吉林和北面的黑龙江三个省。估计辽宁面积约7万平方英里,吉林10万平方英里,黑龙江在20万平方英里以上。

满洲具有大陆特征,有东南的长白山脉和西北的大兴安岭两条山脉。两条山脉之间是广阔的满洲平原,其北部属于松花江流域,南部属于辽河流域。它们之间的分水岭具有历史的重要性,是将满洲平原划分成北部和南部的一座冈峦起伏的山脉。

满洲的西面与河北省和内外蒙古接壤。内蒙古旧时被划分成三个特别的行政区域:热河、察哈尔和绥远。1928年,三个区域被国民政府赋予相当于省级的地位。内蒙古,尤其以热河为最,一直与满洲保持联系,对满洲事务产生着某种影响。

以下关于南部和东部边境的描述,对本案来说无关紧要。
然后是关于这一区域经济资源和木材、矿藏的内容。
第二部分:"与中国其他部分的关系",我要读其中头几句:

自从启蒙时代,满洲就由不同的通古斯族部落居住,他们自由地与蒙古族鞑靼部落混居。在具有较高文明的中国移民影响下,他们学会把自己组织起来,先后建立了几个王国,其有时统治满洲的大部分地区,有时统治中国和朝鲜的北部地区。辽、金和满族王朝占领了中国很大一部分区域或者整个中国并统治了几个世纪。另一方面,中国在强权的皇帝统治下,往往力挽北来之狂潮,转而在满洲的大部分建立主权。中国居民的殖民开拓从很早的时期就已发端。

跳到第27页上的第2段:1907年,仅仅在皇室退位前几年,满清王朝决定在满洲改革行政。这些省到当时为止都被作为单独的、与其他部分隔离的区域施以行政,具有它自己的政府形式。中国将各省民政委托给从科举考试中脱颖而出的文人的方式并没有在满洲贯彻,该地被置于纯粹的军事政权下,保留了满族官员与传统。

跳过几行直到本段末尾:1907年,放弃了上述形式。为了集权,特别是外交方面集权的目的,三省将军被一名统治整个满洲的集权的总督所取代。

接着从第27页末段第2行开始:当1911年爆发革命时,并不赞成共和的满洲当局,命令张作霖——他后来成为满洲与华北的独裁者——将这些省份成功拯救出来,使其免于内战的混乱,以抵抗革命军进攻。共和建立后,满洲当局接受既成事实,自愿服从当选为共和国第一任总统的袁世凯的统治。各省的民政和军事长官纷纷上任。在满洲,正像在中国的其他地方一样,军事长官随即就成功地把他们的民政同僚变成了摆设。

1916年,张作霖被任命为奉天省督军,同时代理省长。他的个人影响四处扩散。对德宣战问题出现时,他加入了中国督军团要求解散反对该举措的国会的行列。当这个要求遭到总统拒绝后,他宣布他的奉天省脱离北京的中央政府而独立。后来,他撤回这个声明,并于1918年承认他臣服于中央政府,他被任命为东三省巡阅使。通过这种形式,满洲再度成为具有特殊政权的一个行政单位。

张作霖接受了中央政府赋予的荣耀,但是他左右摇摆的态度取决于他与控制变幻不定的中央政府的军阀之间的个人关系。他似乎是在个人联盟的观念上看待自己与中央的关系。1922年7月,当未能在长城以南建立政权、并且看到竞争对手控制了北京政府的时候,他放弃了与中央政府的联盟,在满洲自建独立王国,直到他把自己的势力扩展到长城以南,并且也成为北京的主人。他表达了自己尊重外国权益的愿望,接受了中国所负的义务,但要求外国今后与他的政权就所有关于满洲的事务直接进行谈判。

相应地,虽然1924年5月31日的中苏协定对中国有很多好处,但他依然加以废弃,并且劝说苏俄于同年9月和他签订了与前者实质上并无二致的另一个协定。这个事实强调张作霖坚持他的行动的完全独立应该得到承认,无论是对内还是对外政策。

1924年,他再次入侵中国并且获得成功。由于冯玉祥将军(后来的元帅)背叛,其上司吴佩孚将军(后来的元帅)在战役中岌岌可危,直接结果便是中央政府倒台,以及张元帅的势力一直往南扩展到上海。

1925年,张元帅再次出兵,这一次是与他的前盟友冯将军兵戎相见。战役中,他的部将之一郭松龄在紧急时刻倒戈,投向冯将军。

如果法庭同意,我要宣读对1925年郭松龄背叛的描述,因为几份相关参考资料说明了以后的军事态势。

1925年11月郭松龄背叛的影响并非限于一时,因为其涉及苏联和日本。前者的行为间接帮助了冯将军,而后者则有利于张元帅。郭松龄虽然是元帅的下级,却赞同冯将军的社会改革观点,转而反对他的上峰,认为其下台是结束内战的前提。这个背叛将张元帅推入绝境。郭松龄占据了铁路线西面的地盘,张元帅遭受重创的兵力只能在沈阳苟延残喘。就在此时,日本出于它自己在南满的利益,宣布南满铁路两侧各20里(7英里)为中立区,不允许任何军队通过。这就阻止了郭松龄的进攻,也为张元帅的援军从黑龙江到达争取了时间,他们原先由于苏俄铁路当局拒绝他们不用现金预购车票乘车而延误,但是他们设法从另一条线路抵达了。

援军的到达，以及日本人给予的多少公开的帮助，使战局转向有利于张元帅。郭松龄被打败，冯将军被迫撤军并把北京让给张元帅。张元帅对中东铁路当局在这次事件中的表现十分恼怒，不遗余力地通过侵犯该铁路的权益加以报复。这个事件的经历显然是一个重要因素，导致他要另建一个连接满洲三省首府的独立铁路系统。

（10：35休庭）

（11：00重新开庭）
……

张作霖历次宣布的独立从来不意味他或者满洲人民希望脱离中国，他的军队并不把中国当成外国那样来侵略，相反，他仅仅是一个内战参与者。正像国内其他省的军阀一样，张元帅总是交替地支持谁或者进攻谁，或者声明他的地盘独立于中央政府，但从不走上将中国分裂成不同国家的道路。相反，大多数中国的内战直接或间接地与在一个真正强大的政府领导下统一中国的野心勃勃的计划相联系。正因为如此，经过了所有的战争与"独立"，满洲仍然是中国的一个组成部分。

虽然张作霖元帅与国民党在反对吴佩孚的战争中结成同盟，但前者本人不认可国民党的主义。他没有如孙博士所希望的那样批准约法，因为他认为这个约法与中国民众的精神并不协调。但是他希望中国的统一，他对苏俄和日本在满洲利益的政策表明，如果可能，他就要肃清两者的影响。实际上，他在苏俄利益范围方面几乎已经成功地实现了这一点。他所推行的上述铁路建设计划将切断南满铁路与支撑它的地区之间的联系。对于苏俄和日本在满洲利益的这种态度，可以部分归因于他不能容忍其政权在与这两个国家打交道时受到的限制，部分归因于他与所有中国人共同的对外国人在中国特权地位的仇视。1924年11月，他邀请孙博士出席一个计划中的善后会议,孙博士希望这个计划包括改善生活水平、召开国民会议和取消不平等条约。虽然由于孙博士身染沉疴而未能实现,但是他的建议导致与张元帅之间的某种默契,并且奠定了他们之间有关国家外交政策的协议的可能的基础。

……

麦肯锡检察官(继续):

在他生命的最后几年,张作霖元帅对允许日本从各种条约和协定中攫取特权表现出日益明显的不快,双方之间的关系趋向紧张。日本人劝诫他应该置身中国的派系冲突之外,集中力量于满洲的发展。对此,他是怨恨与冷漠的,就像其儿子后来那样。在打败冯将军以后,张作霖以大帅头衔成为北方军阀联盟的首领。

1928年,他在第一章中提到的国民党军北伐中铩羽。日本人建议他及时将部队撤回满洲。日本公开声称的目标是拯救满洲,避免因败军遭胜利者追击而逃入满洲导致的内战灾祸。

大帅讨厌这些建议,但是不得不服从。他于1928年6月3日离开北平(原来的北京)前往沈阳,翌日就在京奉线所穿过的市郊南满铁路桥下的一次爆炸中殒命。

关于这次谋杀的责任从来没有判明过,悲剧始终被笼罩在神秘气氛中。但是对日本人共谋的怀疑,成为当时早已经存在的中日紧张关系的一个额外因素。

相应地,我请法庭注意这样一个事实,即我们要介绍对于本部分的后面阶段似乎重要的证人,以解开谜团并确定谋杀者是谁。

语言监督官:书记官可以宣读吗?

（法庭书记官重复麦肯锡检察官的以上叙述）

麦肯锡检察官（继续）：

年轻的张学良元帅与国民党的关系更多限于表面。在满洲的外交政策上与国民政府联合的效果就是增强了中国人对日本干涉的敌视。

语言监督官：请书记官宣读。
（法庭书记官重复麦肯锡检察官的以上叙述）

麦肯锡检察官：如果法庭同意，我就继续宣读。接下来是有关对国内事务的影响，虽然其不是很大。

"东北各省政务委员会"作为一个团体的建立。

沃伦辩护律师：如果法庭同意，我们对检方的说明特别是最后一点提出异议。他说"有关对国内事务的影响""不是很大"，而我们相信那是很大的。那是很短的一段，我们宁愿请他宣读原文，而不是做出他干预法庭领域的自己的说明。

韦伯庭长：检方不能只说他的证据是什么，而且应该说明他为什么提交该证据。

沃伦辩护律师：我们并不认为这是开场白，我们感觉前面是开场白，现在他只对法庭宣读证据。

韦伯庭长：在此类审理中，检察官应该尽可能避免做出评论，除了为吸引法庭对这个问题的注意力以外。

麦肯锡检察官：我将尽力那样做，并且插进足够词汇组成完整的句子，而不以任何方式改变意思。

接下来一段关于军事行动花费了全国财政收入总额的80%，并且阐述满洲的中国当局的建设性努力,说他们"发挥着比过去大得多的作用"。

接着是关于满洲"与中国其他地区的通商关系"。

第三部分是根据1896年9月8日协定而建设的中东铁路所显示的"对俄关系"。

接着描述1896年关东半岛租借给俄国为期25年的事情。

然后叙述1900年俄国对满洲的占领。

"1904年2月10日,日本发动对俄国的战争",俄国被打败,签订了《朴茨茅斯条约》。以后,俄国的势力范围被局限于北满。

随后涉及对西伯利亚的征讨。

"1917年俄国革命爆发后,中国废除了1896年给俄国的特权。"特殊的铁路地带于是纳入中国行政管辖区域。

跳过其后的两段,是关于张作霖对苏俄权益的挑战性政策,以及1929年中国消除苏维埃在满洲势力的最后努力。

苏联的行动导致1929年12月22日的《伯力议定书》,其中规定维持原状。

然后叙述1905年以来俄日在满洲问题上的关系,以及1907年至1917年期间两国的合作政策。

(宣读):俄国革命对日本的影响,粉碎了俄日之间在满洲互相理解与合作的基础。

第三章介绍1931年9月18日以前日本和中国关系中的满洲议题。如果法庭同意,我们认为接下来的一、二页是记录的一个重要部分。

在1931年9月以前的四分之一世纪中,将满洲联结于中国其他部分的纽带日臻牢固,同时,日本在满洲的利益也在增加。满洲被公认为中国的一部分,但日本也在其中获得或者索取了如此特别的权益,因而限制了中国主权的实施,两个国家之间的冲突就在所难免了。

根据1905年12月《北京条约》,中国同意将原来租借给俄国的关东租借地,以及俄国控制的中东铁路南满支线(以长春为北端)转让给日本。在附加的协定中,中国同意向日本做出让步,以改造安东至沈阳之间的军用铁路(即安奉铁路)。日本获得了15年的运营期。

1906年8月,根据天皇上谕组建满铁,以接收和管理过去俄国的铁路和安奉铁路。日本政府以铁路及其财产暨沿线之抚顺、烟台煤矿充抵公司股本半数。在铁路地带,公司被委以行政管理的责任,允许征税,并且被授权经营矿产、电力企业,仓库业以及许多其他事业。

1910年,日本吞并朝鲜,将其变成附属国。由于满洲的朝鲜居民变成了日本臣民,日本官员对他们实施管辖,间接扩大了日本在满洲的权益。

1915年,由于日本人和被总称为"二十一条"提出的特殊要求,5月25日日中"关于南满洲及东部内蒙古之条约"签字并交换照会。根据这些条约,关东领土的租借包括过去租借25年的旅顺口和达里尼(现称大连),以及关东州和安奉铁路,全部被延长到99年。日本臣民在南满还取得了旅行与居住、经营任何种类工商业,以及租借为贸易、工业和农业经营所必需的土地的权利。日本人还取得了在南满、东内蒙古经营铁路和某些其他贷款的优先权,以及在南满担任顾问的优先权。但是在1921年至1922年的华盛顿会议上,日本放弃了它的贷款与顾问的权利。

这些条约和其他协定给予日本在满洲显赫的和非比寻常的地位。它实际上以充分的主权统治着租借地。通过南满铁路,它管理着铁路地带,包括一些城镇和诸如沈阳、长春这样人烟繁盛的城市的广大区域。在这些地区它控制着警察、税收、教育和公用事业,在许多地方驻扎军队,包括在租借地的关东军、铁路地带的铁道守备队,以及在各地都有的领馆警察。

概括日本在满洲权益的长长的清单,清晰地显示出日本和中国之间在满洲所创造的政治、经济和法律关系的特殊性。也许在其他地方没有一个完全相似的局面,没有一个国家会容忍其领土上有一个邻国享有如此广泛的经济和行政特权。这种情形或许将毫无争议地维持下去,假如它得到双方自愿期待或者接受,而且如果它是一种在经济和政治领域紧密合作的深思熟虑的政策标志和化身。但是,如果缺乏这样的条件,它只能导致摩擦和冲突。

接着宣读该章第二部分的第 1 段:

中国民众认为满洲是中国的组成部分,而且非常憎恨将它从他们国家分离出去的企图。迄今为止,东三省一直被中国和外国都认为是中国的一部分,法律上中国政府在东三省的权力是毋庸置疑的。这在许多中日条约和协定以及其他国际条约中都得到了证明,而且在包括日本外务省在内的外交部门正式发布的许多声明中一再重申。

这一章第二部分关于中日两国在满洲基本利益之间的冲突有如下内容。

"中国人认为满洲是他们的'第一道防卫线'",就是后面一段所说的第一道防线。

接下来描述"中国在满洲的经济利益"。

然后是"日本在满洲的利益",以及"滋生于日俄战争中的情感"。

从第 39 页第 3 段开始,满洲频频被描述为日本的"生命线",该段介绍日本在满洲的战略利益。

接着是"日本在满洲的'特殊地位'"。

宣读第 40 页顶端一段的后半部分：

> 1922 年 2 月 6 日华盛顿会议上签署的《九国公约》，同意"尊重中国的主权、独立、领土和行政权的完整"，通过制止在中国取得特殊条件的利益而"寻求在那里的特殊权益或特权"，并通过"向中国提供完全无碍的机会以建立并维持其有效和稳定的政府"，维护"所有国家在中国的商业和工业机会均等"，从而在广大的范围内向任何一签署国在中国的任何区域包括满洲的"特殊地位"或者"特殊权利和利益"的要求提出挑战。

下一部分介绍日本对其在满洲的与中国主权与政策相冲突的特殊地位的要求，以及日本对满洲的总体政策。我要宣读第 41 页顶端的头两段：

> 从华盛顿会议前后发展起来的友好政策，一直持续到 1927 年 4 月被积极政策所取代。积极政策执行到 1929 年 7 月，接着再一次采纳友好政策，并将其作为外务省官方政策一直持续到 1931 年 9 月。驱动两种政策的精神有一个显著不同：根据币原男爵所说，友好政策建立在"善意和睦邻的基础上"，而积极政策则建立在武力的基础上。但是，关于在满洲所采纳的具体措施，这两种政策的区别主要在于诸如日本在满洲维持和平与治安并且保护日本人利益的程度。
>
> 田中内阁的积极政策尤其强调区分满洲与中国其他地区的必要性。其积极的性质由于坦率声明"如果混乱蔓延到满洲与内蒙，因而打乱和平与治安，并由此威胁我国在这些地区的特殊地位和

权利、利益"，日本就将"保卫它们，无论威胁来自何时"而更加清晰。田中的政策无疑是在声明日本将赋予它自己在满洲维护"和平与治安"的任务——这与目标仅仅囿于保护那里的日本人利益的旧政策形成鲜明对照。

如果法庭同意，我现在要提交检方文档 169 号，是田中首相于 1927 年 7 月 7 日发表的一份声明，其中规定了他的政策——所谓积极政策。文档被确证来自外务省，并且附有必要的证明。

韦伯庭长：按照程序接受。

（上述文件被标以检方证据 169 号接受）

麦肯锡检察官：这是检方文档 1410 号，可以接受吗，庭长阁下？

韦伯庭长：按程序接受。

麦肯锡检察官：我请法庭特别注意作为该政策大体描述的开头两段和第 5、6、7，以及第 8 段，现在就不宣读了。

麦克科马克辩护律师：如果法庭同意，我们要弄清这是什么，他们在哪里得到它，以及这意味着什么。我以为这或许是一份报纸的复印件。在其右上角有一句"粗劣的翻译"的话。我不清楚这对本案有什么意义。到目前为止在记录中对此也没有显示。

韦伯庭长：他们说这是从日本政府那里得到的。

麦克科马克辩护律师：在这个复印件中并没有任何东西告诉我们它是否来自某些文件的原始段落。谁在上面盖了许可章？英文译本是否正确？在记录中，对此根本没有任何说明。我对其效力要做一些声明。

麦肯锡检察官：如果法庭同意，应该向辩护律师提供日文和英文的两种版本，如果有错，他们就能容易地发现。

韦伯庭长：在一份文件上浪费时间是很大的羞耻……

麦肯锡检察官：阁下……

韦伯庭长： 在这样的文件上浪费时间令人蒙羞。您说您有日本政府的证明？

麦肯锡检察官： 是的，庭长阁下，它由外务省文书课长矶野签署，由得到它的人证明，并有多尼希先生关于其保管的证书。

韦伯庭长： 它是首相的声明吗？

麦肯锡检察官： 是的，我可以说明在页上的"粗劣的翻译"那句话。原先细看的话，可以看到其上标着"粗劣的翻译"。文件被复制以前已经进行了仔细的核对。不幸的是，这句话留在了复制品上，实际上它的译文是正确的。

清濑辩护律师： 庭长阁下，上述被送到日方辩护律师处的声明副本并没有写出矶野的名字，写的是东京的报纸《朝日新闻》。

韦伯庭长： 这无关紧要吧。

麦肯锡检察官： 如果法庭同意，我将接着提供国际检察局文件760号。在诉讼中和译本中，它们被与田中外相在国会第54次与56次会议的两个讲话混在一起。我则把它们加以区分。

韦伯庭长： 我不清楚此事。它们是169号证据的一部分或者是单独的文件吧。

三、九一八事变的爆发经过

法庭书记官： 下一个证据是170号。

韦伯庭长： 170号。

麦肯锡检察官： 我要指出它们同样附有来自外务省的必要证明。

韦伯庭长： 包括多少证据？是不是三个被放在一个号码内？

麦肯锡检察官： 请问书记官是给它们一个号码还是两个号码？它们是两个文件，但是在分发复印件时它们被夹在一起。我所提供的则是分开的。

韦伯庭长： 我们把它们分开标记，证据170号和171号。按程序接受。

（检方证据170号和171号被接受）

麦肯锡检察官： 检方所提供的这些文件，首先是170号，显示日本在1928年仍把满洲当成中国的一部分，并且声称"对于我们来说，将这些省份纳入特殊考虑是必要的"。见第3页。

在171号文件——提交证据171号是出于两个目的。如果法庭同意，我宣读其开头的三段：

外务大臣田中男爵在帝国国会第25次会议上的演说，1929年1月22日。

诸位，我将详述作为外务大臣负责的问题。

诸位和我都满意地看到，帝国和其他缔约方之间的友谊正在热忱中稳步强化，帝国正在采取一切措施致力于世界和平，和平的基础逐年巩固。

关于《凯洛格—白里安公约》的签订：

  作为世界和平的一种手段，去年8月27日在巴黎签订的公约的意义无论怎样估计都不为过分。考虑到此事的重要性，政府认为应该派遣一位全权大使去巴黎签订公约，因此委派内田伯爵充当此任。

我还要宣读第2页第1段的最后7行。该页应该被标为第5页，因为有两页在复制中与其他页算在了一起。

  日本政府尊重中国对满洲的主权并尽力维护门户开放和机会均等原则，同时坚持认为满洲发生的任何情况都不应扰乱地方安宁，而且不能将其性命攸关的利益置于危境中。

再回到《李顿报告书》。紧接着我在几分钟前读过的部分，有华盛顿会议对日本在满洲地位和政策影响的叙述。

接着涉及日本与张作霖的关系，以及日本对维持满洲和平与治安的权力的要求。我要从42页顶端的一段开始读，是从41页底的句子开始的。

  1928年春国民党军队为驱逐张作霖势力而向北京进攻时，田中首相发表了一个声明，说鉴于日本在满洲的"特殊地位"，日本将维护该地区的和平与治安。当国民党军队呈现把战火燃到长城以北的可能性时，日本政府于5月28日向中国军队的将领发出如下通告：

日本政府赋予维护满洲和平与治安以极端的重要性,并已经准备采取一切可能的措施防止诸如扰乱和平与治安或者构成此类战乱可能性的事态出现。

在此时刻,如果战乱朝北京和天津方向进一步蔓延,并且局势严峻到威胁满洲,日本可能被迫采取合适的有效手段以维持满洲的和平与秩序。

与此同时,田中男爵发表了一个更加强硬的声明,称日本政府将阻止"溃军或追击他们的军队"进入满洲。

麦肯锡检察官:如果法庭同意,我想现在提供国际检察局文书1625号作为证据,这是1928年5月18日外务省第4号声明,其最后两段就包含了我刚才宣读的引文。这被标以证据172号,并且附有外务省关于其来源的必要证明。

韦伯庭长:按程序接受。

(检方证据172号被接受)

麦肯锡检察官:现在我要提供国际检察局文书1626号,是给1928年8月访问沈阳的林男爵即林大使的指示,用以说明日本对满洲内部事务的干预。

韦伯庭长:接受。

(检方证据173号被接受)

麦肯锡检察官:如果法庭同意,有来自外务省秘书课的必要证明。

韦伯庭长:按程序接受。

……

麦肯锡检察官:

其序言说:作为外务大臣田中的私人代表,同时也作为逝者的个人朋友,林大使于1928年7月28日离开东京,经大连前往沈阳出席已故张作霖的葬礼。在参加了8月5日的仪式以后，他于8月8日、9日和12日与张学良就满洲的各种问题，特别是双方妥协的问题交换了意见。8月13日他离开沈阳，经安奉铁路于8月16日回到东京。

第1段：满洲是日本的前哨——这是给林大使的指示——我们对维护这个地区的和平与治安极其关注，因为它同时影响日本和朝鲜。但是，我们完全没有搞一个在满洲的附属国或者为了领土野心而侵略它的意图。

第3段：根据上述日本的立场，我想在当前局势下与中国南方妥协是令人非常不快的；幸运的是，张学良从他作为保安总司令的职责出发，考虑了各种关系，已经自愿决定不再继续他的调和。从此，只要是他自愿做的事情，日本将在幕后尽可能与他合作。我想，通过这个办法可以毫不费力地使东三省成为全中国最先进的地区，这将有利于这块土地上的人民，也有利于日本，最终从整体上同样有利于中国。如果张作霖大帅还活着，我相信他会追求这样一个进程。对张学良先生来说，如上述那样继续努力，可以说是走上了实现已故大帅遗愿的道路。

如果敌人入侵东三省，日本根据现有政策，决心不吝任何牺牲维护和平与治安。

关于防卫，这个文件中有一些不恰当的内容。一份已经递交的译本是不正确的。我已经对此加以修正，但是在某些方面的错误还没有被消灭，我的同事专门处理这些问题。而我所宣读的这份准确无误。两者没有很大的区别，除了用张学良的名字代替张，以区别两个人。

……

麦肯锡检察官：如果法庭同意，我们再回到《李顿报告书》来，如果能够的话，我将对其中的很大一部分加以解释。第3段的第3部分是关于中日满洲问题的。先读一下该段开头的两句：

在四分之一世纪里，对满洲的国际政治主要是铁路政治。纯粹的经济和铁路营运性质的考虑已经被国家政策的专横所掩盖，其结果，不能说满洲铁路对该地区的经济发展做出了其最大的贡献。

报告书说，"南满铁路服务于日本在满洲的'特殊使命'"，接着论述其"与'平行线'的冲突"，无论其本身就是，或者是一个由"条约权利"或"秘密协议"引起的问题。

接着阐述"措辞如此庞杂和缺乏技巧的语句翻译"导致的困难。随后继续讨论日本为建设铁路的贷款及其引起的各种铁路问题，以及重要的意见分歧。

第49页第4部分阐述"1915年中日条约和照会以及相关议题"。首先讨论的是"1915年二十一项要求和条约、照会"，其中涉及的各种争议包括"关东租借地和南满及安奉铁路地带期限的延长"、"铁路地带"、"土地争议"，以及在铁路地带的征税权。"日本保留南满铁道守备队的权利是一个重要议题"。我接着要读第51页最后一段的头4行。

关于日本铁道守备队的议题导致几乎连续不断的麻烦。它们也是如上所述在满洲的国家政策根本冲突的晴雨表，而且是一系列导致可观生命损失事变的原因。

关于日本铁道守备队在铁路地带以外的活动，我要宣读第52页倒数第3段的4、5行。

守备队成员是日本正规的士兵，他们获得或者未获得中国当局允许，通知或者未通知中国当局，频繁进入铁路地带以外实施警察职能或者演习。这些行为对中国人无论是官方还是民众来说，尤其令人切齿，被认为违法，具有引起不幸事件的挑衅性。

接着讨论整个地区的领馆警察和日本关于使用他们具有合法性的声明。该部分剩下的篇幅讨论日本根据1915年条约声称的其他权利。

第五部分讨论"满洲的朝鲜问题"，特别是产生于"在满洲朝鲜人双重国籍"的问题。

现在翻到第61页。我要宣读第一段，其说明万宝山事件及其在朝鲜引发的排华骚乱，以及在作证全过程中提到多次的中村大尉事件。

> 万宝山事件和中村大尉事件，被公认为直接导致满洲的中日危机的原因。然而，前者的内在重要性在很大程度上被夸张了。对于发生在当地实际上并没有严重伤亡的万宝山事件的耸人听闻的说明，导致中国人和日本人之间的灾难性感觉，并在朝鲜造成朝鲜人针对中国侨民的严重攻击。这些排华骚乱，反过来促成了在中国的抵制日本的行动。日本自己判断，万宝山事件并不比过去几年中满洲发生的几次涉及中日军队或警察之间的冲突更加严重。

现在翻到第63页，是关于中村大尉事件的最早的声明。

> 日本人把中村大尉事件看成是反映中国人极度蔑视日本人在满洲权益和利益的一长串事件的顶点。中村大尉1931年盛夏在满洲的一个偏僻地区被中国士兵杀害。
>
> 中村震太郎大尉是一名现役日本军官，经日本政府允许，奉日本陆军命令执行任务。经过哈尔滨时，中国当局检查了他的护照，

他声称自己是一个农业专家。当时他被警告说他想去旅行的正是土匪肆虐的地方，而且这一点注明在他的护照上。于是他带上了武器与专卖药品，根据中国人的说法，其中包括非医用麻醉药。

现在看第66页上第三章最后一段的后半部分：

报刊上不时提到诉诸武力的决定，提到陆军省、参谋本部和其他机关之间为此目标而讨论计划的会议，提到关东军司令官和在9月早些时候奉召到东京、被报刊描述为如果必要就使用武力尽快解决所有悬而未决议题的鼓吹者的驻沈阳武官土肥原大佐的计划。报刊关于上述各方面以及其他一些集团情感表达的报道，均指向一个正在增长的和危险的紧张局势。

我们现在翻到第四章"关于1931年9月18日及其以后在满洲发生的事件的叙述"。这把我们带到九一八事变；如果法庭同意，我将宣读该报告接下来的部分。

在前一章，讨论了中国和日本在满洲利益之间的日益紧张，及其对两国军队态度的影响。一段时期内某些国内的、经济的和政治的因素无疑正在为日本人准备在满洲恢复积极政策。军队的失望；政府的财政政策；对一切政党不满、对西方文明和旧日本道德的折衷方式加以蔑视，并且谴责金融家与政治家利欲熏心的从军队、农村和国家主义青年中浮现的新政治力量；日用品价格的跌落，造成初级生产者指望一个冒险的外交政策以缓和其命运；贸易的萎靡，导致工商社团相信更好的经营产生于富有活力的外交政策。所有这些因素都在准备放弃币原成效甚微的与中国的妥协政策。

日本国内的这种不耐烦在满洲的日本人之间甚至更为强烈，当地的紧张气氛在整个夏天日渐令人窒息。随着9月份的一天天流逝，这种紧张达到如此程度，以至它对所有认真观察者都已经表明一个爆发点肯定就要到来。两国报纸都不是使公众的意见冷静下来，而更多的在火上浇油。日本陆军大臣在东京煽动驻满洲军队采取直接行动的充满杀机的讲话见诸报端。中国当局因为仔细调查和更正中村大尉的杀害者而耽搁时日，尤其激怒了在满洲的日军青年军官。他们明显表示出对不负责任的中国官员在街头或饭店或其他地方发表的同样不负责任的评论与诽谤十分敏感。这样就造成了下述事件的基础。

9月19日星期六清晨，沈阳市民一觉醒来，发现他们的城市已经在日军的控制之下。整个夜里都可以听到开火的声音，但并没有任何异常，这在一个星期以来的每天夜里都司空见惯了，因为日本人一直在进行使用火力猛烈的步枪和机关枪的夜间演习。事实上，9月18日夜间炮弹的爆炸声造成了能辨别出它们的少数人的惊恐，但是绝大多数市民认为这种开火是日本人的例行公事，只不过是比平时更吵闹了而已。

如果评估这次事件的极端重要性，如前所述，它是对整个满洲实际军事占领行动的第一步。调查团对当天夜里的事件进行了广泛调查。当然，具有重要价值和引起兴趣的，是日本和中国军方相关指挥官的正式说明。日方的说明由该事件最早的证人河本中尉，以及承担进攻北大营任务的大队指挥官岛本中佐、占领内城的平田大佐提供。我们还听到了关东军司令官本庄中将以及他的几个下属的证明。中国方面的材料由北大营中国军队指挥官王以哲将军提供，由他的参谋长和当时在现场的其他军官个人陈述补充。我们也听取了张学良元帅和他的参谋长荣臻将军的证明。

根据日方的版本，河本中尉和他手下的六个人，9月18日晚上正在巡逻值勤并沿着通向沈阳北的南满铁路边实施防御训练。他们正朝沈阳方向南行。当夜月光皎洁,但是夜色中视野并不开阔。当到达一条小路与铁轨交叉处时,他们听见身后不远处传来一声爆炸的巨响。他们转身跑去,大约跑了 200 码,发现下行线有一段铁轨已经被炸开。爆炸发生在两条铁轨的衔接处。所炸铁轨末端被干净地切断,出现了一个 31 英寸的缝隙。到达爆炸现场后,巡逻队遭到来自铁路东面田野里的火力袭击。河本中尉立即命令手下展开火力回击。攻击方大约有五六个人,随即停止射击并向北撤退。日军巡逻队立即追击,大约跑了 200 码,他们又遭到一支大部队的射击,估计有三四百人。发现自己陷于被大股兵力包围的危险,河本中尉命令他手下的一名士兵向正在其北边大约 1 500 码地方指挥夜间演习的第三中队长报告,同时命令另一个人通过现场附近的电话机向沈阳的大队部要求增援。

就在这个时候,听见从长春往南开来的列车隆隆驶近了。担心列车到达被破坏的铁轨处倾覆,日军巡逻队退出战斗,在铁道上放置了爆鸣器,希望警告这趟列车。然而列车仍然风驰电掣地前进。当它到达爆炸点时,人们看见它晃动起来并向一边倾斜,但又恢复平衡并且不停顿地通过了该处。列车预定 22:30 到达沈阳,它是准时到达的,河本中尉据此判断,他开始听到爆炸声必然是在 22:00 左右。

接着又开始了战斗。川岛大尉和第三中队听见爆炸声向南赶来时遇见了河本中尉派来报告的士兵。大约在 22:50,该士兵领着他们赶到现场。与此同时,大队长岛本中佐接到电话报告后,立即命令沈阳城内他身边的第一和第四中队赶往当地。他同时向驻扎在抚顺、隔着一个半小时路程的第二中队发出尽快加入行动的命令。两个中队从沈阳坐列车赶往柳条湖车站,然后步行前往事发地。在半夜稍过一会到达了现场。

当两个中队从沈阳赶到时,得到川岛中队增援的河本中尉的巡逻队仍然在抵抗隐蔽在高粱地里的中国军队的火力。虽然当时岛本中佐的部队只有500人,而他相信北大营里的中国军队有1万人,他仍然立刻命令向北大营发起攻击。正如他告诉我们的,他相信"进攻乃最好的防御"。铁路和北大营之间大约相隔250码,由于是沼泽地,大规模穿越十分困难。正当中国军队被赶回这个地区时,野田中尉奉命带领第三中队的一个小队赶往铁路线拦截中国军队的后撤。当日军到达灯火通明的北大营时,第三中队开始进攻,成功占领了其左侧一角。进攻遭到大营内中国军队的猛烈抵抗,激烈的交火持续了几个小时。第一中队从右翼进攻,第四中队则进攻中间。凌晨5:00,兵营南门被中国人遗弃在对面左侧房屋内一门小炮的两发炮弹炸开。6:00,日军以死2人、伤22人的代价占领了整个兵营。在战斗中,兵营的一部分着火,剩余部分被日军于19日晨放火烧毁。日军声称他们掩埋了320名中国死者,但只发现了20名伤者。

与此同时,战斗也以同样的迅速和彻底在其他地方进行。平田大佐在22:40左右收到岛本中佐的电话,说南满铁路已经被中国军队破坏和他准备对敌人发动进攻。平田大佐批准了岛本的行动,而他自己则决定进攻内城。23:30,他的部队集结完毕,开始了行动。没有遇到什么抵抗,只有街上零星的战斗,大多数都是与中国警察之间的,后者有75人被击毙。到2:15,日军翻越城墙。3:40,完全占领了内城。4:50,平田大佐收到消息说,第二师团本部和第十六联队一部已经在3:30离开辽阳。这些部队在5:00刚过就到达了。6:00,占领了东城墙。7:30占领了兵工厂和飞机场。然后发起对东大营的进攻,到13:00没经过什么战斗就占领了。这些战斗的伤亡情况是7个日本人负伤和30个中国人战死。

就在18日当天,本庄中将刚从他视察的旅途中返回。夜里大约23:00,接到报社记者电话,第一次得知在沈阳发生的事件的消息。参谋长则在23:46收到电报,从沈阳的特务机关那里得知了进攻的详情。于是立刻对在辽阳、营口和凤凰城的部队下达赶往沈阳的命令。同时命令在旅顺港的舰队出发前往营口,并要求朝鲜的日本驻屯军司令官派兵增援。凌晨3:30,本庄中将离开旅顺,于中午到达沈阳。

根据中国方面的版本,日军进攻北大营完全是蓄意所为的事件。

9月18日夜,第七旅官兵约1万人全部在北大营内。根据所收到的9月6日张学良元帅的指示,在当时紧张的气氛中,必须特别注意避免任何与日本军队的冲突。大营哨兵仅仅携带没有子弹的枪支。同样的原因,关闭了兵营泥墙面向铁路的西门。9月14、15、16和17日,日军在兵营四周举行了夜间演习。18日19:00,他们在一个叫文官屯的村庄进行演习。21:00,一名姓刘的军官报告说,一列有三节或四节车厢,但没有通常那样的火车头的列车停在那里。23:00,听见了巨大的爆炸声,紧接着是枪声。参谋长打电话向正在离铁路不远的兵营南面六七英里处私宅的指挥官王以哲将军报告。当参谋长还在打电话时,又有报告说日军开始进攻兵营,两名哨兵受伤。大约24:00,对兵营西南角开始总攻。24:30,日军开始通过一个墙洞蜂拥而入。参谋长立刻下令熄灭灯光,并再一次用电话向王以哲将军报告。后者回答说不得抵抗。早在10:30,就已经听到远处大炮从西南和西北方向开火了。半夜,炮弹开始落进兵营。六百二十一团的部队撤退到南门时,发现日军正在进攻该门,守卫部队正在后撤。他们于是隐蔽在一些壕堑和土垒工事中,直到日军士兵一直冲进兵营内,他们才得以从南门逃了出来,在大约2:00到达兵营东北的二台子村。其他部队则逃出了东门,经过东墙外空荡荡的兵营,最终在3:00~4:00间到达了上述村庄。

仅有的抵抗来自驻扎在东北角房屋和其南面第二幢房屋的六百二十团。该团团长声称，凌晨1:00日军进入南门时，中国军队从一幢房屋撤往另一幢房屋，让日军去进攻空无一人的建筑。中国军队主力撤走后，日军转而向东，占领了东面的通道。六百二十团这时发现他们被单独分割开，唯一的选择是强行冲开一条路。清晨5:00他们开始突围，但是一直延续到7:00才最后完成。这是唯一的发生在兵营里的战斗，也是造成伤亡的主要原因。这个团最后也到达了二台子村。

刚刚集结完毕，中国军队就在19日清晨离开村庄前往东陵车站。他们从这里到达靠近吉林的一个村庄，在此获得了冬衣。一名姓王的大校被派往熙洽将军处取得军队入驻吉林城的准许。吉林城内的日本居民对中国士兵的到达战栗不已，日本人马上就从长春、四平街和沈阳调来了军队。结果，中国军队又向沈阳方向返回。他们在沈阳城外13英里下了列车，分散成九队，乘夜色绕过沈阳城前行。王以哲将军穿过小城镇时，为防止日军发觉而装扮成一个骑马的农民。清晨，日军探知他们的消息，派出飞机轰炸。他们在白天不得不隐蔽起来，只在夜里继续行军，最后终于到达京奉线的一个车站，在这里他们要了七列列车，列车于10月4日将他们带进了山海关。

这就是由双方参与者告诉调查团的所谓九一八事变的两个不同版本。显然，也很自然的是，他们的说法不同，互相抵牾。

以下是调查团的意见：

注意到这次事变之前的紧张局势和强烈感受，认识到不同的利益相关者特别是对发生在当天夜里事件说明的迥异，调查团在滞留远东期间，会见了尽可能多的事变发生时或者其不久后在沈阳的具有代表性的外国人，包括已经得到了日本官方的第一份描述的报社记者和事变后不久访问过冲突现场的其他人。通盘考虑这些意见以及利益相关方的说明，在对可观数量的书面材料进行慎重研究，并且仔细权衡了或者被提供的或者搜集的大量证据以后，调查团得出如下的结论。

日中两国军队之间无疑存在着剑拔弩张的气氛。日本军队，正如有证据向调查团做出的说明，已经仔细制定了计划以应对他们与中国军队之间可能出现的战事。9月18日夜至19日，这个计划被付诸快速的和准确的实施。中国方面，根据第69页上的阐述，并无进攻日本军队，或者在这个特殊时间与地区危及日本国民生命与财产的计划，他们并未对日本军队做出有协调有指挥的进攻，而是被日军的进攻和接下来的行动所震慑。一场爆炸毫无疑问地发生在9月18日夜22:00至22:30之间的铁路线上或其附近，但其对铁路的破坏，如果存在的话，在事实上并没有阻止从长春往南列车的准时到达，而且其本身也不足以充分证明军事行动的正当性。上述日军在当天夜里的军事行动，不能被认为是合法自卫的措施。当然在这一点上，调查团不排除如下假设：现场指挥官可能认为他们是在采取自卫行动。

现在必须叙述其后发生的事件。

9月18日夜，在满洲的日军部署如下。

报告叙述了日军的部署情况。下一段说：

所有在满洲的日军，以及一部分在朝鲜的日军，几乎同时参加了在9月18日夜里对从长春到旅顺的整个南满铁路地区的行动。他们的全部力量如下：第二师团5 400人和16门野炮，铁道守备队大约5 000人，宪兵队大约500人。驻扎在安东、辽阳和其他较小城市的中国军队未经抵抗就被击败并解除了武装。当第二师团迅速集中到沈阳参加更大的行动时，在这些地区留下了铁道守备队和宪兵队。第十六联队和三十联队及时赶到参加平田大佐的部队并帮助夺取东大营。第二十师团的三十九混成旅团（4 000人并有大炮）在19日上午集中到朝鲜边境的新义州，21日渡过鸭绿江，当天半夜到达沈阳。从这里派出了分遣队前往辽源和新民，并于22日加以占领。

长春宽城子和南岭的中国驻军，估计有1万人和40门炮，9月18日晚遭到由长谷部少将指挥的第二师团第四联队及驻扎在那里的第一铁道守备大队的进攻。中国军队进行了一些抵抗。战斗从半夜开始，19日11:00南岭兵营被攻克，宽城子兵营在当日15:00被占领。日本方面的总伤亡情况包括3名军官和64名士兵战死，3名军官和85名士兵受伤。在沈阳的战斗刚刚结束，第2师团各联队就集结到长春，多门将军及其参谋，第三十联队和1个野炮大队于20日到达，天野将军指挥的第十五旅团于22日抵达。不费一弹，21日就占领了吉林。中国军队转移到八英里远的地方。

当时一份半官方的日本报纸《亚洲先驱》声称所有军事行动都被认为是完成了，预计没有进一步的调动。接着实际发生的军事行动归因于中国人的挑衅：20日在间岛发生的反日示威，龙井村火车站的铁轨遭破坏，以及9月23日在哈尔滨发生的并未伤及日本人的一些炸弹的爆炸，都被提及作为此类挑衅的例子。此外还有对日益滋长的盗匪和散兵游勇的抱怨。所有这些事情据说都迫使日本不得不采取新的军事行动。

麦肯锡检察官：如果法庭同意，现在我要提供国际检察局文件第2007卷第7部分中的证据，标题为"在联合委员会调查珍珠港事变以前举行的程序听证报告",是包含前美国国务卿科德尔·赫尔阁下作誓证词的一卷。它是我们根据《远东国际军事法庭宪章》第13条规定提供的美国政府正式记录的一部分。这一部分于上周五作为书证提出,由法庭登记官寄存。它现在刚刚被送进法庭。

（上述文书被标以检方证据174号,以资识别）

麦肯锡检察官：如果法庭同意,我要提交证据174号,即上面已经提到的文书,宣读其中已经被处理成英文本和日文本两种并且分发给辩护律师的节选。

韦伯庭长：按照程序收录。

（检方证据174号被法庭接受）

麦肯锡检察官：我还要说,如果法庭同意,根据法庭规则,我还保存着第2009卷和第2010卷,其中包括赫尔先生在交叉询问中作证的全部其他内容。现在从第1076页的节选开始(宣读)。

总统和我都记得并且思考着日本在远东的过去侵略的记录和现在的发展趋势。

日本几乎在作为近代国家出现的同时,就一直采取军事扩张的政策。在过去的大多数时期,除了某些近代化力量显示出占有支配地位的短暂阶段以外,在一个侵略步骤和另一个侵略步骤之间的只是巩固阶段而已。

1895年,紧接着赢得对中国的战争,日本吞并了福摩萨[1],并且试图在满洲取得立足点,但未能成功。

1905年日俄战争以后,日本通过取得关东租借地和南满铁路的所有权,在满洲建立起它的基地。与此同时,日本还获得了南萨哈林岛。

---

[1] 指台湾。

1910年，日本在经过多年的压迫和阴谋的侵占，吞并了朝鲜。

1915年，日本利用它与欧洲盟国在反对德国的战争中结盟的优势，向中国提出了臭名昭著的二十一条。

第一次世界大战末期，日本参加了1921年至1922年的华盛顿会议，成为在那里签订的条约缔约方。在这些条约中有关于中国的原则和政策的《九国公约》。公约建议向中国提供充分的、完全没有障碍的机会去发展和维持它有效率的和稳定的政府。日本保证对中国实行作为《九国公约》基础的自我约束的政策。然而，在1927年田中内阁上台以后，日本于1928年对中国采取了所谓积极政策，它显示出日甚一日干涉中国国内事务的趋势。

1931年，日本侵入满洲，然后在那里建立了以"满洲国"为名义的傀儡政权。通过这个公然违背《九国公约》的行动，日本彻底背离了在华盛顿会议公约基础上的合作政策。

我回忆起1934年年初，我如何欢迎日本政府以外务大臣广田先生2月21日照会形式的表态。其中他说他坚定地相信在美国和日本之间不存在"根本上不能友好解决的问题"。在我同年3月3日的答复中，我重申了这个观点，并且强调我国政府通过和平方式解决问题的信念。

然而在照会交换以后不久，日本就再一次暴露出其强悍的政策制定者所追求的不断侵略的基本目标。1934年4月17日，日本外务省发言人做出一个好战的官方声明，被称为"不许干涉中国"声明。日本在其中表达了一个要强迫中国遵从日本控制和只准其他国家与中国保持日本允许的关系的目标。

现在从1081页开始读："B. 日本言行不一的记录"：

总统和我也考虑了下列事实：日本在国际事务中一贯具有言

行不一的记录。这种言行不一主要基于以下事实：日本军部本身就是法律，专门践踏文官做出的承诺。

1904年，日本保证朝鲜的独立和领土完整。1910年，日本吞并了朝鲜。

1908年，日本向美国保证支持中国的独立和领土完整，并且在那里实行机会均等原则。到1915年，日本就向中国提出了恶名远扬的二十一条。

1918年，日本加入协约国条约。据此条约，任何签约国均派出不超过7 000人的军队前往西伯利亚去保卫今后可能为俄军所需要的军事仓库，以帮助俄国人组织自己的自卫，〔1〕并且帮助捷克斯洛伐克军队从西伯利亚撤离。在这次冒险行动中，日军找到了吞并东西伯利亚和派遣超过7 000人军队的机会，但未能成功。

1922年九国公约中，日本同意尊重中国的主权、独立、领土和行政完整，并且同意运用它的影响在那里确立机会均等原则。自从1931年军事占领和经济统治以来，日本在中国的全部活动都是违背这些承诺的。

1932年11月21日，当时日本驻国联代表松冈说"我们不想要更多的领土"。同年年底，日本军队占领了整个满洲，在接下来的几年中，他们向南向西占领了广袤的中国领土。

从第1084页开始："C. 日本和美国之间的政策分歧。"

总统和我非常了解美国和日本具有完全不同的观念和政策的事实。我们实施了我国政府的许多步骤，以劝说日本采取和平政策。

---

〔1〕 这里的俄军、俄国人均指反对苏维埃政权的白俄势力。

我们回忆起1931年在侵略势力和维护和平的渴望之间的广泛冲突过程中，日本以武力进行侵略扩张、蔑视已签条约的行动。时任国务卿史汀生先生在1932年1月7日致日本政府的信函中，以及1935年2月25日致国联秘书长的信函中，表达了我国政府对日本在满洲行动所持的反对态度。

如果法庭同意，我现在把工作转交达西先生，以进入另一个阶段。

四、皇姑屯事件与关东军少壮派的崛起

达西检察官： 我们要传唤证人冈田启介。

沃伦辩护律师： 由于检察官所宣读的是证据节选，跳过了我们认为至关重要的段落，我现在请求法庭允许我们也来宣读已经提交的同一证据的另一段节选。

韦伯庭长： 这脱离正常审判的程序，我认为缺乏允许的理由。

（冈田启介被作为检方证人传唤，在宣誓后通过日语译员作证如下）

直接询问（由达西检察官询问冈田启介证人）

问：请说您的名字。

答：冈田启介。

问：我向您展示国际检察局 1749 号文书，请您查看并且说出它是什么，如果您知道的话。

答：我不太懂英文。

问：这是您签过字的文书吗？

答：这确是我宣誓后签字的证词。

问：其中的陈述是否完全由您自由和自愿做出的？

答：是的。

问：每一项陈述都由您带来的译员替你翻译成日文吗？

答：是的。

问：它们是由国际检察局译员译成英文的吗？

答：是的。

问：其中的陈述是否真实？

答：有三处做了更正。

问：就是上个星期三上午您向我提到的更正？

答：是其中的两点。

问：哪两点？

答：一点是关于本庄将军的。

问：就是显示在英文本第 2 页最后一段的吗？

答：是的。

问：那个不正确的一段，是关于本庄将军什么事情的？

答：如果日期纠正为 1931 年夏天以后，就正确了。

问：我能理解为您所说的关于本庄将军的那一段陈述是对的，除了它应该出现在证词关于 1931 年夏的那一部分以外吗？

答：是的。

问：另一个纠正呢？

答：另一个是关于田中向我和白川转述的天皇的话。不是天皇说"这样干"，是田中说他要做而天皇批准的。

问：我能理解为如您上周三向我指出的那样，您希望第 3 页第 1 段第 6 行"告诉他"那个词……就是你希望用"同意"一词来代替"告诉他"一词吗？

答：是的。

问：还有其他纠正吗？

答：对我来说，无论是否需要做出其他纠正，都没有区别，因为它们涉及的是我的与这个证词内容无关的个人履历。

问：在宣誓证词里做出这些更正的叙述真实吗？

答：这与证词无关。

问：做出您所建议的更正后，宣誓证词的叙述可靠吗？

答：无论是否做出纠正，我所提供的事实都确凿无疑。

达西检察官：我将此文书提交为证据。

法庭书记官：它被编为第 175 号。

（上述文书被标以检方证据 175 号，以资识别）

韦伯庭长：按程序收录。

（检方证据 175 号被接受）

达西检察官：庭长先生，为了避免翻译中的混乱，我要根据记录中的纠正都将得到落实的理解，对文件照本宣读。

韦伯庭长：我们现在休息 15 分钟。

（14:45 开始休庭）

（15:00 重新开庭）

法庭执行官：法庭现在继续开庭。

达西检察官（宣读）：

我，冈田启介，宣誓并作证如下。

我于明治元年（1867 年）出生在日本福井县，明治三十二年（1899 年）毕业于海军学校，自此到大正九年（1920 年），我一直在日本海军服役。这些年中担任过以下职务：

明治三十七（1904 年）至三十八年（1905 年），浪花舰分队长，以后是该舰舰长（属东乡海军大将指挥）；

明治四十一年（1908 年），晋升海军大佐；

大正二年（1913 年），鹿岛舰舰长；

大正二年（1913 年），晋升海军少将，佐世保镇守府司令官；

大正六年（1917 年），晋升海军中将，佐世保镇守府司令长官。

从大正九年（1920 年）至昭和十一年（1936 年）间，我在日本政府与海军中担任如下职务：

大正九年（1920 年），海军次官；

大正十三年（1924年），晋升海军大将，军事参议官；

大正十三年（1924年）12月，联合舰队司令长官；

昭和二年（1927年），横须贺镇守府司令长官；

昭和二年（1927年），田中内阁海军大臣；

昭和四年（1929年）7月，从内阁辞职，军事参议官；

昭和七年（1932年），斋藤内阁海军大臣；

昭和八年（1933年）1月，辞职，编入预备役；

昭和九年（1934年）3月，内阁总理大臣。

在大正九年（1920年）至昭和十一年（1936年）期间，我先后担任海军次官、田中内阁海军大臣、军事参议官、斋藤内阁海军大臣，以及日本首相职务。智慧地和有效地执行官方义务，承担责任，是我的职责，我做到了。所有可用的官方情报渠道使我得到尽可能多的关于时局、发生的事情、议题和事件的消息。此类情报渠道还包括：行政官员及职员会议和我的幕僚的报告，与阁员、各任首相、国会成员和其他政府官员等所有能够接触关于这些事务的情报渠道的人的会议，内阁会议，军队联络会议，军事参议官和其他政府机构会议，以及正式的政府报告、新闻等。在这样得到的情报基础上，针对所出现情况的必要性和适当性，我在承担关于当前议题和问题的义务并履行职责的过程中，采取了官方措施。

我在田中内阁担任海军大臣职务期间（昭和二年（1927年）至四年（1929年）），日本声称通过条约、协定等在满洲获得了实质性的权利和利益。田中内阁的政策是通过与满洲当局的合作，最大限度地扩张和发展这样的权利和利益。在掌握和适用对满洲的政策方面，田中内阁比起它的前任内阁来更具有相当程度的活跃性、确定性和积极性。

与相关方案联系，田中计划与作为大帅和满洲独裁者的张作霖合作并且加以利用。当张作霖拒绝日本的许多要求时，田中就在日本可能支持他在满洲领导地位的基础上与他讨价还价。日本给了他相当的支持，特别是在大正十四年（1925年）郭松龄倒戈事件上。

虽然田中一直采取张作霖必须返回满洲、只关注满洲事务的立场，并且这样劝告他，但田中内阁仍然感觉通过支持并与张作霖合作，在扩展日本在满洲的利益方面取得了重要进展。

昭和三年（1928年），当张作霖的军队被国民党军队打败时，田中再次奉劝他不要过晚地把自己的部队撤回满洲。这次，由于窘迫的战局，大帅被迫采纳该建议。

就在这个时候，本庄将军麾下司令部设在沈阳的日本驻满洲军队，对田中内阁与张作霖就日本在满洲利益进行合作与谈判的政策表示不满。他们已经等不及谈判，不耐烦地要使用武力占领满洲。该部队中的一个已经完全孤立了本庄将军、隔断了他与部队联系的军官派别或集团，阴谋策划张作霖返回满洲时将其刺杀。他们决定在昭和三年（1928年）6月4日张作霖乘坐的北京至沈阳的列车到达沈阳郊外时，在轨道上实施爆炸。正如计划的那样，张作霖在爆炸中丧生。这个由关东军中一个集团所策划与布置的事件，代表了田中政权时期军队干预政府政策的第一次公开行动。事件的发生使田中内阁对满洲计划遭受困境和损害，并且出现最终导致其辞职的危机。内阁立即知道了事件，非常震惊而且极为关注。田中首相感觉十分忧虑和悲伤，赶往皇宫向天皇原原本本地奏言了事件经过。从皇宫返回后，田中首相召集陆相白川大将和我开会，会上他宣布天皇告诉他，他（天皇）认为现在正是对军队严格纪律约束的时候，希望采取适当的措施。田中声称自己已经决定采取适当的步骤维持军纪。陆相白川将军和我表示了对田中决定的衷心支持。然而，当陆相把事情提交到陆军省时，遭到参谋本部成员和其他军官的强烈反对，以致他无论怎样都不能做出决定或取得进展。陆相告诉田中和我,陆军方面的反对是基于以下理由,即采取行动惩罚责任者将向公众暴露陆军当时希望掩饰的一些事情。

几天后,田中叫我去单独商量这个问题,并且告诉我他对这件事计划亲自做些什么。我对此也同意了,但是陆军反对加强军纪约束的态度如此强烈,以至田中束手无策。在此期间,陆军的议题和态度在内阁以外甚至政党之间成为争论的话题。内阁在控制和约束陆军方面软弱无力,迫使其在昭和四年(1929年)7月1日辞职。

暗杀张作霖以后,陆军对参与政府关于满洲政策制定的影响日甚一日。从昭和四年(1929年)田中内阁倒台到昭和七年(1932年)斋藤内阁建立为止,我一直是军事参议官。在此期间我经常有机会与访问我家或者在公共社交场合见面的在任阁员及其他政治家和政府成员讨论,话题涉及日本政府方面对于陆军如果不在满洲使用武力建立日本的傀儡政府、满洲问题就永远不能解决的哲学的关切。日本陆军的立场和政府对此无力控制,引起了我的深深的不安。这一时期,局势对所有关心它的日本人来说已经不是秘密,陆军占领满洲只是一个时间问题。昭和六年(1931年)上半年,我接到了许多关于陆军正在策划一次可能成为占领满洲基础的事变的报告。与此同时,大川周明正在导演一场旨在培植公众支持陆军行动的情感包括公开演讲和出版在内的宣传战。注意到大川在海军学校作这样一场演讲,我十分不快。这样一个人居然被允许在学生面前演讲尤其使我恼怒。

昭和七年(1932年),当我作为海军大臣参加斋藤内阁时,我从使我自己了解最近几个月事态变化而送来的报告中,以及我与阁僚和其他政府官员的谈话及会议中得知,昭和六年(1931年)9月18日夜里发生的事变,是由关东军内小集团策划与安排的,它在陆军占领满洲过程中包含将采取进一步行动的警告的严重性。这些年中，陆军完全置身于政府控制之外，无法对其加以任何羁束。上述消息补充和证实了我从当时新闻报道、政府发布、在田中内阁倒台和斋藤内阁建立期间与其他政府官员接触而得到的消息。如前所述，昭和六年（1931年）上半年，陆军用武力占领满洲仅仅是时间问题，在政界已经是个被设定的事实。我知道大川周明作为一个政治领导人，当时因为站在关东军立场上活动而名噪一时。关东军中有许多青年军官被卷进去，我现在想不起他们的名字。以当年9月18日的所谓沈阳事变为开端，占领满洲在当年下半年变成现实，但事件并没有通过一场震动而使日本的官员幡然醒悟。所有当地的日本陆军都立即参加行动，包括驻朝鲜日军，该部未获得天皇上谕而越过边界参加了行动，被称为越界事件，其在当时的日本政界创造出一个相当深刻的话题。当时我并没有关于其发生前或同时的特别的第一手消息。我通过在其发生后的官方渠道了解其中每一件事情。在当时的政界，这些消息成为政府接受的据以采取正式行动的事实和前提的基础。

　　斋藤内阁于昭和七年（1932年）5月执政，如前所述，我是其海军大臣。我的内阁成立于昭和九年（1934年）7月，在政界和军界被称为"海军内阁"。陆军十分讨厌这两个内阁，因为它认为海军对这两个内阁的影响是与陆军武力扩张日本在亚洲影响的政策针锋相对的。陆军明白海军被要求组阁的原因是防止陆军擅自使用武力。与这两个内阁任期相始终的，是陆军继续努力抵销海军对日本政府的影响。这两任内阁期间发生的许多事情，显示了陆军的这种愤懑，其顶点就是昭和十一年（1936年）2月对我的暗杀未遂，导致我的堂兄弟松尾先生被杀，这是要暗杀我而搞错了。该事件是陆军中一群年轻军官针对不支持军事野心的政府的愤恨的一次必然爆发，它使天皇窘迫不已，因为它是我的内阁缺乏驾驭陆军能力的某种公开显示,并最终导致同年3月我的内阁的辞职。

　　占领满洲以后,关东军成为当地真正的政府,虽然昭和七年(1932年)上半年在满洲建立了一个所谓的独立政府。当年9月,该政府的独立性被日本想象似地承认了。该政府完全由关东军控制。这些年中日本政府无法知道关东军有什么计划与行动。陆军完全不受日本政府制约,一直到昭和十六年(1941年)大战爆发前都如此。这对日本领导各国的目标来说,是一个明显的遗憾与奇耻大辱,并且总是引起我的说不清的苦闷与恼怒。日本遭受了最严重的不公正。

签名：冈田启介

达西检察官(继续)：现在,我提请法庭注意以下事实：如同庭长阁下知道的,案件和材料的准备工作陷入困境,而且如同已经进行的每一项工作,我们目前无法知道每一个部分如何进展以至整个事实的发展。当准备工作全部完成时,还需要该证人的两份证词。为了节省时间,并且防止证人重复工作,赫尔姆先生同意现在宣读和提交其中一份证词。

经法庭同意,我让赫尔姆先生在证人进入交叉询问以前先提交他的证词。

韦伯庭长：第二份证词是不是涉及本案另一个侧面？

达西检察官：是的,它是不同的主题,是一个除了这份证词和另一份文书以外,其他工作均已经完成的侧面。

韦伯庭长：您愿意现在宣读,因而推迟就刚才这份证词的询问吗？

达西检察官：当我们提交以后,他们就可以询问这两份证词。

韦伯庭长：好的,我们准许这样。

赫尔姆检察官：庭长阁下。

直接询问（由赫尔姆检察官询问冈田启介证人）

问：将军，我交给您一份文书，是检方档案 11525 号，请审查（将材料交给证人）。这是您的宣誓证词吗？

答：是我宣誓签名的证词。

问：其中所述真实吗？

答：是的，真实无误。

赫尔姆检察官：我提交这份文书作证，并请按检方序号适当标记。

韦伯庭长：根据程序收录。

法庭书记官：证据 176 号。

（上述文书被标记为检方证据 176 号接受）

赫尔姆检察官（宣读）：

我，冈田启介，以我的良心起誓以下所述都是事实。

我从昭和二年（1927 年）4 月 20 日至昭和四年（1929 年）7 月 1 日是田中内阁海军大臣，从昭和七年（1932 年）5 月 26 日至昭和八年（1933 年）1 月 1 日是斋藤内阁海军大臣，从昭和九年（1934 年）7 月 8 日至昭和十一年（1936 年）3 月 8 日是日本首相。

大约从昭和三年（1928 年）开始，陆军中有一个在亚洲大陆扩张的总的趋势。这个时期的首相田中将军完成了关于大陆的最终计划，并且派遣一个代表去满洲，以取得张作霖对只要在满洲具备和平条件就根据原定计划开辟新铁路线的重要认可。为了维持和平，田中首相感觉张作霖留在满洲而不是北京很重要。后来，为了防止在南满发生内战，张作霖前往沈阳并且在途中死于铁路桥的爆炸。消息传到内阁，田中首相勃然大怒，说"如果陆军干了这事，我们就再也不能实现我们的计划"。他还说，责任人必须受到严厉处罚以防止在大陆再发生此类事件。随后，在与我和陆军大臣白川将军的谈话中，田中首相与我们约定，他立即去皇宫，就此事奏闻天皇。田中首相从皇宫返回内阁后,指示陆相要对杀害张作霖的责任人加以惩罚。白川将军回到陆军省,却无法实施所希望的对凶杀责任人的惩治,因为军务局长杉山元将军、参谋总长金谷范三将军认为应该由陆军自己关注其问题和纪律。作为首相,田中将军因而无法向天皇报告说罪犯已经如御座所期望的那样受到惩罚,于是他和他的内阁辞职了。关东军通过此事证明,在东京它比政府更为强大,它的影响甚至已经扩展到了参谋本部。

当我在斋藤内阁的头七个月担任海军大臣时,因为斋藤首相推行一项削减陆军预算和拒绝给陆军增加经费的政策,内阁与陆军关系十分紧张。

当我在昭和九年(1934年)成为日本首相时,陆军的实力仍然在增加。昭和十年(1935年)真崎甚三郎大将被迫辞去军事参议官、教育总监的职务。相泽中佐为表示抗议,强行闯入军务局刺杀了局长永田中将。虽然我作为首相,对相泽事件反应强烈,敦促将该军官交付起诉,陆军却自行调查,不允许首相或内阁干预。即使作为首相,我都无力去调查陆军军官的这个犯罪。

此时林铣十郎大将是陆军大臣,在军务局长永田将军被暗杀以后,虽然我试图劝说林将军留在内阁中,说"让我们一起坚守,直到都被杀死",但仍被林将军拒绝了。他说,对于他而言,继续留在内阁会成为来自军阀扰乱和为难的口实。他推荐川岛将军继任,所有的将领都同意保护川岛。对我们所有内阁成员来说,很明显,不论谁继承林将军都会承担很大的风险。

昭和十一年(1936年)2月26日,22名军官和大约1 400名士兵举行反对政府的叛乱,在三天半时间里,东京陷入恐怖之中。叛乱者占领了首相官邸、国会大厦、内务省、陆军省、警视厅大楼和参谋本部大楼。我的大藏大臣高桥、内阁府大臣斋藤伯爵,以及渡边将军被这群使用机关枪的陆军激进派所杀。前内阁府大臣牧野伯爵、铃木枢密院议长以及我本人死里逃生。作为陆军这场暴动的结果，我和我的内阁都辞职了。

签名：冈田启介

赫尔姆检察官：辩方可以发问。

交叉询问（由清濑一郎辩护律师询问冈田启介证人）

问：我简单提出问题，并且希望得到简单的答复。我在前一份证词基础上提出我的问题。我的第一个问题关于您在其中担任海相的田中内阁的满洲政策。首先我要问的是，您所说的田中内阁关于满洲的确定的计划，意味着军事进攻还是仅仅是一个经济政策？

法庭书记官：排除一切武力的。

答：田中将军在满洲的积极政策并不靠武力而是和平实施。田中内阁执政是在昭和二年（1927年）至昭和四年（1929年）。把和平进入满洲作为向世界其他地区例如美国扩张势力的一个选择，不仅是田中内阁的政策，而且在整体上也是日本的政策。这是作为君子协定的结果，而迫使日本这样做的。

语言监督官：稍作更正：向美国的扩张被一个君子协定所阻止了。

译员：证人先生，请大声说。

韦伯庭长：您确信您替他翻译的无误吗？他所说的涉及美国，我想这使我们中的大多数人都惊诧了。

问：我要引用那个声明——那个问题。田中内阁在1927年至1929年之间执政，或多或少是老生常谈。但和平进入中国大陆不仅不是田中内阁的政策，也不是日本的政策，这个事实是由于与美国等国家之间的君子协定阻止了和平进入这些国家，而强加给日本的政策的组成部分吗？

答：当时日本人口严重过剩，如果它不向别的地方扩张，局面将不可收拾。美国试图通过加以限制而避免日本移民。我听说双方一个心照不宣的默契是，取代向其他方向扩展，日本可以在满洲和平扩展。

问：那不是田中内阁的政策——田中关于满洲的政策以及关于中国本土的政策，就是不干涉中国内部事务、并且承认中国人认为适当的行动吗？

答：我不能——我不很明白您的问题。

问：证人先生，您说的关于田中内阁向满洲和平扩展的政策，这里并不适用。这是否说，田中政策不适用于中国本土，是吗？

答：我想我可以回答这个问题。

问：我没有听懂您的话。您能用日语重复说一遍：我所说的确实吗？

答：我想田中的计划首先是和平进入满洲，然后逐步进入中国。

问：现在，我们涉及您提到的关于田中最终计划的第二份证词，这只是一个最终的计划，还是意味或表示田中备忘录本身性质的一些东西？

答：我从来没有见过被称作田中备忘录的东西，我确信这样一个备忘录是不存在的。

问：换言之，它意味着您在这里提到的最终计划不是这个？

答：我不相信田中脑子里有这样一个政策。

问：您也提到了田中内阁派代表去张作霖处的事实。他是一个什么人？您能说出他的名字吗？

答：您是指我说到讨价还价——谈判的第二份证词吗？

沃伦辩护律师：如果法庭同意，我们不听他们正在说的一切。

韦伯庭长：我们不听。我想我们应该暂停，直到恢复供电，以符合本法庭宪章条款的规定。

译员：证人刚才已经陈述了，询问者能说得大声些吗？

韦伯庭长：我们休庭，明天上午 9:30 开庭。

（15:41 休庭）

五、田中、斋藤与冈田内阁的内外方针

1946年7月3日,星期三
日本东京都旧陆军省大楼内远东国际军事法庭

(9:30 重新开庭)
(冈田启介作为检方证人被传唤,再次出庭作证如下)
……

清濑辩护律师(继续询问):

问:今天上午我的注意力被语言部引到昨天我的最后一个问题上,甚至日语——措辞不是十分准确,译成英语后意思已经有很大不同。我可以重新提出我的最后一个问题吗?就是,在此以前,日本向美国和其他地方的移民已经受到君子协定的限制,因此,田中内阁的政策,是集中向满洲和其他经过选择的地方移民吗?

答:田中首相确是这样想的。

问:田中首相感觉向满洲和其他经过选择的地方的移民是得到美国默许的吗?

答:我以为田中首相就这样相信。

问:田中首相认为这种集中移民应该限制在满洲和其他经过选择的地方,而不适用于中国本土等地?

韦伯庭长:我认为这样的问答不值得继续。我们在这里不关心移民,我们关心的是战争。

答:田中首相认为这个政策只适用于满洲和朝鲜。

清濑辩护律师：庭长阁下，许多日本居民前往满洲和朝鲜的事实成为战争的原因之一，这就是我问这些问题的理由。

韦伯庭长：现在休庭15分钟。

（10：45休庭）

（11：23重新开庭）

……

清濑辩护律师：请允许我继续询问。

交叉询问（由清濑一郎辩护律师询问冈田启介证人）

问：我问的是您的第一份证词。其中在阐述田中内阁的政策以后，谈到昭和三年（1928年）6月4日事件，显得您似乎从事件一开始就对其有所了解，然后您说您完全被震惊了。您是否知道——您是否在事件实际发生以前就已经意识到它要发生了呢？

答：我并非从一开始就知道此事。它发生以后我非常震惊。

问：然后您谈到对这件事情的处置。在日本，处理军中违法事件不是属于陆相而非首相管辖范围吗？

答：是的，正如您所说，在陆相的权限内。

问：我国政府结构中例如陆军省，应该组织一个军事法庭通过法律程序来处理这个事情吧？

答：对，正如您所说的。

问：接着，您说到田中内阁的辞职。您不认为辞职的原因不是暗杀张作霖而是处置这个事件的拖延吗？

答：田中内阁从组阁开始，就面临着许多棘手难题；对暗杀张作霖问题的处置，确实拖延了很长时间，但不仅仅是张作霖事件，还有其他问题诸如不久后签订的《凯洛格—白里安公约》导致了内阁的垮台。应该说田中内阁面临诸多困难，问题成堆促使内阁终结。

问：证人刚才证明了《凯洛格——白里安公约》问题。这个公约的签订难道没有问题？在日本，天皇具有签订条约的最高权力，而这个公约中的语句大意宣称公约应该以人民的名义签署。

答：当时我国对这个公约不符合日本宪法引发了相当的争议，公约差一点没能在国会获得通过。作为由该公约获得通过而引发的问题，枢密院成员内田伯爵被迫辞职。

问：您是否记得，除了这两个问题以外，田中内阁属于一个政党，以及政党腐败问题正在日益严重——关于政党的腐败，无论在国会内外都争吵得不可开交吧？

答：我不属于也不曾经属于任何政党，不熟悉政党内部事务。

问：尽管您不是政党成员，但您是内阁成员。难道当时就没有出现与田中内阁时期政党相关的各种丑闻吗？

答：我想我听到了此类谣传，但是我已经记不得了。

问：尽管如此，田中内阁的倒台不完全是由于暗杀张作霖吧。

答：我承认这个。

问：在证词第3页，您说军队相信满洲问题无法解决，除非在那里建立一个日本的傀儡政权。您说的这个"傀儡政权"是什么意思呢？是指一个伪政府，还是说一个已经被证明听命于日本的政府？

答：我不是指任何伪政权或者伪政府。我是指在日本监视下运行的政府，如果我可以使用监视这个词。

问：证词接下来的部分，您继续谈到沈阳事变，您的作证似乎说明你当时觉察到了大川周明等人的某些行动，您能进一步叙述这一点吗？您是否在事变以后听到了这些事情？

答：如果您仔细阅读我的证词就很清楚了。满洲事变发生在昭和六年（1931年），而我了解此次事变却在次年即昭和七年（1932年）成为斋藤内阁成员以后。当时我利用每一个可资利用的政府渠道去获得准确的情报，我可以说我的情报不仅仅是谣传或以谣传为依据，而是以我参加政府以后所搜集的官方报告为依据。因此我应该说我手头掌握的准确情报来自昭和七年（1932年）。

问：我理解了。证词接着谈到您的内阁终结前发生的事情，尤其是2月26日事件。关于这次事件，我有二、三处怀疑要询问。您依据什么判断这次事件中叛乱的目的？

答：我能要求重复一遍问题吗？我没听明白。

韦伯庭长：不用重复全部，我想重复后面一部分就够了。

问：您依据什么判断叛乱者、这些在2月26日事件中向你进攻的人的目的？

答：直到今天我都不能判断叛乱者的目的和动机。

问：我明白了。您当时没有看过叛乱者关于发动叛乱的原因的声明吗？

答：我没有见过这些。

问：因此，您在证词最后部分所说"这个事件是陆军中一群年轻军官针对不支持军事野心的现政府的愤懑的一次必然爆发"，是不正确的吧。

答：是不正确，这不过是我的推测。

问：在证词最后，您说"陆军完全不受日本政府约束，一直到昭和十六年（1941年）大战爆发"。您能进一步说明这一点吗？

答：陆军和海军都是日本政府的一个部分。历任海军大臣都试图最大程度与政府的意图和政策相配合。即使如此，也有一部分年轻海军成员——年轻军官不服从命令。

语言监督官：把"海军大臣"改成"海军大臣和陆军大臣"。

问：您在这里说的陆军，是指一部分年轻军官吗？

答：军队领导人，包括陆军和海军领导人，尽了最大努力去约束这些人，但没有能够奏效。

问：您是否能用一个词说明您在其中担任海军大臣的斋藤内阁以及您自己的内阁对满洲的政策？

答：不使用武力地在满洲扩张和发展。

问：当时海军没有在满洲建立一个常驻部门吗？

答：我想是建立了。

问：这样做的用意是什么？

答：在于熟悉满洲情形。

韦伯庭长：我们现在休庭，到 13：30 开庭。

（11：58 休庭）

（13：30 重新开庭）

（冈田启介作为检方证人被传唤，重新出庭作证）

问：在我的继续询问中，我要问另一个问题。您在证词中说，"满洲国"的独立得到日本承认，但承认是在昭和七年（1932 年）9 月 15 日，即您参加斋藤内阁期间。您能说明您作为内阁成员，为什么同意承认"满洲国"吗？

答：因为已经是既定事实，我除了随从别无选择。

问：您昨天说，在你的第一份证词中，关于您的个人生平记述有一些错误，为了保持证词的真实性，我以为您应该纠正这些错误。您能指出它们是哪些吗？

答：其中有许多错误，此刻我不记得它们了。但是，如果我有一个日文本的证词，我愿意指出它们。

问：现在我要在我这一方宣读证词。

韦伯庭长：给证人一份，给证人。

（一份材料递交给了证人）

问：请看大正六年（1917 年）开始的第一段末尾。其中说您是佐世保镇守府的司令长官，不是一个错吗？您应该是佐世保海军工厂的厂长吧。

语言监督官：纠正，将佐世保镇守府改为佐世保海军工厂。

答：甚至在此以前也能发现错误。在明治三十七年（1904 年）至明治三十八年（1905年）的部分说我是"浪花舰"分队长，以后是该舰舰长。

问：正确的是什么，如何纠正？

答：第一项，明治三十七年至三十八年，"浪花舰"分队长等，应该更正为："明治二十八年（1894年），'浪花舰'分队长（在舰长、后来的舰队司令官东乡麾下）。"

问：我要指出下一个。

韦伯庭长：行了，几乎不值得去做这些纠正。我们已经知道这个证人的层次，不需要了解他生涯的每一个细节，这浪费时间。

问：我遵守庭长的指令。还有一个，您认为为什么会发生这些错误？

韦伯庭长：这也是一个不值得回答的问题，我看不出有什么意义。他承认了其中的错误，与它们为什么会产生无关。

清濑辩护律师：辩护律师已经对这些证词的准确性充满疑虑。我已经数到了10个错误。

语言监督官：错误多到10个。

问：现在，我问您第二份证词。张作霖被暗杀时，金谷范三是参谋总长吗？

答：是的。

问：不是铃木庄六将军吧。

答：不是。

问：军务局长是杉山元？

答：我记得是杉山元。

问：不是畑英太郎？

答：我记得是杉山元。

达西检察官：庭长先生，辩护律师正在询问纠正的事情，纠正是在证词被提交为证据时已经进行的。当时证人说涉及张作霖死亡那段中的本庄，应该放在证词中叙述沈阳事变以后。

韦伯庭长：该证人证明了最重要的事情，交叉询问大部分却指向鸡毛蒜皮的琐事。我们确实需要得到帮助，但现在这样并不是帮助我们的办法。

清濑辩护律师：我以为在张作霖被杀时谁是参谋总长、谁是军务局长的问题涉及整个事变的核心。如果不允许我问这样的问题，我可以缄口不言；但我以为如果这样，就不能保证一个公平的审判了。

沃伦辩护律师：我现在可以询问吗？

韦伯庭长：可以，请尽量搞明白证人后来怎么样。

交叉询问（由沃伦辩护律师询问冈田启介证人）

问：您昨天说在日本与美国及其他国家之间有一份君子协定，您能告诉法庭是什么其他国家，哪些国家？

答：我想仅仅是美国。

问：仅仅是美国，您知道那是什么协定吗？

答：我不很清楚那是什么。

问：您为什么在并不知道那是什么协定的时候，就告诉法庭有一份与美国的未公开的君子协定？

答：我没有见过那份文件，但我从田中首相那里听说过它。

问：关于这个，田中首相告诉了您什么？

答：田中首相当时兼任外相，告诉我存在着这样一个协定。

问：他告诉您协定中说了什么吗？

答：我并不知道其内容。

问：如果您不知道内容，为什么您说它是一个与美国签订的规定在美国同意下日本人可以前往朝鲜与满洲的秘密协定呢？

答：我不知道是否有一份秘密协定，但我从当时的外相那里听说有一个彼此心照不宣的默契。

问：心照不宣的默契？请告诉法庭您说的心照不宣的默契是指

什么。

答：关于心照不宣的默契是什么，我没有足够的知识告诉法庭。

问：所以您只说您听到的，而不明白您向法庭提交的任何内容，是不是？

答：是。

问：在您的证词中用相当多篇幅说到所谓在满洲杀害张作霖的凶手。当您提到杀害张作霖的凶手时，您对其有任何个人了解吗？

答：昭和七年（1932年），我是斋藤内阁海军大臣，对此事作了充分调查。我以为我能够得到的消息是准确的。

沃伦辩护律师：如果他对这次事变有个人的了解，检察官能回到这个问题，并要求他回答吗？

达西检察官：庭长阁下，我认为证人已经回答了这个问题。

韦伯庭长：让他再次回答，以便确认。

证人：我个人对此一无所知。

问：于是您对于这个问题的全部作证就像是传闻，是吗？

答：是的。

韦伯庭长：好的，我们会知道任何事情。

沃伦辩护律师：是的。

交叉询问（由伊藤清辩护律师询问冈田启介证人）

伊藤辩护律师：我是伊藤清，是被告人松井石根的辩护律师。

问：您记得昭和二年（1927年）10月，在您担任海军大臣的田中内阁执政期间，蒋介石将军来到日本，与田中将军和松井将军举行政治会谈吗？

答：我没有任何回忆。

问：在证词中，您说在大正九年（1920年）至昭和十一年（1936年）期间，作为职责，您使用所有可能的官方情报渠道，您也确实这样做了。

这个说法真实吗？

答：是的，正如您所说。

问：您作为海军大臣所收到的情报和作为军事参议官所收到的情报，是一样的吗？

答：总体上是一样的。

问：作为军事参议官，您的职责不是主要从海军大臣那里接受军务方面的情报吗？

答：重要事件的报告是从海军大臣那里接受的。

问：您把什么都说成是重要的，但这不能说明所有的问题、所有的争论吧？

答：我通常只接受所有重要问题的情报。

问：由海军大臣决定该事务是否重要吗？

答：对。

问：所以，您关于大正九年（1920年）至昭和十一年（1936年）期间通过官方渠道接受所有可以获取的情报是您职责的叙述，严格地说应该加以纠正，对不对？

答：即使海军未能报告某些事情，我也有到海军大臣那里索取情报的自由。

问：您有这样做的自由，它却不是你的职责，是吗？

韦伯庭长：我恳请您让法庭知道这样询问的目的是什么？您试图得到什么？

伊藤辩护律师：我要证明经过审查，这个证词的证明价值十分孱弱。

韦伯庭长：好的，您必须有一个明确的目的，一个我们可以理解的目的。您的问题太笼统了，没有作用。

问：在您任首相的时候，内务大臣后藤曾经短暂执行首相职责吗？

答：是的，当二二六事变发生、我被扣留在首相官邸的时候。

问：当您被扣留在首相官邸的时候，以及您离开首相官邸以后，是这样吗？

答：那仅仅是我离开首相官邸以后的一个短时期，时间不长。

问：您在那次事变中受伤了吗？

答：我安然无恙。

问：随后，您被叛乱者逮捕并作为一名囚犯关押？

答：没有这样做的必要。

问：然后，为什么您没有直接前往皇宫，履行你作为首相的职责呢？

韦伯庭长：这样的询问极端无聊，您不必回答这个问题。

有一些能干的日本辩护律师，把交叉询问做得很出色，我就记得一个。我真希望他能站在这里。

问：在证词中，您说海军抑制了陆军，并且由于这个原因，您引起了陆军的嫉恨，但是叛乱的真正目的难道不在于陆军和海军之间的争吵，而在于他们要消灭作为首相未能履行辅弼天皇协调国家事务的职责的人吗？

韦伯庭长：您无须回答这个问题。

我想让被告人和被告辩护律师以及在场的所有人都明白，我们并不想阻止交叉询问，我们希望有意义的交叉询问，而不是徒然浪费我们时间的交叉询问。

交叉询问（由太田金次郎辩护律师询问冈田启介证人）

太田辩护律师：我是太田金次郎，土肥原贤二的辩护律师。

问：昨天在证词第七段中您说本庄将军麾下在满洲的日本陆军应该修改为"在村冈将军麾下"，是吗？

答：我说的是本庄的名字被挪错了地方，我没有说谁应该替代他的位置。

问：这不是把村冈将军也搞错了吧？

答：从来没有人对我提过这样一个问题，我也从来没有做出这样的回答。

问：然后，您在接下来的部分说："该部队中的一个已经完全孤立了本庄将军……的军官派别或集团"，本庄在这里也应该被省略，然后这句话才成立？

答：当我是斋藤内阁的海军大臣时，我调查了事变，得知一部分青年军官采取了这个步骤。

问：您接着说制定了一个当张作霖返回满洲时加以暗杀的计划，您所说的依据什么？

答：我作为斋藤内阁海军大臣调查过这件事情，我对调查结果的准确性抱有信心。

问：您不说你的发现的依据吗？

答：我只根据记忆说这些事情。

问：接着，在你的宣誓证词后面说"我经常有机会与访问我家或者在公共与社交场合见面的在任阁员及其他政治家和政府成员讨论，话题涉及日本政府方面对于陆军如果不在满洲使用武力建立日本的傀儡政府、满洲问题就永远不能解决的哲学的关切"。这个叙述的依据是什么？

答：如果您仔细阅读了证词，你对此就会完全明白。我提到了那些到我家里来说起这些人和这些事情的人。

问：您接着说："昭和六年（1931年）上半年，我接到了许多关于陆军正在策划一次可能成为占领满洲基础的事变的报告。"收到这些报告后您是否采取了什么行动？

答：那在当时是谣传。我只是在成为斋藤内阁海军大臣并调查了事件以后，才证明这不是一个简单的谣言，但这个事实是在事变发生以后才知道的。

问：您接着说："大川周明正在导演一场旨在培植公众支持陆军行

动的情感包括公开演讲和出版在内的宣传战。"您知道这个演讲的内容吗？

答：我从来没有见过大川周明，也从来没有和他说过话。那仅仅是一个公开的传闻。

问：接着，关于 9 月 18 日的事变，您说一部分关东军策划和执行了这些事件。这样说的依据何在？

答：假如您读了我在证词那一段之前所写的，您就明白了。我说过当我是昭和七年（1932 年）斋藤内阁海军大臣的时候，我就彻底调查了这件事情。调查结果证明了当年 9 月 18 日的事变。

问：我明白这一点。但是您调查过 9 月 18 日以前，也就是满洲事变爆发以前满洲的局势吗？

答：我没有调查过。

问：您完全没有调查过？

答：完全没有。

问：接着您说，"如前所述，昭和六年（1931 年）上半年，陆军用武力占领满洲仅仅是时间问题，在政界已经是个被设定的事实"。您知道大川与此相关的活动吗？

答：我根本不认识大川周明其人，而且我对这个事情没有做过任何调查。

太田：我的问话结束。

交叉询问（由高野弦雄辩护律师询问冈田启介证人）

高野辩护律师：我是高野弦雄，被告人贺屋兴宣的辩护律师。

问：在证词中，您说斋藤内阁和你的内阁尽了最大可能去约束陆军。在经济和财政领域，您在其中担任海军大臣的斋藤内阁的大藏大臣高桥，与该内阁采取步骤削减陆军预算的政策一致吗？

语言监督官：纠正，用军事预算代替陆军预算。

答：斋藤内阁的行政政策是控制或监督军事和经济支出，并减少农业人口。

问：于是，事情的进展就理所当然地不听从负责起草预算、忠实执行其削减开支政策并缩减军事支出的大藏省官员吗？

答：我认为确实如此。

问：于是，我可不可以理解为当时在大藏省主计局工作的被告人贺屋兴宣，也忠实执行了他的符合这项政策的职责，是不争的事实？

答：我认为您说的完全正确。

问：我前面的问题是围绕斋藤内阁的。现在要问，我可以认为当您是海相与首相的整个时期，贺屋兴宣对军事预算继续采取消极态度？

答：我有充分把握说他在尽可能节省国家开支。

问：您接着提到政府和海军反对陆军的政策。现在暂时把陆军搁在一边，您的内阁和您在其中充任海军大臣的内阁反对与经济扩张不同的向中国和亚洲其他地区以及南洋的军事侵略政策吗？

答：关于您的问题的第一个部分，我可以说海军从来没有反对陆军，只反对陆军中的一小群青年军官。关于您的问题的第二部分，我可以说我的内阁并未构想这种军事侵略计划和政策。

问：因此我能否理解为，既然您的内阁从来没有计划这个政策，也没有构想这样的政策，您的内阁当然没有从前任内阁继承这样的政策，也没有将其传给你的继任人？

答：您这样想十分正确。

问：现在我理解的是，军事侵略从来没有被您的内阁公开策划，也没有作为一项政策从前任内阁那里继承下来。我是否还能理解为您也没有构想或秘密策划过这样一个政策？

答：无论是隐蔽的或者公开的，都没有这样的计划——从来没有这样一个计划。

高野辩护律师：谢谢。

交叉询问（由冈本敏男辩护律师询问冈田启介证人）

冈本辩护律师：我是冈本敏男，被告人南次郎的辩护律师。

问：您从昭和九年（1934年）至昭和十一年（1936年）期间担任首相，对吗？

答：完全正确。

问：您记得那个时期谁是关东军司令官吗？

答：我想是菱刈大将，他同时兼任大使。

问：你是否记得以下事实：作为菱刈大将的继任者，南次郎将军填补了那个职位？

答：我的记忆不很准确，但我认为确是南将军。

问：但是，有一份报告说在昭和九年（1934年）12月您邀请南将军出席内阁会议，告诉了他内阁对满洲政策的意见。

语言监督官：纠正，您邀请南将军作为关东军司令官来到内阁出席会议并给了他指示。

答：对此我全无印象。

问：请用一句话概括，您的内阁对满洲的政策是什么？

答：我的内阁没有满洲政策。

交叉询问（由克莱曼辩护律师询问冈田启介证人）

问：您的内阁不反对占领满洲吗？

答：在我的内阁任期，满洲已经被占领了，没有办法反对。

问：对不起。您本人，作为斋藤内阁的海军大臣，反对占领满洲吗？

答：即使在那时，满洲也已经被占领了，我不可能反对。

问：日本政府什么时候承认"满洲国"的？

答：我想是在昭和七年（1932年），可以肯定那是斋藤担任总理大臣期间的事情。我在他的内阁只当了七个月的海军大臣。

问：您、斋藤首相和后藤在枢密顾问会议上投票赞成承认"满洲国",是事实吗？

答：我记不太清了。

问：1932年9月13日，星期二，您没有出席和斋藤首相、后藤农相讨论日本政府承认"满洲国"问题的御前枢密顾问会议吗？

答：虽然我不能确切地回忆，但是我想如果我必须参加，我就会参加那个会议。

问：在会议之前，您不反对日军占领满洲吗？

答：我有反对的权力，我没有这样做。

问：您是否愿意说明——撤回该问题。

您告诉清濑博士，您除了投票赞成日本承认"满洲国"外别无选择。还有其他任何考虑使您投赞成票吗？

答：我没有其他考虑。

问：是肆虐于中国的内战、满洲的混乱和盗匪，还是向日本蔓延的共产主义？

韦伯庭长：不允许问复合的问题。

克莱曼辩护律师：我撤回问题。

韦伯庭长：现在该休庭了。在休庭前我要说，也许我对交叉询问的辩护律师过于苛刻。毕竟，这个证人的地位和他所证明的事件的重要性使得询问十分困难，即使并非不可能。

我们现在休庭15分钟。

（14：45开始休庭）

（15：00重新开庭）

法庭执行官：远东国际军事法庭现在开庭。

韦伯庭长：好，克莱曼大尉请。

克莱曼辩护律师：如果庭长阁下觉得这是一个复杂的问题，我也有同感。除非法庭希望回答，我就撤回上面这个问题。

韦伯庭长：我们不要复合型的问题——重叠的问题，您把几个问题堆在一起了，应该避免，正如您所知道的。

克莱曼辩护律师：我撤回该问题，如果阁下同意。

问：证人先生，在表决时，对于承认"满洲国"，您觉得您所做的有利于满洲吗？

答：是的，我想我是在做有利于满洲的事情。

问：所谓有利，是否指这种承认会在原先混乱无序的满洲创造出秩序？

答：我希望会带来幸福，包括对满洲人民和日本人民。

问：那不同样是斋藤首相和后藤农相的希望吗？

答：我想是的。

问：您了解关于枢密院组织的宪法规定和天皇敕令吗？

答：我不了解。

问：您能告诉我们阁员或枢密院当然成员在枢密院是否拥有投票权？

答：我不能，我不很清楚。

问：作为内阁海军大臣，您是拥有投票权的枢密院当然成员吗？

答：我在枢密院有一票投票权。

问：每一个内阁大臣在枢密院都有这样一票，是吗？

答：是的。

问：在枢密院的全部历史上，以下是事实吧？即枢密院从来不反对内阁，仅有的一次例外发生在若槻内阁期间？

答：是事实。

问：您是否曾经与被告人平沼出席一次会议，会上被告人平沼激烈反对日本对美英开战？

答：我想不起来。

问：您能否告诉我们，在您刚才说的会议以前，枢密院是否商量过日本军队占领满洲？

答：这个，我也想不起来了。

问：您是否曾经因为您与满洲或"满洲国"相关的工作而从日本政府或"满洲国"政府那里接受过勋章？

答：这个，我也没有印象了。

克莱曼辩护律师：庭长阁下，我没有问题了。

六、军部的密谋与樱会的建立

韦伯庭长：布鲁克斯先生请。

布鲁克斯辩护律师：我是布鲁克斯，被告人大川周明的辩护律师。

交叉询问（由布鲁克斯辩护律师询问冈田启介证人）

问：证人先生，在证词中，您提到昭和六年（1931年）上半年收到了陆军正在策划一个可能成为占领满洲基础的事件的一些报告，这些报告是从哪里来的？

答：是昭和六年（1931年）的吗？

问：那是您证词中说的。

答：我把它写在证词中，是昭和七年（1932年）作为斋藤内阁海军大臣进行的官方调查的结果，我了解这个事实。

问：因此您在这里提到的这些报告是事变发生以后您进行调查的结果，是吗？

答：实际上，所有的事情、所有的消息都是在事变发生以后通过调查获得的。

问：因此，您对下一句——关于大川发动的宣传攻势的解释中说，那是以您听到的传闻为基础的，是这样吗？

答：是的，据说它们以传闻为基础。

问：您接着说大川在海军学校的一次演说引起你的不快。请问他做了什么演说？

答：我想不起演说的内容。

问：在做出相关陈述时你十分气愤，无论是您自己还是检察官对此都很清楚。关于他的演说，你气愤的是什么？

答：我从来没有机会与这个大川会面或者说话。

问：我明白您个人并不认识大川，我希望您对您说的下一句话做出解释："这样一个人居然被允许在学生面前演说尤其使我恼怒"您说的"这样一个人"是什么意思？是这个人怪僻，还是谣传他怪僻，这样说基于什么？

答：当时的公共舆论对他不很赞成。

问：不很赞成什么？

答：我想您会明白的，如果您回顾一下大川的所作所为。

问：我正在请您回答为什么您说这样一个人不能被允许演说，不要扯回到您正在提到的这些谣言。

答：大川在那时的所作所为，众所周知。

问：如果众所周知，就告诉我那是什么。

答：就是三月事变。

问：您是说他们使用鞭炮进行示威的那次国内革命吗？

答：正是。

问：现在我请您注意证词的下一段。当您说到1931年九一八事变，说它"是由关东军内小集团策划与安排的"，并且说"它在陆军占领满洲过程中包含将采取进一步行动的警告的严重性"。与此联系，您对于关东军小集团的任何阴谋或步骤有自己的察觉吗？

我希望对此问题回答"是"或者"否"。

答：如果您阅读了前面几行，您就会很容易地理解那是在斋藤内阁组成以后知道的。

问：这样，它不是来自您个人的察觉，是还是不是？

答：那是在我指导下通过斋藤内阁所能利用的所有机构进行了调查的事情。

问：我相信您的阐述,虽然您没有调查这样一个事件的某些原因,对吗?

答：对的,完全对。

问：您还有其他的书面调查报告——您拥有的关于这个阴谋与策划的公众调查记录的书面报告吗?

答：没有。

问：于是,我们只有您的进行过这样一个调查的言辞,对吗?

答：对的。

问：而且它就以您在这些证词中说的许多其他事情那样的传闻为依据,对吗?

答：有许多的证据,但都被焚毁了。

问：被谁焚毁了?

答：在东京,被B-29的炸弹。

问：对于九·一八事变之类的事情,您说具有警告随后行动的严重性。您知道任何其他可能有足够严重性以警告此类行动的事情,诸如违背条约,以及或许几百个其他的事件——在中国被马贼杀害了的几百个日本平民吗?

答：我不记得了。

问：您是否听说在日本人之间的表述,如满洲事变是"打断了骆驼脊背的稻草",导致军队被派往那里以平定无序、恢复和平?

答：是的,我知道有这些流言。

交叉询问(由冈本尚一辩护律师询问冈田启介证人)

冈本辩护律师：我是被告武藤章的辩护律师冈本尚一。

问：证人先生,您还记得在昭和七年(1932年)底制定预算时,你为制定海军预算与荒木陆相交换过意见,并为海军从陆军那里争取了1 500万日元吗?

答：我不知道预算总额，但我应该认为确实有这样一件事。

问：您是否记得在提出这个要求的时候，您威胁说如果您的要求没有被接受，您就要辞职？

答：我不记得有此事。

问：当时的陆相就是现在这里的被告人荒木吗？

答：是的，我想就是荒木陆相。

问：您是否记得，您对于陆军的慷慨解囊十分感激，并且对荒木陆相致以深深的谢意？

答：是的，我想是这样。

问：您是否记得您的继任者大角海相，在翌年即昭和八年（1933年）年底制定预算时，如法炮制，要求并且接受了陆军的1 000万日元？

答：我不记得了。

问：如果这些是成立的事实，那就说明在您证词末尾的陆军完全脱离内阁控制的断言不过是一个捏造。对此您有什么解释吗？

答：陆军对海军的态度十分谦卑是事实。

问：您因此纠正您在证词中所说的吗？

答：我不明白。

问：这就是我的问题。您刚才说陆军对海军的态度十分谦卑，但是您的证词中，您又说陆军是傲慢自大和不受内阁羁绊的。这两个声明互相参差。如果您现在的答复是正确的，那就是说您的证词错了。究竟哪一个对呢？

语言监督官：纠正一下，在涉及预算的范围里屈从于海军。

答：海军和我对于陆军的礼貌态度心怀尊敬。但是我们相信最不幸和不合时宜的是少数年轻军官的行为。对于陆军领导人，我们始终信赖。

问：那么，我可以认为您整篇证词中对于陆军的评论例如陆军想建立一个傀儡政府、陆军策划占领满洲之类，不是指这里的被告人，而是指陆军中一群年轻军官吗？

答：可以。

问：接着，在昭和九年（1934年）12月，您作为首相谴责并废除了《华盛顿海军限制条约》。这样做的原因何在？

答：这是针对条约规定。

问：我不关心法律问题。我想知道的是，什么是导致日本政府做出结论说它被迫取消条约？

答：国家局面如此，必须采取这样的步骤。

问：不仅因为国内形势这样，而且因为如果不采取这样的步骤，我国的防卫就决不可能维持。您采取此步骤不是带着这样的罪恶念头吗？

（没有回答）

问：接着，昭和十一年（1936年）6月还废除了《伦敦海军条约》。作为海军最高指挥官，您怎样看待这件事？

答：对于《伦敦海军条约》，我认为采取的步骤是恰当的。

问：您今天的作证与您在证词中的作证迥然不同，是不是因为以下原因：某些接近您的人告诉您，除非您写些有利于检方的东西，否则您就有性命之虞？

答：我相信过，我想到过即使条约被废除，通过其他方式也照样可以进行裁军。

问：您没有回答我的问题。我的问题是：当您站在国际检察局面前时，某些为您安全担心的朋友没有告诉您，除非您提出一份有利于检方的证词，否则您，您本人，就会处于接受审判的危险中吗？

答：我是海军裁军问题专家，但是如果我谈海军裁军问题，就会占用很长时间。

韦伯庭长：应该回答这个问题。

答：是关于裁军的问题吗？

语言监督官：庭长阁下，我相信证人没有理解日语的问题，我不知道什么原因。我建议由辩护律师将问题再对他提一遍。

韦伯庭长：好，让书记官读。

（该问题由法庭的日本人书记官用日语重复一遍）

答：现在我回答您的问题。对于裁军问题，我是专家，我为通晓这个事情花费了漫长的岁月。《伦敦海军条约》签署的结果，就其影响日本而言，不能用一种悲观主义的方式加以考虑，因为在那以前海军已经确立了保护日本的三项原则。

韦伯庭长：恩赛因，现在让我们听听您告诉了他些什么，您不能对着他窃窃私语。

（语言部主任霍恩斯坦·恩赛因试验了证人的耳机）

语言部主任：耳机正常工作，阁下。

韦伯庭长：请译员重复一遍。

问（对证人）：您的回答驴唇不对马嘴。我要再大声问您一遍：面对国际检察局，您身边没有一个朋友说过，除非按照检察官告诉您的去说，否则您就有接受审判的危险吗？

答：我从来没有收到任何人的这种劝说或者警告。

问：您听到过这样的流言吗，无论是从证人一方还是从辩护律师一方？

答：我从来没有听到过这样的流言。

问：最后，我可以问您的年龄吗？

答：79岁，按照日本人的计算方法。

交叉询问（由花井忠辩护律师询问冈田启介证人）

花井辩护律师：我是被告人广田弘毅的辩护律师花井忠。我有一些问题。

问：冈田内阁是因为2月26日事件而垮台，由广田内阁继任的吗？

答：是的。

问：您赞成广田内阁的建立吗？

答：对于该内阁的建立，我没有任何可以做的。

问：我相信作为您继任者的广田内阁的主要目标之一是清除2月26日事件的影响，就是清洗陆军。您对此怎么看？

答：是的，我认为应该采取这些步骤。

问：我的这个问题不仅关于广田内阁的国内政策，而且涉及其外交政策。避免制造国际事端是该内阁的任务吗？

答：是的，我认为这应该是广田内阁的政策。

交叉询问（由麦克马纳斯辩护律师询问冈田启介证人）

韦伯庭长：现在请麦克马纳斯先生。

问：冈田先生。您说接受了为您的海军预算的拨款以后，您感谢了陆相。难道内阁不应该为拨款给无论陆军还是海军负责任吗？

答：日本当时急需资金，高桥藏相别无选择。

问：当时没有召开内阁会议决定拨付给陆军和海军的资金？

答：我想有过这样的情况。

问：那么，是不是没有必要感谢陆相呢？

答：由于陆相为提供拨款付出了特别的努力，所以需要特殊感谢。

问：在为提供您的拨款付出特别努力的同时，他减少了他自己的款额吗？

答：我想是的。

麦克马纳斯辩护律师：我问完了。

韦伯庭长：好，现在应该中止了。书记长通知我说，盟军最高司令部规定了工作人员包括本法庭工作人员一周40小时的工作量。为此，本法庭必须加快审讯速度，必须预先明确开庭的时间，法庭所有工作人员都必须按时到庭。

我们决定星期六上午开庭，我们希望工作人员都参加。当然，如果工作超时，我们保证他们可以得到适当的补偿。

我们现在休庭，星期五 9：30 开庭。

（15：58 休庭）

1946 年 7 月 5 日，星期五
日本东京都旧陆军省大楼内远东国际军事法庭

（9：30 重新开庭）

法庭执行官：远东国际军事法庭现在开庭，审理向它提起的诉讼。

韦伯庭长：除了大川和我所了解的平沼，所有被告都已经出庭。我接到法庭执行官通知，平沼病重不能出庭。但是我们没有得到医生证明，我们应该有一份，应该是巢鸭监狱医生的证明。

太田辩护律师：我是被告人土肥原的辩护律师太田金次郎。我要提出两到三个迄今为止的开庭都忽视的问题。

（冈田启介作为检方证人被传唤出庭，通过日语译员作证如下）

交叉询问（由太田金次郎辩护律师询问冈田启介证人）

问：证人先生，证词中提到相泽中佐事件。您说尽管处在首相地位，你却无力调查上述事件。但实际上，在案件发生后不到一年，即昭和十一年（1936 年）7 月 3 日就宣布了判决。

语言监督官：稍作更正。您在证词中说，即使作为首相，您也无力调查陆军军官的这个犯罪。但是，您没有确认在不到一年的时间里，相泽中佐就被指控，并且于昭和十一年（1936 年）7 月 3 日被处决吧？

达西检察官：庭长阁下，我想提请法庭注意这位辩护律师在此前已经进行过交叉询问。

韦伯庭长：这不是上次的继续吗？您是说这是他第二次交叉询问？

达西检察官：他已经结束了他的交叉询问。

韦伯庭长：我对此不理解。辩护律师不能再交叉询问了。

交叉询问（由穗积重威辩护律师询问冈田启介证人）

穗积辩护律师：我是被告人东乡茂德的辩护律师穗积重威。

问：证人先生，我可以问您是否回忆得起您在任首相期间的昭和九年（1934年）于伦敦召开的海军裁军预备会议？

答：我回忆得起。

问：我的叙述中没有错误吧，就是在会上，日本海军作为其反制计划，提出了海军吨位共同最高限制原则的建议？

答：您说得不错。

问：您是否记得东乡当时是外务省欧亚局长？

答：是的，我记得。

问：您是否也知道东乡局长，对于海军吨位共同最高限制原则有一个反对意见，理由是这样一个计划将阻碍会议的成功？

答：我不知道那件事。

问：关于东乡当时就此问题表达了对首相的不同意见，您的记忆如何？

答：我不记得了。

问：您是否记得在同一年废除华盛顿海军条约的事实？

答：我记得。

问：那么，对于东乡反对废除华盛顿条约，您怎么看。

答：我不记得了。

问：那么，首相自己的意见是什么呢？

答：我的印象是，确定一个共同最高限额的观点至少应该经过美国同意。

语言监督官：如果向美国充分说明的话。

问：最后的结果怎样？

答：结果令人遗憾。

问：证人先生：您能用具体词句说明您所知道的您任海军大臣时斋藤内阁关于满洲事变的阴谋吗？

答：我知道它由关东军的几个年轻军官所执行。

问：证人先生，我的问题不是阴谋本身，而是您借以了解这个阴谋的过程。

答：政府在随后的几年中对前些年发生的事变进行了调查，我是凭借调查充分了解真相的。

语言监督官：纠正：在事件发生以后一些年中政府进行了调查，所以我知道此事。

达西检察官：不必再问了。

（证人退席）

达西检察官：萨盖特先生可以提出进一步的证据吗？

萨盖特检察官：检察官将其文件标以 490 号以便识别。它已经交给书记官，并依据法庭命令一直存放在那里。

法庭书记官：将其标为第 177 号证据。

（上述文书被标以检方证据 177 号用以识别）

萨盖特检察官：这是被告人桥本欣五郎于 1940 年写的一部书，检方不想把整部书提交为证据，而仅仅节选其第 2、3 和 4 页。

我已经告诉书记官，鉴于将来或许会提出其他节选、而现在我们面对的正是我们现在希望提供的日文本和英文本节选，我建议它也应该为识别而标记证据号。这样，我们提交什么就会被清楚地记录下来。接着我要提出下一个证据。

韦伯庭长：证据应该被正式提出。

萨盖特检察官：如果庭长阁下同意，我现在就提出。

检方现在提出的证据，是检方文档第 490 号的节选，标以 490B 号。

如果法庭同意,我们提供这个节选以证明被告人桥本于1930年积极策划满洲事变、日本退出国联、日本拒绝承认裁军协定,以及在日本本土发生的形形色色的事件。

麦克马纳斯辩护律师: 如果法庭愿意,我要对检方说明提出异议,毕竟这里已经有一个公开陈述,而且已经提交了证据。我认为检察官不应该另外增加一份公开陈述和一份额外说明来证实自己。

韦伯庭长: 他充其量是在描述节选的内容,而且是用简洁的词句。

根据程序采纳证据。

(检方第177号证据被接受)

萨盖特检察官: 如果法庭同意,检察官宣读节选。

桥本著《再造世界之路》,章标题:"对年轻人的忠告:国家的脉动"。

自从陆军大学毕业,我一直在参谋本部的俄国课,埋头于对俄国革命的研究。昭和二年(1927年),我意外地被任命为驻土耳其大使馆武官。在此期间我在土耳其首都安卡拉经常有机会与独裁者凯末尔推心置腹地交谈,与他共进晚餐。我在欧洲待了三年以后,于昭和五年(1930年)回到祖国。

在欧洲逗留期间,我研究了苏联的斯大林、意大利的墨索里尼、德国的希特勒,以及波斯的礼萨汗的政治。这都是我学习的主要对象,更不用说我所驻在国的凯末尔。我敏锐地感觉这些国家正在凭借举国一致的力量迈向政府独裁,虽然他们的要求并不清晰,其根源也不尽相同。

章标题:"我为祖国担忧"。

我在欧洲的三年期间通过日文报纸观察日本,并了解这些国家的趋势和实际状况,对上述躁动印象深刻。我清楚地意识到日本是在世界变幻的旋涡中，依然囿于自由主义范围并且认为自由主义是理想观念的唯一的国家。我认为如果日本固守这种态势，它将从国际社会的竞争中落伍，导致国家的衰败。对我来说，当时已经不是无所事事地置身海外，而是尽快返回并且为此做一些事情的时候。

幸运的是，就在此时我接到回国命令，归心似箭，横渡印度洋，往东返回我的祖国。在我 30 天的航行中，我脑子始终沉浸于怎样改造日本的问题，结果，我起草了一份比较明确的计划。一回到参谋本部，被我的想法所萦绕，我设计了几个方案，以便把想法付诸实施。虽然我不敢说这是以下结果的唯一原因，然而，满洲事变、退出国联、废弃裁军协定接二连三地发生，而且在国内，五一五事件、神兵队事件，以及二二六事件也是接踵而至。

……

萨盖特检察官：检方现在提交《木户侯日记》节选。为了让法庭知道这个提交的关联，我要说明这些节选证实了我们所说的在 9 月 18 日满洲事变前后即 1931 年 7 月至 10 月间日本军部权力的迅速膨胀。

语言监督官：书记官可以重读最后一个陈述吗？

（法庭书记官重读最后一个陈述）

萨盖特检察官：第一段节选是 1931 年 7 月 11 日的并且是检方文档 1632A 号。

在大约 10:00 回家的路上，我访问原田的家，听到了上周陆军对于减少军备特别是对于大藏省最新节省开支计划的态度趋向强硬的消息。我们担心陆军作为最后的手段会进一步向天皇申诉。

下一节选——

韦伯庭长：我认为所有这些节选应该有一个总的证据编号，同时每一段节选都加上一个字母。这也是您的想法吧？

法庭书记官：第一段节选是证据179A号，其余部分分别被标以179B至R。

（上述文档被标以检方证据第179A至179R号，以资识别）

萨盖特检察官：我能将它们连在一起并且不间断地宣读吗？

韦伯庭长：可以，它们根据程序被接受。

（检方证据179A至179R被接受）

萨盖特检察官：1632B号说：

7月13日，星期一中午，与原田、高木、酒井、冈部各位一起在东京俱乐部吃饭。原田向我们述说军部比过去更加强硬，陆军大臣准备在14日或15日觐见天皇。我想我应该把这件事向内大臣报告，于是在2点25分从新桥驿前往镰仓，向大臣转告这个消息。大臣命令我把这个消息转告给在叶山的侍从长，我立即坐公共汽车到叶山访问了在长者园的侍从长铃木。我向他转达了这个消息以及内大臣对此的看法，然后在6点30分回到家。

8月7日，星期五——乘坐早晨8点10分电车，甫到东京，即拜访原田住宅，得知以下最新政治局势与军部在3月某个时候所策划的阴谋。从控制我们国家的观点来看，军部的某种阴谋最近变得更加肆无忌惮是十分令人遗憾的。

就在国会召开的3月中旬，在陆军大臣的官邸中起草了一个计划，以中止国会会议，由小矶、建川、二宫少将为领导，桥本、重藤两中佐为辅佐进行政治变革，而大川周明与大众党一起站在他们一边。他们充满信心地计划派铃木中佐向政友会的森转达其计划，但由于该中佐出于陆军利益加以劝阻而放弃了。可以猜测，宇垣陆军大臣是这个阴谋的后台。

由最近毕业于陆军大学的各位大尉为中心,建立了一个满蒙问题研究社,上述桥本、重藤两中佐是其支持者。

陆军首脑们无法控制这种组织,因为他们自己也在策划上述阴谋。

最近陆军集团变得非常强势,有一种在行政当局和军事当局之间围绕预算草案激烈对抗的危险。

韦伯庭长:我们没有听到合适的节选,现在差不多可以结束了,萨盖特先生。

萨盖特检察官:我可以在后面继续吗,庭长阁下?

韦伯庭长:是的,只要您准备好了。

洛根辩护律师:我要一份法庭规则,这样对我听后面宣读这份日记节选就会有所帮助。我不想在每次宣读节选时都因为译文的不同而打断或者试图纠正,我希望有一份法庭制定的涉及我是应该在宣读节选时提出异议,还是等到全部日记读完再提交我们译本的规则。

例如,就在 1 分钟以前宣读的这份节选——8 月 7 日,文档 1632G 号就是其中的一份,它是关于翌年 3 月的一个阴谋,而文档的实际译本则是指上一个 3 月发生的事变。它改变了对节选的整体观念。

韦伯庭长:您的立场不会遭受偏见,如果您在您所建议的范围内提出异议。

萨盖特检察官:下一部分,如果法庭同意,标记为 1632H 号,其日期标为昭和六年(1931 年)8 月 12 日。

18:00,前往原田男爵住宅,与近卫公爵、井上侯爵一起用餐。我们听取和研究了原田在另一天告诉我的关于陆军部分人员地下活动的详情。他们 3 月 20 日推举宇垣为领袖,大行社的某位清水氏获得了 30 枚炸弹（只能作演习用，几乎没有伤害性）。但是也有消息说，炸弹已经在一个月前运回了陆军。实际上，由于已经放弃阴谋，而且为了酬劳已经集中起来的人员，他们从德川华族那里筹集了 10 万日元。

有一个脚注我要读一下："上述围绕宇垣为领袖的事实，是关于 3 月 20 日事件的，当时某个……"没有结束。

萨盖特检察官： 下一个文档是 1632D 号，标记为昭和六年（1931年）9 月 9 日，星期三：

18:30，在近卫住宅举行了一个关于当前局势的会议，参加者包括近卫、有马、冈部和我。主要是有马因为被大川周明要求通过清水参加阴谋的实施，而说明某些军官策划秘密阴谋的详情，以及 3 月中旬大川派的斗争。

有马：这个阴谋曾经一度中断，然而该想法不会消失殆尽，一旦有机会就卷土重来。因为策划这个阴谋的动力在于：① 最近，共产主义的渗透愈加明显，如果不加以控制，我国就会沦落至共产主义者手中；② 除非在帝国的规则下进行，没有一个运动能实现它的目标；③ 所以，大川派在帝国规则下倡导社会国家主义，并且建立独裁政府以取代目前的多党制度；④ 某军阀集团对此有所回应，并且为了创造这样一个犹如意大利法西斯政府的目标，而与大川派联手。

鉴于上述原因，我们不得不想出一个适当的反制措施。特别是，皇室应该充分理解局势，采取相关的必要步骤。我们发现了我们意见的共同点，并确定就这些事情尽可能频繁地会面和讨论。

接着是1632F号，1931年9月10日，星期四：

与冈部、织田两位，以及亚洲局长竝谷在近卫公爵家中一起吃中饭。竝谷告诉了我们中国局势，并提出他的意见。他认为根据局势发展，自卫行动不可避免。总体上说，我同意他的看法。

1632E号，1931年9月12日，星期六：

中午，我在银座餐厅遇到原田，详细交谈了最近军部的地下活动。

1632I号，1931年9月19日，星期六：

13:30首相前去觐见天皇。我被告知说，我们的陆军不会试图扩大事态，而是会在发现自己处在有利地位时就止步。

原田打来电话，通知我20:30在宫内大臣官邸见面。

宫内大臣侍从长、原田等均在。原田报告说他大约在18:30接到首相电话询问国家事务。他回答说军部的态度非常强硬。他又说关于内阁决定的政策，首相显得忧心忡忡，因为军部完全不接受。因此，首相希望找到控制军部的最好办法。有人说最好是寻求闲院宫的帮助，其他人则说他们应该请求元老留在东京。但是我告诉他们，首相在此危机时刻解决这个问题不应该依赖其他人。我强调没有其他选择，只能由内阁反复召开会议持续数天，并且提出它自己关于统一国家的坚定意见，即使是徒劳的。

1632V号，9月21日，星期一：

9:30我去办公室。内大臣昨晚到达东京。内大臣、宫内大臣侍从长、侍从次长、武官长和我聚集在内大臣室,讨论在中国和"满洲国"发生的冲突。

原田男爵从京都打来电话,问我局势是否有所发展,建议说如果天皇要召见闲院宫殿下,我们应该充分讨论一下殿下对天皇的应答。当天晚上,原田再次给我打来电话。他转达了西园寺公爵的话,就是当参谋总长金谷觐见天皇并且说明驻朝鲜军队为什么未经天皇批准开进满洲时必须慎重。

19:30 晚饭后,我拜访内大臣官邸,转达了原田的电话内容。在我回家的路上,我在竹内家停留了一下,但我未能见到他,他正在一个商务旅行中。

1632J 号,9 月 22 日,星期二:

13:30 我再次访问了原田先生的家。近卫、酒井、冈部、高木各位都在场。我们讨论和研究了不同领域的各种事情。

军部关于满洲的决心这样强硬,以至人们担心中央当局发出的命令也许不被理解。

天皇对首相和陆相努力不扩大满洲事变的政府政策表示满意和批准。然而,有报告说军部认为天皇的意见是被近侍诱导的结果,因而十分不满。

关于这个情形,我们认为,对于满洲政策,天皇最好不要再说任何话,除非他不得不说。我们还认为遭受军部嫉恨的元老(指西园寺)最好不要前往东京,除非那里的局势有重要变化,因为他的前往会增强军部的厌恶。

1632K 号,9 月 23 日,星期三:

14:00，出席在霞山会馆为新闻记者举行的茶会,从陆军省整备局林局长那里听到满洲事变的过程。而对于整个事件关键点铁路爆炸的原因,语焉不详。我问了他,他回答说尚未收到报告,这对我十分蹊跷。尤其是在民众以怀疑的神态谈论事变的原因时,这一点没有被公布和通知,也是令人遗憾的。

1632L号,9月29日,星期二:

9:00,我访问内大臣官邸,向内大臣报告了前一天晚上我从原田那里听到的,也就是参谋总长告诉首相的,"机会在军部被迫派兵前往长江流域时。如果此事发生了,他不希望变换统帅权——换言之,政府不应该干预军事统帅权"。

1632M号,10月1日,星期四:

16:00,我拜访原田先生,在场的还有近卫公爵和白鸟先生。我们讨论了军部的阴谋。陆军中坚分子的结合可能十分紧密,通过政变手段打破当前政党制度和在独裁体制下控制国家事务的计划甚至从昭和二年(1927)就开始制定了。这确实是一个严重的问题。对我们现在的政治家来说,要理解此类问题的危险性是不可能的,而设计出相反的措施也十分困难。无论如何,必须引导这些军阀免于将国家陷入严重的危险和不必要的牺牲中,因为这将是国家的灾难。

1632N号,10月5日,星期一:

16:30,我与近卫公爵一起拜访宫内大臣一木官邸。我们讨论了军部的顽固和阴谋，我们告诉了他所有的消息，并请求他想出最好的对策。

1632O号，10月6日：

首相似乎与内大臣谈论了严重局势。使首相担忧的是与其他方面谈判满洲问题就难免承担与军部直接对抗的风险。

1632P号，10月7日：

19:00，原田来到我家，我们一起前往内田山探望井上侯爵。我们从铃木中佐那里听取了陆军省对于当前问题的意见。铃木中佐所参加的活动并非试图立即实行国家改革，而是要在未来发生什么事情例如年轻军官发生反叛时拯救局面。在回家途中，我到近卫公爵家报告了上述情况。

1632Q号，10月14日：

中午，我前往酒井忠正伯爵住宅，与安冈正笃、冈部长景、松本学、吉田茂、后藤文夫讨论了当前问题。根据安冈的意见，军部的阴谋发展迅速，学生和浪人都卷进去了。"对此，我们必须干些什么。"他说。我们的意见是社稷会（一个过去由安冈等人计划成立的协会）作为一项固定的反制措施应该建立起来。

1632R号，10月15日：

13:30，出席报纸经理人举行的一个茶会，整备局林局长和我就局势交换了意见。他根据他自己的设想，提出以下观点：从严格军队纪律的角度花费时间解决满洲问题是不明智的。它需要迅速的解决。为此，有必要在满洲创造一个新的政权。如果中央当局给予运动的推进一个心照不宣的默认，将有利于问题的解决。

通过阐述，他指出军部对于在满洲建立一个新政权的计划仍然保持缄默的事实。另一方面，据说军部的态度突然变得强硬，是在利用满铁的内田侯爵意图一揽子解决悬而未决的问题、在满洲建立一个新政权的传闻。

如果法庭同意，我们现在要传唤田中将军出庭为审讯做证。

韦伯庭长：列文先生请。

列文辩护律师：庭长阁下，我想请法庭注意以下事实：日记中出现了铃木侍从长和铃木中佐的名字。在整个文档中一直在显示铃木的名字，我想简单地提请法庭注意被告人是铃木贞一中佐，后来的陆军中将。这样就不会在提到这些人时张冠李戴。

韦伯庭长：是的。

法庭执行官：庭长阁下，证人已经来到法庭，现在就要宣誓。

证人现在要签署宣誓书，并且盖上他的印章。

庭长阁下，证人已经宣誓。

韦伯庭长：我们现在暂停15分钟。

（10:45 开始休庭）

七、关东军策划侵占中国东北

(11:00 重新开庭)

法庭执行官：法庭现在开庭。

(田中隆吉作为检方证人被传唤，首先正式宣誓，然后通过日语译员作证)

萨盖特检察官：我向法庭声明，我们建议口头询问这个证人，而不使用证词。

直接询问(由萨盖特检察官询问田中隆吉证人)

问：您能告诉我们您的名字吗？先生。

答：田中隆吉。

问：您多大年纪？

答：54岁。

问：您现在什么职业？

答：无业。

问：您曾在日本的帝国陆军中服役吗？

答：是的。

问：请说一下服役时间。

答：1914年至1942年。

问：你能具体说一下这些年中你在陆军中的各种职位吗？

答：1914年12月，日本陆军少尉；1921年10月毕业于陆军大学；1922年12月进入参谋本部，在第一部演习班工作，直到1925年12月；

然后进入参谋本部第二部调查班，直至1927年8月；同月起驻中国北平，在一些场合下协助日本公使馆的业务；1929年8月1日，任参谋本部调查班长，晋升为少佐；1930年10月1日任日本驻上海领事馆助理武官；1932年8月1日任大阪野炮第四联队大队长，就任大队长以前，在中国、满洲和朝鲜旅行了两个月；1934年3月1日，任东京野战重炮第一联队队附；1935年3月1日，任副联队长、关东军参谋，升任中佐；1937年8月1日任朝鲜罗南山炮第二十五联队队长。赴任前两个月在内蒙古的东条兵团担任参谋；1938年8月1日任陆军省兵务课长——我忘了说1937年8月1日升为大佐；1940年3月1日，任驻中国山西省太原的第一军参谋长，同年12月1日在东京任陆军省兵务局长；1942年9月退职。就这些。

问：您退职时什么军阶，先生？

答：陆军少将。

问：在任职生涯中，您曾经有机会进行陆军的人事调查吗？

答：关于人事调查，没有；但进行过陆军军人犯罪行为的调查。

问：在任职生涯中，您有机会调查陆军中发生的事件或事变吗？

答：有过。

问：是一次还是更多的机会？

答：根据我的职责，当必要时我就实施此类调查，无论是对过去的还是当时的。

问：在此类调查过程中，您是否曾经接触或者保管陆军当局的官方文件？

答：是的，各类官方文件以及日本宪兵队的报告。

问：您说1940年12月1日您担任陆军省兵务局长。如果需要调查的话，这个局干些什么？

答：兵务局的主要职责之一是控制和监督整个陆军的军纪和风纪。

问：作为该局长官，您是否保管和掌握该局过去调查的记录？

答：是的。

问：在这次对1928年6月4日杀害张作霖元帅事件的审理中已经提出了各种证据。张作霖元帅是谁？

答：张作霖是一位元帅，中国的元帅，1928年死于沈阳。

问：您知道日本陆军或政府是否就这次暗杀进行过官方调查？

答：进行过。

问：您如何知道？

答：1942年，陆军省从三宅坂搬迁到市谷台。清理文件时，我有机会阅读局长的各类文件，关于五一五事件、二二六事件的各种紧急报告就是从中发现的。

问：您在此时是什么职位？

答：陆军省兵务局长。

问：这些材料在作为局长的您的官方保管中吗？

答：对。

问：这属于该局公文吗？

答：是的。

问：您发现关于暗杀张作霖的报告是在哪一年？

答：1942年1月。

问：您知道这个报告大体是什么时候做出的？

答：1928年8月，假如我的记忆没有错。

问：如果您知道，请告诉我们谁做出了这个报告？

答：东京宪兵队长峰少将奉陆军大臣的命令做出。

问：您读过这个报告吗？

答：读过。

问：您知道它现在何处？

答：如果它没有遗失，应该在陆军省兵务局长的特别文档中。

萨盖特检察官：如果法庭同意，检察官现在要提供检方文档 2214 号作为证据。我要声明这里包含着检方和日本政府之间关于该报告产生的往来信件。

韦伯庭长：信件中说了什么？

萨盖特检察官：其中透露了报告已经拟定的情况。而日本政府的答复则不能确定在哪里，无法找到。

法庭书记官：它被标以 180 号证据。

韦伯庭长：按程序收录。

（检方证据 180 号被接受）

问：您读过的这个官方报告对张作霖之死说了些什么？请具体告诉我们。

答：其中说，杀害张作霖是由关东军高级参谋河本大佐策划的。这个事件与当时的关东军司令官没有任何关系。根据田中内阁早日解决满洲问题的方针，关东军承担着在锦州以西大辽河一带解除从北平和天津方向撤退的中国军队武装的任务，其目的是摆脱张作霖，建立一个从南京政府分离出来的以张学良为领导人的新国家。换言之，是创建一个在日本控制下的王道乐土，就是后来的"满洲国"。

语言监督官：纠正，就是如"满洲国"那样后来出现的国家。

答：这个计划后来被田中内阁所阻止了。但是，河本大佐仍然沉湎于他自己在满洲建立一个努力摆脱张作霖、在其地盘内扶植张学良的王道乐土的目标。结果，1927 年 6 月 3 日，从北平开出的列车在南满铁路和京奉铁路交叉处爆炸，导致张作霖一命呜呼。这次爆炸由一些军官——从朝鲜开拔到沈阳的第 20 工兵联队的部分军官和士兵所实施。当时河本大佐的参谋尾崎大尉在遭到张作霖贴身卫队开火时试图加以回击。当时的计划是立即集结部队，但是关东军部队的集结被关东军参谋长斋藤中将所阻止。列车的组成被弄清楚了——由河本大佐派往北平和山海关的一个军官将列车上乘客的构成侦知得一清二楚。这就是全部。

问：这个被泄露的报告中所说杀害张作霖的原因或者目的是什么？

答：目的是通过把北方从南京政府分离出来，摆脱在满洲盛行的军阀影响，从而在北方创建一个王道乐土的新政权。

语言监督官：稍作更正：从正在进行惩罚性的向满洲进军的南京政府中分离出来。

问：报告指出了卷入这场事变的人数吗？

答：是的。

问：它指出有多少人？

答：河本大佐以下十几个人。

问：您认识河本大佐本人吗？

答：是的，关系十分密切。

问：您什么时候第一次遇见他？

答：1925 年。

问：您曾经与他谈论过暗杀张作霖元帅的事情吗？

答：谈过。

问：什么时候，在哪里？

答：1935 年，在"满洲国"。

问：当时您是什么军阶或职位？

答：陆军工兵中佐，关东军参谋。

问：河本大佐现在哪里，您知道吗？

答：知道。

问：在哪里？

答：在中国山西省的太原。

问：在您与他交谈时，他是否说到关东军或者其中某部分 1928 年 6 月关于满洲的任何计划或部署？

答：说到过，他告诉我的就是我在这里已经叙述的。

问：当您与他交谈时，关于杀害张作霖，他告诉了您一些什么？

麦克马纳斯辩护律师：如果庭长阁下同意，我提出异议，这完全是私下谈话。

韦伯庭长：这是私下谈话，但私下谈话是可以采纳的。

麦克马纳斯辩护律师：这不是别的，只是私下谈话。

韦伯庭长：无论它证明价值怎样，都是允许的。驳回异议。

答：河本大佐告诉我，如果关东军执行了紧急集结，满洲事变当时就会发生，"满洲国"当时就建立了。当时使用的炸药属于工兵联队的200个方型炸药。

沃伦辩护律师：我能请您再回答一遍吗？

韦伯庭长：对，您说的不太清楚。

答：当时爆炸使用的是方形炸药，数量大约是200个，属于工兵联队的。

语言监督官：纠正，属于炮兵部队。

问：如果确有其事，他说了他与暗杀张作霖事件有什么瓜葛吗？

答：他告诉我那是他个人的计划。

问：他说过尾崎大尉起了什么作用吗？

答：是的。

问：他说了什么？

答：尾崎大尉的任务是执行河本大佐命令，在沈阳集结部队向张作霖乘坐的列车开火并进攻其卫队。

问：如果他提到，他透露了刺杀张作霖的目的或原因吗？

答：他说目的是除掉当时统治满洲的军阀，创建一个从南京政府中分裂出来的新政权，在张学良领导下的和平有序的政权。

问：在您和他交谈刺杀张作霖一事时，如果说过的话，关于日本控制满洲他说了什么？

答：很自然，如河本大佐这样的新的国家、一个独立的满洲国家的狂热鼓吹者……

问：行了，他说了什么？

答：他说，一个新的国家必须在满洲创建，并且从南京政府中分离出来，以建立在日本控制与领导下的政府，并且为了日本国家防卫的需要，在该地区内得到发展，同时也巩固这个新政权。

问：他透露多少人卷入这次事件了吗？

答：没有详细透露。

问：您认识您提到的事变中的尾崎大尉吗？

答：河本大佐很明确地说尾崎大尉对这次爆炸没有做任何事。

问：我的问题是，您认识尾崎大尉吗？

答：是的，我与他很熟。

问：您什么时候第一次遇见他？

答：1922年我进入参谋本部时他是我的一个同事。

问：您曾经与他谈论过刺杀张作霖元帅吗？

答：是的。

问：什么时候，在什么地方？

答：1929年我在东京遇到他，当时他正从满洲转任驻在北海道的一个大队长。

问：关于刺杀张作霖元帅当时他告诉了您什么？

答：他说，他奉河本大佐的命令发布了一个集结令，但遭到关东军参谋长斋藤的斥责，斋藤问有必要使用关东军去对付如中国军队这样孱弱的部队吗？

问：关于刺杀元帅的目的，他说了什么？

答：没有。

问：在1930年和1931年春，陆军对于满洲的总的态度怎么样？

答：紧接着济南事变和张作霖事件后，中日关系已经变得一团糟，作为其结果，无论是对中国还是满洲，陆军都采取了非常强悍和顽固的态度。

语言监督官：中日局势恶化，实际上已经处在战争状态，只不过还没有开战而已。

证人（继续）：自从1928年秋张作霖成为满洲领袖以后，张学良加入国民党并且在满洲易帜，日中在满洲的关系变得十分紧张。陆军的态度尤其强硬，鉴于俄日战争以来日本在这个地区付出了很大牺牲，必须坚决制止满洲悬而未决的局势。

问：当时陆军中有人力主日本占领满洲吗？

答：是的。

问：当时陆军中有人力主创建一个独立的"满洲国"吗？

答：不，没有人主张在满洲搞一个独立的国家，只是当形势发展到这个程度以至外交谈判已经无能为力，陆军一些成员的立场就是，应该使用武力将中国军队从满洲驱逐出去，建立一块在日本控制下的王道乐土。

问：因此您的回答就是在1930年和1931年有一些人鼓吹创建一个独立的"满洲国"？

沃伦辩护律师：如果法庭同意，我们要对这个问题提出异议。

韦伯庭长：是的，这是可以提出异议的。支持异议。

问：您如何知道陆军中这些人主张您已经陈述的事情？

答：当时我在参谋本部并且正在对满洲问题进行调查，所以我知道。我对这问题很了解。

问：据您所知，当时社会上有人持同样的观点吗？

答：我的朋友大川周明就名列其中。

问：如果您知道，请叙述在1930年和1931年春，日本军界中谁是您已经陈述的观点的主要鼓动者？

答：一个有力的鼓动者是我的上司建川陆军少将，是参谋本部第二部部长。在社会上是大川周明身边的团体，其他从1931年春开始拼命鼓吹这个的是我的朋友桥本大佐和樱会成员长勇大尉。

语言监督官： 纠正一下，代替1931年春的，是1930年和1931年春。

问：如果有的话，谁是关东军这个政策的领导者？

答：我记得是板垣，当时的关东军参谋板垣大佐，以及次级参谋石原莞尔中佐。

问：您所说的桥本是本案中的一个被告人吗？

答：是的。

问：大川也属于本案被告人？

答：对。

问：板垣也是这个案件的被告人之一？

答：不错。

问：您是否听到过一个叫作樱会的组织？

答：听到过。

问：如果您了解，请尽可能叙述它的建立。

答：据我回忆，樱会建立于1931年春，在1930年10月1日为建立这个团体举行了第一次会议。我想不起是在哪一个地方，是在东京的九段偕行社还是富士见轩。我本人出席了这次会议。

问：谁组织了樱会，如果您知道？

答：我10月1日晚离开东京前往上海，不知道谁组织了这个团体，也不清楚谁是该团体的魁首，但是我记得12月1日的会议是由当时的陆军中佐桥本召集的。

问：您知道这个团体由哪一个阶层的人员组成？

答：知道。

问：您能告诉法庭他们都是谁吗？

答：在10月1日会议上，军官们分别来自陆军的教育总监部、陆军省和参谋本部。他们的军阶都是中佐和少佐，也有五、六个海军军官。

我想这个团体以这些人为核心四处扩展。

问：您是否知道该组织大约的规模？

答：如果我的记忆正确，在10月1日的会议上大约有50至60名军官。根据后来我从长勇大尉那里所得知，1931年春组织建立以后，成员增加了陆军大学和炮工学校毕业生。

问：如果您知道，该组织的宗旨是什么？

答：10月1日的会议完全没有触及满洲问题。当时日本国内问题尤其尖锐，在国内政界有持续不断的争论，政治状况尤其恶劣，甚至在思想方面日本也处在一个十分混乱的境地。我们当时相信，如果不去理会这些事情，日本这个国家和人民都会很快没落。我们的愿望是尽我们最大努力厘清日本政治，革新国家。根据长勇大尉在上海告诉我们的，樱会的宗旨包括两方面：一是实行国内革命或革新，二是解决满洲问题。

语言监督官：那是在满洲事变以后。

韦伯庭长：现在休庭到13:30。

（12:00休庭）

（13:30，重新开庭）

法庭执行官：远东国际军事法庭现在开庭。

韦伯庭长：我有一份来自巢鸭监狱医官的证明，宣读如下："兹证明平沼骐一郎正在接受严重的呼吸系统感染的治疗，可望他在1946年7月8日再次出庭。"请记录这个证明。

……

（田中隆吉作为检方证人，重新出庭并通过日语译员作证如下）

直接询问（由萨盖特检察官继续询问田中隆吉证人）

问：田中先生，关于发生在1931年9月18日的满洲事变，已经提出了证据。您熟悉这个事变的经过吗？

答：是的。

问：您知道满洲事变的发生是否是一个计划的结果，而不是自发形成的？

答：知道。

问：您知道日本的重要人物中有牵涉进这个计划的吗？

沃伦辩护律师：如果法庭同意，我提出异议。这个问题是诱导性的。证人没有证实有任何计划，仅仅说他知道那是什么。检察官坚持假设的情况，就是没有证据，并且将词语塞进证人嘴巴，强迫他照本宣科。因此我提出异议。

韦伯庭长：我看不出任何异议的理由。证人被问这是否一个计划的结果，或是否自发出现，并没有诱导性。驳回异议。

问：田中先生，根据您所知，满洲事变是一个有计划的事变吗？

答：是的。

问：您知道牵涉进这个计划的日本重要人物吗？如果知道，请说出他们是谁？

答：从我的主观方面来说，当时在日本的领导人之一是参谋本部第二部部长建川美次少将；其他人中间，有樱会领导人、当时的桥本中佐；在社会上有大川周明领导的团体。

语言监督官：桥本中佐与长勇大尉。

问：确定的回答是什么？

答：建川美次少将，樱会领导人桥本中佐，以及长勇大尉。

问：在关东军中，有没有你列为该计划领导人的？

答：根据长勇大尉和桥本中佐告诉我的，关东军里的活跃人物是当时的高级参谋板垣大佐，以及次级参谋石原中佐。

问：您所提到的桥本、大川和板垣，都是本案被告人吗？

答：是的。

问：如果您知道，您能说一下该计划内容及其目标是什么？

答：对于这个题目，这个问题，板垣大佐、桥本中佐和长勇大尉的说法迥然不同。但是计划及其目标，根据我主观地来看，是基于当时日本国内局势严重恶化，而且中国和日本的关系也一触即发。计划及其目标就是要找到解决这个情况的途径。

实现这个目标，是企图消灭当时在满洲的中国军阀，通过和平方式建立一个新国家即所谓王道乐土，一个在日本和满洲关系方面牢不可破的国家，一个在日本控制下的国家，这就是那些人的愿望。这样就可以在该地区经济开发方面实行紧密的合作与协调，从而稳定日本国内局面，同时也使日本成为东亚的一个稳定因素。

问：您曾经与您所提到的这些人谈论过满洲事变吗？

答：谈论过。

问：你提到了被告人桥本，您认识他？

答：认识，他是我的朋友。

问：您第一次见到他是什么时候？

答：是1929年，当时桥本中佐从土耳其和苏联回国，担任俄国课课长，而且此前在陆军大学我们就在一起了。

问：今天他是否在法庭上？

答：在。

问：你能指出他坐在法庭什么位置吗？

答（指）：在最左边，第二排。

问：您在陆军是和他一起服役或者在他手下？

答：不是在他手下，而是在参谋本部做同僚。

问：您和他有机会谈过满洲事变吗？

答：谈过。

问：在什么时间、什么地方？

答：1934年秋天在东京麹町区曙庄料理屋。

问：那一次他告诉您 1931 年 9 月 18 日夜里发生的事变是否蓄谋的结果了吗？

答：是的。

问：关于是否蓄谋，他说了什么？

答：他告诉我满洲事变是由关东军策划的，他根据这个计划帮助和支持事变，并由此努力带来日本国内当时极度腐败的政治的刷新。他还说他和长勇大尉策划了十月事变，但是失败了。又说尽管失败，他们将继续创建一个新的国家——"满洲国"。

他还说一开始它是关东军开发在其占领下的满洲的一个计划，但是他力主创建一个新的独立国家以避免国际麻烦。他的这个建议被采纳了。

问：他告诉您牵涉到这个计划的人的名字了吗？

答：在日本是建川少将，参谋本部第二部部长，由他领导、监督桥本和长勇。在社会上，是大川周围的一个团体。在满洲则是板垣大佐和桥本中佐，他们两人都执行了计划。就这些。

问：他告诉了您这个计划的最终目标是什么吗？

答：告诉了。

问：他说什么？

答：把满洲建成复兴亚洲的基地。

问：他说了关东军是否牵涉进这个计划了吗？

答：他仅仅指出了关东军的名称。

问：如果提到，他提到了谁的名字？

语言监督官：纠正，他仅仅指出了关东军的名称，没有提到任何个人的名字。

问：那么，他提到关东军的时候，如果说过什么，他说的什么？

答：他说关东军内的中心人物是板垣大佐和石原中佐。

问：关于事变当时的满洲，关东军鼓吹什么，他说了吗？

答：他说占领满洲，铲除那个地区军阀的影响，带来军事占领下那个地区的经济发展，就是关东军的意图。

问：您知道事变爆发的时候，被告人桥本是什么职位？

答：我知道，他是东京的参谋本部第二部俄国课长。

问：桥本告诉您他在这个计划中的特殊作用了吗？

答：您说的在这个计划中的特殊作用是指什么？

问：关于他向您描述的计划，如果桥本做了什么，他告诉了您什么？

答：他说他和长勇的意图是，在事变爆发以前积极解决满洲问题，并且为此在陆军中工作。但是在事变以后，他又策划十月事件，以造成日本虚弱的和腐败的政府的垮台，并且集中日本公众对于满洲问题的意见。

问：您几次提到十月事件，你指的是哪一年？

答：1931 年 10 月。

问：你熟悉十月事件的情况吗？

答：我不清楚具体情况，因为当时我在上海。但是在 1932 年 6 月长勇大尉访问上海的时候，我从他那里知道了情况。

问：他告诉了您什么？

答：他说十月事件的目的是净化当时极端腐败的意识和政治空气，通过暗杀当时的政坛领导人刷新日本国内政治，建立一个革新政府，借以拯救国家，带来人民的团结，以取得他们对于解决满洲问题的一致支持。

问：如果谈到，关于十月事件桥本对您说了什么？

答：他告诉我的，正是长勇大尉已经告诉我的。

问：满洲事变爆发的时候，建川担任什么职位？

答：参谋本部第二部部长。

问：桥本在与您交谈时，告诉您建川在这个计划中扮演什么角色了吗？

答：是的。

问：他说了什么？

答：他说建川是对满洲事变极端狂热的桥本中佐和长勇大尉的支持者，建川还是满洲独立的最忠诚的鼓吹者。

问：满洲事变的时候长勇担任什么职务？

答：他在参谋本部第二部中国课工作。

问：桥本告诉您他在计划中起了什么作用吗？

答：是的。

问：他说了什么？

答：他说长勇是他最信赖的同事。

问：大川博士在事变时担任什么职位？

答：是满铁东亚经济调查局董事会理事长。

问：桥本告诉过您大川博士在该计划中起了什么作用吗？

答：他说关于满洲事变和问题的决定性解决，以及日本国内的革新，大川博士对计划给予了最大热情的合作。

问：板垣在事变时担任什么职位？

答：关东军高级参谋。

问：如果桥本告诉过您的话，他说板垣在计划中充当什么角色？

答：告诉过。

问：我说过，您被告知他在计划中担任什么角色，如果被告知过的话？

答：与石原一起，板垣是关东军中的关键人物。

问：桥本告诉过您9月18日夜的事变是他向你叙述过的计划的结果吗？

答：你能重复一遍吗？

问：桥本是否告诉过您，发生在1931年9月18日夜里的事变正是他向您叙述的计划的结果？

答：告诉过。

问：他说了什么？

答：他说这次事件提供了一个创建"满洲国"的机会和机遇。

问：他告诉过您9月18日夜以后占领满洲，是否为他向您透露的计划的结果？

答：告诉过。

问：他说了什么？

答：他说一开始的目标是利用这次事变寻求在日本军队占领下该地区的经济开发与发展。然而他认为这样的部署将在国际上产生令人反感的影响，因此建议创建一个政治上独立的"满洲国"以便开发这个地区，并由此解决日本的经济和政治危机，从而将日本从当时的困境中拯救出来。

译员：纠正，他说这次事变一开始的意图，是利用在满洲的这次事变。关东军的意图是带来在军事占领下这个地区的经济开发，并且把这个地区和日本置于不可分割的关系的基础上，由此寻求当时在日本已经很严重的经济和政治危机的解决，并且通过寻求这种解决，将日本从它的困境中拯救出来。然而，他说他相信从国际的观点来看，占领是令人讨厌的，因此建议在日本控制下建立一个独立国家，并因而向关东军提出了相应建议。

问：桥本说过如果日本政府不支持占领满洲，他所指的这个团体就准备怎么干吗？

答：说过。

问：他说了什么？

答：他说若槻内阁软弱无能。

问：我再问您一遍这个问题。

答：他说若槻内阁对于满洲事变的态度十分软弱而且很被动。

问：在您与他的交谈中，桥本说过如果日本政府不支持占领满洲，他所说的这一群人准备做什么吗？

答：说过。

问：他说了什么？

答：正如我已经指出的，他说那是樱会及其成员，以及与大川团体合作的市民中的计划，就是在东京发动一场消灭当时掌权的政府、建立一个新政府的政变，并且借助新政府的权力来获得全体人民对于解决满洲事变的支持。这就是1931年的十月事变。

问：你提到被告人大川博士，您认识他吗？

答：认识，他是我的一个朋友。

问：您第一次见到他是什么时候？

答：1925年。

问：您曾经与他一起工作或者在他手下工作过吗？

答：没有。

问：今天在法庭的被告人中有他吗？

答：没有，他不在。

问：1931年9月18日以前您曾经与大川博士谈过满洲吗？

答：谈过。

问：您什么时候、在什么地方与他谈过？

答：我经常与他谈满洲问题，但是我想那是在1930年他考虑搞一场南京和满洲之间的分离主义运动后——1930年夏天我见到他的时候。

问：当时关于满洲他对您说了些什么？

答：关于满洲，他说无论如何满洲必须从南京政府下分离出来，并且把这块新地区置于日本统治下。要根据和缓的原则创建一块地区——一块王道乐土。他说自从17世纪早期开始，亚洲就处于西方白色人种的不断侵略之下，亚洲要么已经成为殖民地，要么成为半殖民地。他说除了日本人民，亚洲其他所有的人民现在都是被压制的和被压迫的人民。他说,今后,在建立独立的满洲以后,日本和满洲之间应该建立起不可分离的关系,而且随着日本国力的增长,日本作为致力于从这块土地上驱逐白种人的亚洲人的领袖,要带来亚洲人的解放以及亚洲的复兴。他还说,1930 年上半年他去过满洲,与张学良谈过话,他向这位年轻的元帅提出了上述思想。但是张学良对于大川的计划既没有显示出兴趣也没有给予同意。在当时的局势下,鉴于中日关系如此紧张的事实,大川说实现这个思想的唯一途径就是诉诸武力。

问:您与大川博士关于满洲事变的谈话,是在事变发生以后?

答:是的。

问:在什么时候、什么地方?

答:1934 年 11 月,是在大川牵涉进 5 月 15 日的事变而被捕释放以后,他出狱后我拜访了他。

问:您在什么地方拜访了他?

答:在他东京目黑的家里。

问:当时,如果他说过的话,他说过满洲事变是一个策划的结果吗?

答:说过。

问:他说了什么?

答:他说,关于满洲事变,板垣与石原是关东军中的核心人物。在日本,其核心人物则是桥本中佐、长勇大尉和他自己。他们的目标是实施十月事变,以便清除政党政治,改革日本政府。但是他说,十月事变失败了,是由于根本中佐的背叛。

问:他说过计划涉及了什么,例如涉及满洲之类吗?

答:他说他从年轻时就有的念头,这是解放亚洲的第一步。

问:如果他说过的话,他说他在计划中充当什么角色?

答:说过。

问:他说了什么?

答:他说满洲事变以前,他周游了日本,宣传满洲必须在日本的控制之下。在宣传旅行中，他同时强调日本在思想和经济两方面进行总体改革的重要性。他说这次宣传旅行非常有效。

他说，在满洲事变爆发的时候，日本的政治家和资本家——资本家和其他高层次的人物非常软弱，反映在他们对待各种问题的态度的软弱上。因此他试图反对他们并导致他们的垮台，以实现日本的革新。这个革新在陆军方面将由桥本、长勇和他们的集团实施，在社会上将由大川和他的集团实施，他们将以推翻政府为目标，在一场大的政变中互相合作与协同，然后通过建立一个新的革新的政府，净化政治和行政，以集中舆论以及所有人关于解决满洲问题的努力。就这些。

问：在您与大川博士的这次交谈中，他说过关于发生在9月18日夜里的这次事变是他向您透露的策划的结果吗？

答：说过。

问：他说了什么？

答：他说在满洲，正如我前面说过的，领袖是板垣大佐和石原中佐；而在日本本土，领袖则是他自己，就是大川，他将投身于集中围绕这个计划的目标和任务的公众舆论；他希望与国内陆军的桥本中佐和长勇大尉一起，实施10月间的推进。

问：他向您说了9月18日夜之后占领满洲是他向您透露的蓄谋的结果吗？

答：说了。

问：他说了什么？

答：他说他自己在调查局时对此经过了长时期的考虑，并搜集了资料，对关东军当时正在制定一个类似的计划并且后来加以实施感到非常满意和幸运。

问：他说过所谓"满洲国"政府的建立是他向您叙述的计划的结果吗？

答：说过。

问：他说了什么？

答：他说"满洲国"的建立过程平稳，没有纠葛，是因为它在事前经过周密计划和准备。

问：您认识被告人板垣吗？

答：认识，我与他关系密切。

问：您第一次见到他是在什么时候？

答：当我进入陆军大学时，他是我所在中队的中队长。

问：他现在在这个法庭里吗？

答：在的。

问：您能替法庭指出他坐在哪里吗？

答（指）：最右边第二排。

问：您和他曾经一起在满洲工作吗？

答：是的。

问：什么时候？

答：1935年3月至1937年3月。

问：在1931年9月18日以前，您和他谈论过满洲吗？

答：谈过。

问：什么时候、什么地方谈的？

答：在旅顺，当我1930年6月在满洲旅行的时候。

问：他在与您交谈时，关于满洲他鼓吹些什么？

答：没有谈到满洲事变，但他说满洲无论如何必须置于日本控制之下。

问：关于使用武力实现这个结果，他说了什么吗？

答：说了。

问：他说了什么？

答：从两国间许多悬而未决的议题、条约和其他尚未解决的问题来看，当时满洲的中日关系非常紧张。自从张作霖死后，中日关系更加危若覆卵。他还说，两国间在满洲未解决的问题是如此严重，以至通过外交手段无法解决，唯一的抉择是诉诸武力驱逐张学良和他的政权，并且在驱逐这些军阀以后，通过切实联合两国民众，努力创建一块符合共存共荣原则的王道乐土，以实现中日在满洲的合作；并且在这个基础上，实现该地区健康的经济发展。第一个阶段，在政治领域，满洲应该得到日本控制下的指导。作为这个方案的结果，感觉具体体现不同种族在王道乐土中生活的可能性的模范地区将在亚洲建立起来。如果在满洲由日本领导的人种之间的协调与真诚合作可以实现，那么亚洲和其他地区的人就可以拥戴日本作为亚洲种族的领袖。此外他还有如下见解：由日本作为亚洲的领导者，就可能由日本在不太远的将来将亚洲从白人统治下解放出来，实现亚洲人民的解放和亚洲人的亚洲的理想。

问：在事变发生以前，您与他在其他场合谈论过满洲问题吗？

答：就现在这个题目？

问：就满洲问题，事变以前在其他场合您与他谈过吗？

答：没有。

问：在9月18日事变发生以后，你曾经与板垣将军谈过9月18日夜里发生了什么吗？

答：关于9月18日夜里的事件与任何相关计划，我没有从他那里听到什么。但是在事变的时候，我听到布置在沈阳的大炮猛烈开火的响声。

问：事变以后，你与板垣将军谈过你提到的这些大炮吗？

答：谈过，我听到板垣将军说起。

问：何时何地您与他交谈了关于大炮的事情？

答：如果我的记忆准确，是在1935年秋。

问：当时您在关东军部队吗？

答：是的，我是关东军参谋。

问：板垣将军也是关东军的吗？

答：是的，他当时是关东军的参谋副长。

问：那个时期您多少日子能见到他一次？

答：当时板垣将军驻在新京，我在值勤的日子里都能见到他。

问：您能具体说一下当时他告诉您的关于大炮的事情吗？

答：可以。

问：他说了什么？

答：说到大炮，谈话转到在一场战争中，大炮对于打击敌人弱点和置敌于死地不可或缺。在1931年9月18日事变爆发以前，根据陆军省军事课长永田铁山大佐的建议，将两门24公分口径重炮运到满洲，交给沈阳步兵营。事变爆发时，其中一门轰击北大营，另一门把炮弹倾泻到沈阳机场。中国军队听到大炮雷鸣般的声响，看到其猛烈的威力，魂飞魄散，立刻就放弃了沈阳。中国人的迅速撤退使日军能够很顺利地实施他们针对沈阳的第一步行动。

语言监督官：随后他说惊人的因素在战争中很常见。而且，两门24公分口径的大炮被部署在沈阳。事变爆发时，其中一门射向北大营，就是中国兵营，另一门射向沈阳机场。

韦伯庭长：现在休庭15分钟。

（14：45 开始休庭）

（15：05 重新开庭）

法庭执行官：法庭继续开庭。

直接询问（由萨盖特检察官继续询问田中隆吉证人）

韦伯庭长：萨盖特先生请。

问：田中将军，您正在证明您与板垣谈到部署大炮的事情。板垣告诉过您是谁建议部署这些大炮的吗？

答：根据板垣阁下告诉我的，那是陆军省军事课长永田铁山大佐的意见。

问：他说大炮是什么时候部署在沈阳的？

答：大致是在9月10日部署完成的。

问：如果他提到了，关于部署的保密事宜说了些什么吗？

答：说了。他说大炮的部署必须保持非常的、最高的机密，对外界必须说成正在挖掘一口井。

问：您说大炮的安装在9月10日完成，您是指的哪一年？

答：1931年。

问：大炮安置在哪一个兵营？

答：沈阳的步兵兵营。

问：您了解9月18日夜里事变发生地沈阳的地形吗？

答：了解。

问：您已经证明你对炮兵事务受过特别训练，是吧？

答：我是一名炮兵军官。

问：您知道根据被告人板垣所说安置在沈阳的大炮射程吧？

答：是的。

问：你能说一下那是多少英里吗？

答：最大射程15英里。

问：根据您所知道的大炮位置，你能否说出这些大炮射程是否足以覆盖南满铁路9月18日夜里发生爆炸的地点？

答：是的。

问：您说它们具有足够的射程？

答：不错。

问：当您是关东军参谋的时候，您有机会与被告人板垣谈过当时的满洲事务吗？

答：你说的"当时的"事务是指什么？

问：您和他谈话时候的事务。

答：您是指我在关东军的时候还是在事变的时候？

问：指您在关东军的时候。

答：是的，我一直在与他谈当时的事务，这是我的职责。

问：在关东军里，您与被告人板垣共事大体多久？

答：大体有两年。

问：您能说一下其年份吗？

答：1935年3月至1937年3月。

问：在这些年您与板垣的交谈中，如果他曾经主张过，关于日本统治满洲他主张什么？

答：他没有说统治，他鼓吹的是控制。

问：您说他鼓吹控制，您能说明一下控制是什么意思吗？

答：是通过一种日本期望的方式实现在满洲的政治状况，用一种日本期望的方式发展满洲的经济，国防方面在日本和满洲之间建立密切的联系。与此同时，促进居住在满洲的人民的幸福和繁荣。

问：您在满洲期间，据您所知，板垣作为关东军高级参谋曾经实施对满洲的控制吗？

答：作为高级参谋，没有；但是先后作为关东军参谋副长与参谋长，可以说他在建设满洲方面是最前沿的和领导的角色。而且，他受到满洲和日本人民的高度信任和尊敬，凭借日本——关东军根据日满条约控制"满洲国"当局的事实，他控制了"满洲国"内事务，他非常技巧地控制了那个国家的国内事务。

问：被告人板垣自己没有成为关东军参谋长？

答：板垣阁下在1935年年底作为关东军参谋副长前往满洲，1936年成为参谋长，一直到1937年3月。

问：您能用您自己的话描述被告人板垣任关东军参谋长的时候，如何像您所证明的那样控制满洲？

答：在"满洲国"建立时期，板垣阁下回到日本访问，然后在1935年年底作为关东军参谋副长返回"满洲国"。当时他说"满洲国"的发展正在按照期待的和愿望的那样进行。在日本和"满洲国"之间签订了一个共同防卫条约,据此关东军可以控制和指导"满洲国"内事务,并且据以在日满之间建立如胶似漆的关系。而控制"满洲国"内事务权力的目标则被认为是促进两国人民的幸福。对"满洲国"内事务的控制通过"满洲国"总务厅实施。所有重要的人事变动和任命由总务厅长做出。关于人事变动,如果没有关东军司令官的批准,参谋长实际上不能决定。

萨盖特检察官:如果法庭同意,我想应该重新翻译,那不可能是正确的回答。

答(经重新翻译):纠正,人事变动如果没有参谋长在实际上的批准,就不能由关东军司令官实施。

(继续重新翻译):人事变动由而且可以由关东军司令官实施,但实际情况是,没有参谋长的批准,不能由上述总务厅执行。

所有重要的产业,例如钢铁和煤炭工业,整体上都置于政府控制之下,同样置于政府控制下的还有铁路、通讯和金融事务。除了协和会以外,不允许政党存在。就这些。

问:根据您所知,板垣将军作为关东军司令官,在"满洲国"实施了经济控制吗?

答:板垣将军不是关东军司令官。

问:啊,我的意思是作为关东军参谋长。

答:我明白。1936年,为了实现"满洲国"的宏伟蓝图,通过了"满洲国"发展的一个五年计划。当时星野直树作为财政和经济问题专家担任总务厅长。由于星野的专业知识,"满洲国"发展的经济领域正如所期待的那样在日本控制下推进,并且实现了非常有利的结果。

问:我的问题是,据您所知,板垣将军曾经亲自实施对"满洲国"的任何控制吗?

答:我有把握地说板垣与"满洲国"的经济控制没有任何直接关系。

问：那么，板垣当参谋长的时候与"满洲国"政府有什么关系？

答：作为关东军参谋长，他非常密切地指导着"满洲国"总务厅。

问：就是您说的星野领导的总务厅吗？

答：是的。从星野担任长官以前直至他担任该职务以后。

问：板垣对于"满洲国"官员的任命有关系吗？

答：有。星野对"满洲国"政府官员的任命和解职，如果没有板垣的批准就无法实施。

问：据您所知，板垣对"满洲国"实施了政治控制吗？

麦克马纳斯辩护律师：这些问题中的许多是诱导性的。检察官不能在这里询问证人板垣对于"满洲国"控制了什么。现在他触及每一个单独的问题，它们都是诱导性的。我想我们该提出异议了。

韦伯庭长：好的，我支持异议。一个小时以前我已经注意到它们是诱导性的，我想应该努力遵守规则。我们不能被规则束缚，但是对这样的不需要任何诱导的证人，我想我们应该遵守规则。

问：您在关东军期间，"满洲国"是一个完全独立的国家吗？

答：不是。

问：描述一下您回答的"不是"完全独立什么意思。

答：签订于1932年12月的《日满共同防卫条约》，很清楚地将"满洲国"置于日本控制之下。依据这个条约，关东军有权控制"满洲国"的国内事务。凭借此权力，关东军通过"满洲国"政府总务厅，如日本所期待的促进当地人民繁荣幸福的目的那样，实施政治和经济的控制。总务厅的重要职位几乎全部由日本官员充任。因此，如日本希望的那样控制"满洲国"就是可能的。经济和政治事务的基本因素是人事。"满洲国"的人事变动名义上由康德皇帝实施，实际上大多数重要的人事变动没有关东军批准只是空中楼阁。由于"满洲国"政府的政治、经济和财政事务根据日本的促进满洲人民利益的旨意，通过前述关东军控制下的总务厅实施，进而控制其国内事务，可以得出关东军控制"满洲国"

政府的结论。关于国防，一批日本官员在"满洲国"政府的军政部充当顾问，该部由此与关东军直接地并紧密地连接在一起。也由于这个关系，关东军对"满洲国"政府实施控制，"满洲国"军队也根据关东军的旨意调动。

问：您提到星野是"满洲国"总务厅长，他是本案被告人之一吗？

答：是的。

问：他现在是否在这个法庭？

答：在。

问：您能指出他坐在哪里吗，先生？

答（指）：右边第四个，第一排。

韦伯庭长：有一些问题是形式的甚至戏剧化的，纯属多此一举。

问：如果你知道，你能向法庭叙述"满洲国"总务厅的职责是什么吗？

答：为了日本的利益以及"满洲国"的利益，根据两国之间所签订的条约，指导满洲的政治和经济事务。

问：您提到建川将军是满洲事变的策划者之一，他现在还活着吗？

答：我记得他在去年9月死了。

问：他死时军阶是什么？

答：陆军中将。

问：您认识他吗？

答：认识，十分熟悉。

问：您第一次见到他是什么时候？

答：1925年，当时建川大佐从广岛的联队长调任参谋本部的欧洲课长。

问：除此以外，在日本陆军中，您曾经有其他机会与他共事吗？

答：当时我也在参谋本部，我们属于不同的部门。

问：您后来与他共事吗？

答：是的。

问：请叙述一下什么时候、在哪里？

答：从 1928 年 3 月至 1929 年 8 月，在北平，我在他手下工作。

问：事变发生以前，您曾经与他谈论过满洲吗？

答：谈论过。

问：关于满洲，他向您说了什么？

麦克马纳斯辩护律师：如果庭长阁下同意，我理解私下交谈的证据在这里可以接受。但是，在这里叙述与一个已经死去的人的对话，对我来说显得非常有悖规则。

韦伯庭长：那没有任何不同，要核对与一个已经死去的人的对话当然困难，但是，这个证据为了我们的目的是允许的。驳回异议。

答：1929 年，当我是部门长官——参谋本部军用地志班班长时，建川少将是参谋本部第二部部长。建川将军告诉我，在任何情况下，"满洲国"——满洲都应该被置于日本控制下，而且它应该是一个除了石油以外自给自足的国家。相应地，建川将军指示我为调查此事前往满洲。我调查后，发现满洲本身不能成为自给自足的国家，并且为此作了报告。然而他仍然说应该努力使满洲成为除石油以外自给的国家，而且应该尽一切努力去开发资源，生产产品。1929 年 8 月，召开了一次参谋长会议，一份在满洲实现自足的计划被分发给与会者。通过这些材料，努力给他们留下满洲是日本生命线的印象。

语言监督官：纠正，给整个日本军队以此印象。

答（继续）：建川少将秉持日本除非掌握满洲，否则不可能作为具有高度发达的国防的国家、作为世界力量之一的强烈信念。就是这样。

问：1931 年 9 月 18 日事变以后，您有机会与他交谈吗？

答：有。

问：您能说一下在什么时候与什么地点？

答：1934年，当我是野战山炮第一联队中佐队附的时候。

语言监督官：纠正，重炮联队。

答（继续）：在回故乡祭祖的途中，我在姬路遇到了建川将军，他是那里的师团长。当时我与他谈了满洲问题。

问：您能具体谈一下关于发生在9月18日夜里的事件，当时他对您说了些什么吗？

答：建川阁下既期待也支持满洲事变。

沃伦辩护律师：如果法庭同意，我们对这个回答提出异议，因为它不是对问题的回应。顺便说一下，先生，我们反对没有证据而假设一个事实的问题。该证人从未证实关于9月18日事变的任何谈话。询问人在他的所有问题中一直是没有证据的假定的事实，我们请法庭要求他不那样做。

韦伯庭长：我不太明白您说的没有证据的假定事实是什么意思。证人是给出了证据的，只是没有证词。

沃伦辩护律师：说得对，先生。美国的审判实践中，对检方缺乏证据而假设事实提出异议十分常见。证人就在这里，检方问他关于交谈的事情，却又立即问他交谈中证人从未涉及的部分。

韦伯庭长：啊，我明白了您的意思。

萨盖特检察官：我可以说明吗？我刚才问了一个问题，即他是否有一次关于满洲事变的谈话；接着我又问了一个问题，是请他描述9月18日夜里的事变，那是同一件事。

韦伯庭长：那是我们都想避免的复合问题的典型。

萨盖特检察官：如果阁下同意，我就把两个问题区别开来。

问：田中先生，您能说一下您是否对建川说起过发生在1931年9月18日夜里的事件吗？

答：说起过。

问：您能详细说一下谈了些什么吗？

答： 当时建川将军告诉我他正在期待满洲事变的爆发，日本在满洲可以为所欲为的时候至少是在临近。然而，9月12日外务大臣币原收到了一份日本驻沈阳总领事馆发来的电报，其中报告说，抚顺的一名守备队长宣称在一个星期内将要爆发一场大的事变。外务大臣币原将此事转告陆军大臣南将军，并且针对他这份报告的内容提出了强烈抗议。结果，南将军命令建川作为特使紧急前往沈阳制止关东军期待的行动。

语言监督官： 纠正，9月12日应该是9月15日或16日。

答（继续）： 他告诉我，就是建川将军告诉我，南将军曾经要求他不惜任何代价制止事变，但是他自己，就是建川将军自己的愿望，并不想加以制止。建川将军又告诉我，他在9月18日晚上到达沈阳，关东军知道他前来是想制止事变，于是将他带到沈阳的一家饭店，与外面隔离开来。他又说，他由驻在沈阳的陆军特别服务副官花谷少佐带到这家饭店，并且让这位少佐陪伴着，因为建川自己并不想在沈阳见到其他人。半夜里，重炮的咆哮如此恐怖，以至饭店雇佣的艺妓姑娘们花容失色，浑身颤抖。建川将军还说，他告诉艺妓和其他人不要如此害怕，因为沈阳有他在，而且关东军也知道他在那里。将军又说他美美地睡了一觉，直到早晨花谷少佐来叫醒他，但是在那个时候事变早已经发生了，因此他未能履行自己的使命。就这样。

韦伯庭长： 我们现在休庭，明天上午9:30开庭。

（16:00开始休庭）

八、"华北自治运动"的发端与推进

1946年7月6日,星期六
日本东京都旧陆军省大楼内远东国际军事法庭

(9:30重新开庭)

……

韦伯庭长:当前阶段结束以后,中国证人将被传唤出庭。

(田中隆吉作为检方证人传唤重新出庭并作证)

萨盖特检察官:如果法庭同意,我继续询问这名证人。

问:田中先生,昨天庭审结束的时候,我们正在讨论您与建川将军在满洲事变以后的一次谈话,您叙述了他在1931年9月18日夜里的活动。我要问的是,在这次谈话中,他是否告诉您他离开东京前往沈阳时,他已经预先知道事变将在9月18日夜里发生?

答:是的。

问:您能叙述他是怎么说的吗?

答:他说这次事变正在由关东军策划。

问:我的问题是,建川在与您的谈话中是否告诉您,当他离开东京的时候,他已经知道事变将在9月18日夜里发生?

答:没有。

布鲁克斯辩护律师:庭长阁下,我以为他正在问的这些问题——他应该直接询问,而不是这样诱导性地提问。因此,我提出异议。证人谈论一次事件,却没有叙述事件本身。如果他说爆炸,那只是一件事情。

证人昨天谈了一整天的事件,他脑子里显然正想着恢复和平与秩序的情况,而对于已经发生的爆炸却没有任何想法。我请求告诉检察官用直接询问的方式,而不是引导性的,不要把词句塞到证人嘴里。

韦伯庭长:我不能不征求每一法官的意见而代表他们说话,但我想我们都知道他说的是什么意思。

萨盖特检察官:我的问题并未把答复塞进证人口中,庭长阁下,我问的是他是否说了什么。

(对译员):您能再问他一遍吗,先生?我问他的最后一个问题——您能问证人吗?

答:没有告诉过。

问:您昨天作证说,建川向您显示满洲事变是预先策划的。在他的谈话中他是否告诉您有人涉及这个策划,如果这样,他们是谁?

答:有的。

问:您能说出他们的名字吗,就像他告诉您的那样?

答:他说在日本有桥本和长勇领导下的樱会;在社会上有大川领导的一个鼓吹满洲独立的团体;在关东军,有板垣大佐和石原中佐。建川还说他强烈支持桥本和长勇的举动。

问:他告诉了您这些人策划的目的吗?

答:告诉了。关于满洲的关东军,他简单说了满洲独立问题。关于在日本的行动,他说得很详尽。由于满洲事变的爆发,板垣说……大川说日本的局势总体上不是必然积极支持满洲事变。例如,他说若槻内阁将反对事变。建川还说,桥本、长勇和大川策划了1931年10月的事件,目标是推翻当时的政府,代之以支持满洲事变的新政府,并说他将支持这样一个新政府。

语言监督官:加上,建川说他知道并且支持这一点。

答(继续):而且,当我1944年8月在麴町的翼赞壮年团本部见到他的时候,他又谈到满洲事变。他换了言辞说,如果我们不能赢得太平洋战争，我们煞费苦心建立起来的"满洲国"将从它的基础上崩溃。因此，我们赢得太平洋战争具有极端的必要性。但是，当时的局面对于赢得胜利是非常困难的。他又说如果日本在战争中失利，已经建立起来的"满洲国"将烟消云散。

语言监督官：那种情况的出现确实令人心寒。

问：您几次提到长勇大尉，您认识他吗？

答：认识。

问：他现在活着还是死了？

答：在去年冲绳战役末期的行动中他战死了。

问：他死时什么军阶？

答：少将，但被追认为中将。

问：您在陆军中曾与他共事或者在他手下吗？

答：是的，与他共事。

问：有多长时间？

答：在参谋本部中国课大约有 9 个月，从 1929 年 12 月至 1930 年 8 月。

问：在 1931 年 9 月 18 日以前，您对他谈过满洲吗？

答：我可以做一个纠正吗？是 1930 年 9 月而不是 8 月。没有谈过。

问：9 月 18 日以后您与他谈过事变吗？

答：谈过。

问：是在什么时候、什么地点谈的？

答：1932 年 6 月长勇大尉前往上海，住在那里。当时我是日本驻上海领事馆的助理武官，长勇和我一起住了一个月，我们有彼此交谈的机会。

问：关于满洲事变是否一场预谋的结果，他对您说了什么吗？

答：说了。

问：他说了什么？

答：他告诉我，满洲事变是关东军事先策划的，而他自己，由于成为樱会的核心人物，竭尽全力让日本陆军和民间普遍明白和理解实现满洲问题决定性解决的必要，这些问题自从中村震太郎大尉遇害事件和万宝山事件以来已经变得不可收拾。

问：他透露涉及该计划的任何人名字了吗？

答：是的。

问：他说了什么？

答：他说在关东军里，领导人物是板垣与石原。又说在日本国内，他自己是领导者，桥本支持和接受他的观点。在民间，则是大川及其集团与他合作承担此任。他说——就是长勇说——他是自己苦心策划的十月事件的实际领导者和关键人物，是他策划了事变。长勇又说在策划的后期樱会许多成员开始犹豫了，于是他就努力把他们一起拖回实施策划。他明确地表示，如果不是因为他，十月事件不会进展到实际进展的那个地步。至于事件的目的，长勇说那是日本国内革新和整个日本民族力量，以及在新政府之下解决满洲问题的意见的动员。他还说，关东军的石原强烈反对十月事件，而他——长勇——就在十月事件刚刚发生后石原前往华北途中在沈阳停留时遭到石原的申斥。长勇继续说，十月事件刚刚过去时，日本人的意见，尤其是陆军最高当局的意见，是不赞成满洲独立。他说——就是长勇说——他放出了一些谣言，以引诱陆军最高当局支持关东军，那就是说如果日本本土继续反对关东军的话，关东军将要推进一项分离运动，宣布其从日本独立出来。作为这场由长勇进行的宣传的结果，陆军最高当局的态度忽然变化了并且开始倾向于赞成关东军。但是，他笑着说，那只是他自己的策划，在关东军中没有任何人真有这个意图。

问：他说了他在 9 月 18 日事变实际发生以前就知道将在那天夜里发生吗？

麦克马纳斯辩护律师：如果庭长阁下同意，如果他们准备接受已经死去的人的证据，我真诚地请求您限制检察官具体而适当地询问。

萨盖特检察官：检察官没有发现该问题问错了，庭长阁下。

韦伯庭长：我也没有发现。关于与死者的谈话，我们昨天已经处理过。我除了当时说的以外没有再增加的。

萨盖特检察官：证人回答这个问题吗？

语言部主任：他已经回答了，他说"不"。

问：田中先生，您认识被告人南吗？

答：认识。

问：您对他很熟识还是偶然认识？

答：我与南阁下很熟识。我作为他的下级，从1935年3月至1936年3月担任关东军参谋。

问：关于满洲事变，您与他交谈过吗？

答：我从来没有与南阁下谈过满洲事变。

麦克科马克辩护律师：如果法庭同意——

韦伯庭长：先让他回答完。

答（继续）：但是，我想是在1935年秋天，南将军告诉我在满洲事变前后，对于反映整个陆军态度的满洲，他表达了一种积极的意见。为此他与外务大臣币原发生争执，币原坚持一种甚至扩展到他们个人感情摩擦的消极态度。

麦克科马克辩护律师：现在，如果法庭同意，这个问题不应该回答。证人给出了答案并且试图做一场演讲。我建议如果检察官要让证人回答他所问的问题，法庭不应给证人演讲的机会——这种演讲对于他们是超出了问题的范围。我想辩护律师可以那样做，证人却不可以。

韦伯庭长：我想，回答扩展到相关事情是无可厚非的。

问：先生，我不明白您的回答，您能再叙述一遍南关于币原说了什么？

答：南将军说，外务大臣币原对涉及满洲的各种悬案解决持非常消极的态度。相反,南将军代表陆军的意见,从国家防御的立场出发,主张对悬案作一个决定性的解决。由于此事实,无论是在事变以前或者以后,这两个人都遭到了反对,在他们之间也存在着不断的龃龉。

问:您与南一起在关东军的时候,他是什么军阶或者职位?

答:关东军司令官,陆军大将。

问:据您个人所知,当您在满洲的时候,南曾经对满洲实施任何控制或者施加影响吗?

答:根据日本和满洲之间签订的协定,他作为关东军司令官,最有效地实施了对满洲的内部领导权。

问:您认识被告人东条英机吗?

答:认识。

问:您与他是熟悉还是偶然遇见?

答:我与他很熟悉。

问:在陆军中您曾经与他共事或者在他手下工作吗?

答:是的。

问:何时何地?

答:从 1937 年 3 月至 7 月底,以及 8 月以后,根据参谋本部命令,作为驻察哈尔的联队长,以及东条兵团的参谋长。从 1940 年 12 月 1 日至 1942 年 9 月,我在东条阁下手下担任陆军省兵务局长。

问:就您所知,东条曾经属于关东军吗?

答:是的。

问:他的军阶如何?

答:他是陆军中将,并且在 1937 年 3 月接替板垣担任关东军参谋长。如果我的记忆正确,他担任关东军参谋长一直到 1938 年 6 月,然后在板垣属下担任陆军次官。

问:据您所知,东条作为关东军参谋长,曾经对满洲实施影响或者控制吗?

答：如果我没有记错，在 1936 年秋板垣任关东军参谋长的时候，制定了"满洲国"五年发展计划。这个计划在东条就任关东军参谋长以后开始实施。当时，就是东条任参谋长期间，满洲的盗贼数量降到 1 万人以下，法律和秩序相当令人满意，而且按照东条的计划，在政治、经济领域——满洲在政治、经济和国防领域都迈出了划时代的步伐。

问：东条在"满洲国"政府官员的任命方面做过些什么，据您所知？

答：做过。

问：告诉我们他做了些什么？

答：在关东军司令官对满洲事务内部领导的权力或权威基础上，东条作为关东军司令官下军阶最高的官员，对于满洲——"满洲国"——所有重要的人事安排都发挥了很大影响。若无参谋长的批准，没有一项重要人事任命或解职可以进行。

问：满洲事变以后，日本占领了满洲全境吗？

答：是的。

问：什么时候完成占领的？

答：在 1934 年春，而占领热河则是在 1944 年。

问：我认为您说的不对，我再问一遍：什么时候完成占领满洲的？

答：我想是在 1944 年春，当时签订了《塘沽停战协定》。

问：您是说 1944 年？

答：是的。

麦克科马克辩护律师：如果法庭同意，我建议应该指示检方不要这样盘问本方证人。如果证人不知道日期，是他自己的错，检方不应该硬把日期塞给他。

萨盖特检察官：如果法庭同意，我们在这里遇到一个语言问题。

麦克科马克辩护律师：对翻译不能有干扰。

韦伯庭长：我想不应该用这种方式提出问题，萨盖特先生。

答：我说错了，签订《塘沽停战协定》是在 1933 年春，就是我记忆中的完成对"满洲国"的占领时签订的。

问：您是否听说所谓华北五省自治运动？

答：听说过。

问：您了解这场运动吗？

答：了解。

问：您是如何了解的？

答：我了解自治运动。作为关东军参谋，我通过以下方式了解这个运动：看到负责此自治运动的第二课主任参谋非常忙碌，我对他的工作给予了帮助。在这名主任参谋陪同土肥原将军——就是1935年9月与土肥原将军一起前往北平后，我接手了他的工作，处理所有与这个自治运动相关的电报往来和官方文件。

语言监督官：纠正，他说是1945年9月。

答（继续）：于是，我就相当熟悉华北自治运动了。

问：如果知道的话，您能叙述一下在华北有哪些省份涉及吗？

答：就关东军而言，其意图是在内蒙古和华北其他地区创建一个政权，涉及自治运动的省份有河北、山东、山西、察哈尔和绥远。

语言监督官：这些就是五省。

问：您能具体叙述一下，用您自己的语言具体叙述，这是个什么运动吗？

答：华北自治运动开始于1935年4月，其目的是两方面，一是在内蒙古创建一个自治政权，另一个是在内蒙古以外的华北地区创建另一个自治政权。在内蒙古创建自治政权的目标，消极方面是要堵住苏联控制下的外蒙古影响的渗透，积极方面则是在内蒙古建立一个独立的国家。在华北创建一个五省组成的自治政权的目标，用另一种表述，是将华北五省从顽固寻求恢复失去领土的南京政府下分离出来，在这五省建立一个自治地区，并在该地区建立与日本控制下的满洲的密切关系，并且通过建立日本、"满洲国"和中国自治地区之间的紧密联系，消除对"满洲国"的威胁。华北的这个特殊地区与满洲西南方向毗邻，十分重要。此外还要将满洲西南的中国置于日本领导和控制之下。

语言监督官：将位于"满洲国"西南的中国，置于日本统辖下。

答（继续）：建立自治区域的另一个积极目的是削弱顽固推行抵抗日本政策的南京政府的权力和影响。

语言监督官：从而去除对满洲的威胁。

答（继续）：这场自治运动，如我前述，开始于1935年4月，在《梅津—何应钦协定》签订后，从同年6月起获得了很大进展。关东军和驻华北日军推进了这场自治运动。驻华北部队主要控制内蒙古以外的五个省，而内蒙古地区则由关东军负责。通过其领导，该运动得以推进。1934年9月土肥原少将奉关东军司令官南的命令，根据梅何协定被派赴平津地区领导人宋哲元将军处。

语言部主任：纠正，1934年9月应读为1935年9月。

答（继续）：一到北平，土肥原少将就开始接受华北驻屯军司令官多田中将的指挥。土肥原少将牢记关东军和华北日军的意图，为自治运动殚精竭虑。

清濑辩护律师：好像是"西原"被译成了"土肥原"。

韦伯庭长：请记录这个纠正。

语言部主任：根据我们的日文速记录，证人一直是说"土肥原"，我们也在一直重复"土肥原"。

萨盖特检察官：庭长阁下，我能提出一个问题将它弄清楚吗？田中先生，您现在的证词中提及的是"土肥原"还是"西原"？

答：土肥原。如果我的记忆正确，土肥原少将甫到北平，就希望劝说吴佩孚充当"华北自治运动"的中心人物，换言之，以吴佩孚作为核心开展华北自治运动。然而，这个扶植吴佩孚的计划失败了，因为山西的阎锡山将军和山东的韩复榘将军拒绝参加。此后不久，作为土肥原将军苦心经营的结果，1935年11月，在华北建立起河北和察哈尔两个政权。其中一个是冀东防共自治政府，其范围是长城以南的一个非军事化地区，包括延庆、通州、芦台之线以北、以东的部分，另一是在察哈尔。

韦伯庭长：现在我们休庭 15 分钟。

（10：45 开始休庭）

（11：45 重新开庭）

问：田中先生，请继续关于自治运动的叙述。

答：冀东防共自治政府以殷汝耕为中心人物建立。这个政府完全从南京政府中分离出来。另一个政权包括冀东和察哈尔以外，以及内蒙古以外的地区，被称作冀察政权。冀察政权的领导人是宋哲元将军。冀察政权并没有完全从南京政府分离出来，但是建立了与日本的紧密协作关系。日本军事和经济顾问被派往这两个政权，特别是冀东政权。冀察政权接受驻华北日军指令，而冀东政权则接受关东军的指令。但是 1936 年 3 月冀东政权改归华北日军控制。这两个政权延续到 1937 年 7 月华北事件的爆发。

建立在绥远的内蒙古政权起先由设立于百灵庙的内蒙古地方自治政务委员会领导。该委员会是在内蒙古独立以后，由蒙古族所推动的强烈的自治运动所创建的，其领袖是德王，然而绥远领导人傅作义将军不赞成在内蒙古建立这样的自治委员会，经常对其施加压力。

沃伦辩护律师：如果法庭同意，我们对证人这样冗长而答非所问的叙述提出异议。

麦克马纳斯辩护律师：我想知道这个证人是否正在根据他个人所知作证，或者不过在告诉我们历史事实而已。

韦伯庭长：我来回答您的问题，麦克马纳斯先生，它明显是传闻。他正在告诉我们历史，但这是允许的。至于将回答限制到问题上来，我们没有真实的权利去拒绝任何相关的事情，要瞬间在这里说出什么相关什么不相关，近乎天方夜谭。这里的议题是广泛、多样并且内部关联的,我们不得不加以允许。我们能够坚持的,就是我们可以判断大多数案件中,证据都是可以用诸如逻辑顺序之类加以引证,而且我不能说迄今为止那些考虑都被忽视了。如果萨盖特先生认为合适,可以更多地约束他的证人,但是无论如何我不能说,证人说的所有事情都是离题的。

萨盖特辩护律师:我认为是有关联的。

问:田中先生,您知道在最初阶段谁发动了自治运动?

答:知道。

问:请告诉我们在最初阶段发动自治运动的人的名字。

答:关东军司令官南大将、日本华北驻屯军司令官梅津中将。梅津中将于1935年7月返回日本,由多田中将继任。

问:您提到了土肥原。他是本案被告人吗?

答:是的。

问:您说土肥原在北平。您知道他为什么在那里吗?

答:他奉关东军司令官南的指示前往北平。

问:如果您知道的话,请问给了他什么指示?

答:我见过其内容,但是我的记忆没有清晰到可以在这里逐句重复。

问:您能根据记忆尽可能叙述其内容吗?

答:我记得两点:第一,在华北建立一个自治政权,其与"满洲国"和日本维持密切的关系。第二,其口号是防共。

问:今天上午您作证时说,自治运动开始于1935年。你能向法庭叙述在昭和哪一年运动开始的吗?

答:昭和十年(1935年)。

问:根据西历,昭和年号是什么时候开始的?

答:1935年。[1]

---

[1] 昭和年号开始于1926年。

问：田中先生，您认识梅津将军吗？

答：认识。

问：他是本案被告人之一吗？

答：是的。

问：据您个人所知，他对于这场自治运动做过什么？

答：一般地说，梅津将军把有关自治运动的事情交给他的参谋长酒井隆少将去办，但实际上，作为司令官，他操纵着自治运动。

问：如果做过的话，您能据您所知，叙述他本人对于自治运动做了什么吗？

答：首先是1935年6月的《梅津—何应钦协定》。

问：该协定有什么后果？

答：有的。

问：您是否能向法庭叙述？

答：该协定的后果在于，南京政府的军队全部往南撤退，华北由不直接属于南京政权统辖的军队控制，这个军队就是宋哲元将军指挥下的冀察部队。

语言监督官：纠正，在南京政权统辖下的军队从华北往南撤退。

问：关于自治运动，您曾经与被告人土肥原谈过吗？

答：谈过。

问：什么时候？

答：1935年9月，土肥原前往北平前后。

问：关于自治运动，他向您说了什么？

答：他没有直接对我说，但是当他向司令官南大将报告时我在场。

问：您在场时他说了什么？

答：他说冀察政权和冀东政权虽然不令人满意，但毕竟已经创建，多少服从关东军的命令，而且华北政权也会以冀察政权为核心建立起来。

问：据您所知，土肥原将军曾经是哪一个自治政府的顾问吗？

答：是的。

问：什么时候，在哪里？

答：根据我的回忆，从1935年11月底这个冀察政府刚刚建立起，他就作为其顾问在北平工作，直到翌年3月他成为在东京的第一师团留守部队司令官时才离任。

问：他作为这样的顾问，职责是什么？

答：我知道。

问：请叙述其职责。

答：根据日本的期望，控制其政治与经济。

语言监督官：用"指导"取代"控制"。

问：据你所知，他成功了吗？

沃伦辩护律师：如果法庭同意，我们能够让这个问题前面的最后一个回答重读一遍吗？我们完全不理解。

（法庭书记官宣读最后一个回答以及语言监督官的纠正）

问：您能回答下一个问题吗，就是据您所知，他是否成功？

答：根据土肥原将军的报告，冀察政权是成功的，但是根据我的判断，那是成败参半。

问：您听说过中国派遣军吗？

答：听说过。

问：请叙述一下它是什么部队。

答：它是当时驻扎在北平和山海关之间的日本军队，根据明治三十三年（1900年）义和团事件以后联军和清政府签订的条约所派，以保护华北的外国居留民和铁路及通信线路，司令部设在天津。

问：如果有的话，这个部队关于自治政府有什么活动？

答：请再说一遍？

问：如果这个部队在自治政府方面有所活动，是些什么活动？

答：这个部队没有建立自治政权的活动。

问：您认识德王吗？

答：认识。

问：他是什么人？

答：他是内蒙古察哈尔苏尼特右旗的王。

问：您了解有关内蒙古政府建立的事实吗？

答：尽力扶植内蒙古自治政府，是我作为关东军参谋和调查班班长的职责。

问：您能告诉我们内蒙古政府建立的情况吗？

答：内蒙古政府的起点是在1933年，当时受到"满洲国"独立的刺激，根据与蒋介石的协定，在绥远百灵庙建立了一个内蒙古地方自治政务委员会，但是南京政府并不如它保证过的那样给这个自治委员会以经济支持，而且，绥远统治者傅作义也不欢迎这个委员会的建立，并且向它施加压力。这是因为德王满怀复兴蒙古民族的欲望，他的最终目标是建立一个包括外蒙古和内蒙古的统一的蒙古国家。看到"满洲国"建立以后，在"满洲国"内的蒙古人正在享受幸福生活，德王于是开始秘密接近关东军。根据南将军的命令，我与参谋部第二课长石本大佐一起，前去会见德王，由于我自从1927年就是德王的挚友，我催促他与日本联手。

问：当您去见德王的时候，您从南将军那里接受了什么指示吗？

答：指示是由石本大佐接受的，我没有见到这些指示。

问：你们前去见德王的目的是什么？

答：那是为了使内蒙古地方自治政务委员会与日本建立密切的关系，建立一个以德王为中心的内蒙古地区的自治政府，并且最终建立一个内蒙古独立政府，这与关东军的反苏政策不谋而合。

问：您执行这个任务了吗？

答：执行了。

问：简单叙述一下您所做的。

答：一开始德王并未同意，但是后来明白了关东军的真实意图。1935年8月，他见到了南将军，许诺给予密切配合。这次会见中，关东军向他保证在当时和今后提供财政支持。

1935年11月，在土肥原少将和冀察政权的秦德纯之间签订了一个协定，同意将察哈尔政权归德王管辖。翌年2月11日，德王将内蒙古自治委员会从百灵庙迁徙至他自己的苏尼特右旗首府。当时一些日本人应德王邀请，参加这个内蒙古政府充当顾问。顾问的职责并非如在满洲那样控制政府，而是根据德王自己的意愿提供咨询。当年6月，内蒙古自治委员会迁徙至察哈尔的德化，在这里德王秘密建立了一个独立的内蒙古军政府。7月，在"满洲国"和该政府之间平等签订一个协定，保证签约双方将互相给予经济和政治帮助。条约的签订不仅出于关东军的要求，也是由于德王自己的强烈愿望。协定签订后，德王开始装备他的部队，其目标是增加骑兵师，将其从当时的3个师增加到9个师。

问：我要问，被告人南对于创建这个内蒙古政权做了什么？

答：南将军是建立内蒙古自治政府的最热心的支持者之一。

问：被告人板垣对于创建内蒙古政府呢？

答：他也是这个政府最坚定的支持者之一。

问：被告人东条有什么作为吗？

答：他对于这个政府的建立没有关系。但是1937年的蒙疆自治政府，是在东条兵团以中国事变爆发为契机进入内蒙古以后建立，并主要由东条建立的。

问：据您所知，曾经有日本军队在满洲接受训练吗？

答：有。

问：训练最早开始在什么时候？

答：1934年，当时分散到满洲各地的日本军队开始再一次集中。

问：您知道在满洲训练部队的目的吗？

麦克马纳斯辩护律师：假如法庭同意，我对这个问题提出异议。

韦伯庭长：哦，1928年1月以后，几乎所有牵涉到日本军队活动的事情都是与主题相关的，但在有些事情上，它可能不是很有用。

萨盖特检察官：提出这个问题是要证明……

韦伯庭长：我要听的是以较少提示确定的证据。也许，我们并不期待针对诱导性问题规则的严格适用，但是应该避免提示，过度的提示。例如，您或许问证人是否任何被告人都与内蒙古有合作，而不提及特殊的被告人，那会使辩护律师不舒服，我对此可以很好地理解。

问：您能叙述一下，如果您知道，在满洲训练日本军队的目的何在？

答：从日本防卫的角度看，满洲是所有针对苏联的战争的基地。所以这种训练主要是为今后针对苏联的战争的。直到太平洋战争爆发，在满洲的军队都用最先进的武器、最好的飞机加以训练，其假想的敌人就是苏联。太平洋战争爆发以后，在满洲训练的精锐部队，只要需要，随时都会派往南方战场。

问：你能大致估算一下有多少部队在满洲接受了训练吗？

答：我没有据以回答准确数据的材料，但是从我作为兵务课长和兵务局长的经验来判断，我相信大约有250万人。

问：田中先生，你与1928年担任日本首相的田中首相是亲戚吗？

答：我与他没有亲戚关系。

萨盖特检察官：如果法庭同意，辩护团现在可以交叉询问。

韦伯庭长：我们现在休庭，星期一上午9:30开庭。

（11:55开始休庭）

九、关东军在中国东北的统治

1946年7月8日,星期一
日本东京都旧陆军省大楼内远东国际军事法庭

(9:30重新开庭)
……

韦伯庭长: 现在对证人田中将军进行交叉询问。我注意到他提到五个被告人的名字,交叉询问分别由代表这五个被告人的辩护律师进行,如果这样安排合适的话。

林辩护律师: 庭长,我是桥本欣五郎的辩护律师林逸郎。证人颇通英语,不幸我对英语却是外行。所以,我乐于听到证人用日语"是"或"否"回答我的问题。

(田中隆吉作为检方证人被传唤,重新出庭并通过日语译员作证如下)

交叉询问(由林逸郎辩护律师询问田中隆吉证人)

问:证人的退职,是因为有什么严重情况吗?——当你离开陆军的时候,大东亚战争正打得不可开交吧?

答:是的。

问:那是因为什么情况呢?

答:对此,我会详细叙述。就在野村大使前往美国之前,我有机会与其随员岩仓大佐在我的私人房间作一次密谈。当时岩仓力主对美国和英国采取强硬政策。而我并不是一个特别鼓吹亲英或亲美政策的人，但是在张鼓峰战斗后我强烈地感受到战争中物质力量的重要。在张鼓峰战斗中，我们的部队显示出旺盛的战斗意志，但是根据从战场送达最高当局的报告，那场战斗并没有获得胜利。我现在在这里可以明确断言，如果战斗再延续两天，它将以如诺门坎战斗同样的方式结束。我知道这一点，因为我曾经是参加那场战斗的师团炮兵部队长官。正由于这个原因，我并非作为陆军省兵务局长，而是作为上级告诉岩仓大佐，无论情况如何，他都应该尽可能为与美国取得妥协而工作。他半开玩笑地回答说："我会接受你的恐吓而做我应该做的。"

语言监督官：纠正，他开玩笑地说："我会恐吓他们，有时则会宴请他们，从而得到你想要的结果。"但是他说话时用的是滑稽的方式。

答（继续）：我又告诉他我既不怕美国，也不是一个亲美论者，但我要说我非常担心美国的物质力量。我的官方职责并不直接涉及与美国的谈判。当时我正在陆军省担任兵务局长，有机会聆听军务课长佐藤大佐和陆军省次官木村中将完全缺乏主见和感情的报告。木村次官不主张与美国开战，他不止一次地告诉我，如果来栖大使前往美国，两国间就可以达成协议。

语言监督官：稍加纠正：木村次官不主张当时与美国开战。加上"当时"。

答（继续）：然而，战争最终在日本和美国之间爆发了。鉴于在军政领域特别是与国家防务相关的职责并出于深深的忧虑，我在全日本作了一次旅行，包括九州、福冈、广岛、大阪、神户、名古屋、东京、札幌、旭川和其他地方，以视察防务设施，直到每一门炮。1931年11月我出席了在下志津举行的一次学生军事演习，遇见下志津飞行学校炮兵科出身的干事中西大佐，让他向我详细说明了日本飞机的质量。

语言监督官：纠正，1931年改为1941年。

答（继续）：当时他说他不能公开表达的是，从质量的观点，日本飞机比美国的差得多，而从数量的观点则没有问题。我问他，"为什么你不直率地把这些情况对上司说?"当时中西大佐说,如果这样做,他就要丢掉饭碗了。我最担心的是与美国的战争具有发展成一场久拖不决的战争的可能性,如果战争拖延,日本本土就会遭受敌机轰炸。而且从我自己关于张鼓峰战斗的经验来说,我明白现代战争的特征,并从中得出结论,如果日本本土遭受轰炸,战争就将结束,无论我们的战斗意志如何,我们都被打败了。

韦伯庭长:辩护律师,这是您要求的回答吗?证人似乎已经完全主导了您。

林辩护律师:我想让他告诉我的简单得多,就是他为什么从军队辞职。

萨盖特检察官:这位证人与日本陆军之间存在一种根本性的意见冲突。我要求他详加说明,我认为这对案件审理是有意义的。

韦伯庭长:够了,辩护律师不想问他这些,我也是这样。

林辩护律师:我仅仅是想知道他为什么从陆军辞职。

韦伯庭长:让他回答这个问题。

问:您从陆军中辞职的直接原因是什么?

答:我从陆军辞职有两个原因:一个是前述我国的防卫设施与装备——特别是空防以及陆军与海军之间的摩擦,并且担心下级向他们的长官特别是向陆军省作虚假报告,而这些报告中关于我们的物质准备特别是舰艇状况的叙述决非真相,担心因而被免职。进一步说,相关报告并没有全面给出战争局势特别是我们的物质条件包括粮食、钢铁、煤炭以及其他必要供给的真实情况,产品增长并不符合原先的计划。因此,这场战争已经变得前途渺茫。我当时为此得了失眠症。其结果,在1942年9月21日,我见到陆军大臣东条英机,告诉他"阁下似乎已经嗅到日本胜利的必然性,但是我,却对这样的胜利感到绝望。为了让依然满怀胜利憧憬的人顺利从事他们的任务,我要辞职了"。我又说我当时的健康不太好,无法承担繁重的职务。

沃伦辩护律师：该证人正在进行一场演说，而不是在回答问题。我们要求法庭告诉证人回答问题，不要演说。

韦伯庭长：在您打断他的时候，他的演说就要结束了。沃伦先生，他说的一些事情非常具体，如果他继续这样下去，就不应该提出异议。也许他会被询问他向东条提出的理由，我想现在他已经向我们说明了充分的理由。

答（继续）：我辞职的第二个原因是，根据我的良心，或者说确实是我的良心，我觉得我已经不再适合做一名现役军官。我辞职还有另外的一个原因：当时我很感激东条阁下，他说过日本将战斗到最后一个人，但是我认为这是绝对不可能的。当时出现了建立东亚省的事情，我因此与尊敬的外务大臣东乡阁下联络，并请求他开展一场迫使东条将军辞职的政治运动。这样，我违背了作为兵务局长的现役军人必须遵循的一条基本准则——我干预了政治——虽然这违背我的理智，但我这样做了。由于上述原因，我放弃或者说离开了陆军。

问：离开陆军以后，您是否曾经因为脑神经疾病住进国立国府台医院？

答：是的。

问：您在这家医院住了多久？

语言监督官：从什么时候到什么时候？

答：我记得不太准确，我想是从昭和十七年（1942年）11月12日至12月22或23日。

问：您曾经吸食鸦片吗？

答：在中国吸过两三次——是的，在中国有两三次。

问：您说昭和四年即1929年您第一次遇见桥本欣五郎，是他在土耳其期间，而且他直到第二年才返回日本。您记错了吧？

答：那是在昭和五年，对于西历我的记忆是错了，是1930年。

问：（用日语，未翻译）

答：您能重复一遍吗？

问：您说您在昭和九年（1934年）遇见桥本欣五郎是在曙庄或者富士见轩，这次见面在哪一天——哪一月哪一天哪个时候？

答：我想这个问题有个小错，因为我没有说过富士见轩。

问：请看记录。

答：我明确说是曙庄。

问：什么时候？

答：当时我接到参谋本部的铃木京大尉通知，说桥本大佐从三岛来到东京参加一个晚宴。如果我的记忆正确，是在那一年的夏天。因为这事发生在很久以前，我不记得准确日子了。

问：当时都有哪些人参加了？

答：我记得晚宴上有七八个人，我记得人名的，有铃木京大尉，他可以说是聚会的主持人，然后就是桥本大佐。

问：桥本欣五郎不知道曙庄饭店在哪里，您是不是记错了？

答：曙庄饭店位于东京虎门，经常有军官光临，因为晚饭的价格不贵。

问：您是樱会成员吗？

答：不是。

问：板垣大将和石原中将是这个组织的成员吗？

答：他们也不是。

问：如此说来，曙庄饭店这次不是樱会聚会，对吗？

答：诚然如此。

问：当时您知道樱会组建的时候，政治家和财阀非常腐败，行贿受贿司空见惯吗？

答：我不能说我亲眼看见过一桩正在讨价还价的贿赂，不过当时人们广泛知晓的涉及国家财富的那些人正在干这种勾当。我可以肯定。

问：您知道樱会成立的时候，后来十月事件时担任首相的若槻礼次郎正在被检察官调查，因为怀疑他从越后铁路的久须美东马那里接受了 10 万日元的贿赂一事吗？

答：是的，我从报纸的报道中知道那事。

问：您赞成樱会改革政治世界的目标吗？

答：是的，完全赞成。

问：樱会从不干预满洲问题，您说您从后来战死的长勇少将那里听说它干预了满洲问题，这是直接听说，还仅仅是风闻？

萨盖特检察官：如果法庭同意，检察官对这个问题提出异议，这是有争议的事情。他正在作一个陈述，说这个不能肯定，并且请求法庭——请求证人讨论该问题。他应该直接问证人他们是否干预了满洲或者与满洲相关。

韦伯庭长：我认为他说他从某个渠道听说他们没有——啊，问他一个问题"该组织干涉了满洲事务，如果确实干涉过的话，谁告诉他这样的"？

问：我问证人这个问题。

答：由于长勇大尉是樱会中心人物，在该组织的政策方面拥有比桥本大佐更大的影响，我倾向于相信长勇所告诉我的更加具有真实性。

问：您是说长勇大尉与桥本欣五郎商讨过满洲问题吗？

答：根据我的记忆，长勇没有与桥本谈论过这个话题。

问：证人是否知道长勇大尉驻扎在中国并且在满洲事变爆发以后返回日本？

答：我非常了解。

问：因此，即使长勇说过樱会涉足满洲问题，这事也不会为长勇所知，是吗？

答：长勇在 8 月 1 日返回中国，然而在他前往中国以前，发生了两个事件：万宝山事件和中村震太郎大尉被杀事件。当时长勇在九段偕行社聚集一群青年军官，强烈呼吁满洲问题的迅速和决定性解决。我曾经亲耳听到这些话。正如您所说，满洲问题的策划并不是很匆忙，而是伴随着时间的流逝才浮出水面的。

问：在哪一年的 1 月份长勇大尉前往中国？

答：我回忆是在 1931 年 8 月上旬。

问：在哪一年哪一月哪一天万宝山事件和中村事件发生了？

答：我的记忆相当不错，但没有好到可以回答这个问题。

问：因此我可以告诉您。万宝山事件发生在 1931 年 7 月，中村事件发生在同年 6 月 28 日，这些事件到后来的 8 月后半月在日本本土引起了震动。这些唤起了你的回忆吗？

答：所以我可以冒昧地问您这些问题是否被提交到外务省、陆军省处理，还是只有报纸报道？如果您告诉我正确的答案，或许可以更多地唤醒我的回忆。

语言监督官：如您所说，它们被送交到日本。您是说由陆军省处理，或者只是报纸的报道，或者由外务省处理？如果您告诉我谁处理了这些议题，我就可以回答您的问题。

问：关于这些日期，我是在陆军省，甚至在报纸上查明的。

答：您知道关东军什么时候开始处理万宝山事件和中村事件吗？

问：我不是证人，我正在询问证人。

答：但是除非我得到该问题的答案，我是无法回答前面的问题的。

问：既然您不能回答，我就搁下这个问题。接着问的是，您与被推测为三月事件领导人的宇垣大将是什么关系？

答：宇垣阁下是我上陆军大学时的校长。他是我岳父的朋友，在 40 年中，几乎每一天，我都可以听到宇垣阁下有益的教诲，对他怀有深深的敬意。

问：宇垣大将是裁减军备的主张者并且他自己执行了这个政策吗？

答：宇垣大将是裁减军备的支持者，并且将该政策付诸实践。

问：被认为是十月事件领导人的荒木大将，是那个时期品格最高尚的人吗？

答：对于一个人的品格问题，可以有各种不同理解。虽然我不能说荒木将军是一个举世无双的人物，但我可以说他确实品格高洁。

问：十月事件发生的时候，荒木将军刚刚返回东京，刚刚从他在熊本的第六师团长的职位上回到东京吗？

答：对的，正如您所说。

问：当时荒木将军是一个与中央政界素无往来的人吗？

答：不错。

问：您是否知道作为十月事件的结果，桥本欣五郎受到处罚，而且被贬谪为三岛联队队附？

答：我记得他受到处罚，被降职为姬路联队队附，我不知道也想不起他被送进三岛联队。

问：您是否知道昭和七年（1932年）初参谋本部的重藤大佐左迁朝鲜罗南？

答：是的，我知道。

问：您说您见过有关张作霖爆炸事件的资料，除了您以外还有其他人经手过那些文件吗？

答：我想有当时的陆军省军事课长、后来的梅津大将；当时的陆军大臣白川大将，或许还有他的次官。然而，这些文件未经兵务局长批准，是不允许给任何军阶低于课长的人看的。

问：和这些文件一起，您没有发现一份来自兵务局长安藤将军的关于柳条沟事变的报告连同照片吗？

答：安藤不是兵务局长。

问：一份兵务局长安藤的报告。

答：那是局中的兵务课长安藤吧。

问：或许是课长，反正是安藤……

答：由于当时我对事变不是很有兴趣，充其量是一个合法自卫行为的相信者,而且我推测这样一份报告是存在的。

语言监督官:"这样一份报告是存在的。"在此前面稍做修正:"当时我相信满洲事变是日本进行的相关自卫,因此我对此类事变并无兴趣。"

问:您说在昭和三年(1928年)有要在满洲建立王道乐土的计划。这仅仅是河本大佐个人的意见呢,还是整个田中内阁的方针?

答:我要请您明白这个观点仅仅是以在满洲建设王道乐土为终生理想的河本大佐个人的意见。

问:您说1928年河本大佐本人,以及1930年您见到并与板垣将军谈话的时候,他们都说到建立王道乐土。但是,这个词不是在"满洲国"建立以后由其领导人于冲汉第一次使用的吗?

答:这些措辞经常由我们与中国事务相关的军官使用。

问:大约在什么时候你们开始使用这些词汇?

答:我们很早以前就开始使用这些词汇了。

问:您说昭和三年(1928年)以后日本与满洲的关系是未宣战的战争关系。您能举例吗?

语言监督官:处于战争状态,但没有宣战。

答:其一是违背条约规定而建设南满铁路平行线。如果我的记忆不错,在满洲,中国和日本之间有超过300个悬案。

问:满洲问题的解决不就是要解决这些议题,并且在满洲建立王道乐土吗?

答:根据我的理解,那是板垣大佐和石原中佐想做的事情。

问:王道乐土,这个措辞意味着没有侵略和战争的乌托邦吧?

答:根据我研究中国事务的基础,它完全就是您刚才所说的。

问:现在我问另一个问题。您说昭和四年(1929年)8月举行了参谋长会议。根据调查,并没有发现举行过这样的会议。这是您搞错了吧。

答：这是记忆错误。我加以纠正。那是1929年4月举行的。

问：您是否知道在参谋本部有一份重要文件，是这次参谋长会议上制定的政策，也就是评估局势的记录？

答：我非常了解，因为我经常参加这样的会议。

语言监督官：准备这样的报告。

问：您记得在评估昭和六年（1931年）5月的局势时，您向政府建议必须制定一项解决满洲问题的积极政策吗？

答：您能重复一遍这个问题吗，说得慢些？

问：您还记得在昭和六年（1931年），也就是满洲事变爆发当年的5月——在评估局势时您说为了解决满洲问题，必须对政府进言制订一项决定性的政策吗？

答：我可能因为这样说而遭到了责备，但是您能告诉我是谁向政府做了这样的进言，陆军省还是参谋本部？

问：您知道在记录中有这样一条吗？

答：每年都会做出这样的进言，但是那一年因为我在上海，我不知道进言之事。此外，我可以推测因为它是惯例，所以应该是进言了。

问：您是否知道由于万宝山事件和中村大尉事件的发生，在日本，公众对于解决满洲问题的意见达到了一个沸点吗？

答：是的，我很了解。

问：您知道中国军队的挑衅行为日益严重，在满洲的日本人的生命财产就如风烛一样，而且事情已经发展到如此地步，只要一点火星就足以引起一次爆炸吗？

答：您使用了一个火星就足以点燃一场爆炸的词句，而我则可以向您保证当时的局势一触即发。

问：建川将军等人的计划，不就是要解决日本和满洲之间存在的各种问题，不就是要在满洲建立一块没有战争的和平的乌托邦吗？

答：是的。

问：您知道在柳条湖事件中,没有一个中国人,没有一个中国士兵被日本大炮炸死吗?

答：我遗憾地说我不知道。

问：您知道当时中国人架设了大炮瞄准日本在满洲的守备队、瞄准关东军军营吗?

答：我听说了此事,但当时我没有去现场,我不能说得那样明确。

问：您知道当时中国大炮开始向我们的军队猛烈开火的事实吗?

答：我以为这不过是事实的自然结果,是战争或敌对行动爆发的自然结果。

问：您知道满洲事变爆发时在满洲的日本居民的数量吗?

答：我知道当时日本居民急剧减少,但是我遗憾地说我想不起具体数字。

问：您连总数都不知道?

答：大体上知道,我想大约是15万,减少到了10万,对吗?

问：当时在满洲的中国居民的数量呢?

答：没有准确的统计,我不知道具体数目。但是从我作为调查班长所能查到的来看,大约是3 000万人。

问：您知道关东军在南满铁路地带守备队的人数吗?

答：那很少,我想大约是5 000或6 000人。

韦伯庭长：我们休庭15分钟。

(10:45 开始休庭)

(11:00 重新开庭)

法庭执行官：法庭现在继续开庭。

交叉询问(继续由林逸郎辩护律师询问田中隆吉证人)

问：在休庭以前您的一个回答,我没有能够充分听明白,所以再问一遍。

问：柳条沟事件发生时，在满洲的中国军队大体上是多少数量？

答：当时东北军精锐驻扎在平津地区，留在东三省的部队素质很差，但我想数量仍然有大约 20 万人。

问：我想再次确认。满洲的日本居民大约是 10 万人，在满洲的日本军队大约是 5 000 人，而在满洲的中国军队是 20 万人？

答：根据我的记忆，是的。

问：还有，昭和八年（1933 年）实现热河媾和时，您在哪里？

答：在大阪信太山野炮兵第四联队。

问：于是，您所说征服热河才完成占领满洲，并非您自己的直接见证，而是道听途说？

答：我是根据后来我成为关东军参谋时见到的文件大意说的。如果您这样说——我请您自己判断这是否传闻。

问：满洲人的政府官员是负责"满洲国"的行政机器吗？

答：当时他们是日本和满洲双重国籍。

问：因此，即使一个人是日本国籍，他也会是"满洲国"官员吧？

答：他们是"满洲国"官员，同时也有日本国籍。

问：因此，所有在"满洲国"的日本居民作为"满洲国"人都有"满洲国"臣民的权利和义务？

答：如果我的记忆正确，治外法权实行到昭和十年（1935 年），随后就逐步撤销。与此相应，从这时起，日本人实施"满洲国"人的权利和义务。到昭和十三年（1938 年），治外法权完全归还，从此当地的日本人开始作为"满洲国"臣民完全履行他们的权利和义务，同时他们是日本人。

问："满洲国"建立以后，满洲的和平与秩序好转了吗？

答：根据我的回忆，"满洲国"刚刚建立的时候，其法律与秩序和"满洲国"建立以前相比，一塌糊涂。但是从昭和十年（1935 年）开始局势逐渐改善。到昭和十三年（1938 年），改善非常显著。而且这个地区，我可以说实际上是独立地区,从前的张学良政权时期无所事事,虽然属于南京政府,却与南京政府没有联系,现在纳入"满洲国",局面比事变爆发以前好得多了。

问:那么,承认了"满洲国"的日本政府对"满洲国"的政策是什么?

答:我不是外交官,与条约问题也没有关系,不了解详情。但是我以为,在承认"满洲国"以后,日本政府的政策是扶持一个在日本控制下的新国家。

韦伯庭长:对被告人而言,以上或许是一个减轻刑罚的问题,但它并未真正触及犯罪或无罪的问题。我们必须记得这一点。

问:接下来我想问,桥本欣五郎为日本政府承认"满洲国"做过什么吗?

语言监督官:纠正:对"满洲国"政策。

答:根据我的回忆,他与日本政府对"满洲国"政策没有任何关系。

问:苏联向"满洲国"派遣领事了吗?

答:派了。

问:您作为关东军参谋的职责是什么?

答:我作为关东军参谋的职责涉及执行,特别是对该地区的地理观察、资源调查,协助负责中国和蒙古谍报的参谋。我熟悉中国和满洲事务,我也奉关东军司令官命令去帮助负责谍报的第二课参谋,因为他相对于他的职位还年轻。因此,我在关东军期间有两个职责。

问:在履行这些职责时,您接受了关东军对"满洲国"的政策并且据此行动吗?

答:作为关东军的参谋,我的职责自然必须符合该政策。

问:当您的想法不符合上级的规定时,您从陆军中辞职了。当您是关东军一名参谋时,您的意见符合关东军对"满洲国"的基本政策吗?

答:如上所述,我尽了最大努力去执行。

问:您作为第一军的参谋长,参加过中国事变吗?

答：是的，我参加了。

问：在您所起草的行动方案中，有内容可以被认为是侵略战争吗，或者没有？

答：对于这个问题我回答如下：这个世界上无论什么国家或人民，当其进入战争状态时，都不会认为那是侵略战争。

问：因此我可以理解为，您作为第一军参谋长的意见与您长官的意见是吻合的？

答：参谋长被要求提出不同意见时，可以表示自己的意见，但对于行动计划的实施没有权力拒绝。执行由司令官批准或发布的计划或者命令，是参谋长的职责。

问：作为参谋长，您自己的基本方针符合还是不符合您的长官的基本方针？

答：参谋长只有意见而没有方针，作为参谋长我不能说我是否有与方针相关的意见。

问：当您担任陆军省兵务局长时，监督年轻人和学生的军事教育，是兵务局长的一项职责吧？

答：权力在陆军大臣，但他把一部分权力委托给了局长。我实施我作为局长的权力，作为兵务局长受委托的这些权力。

问：您作为兵务局长的由陆军大臣委托的这些权力中，包括煽动学生进行侵略战争吗？

答：兵务局长的职责是军事训练，他没有权力对学生灌输任何东西，即使他想这样做。我想再次强调，灌输的权力不是由局长实施，即使他想这样做。

韦伯庭长：这个问题说学生被煽动进行侵略战争，有事实根据吗？

问：下一个问题。作为兵务局长，职责之一是监督宪兵吗？

答：兵务局长不能控制或监督宪兵，因为他们接受陆军大臣与陆军次官的直接命令。然而，为了使陆军大臣与陆军次官实现对宪兵的监督，兵务局长实施一些军事行政的职能。

问：作为兵务局长，您阻止宪兵非法干涉政治吗？

答：是的，在协助陆军大臣的时候，我尽全力预防这类行为，虽然其完全不在我的权力范围内。

问：您曾经与国际检察局面谈过吗？

答：面谈过。

问：在这种场合，你曾经接受有关被推测与您相关的绥远事件的询问吗？

答：是的，有过三次。

问：在接受国际检察局询问时，您是否被告知如果您不当证人，你将沦为一个被告人？

语言监督官：纠正，您选择哪一个，成为一个证人还是一个被告人？

答：迄今为止，我没有接到过任何恐吓的言辞。

问：您曾经根据国际检察局要求写过报纸的文章吗？

答：没有接到要求。我写过文章，但不是被要求。

问：您写过这些文章？

答：是的，写过，但不是根据要求。

问：这是由询问您的检察官要求的还是其他检察官要求的？

萨盖特检察官：如果法庭同意，检方提出异议。证人已经回答了那不是被要求的。

韦伯庭长：是的。

（正在此时，一名日本人辩护律师从他的座位上站起来，用日语讲话）

韦伯庭长：让我们每一次都能听到翻译。

答：这不是我所说的。让我再次回答您的问题。我写了文章但不是被要求的。

问：您曾经用其他方式协助国际检察局工作吗？

答：根据国际检察局的要求，直到今天，我每天都接受调查并且被要求合作。

问：您以什么方式合作？

答：如果您阅读过我的履历，您就会明白对此我要很大程度上感谢我的上司给我的背景和经历。我为自己取得了这种经历和背景，即使它已经超出我本来的力量与才智。正如您已经注意到在我的履历中，我是关东军参谋，并且是驻山西省的军参谋长、驻朝鲜罗南的联队长，陆军省的兵务课长、兵务局长。这种背景和经历，使我非常了解在本法庭视野内的几乎所有题目。虽然我不能说自己知道所有的真相，但我可以非常确定地说我在一个很大的范围内知道真相。而且，由于分享这个知识，我可以保证准确的调查和一次公平的审判。我所说的这些形形色色的事情的调查，是奉盟军最高司令官的命令进行的，而且这种调查以一种限制调查范围和简化调查方法以节约时间的方式进行。

问：从什么时候开始，您与奉麦克阿瑟将军命令并且与根据法律的国际检察局合作？

答：在今年 2 月 4 日早晨 7:00 国际检察局与我联系上以前，对我的命令就送达了。我在当天上午 9:00 到达国际检察局。在那以后两星期我被允许回到我在富士山麓的家中。纠正一下，是 2 月 14 日。

韦伯庭长：我想我们已经听了足够多的他与检方的合作，除非他的相关行为有非常的特殊性。

问：现在我再问一点：您为上述合作接受过金钱报酬吗？

答：迄今为止，我没有接受过一分钱的报酬，我为我作为证人期间的住宿每天支付 28 分。

林辩护律师：我结束我的询问。

交叉询问（由拉扎勒斯辩护律师询问田中隆吉证人）

拉扎勒斯辩护律师：庭长阁下，我是拉扎勒斯中尉，是被告人畑俊六元帅的辩护律师。虽然被告人畑俊六尚未被提及，但我相信这位证人在他知道的范围内可以提供一些特别的事情。而且，与其今后传唤他并且花费法庭的时间，我诚恳地请求法庭允许我现在就问他六个问题。

问：将军，您认识被告人畑元帅吗？

答：我从大尉时期起就与他频繁接触。

问：在1935年3月，您是否与被告人畑讨论过对市民的军事管制？

答：讨论过。

问：畑元帅反对对市民的军事管制，您当时同意他还是不同意他，先生？

答：同意。

问：当时在报纸上和街头还有一种谣传，说畑元帅将成为下一任首相，是吗？

答：是的。

萨盖特辩护律师：庭长阁下，检方对此提出异议，因为与本议题不相干。

韦伯庭长：它或许能减轻惩罚，除此以外没有任何作用。

问：当您问他此事时，被告畑元帅说他不会接受，因为他不想涉及政治，而您则告诉他您同意军人不应该涉足政治，是这样吗，先生？

答：我简单叙述一下经过，它更像是一个不同的故事。当我告诉畑阁下"在年轻军官中，有一种希望阁下应该专权，就是应该颁布战争法、实施军事行政的意见，但是阁下不应该接受这种意见——这种代表年轻军官的要求"。畑阁下答复说，他的雄心是完成他作为野战元帅的职责，他没有出任首相的意图。至于宣布战争法，他绝对反对，因为那将使日本分裂为两部分。但是他又说，他将陷入某种痛苦之中——他说如果他必须接受天皇诏令充当首相，他不知道如何是好。我告诉他"如果您应该接受这样一个诏书，你就立即加以拒绝"，他回答说他会这样做的。

拉扎勒斯辩护律师：谢谢。

交叉询问（由山田半藏辩护律师询问田中隆吉证人）

山田辩护律师：庭长阁下，我是山田半藏，被告人板垣征四郎的辩护律师。

问：证人先生，您说沈阳事变是关东军策划的，特别板垣和石原是中心人物，您又说您从大川和桥本那里听说这些。请问您是从大川和桥本那里直接听说这个，还是从大川和桥本告诉您的话中判断这个，或者您有其他具体证据证明这样一个计划实际存在？

韦伯庭长：我认为他不必再次回答这个问题。我将不允许这样的问题。

问：您说"策划"是指什么？

答：策划就是策划。

韦伯庭长：证人不需要回答这个问题。

问：您知道以后成为沈阳事变起因的柳条湖事件，有什么直接原因吗？

答：在我前面的叙述中。我已经讲了事实。我不是检察官，也不是辩护律师，我要坚持我的观点。但是如果您坚持提问，我就请您把注意力转移到我的证词并做出您自己的判断。

问：您写了一份证词吗？

答：是的，而且签了名。

问：关于柳条沟事件的直接原因，我希望您提出看法，如您在证词中所写的那样。

答：直接原因是中国和日本在满洲存在着极其尖锐的矛盾。

问：关于铁路爆炸的原因呢？

答：我想如果我不回答那个问题会更好。我的良心不允许我回答那样的问题。

韦伯庭长：您最好还是回答。

答：我不知道哪一方炸了铁路，但这是后来发展为沈阳事变的这次事件的结果。当时日本谴责中国炸了铁路，而中国则谴责日本。但是没有确切的材料和证据在手中,我的良心不允许我回答,因为我不知道谁应该承担责任。

问:您知道日本政府和关东军当时发表了一份声明吗?

答:是的,我知道。我知道是因为我当时是日本驻上海领事馆的助理武官,我见到了来自东京的电报和其他材料。

问:该声明的内容是否符合事实?

答:正如我已经说过的,关于事实并没有确定的和结论性的证据,我不能用一种方式或另一种方式说。作为日本陆军成员,我别无选择,只能接受当时发表的声明的真实性。而且,我并不在事件发生现场,我不知道谁应该为铁路爆炸承担责任。

问:在回答林辩护律师的问题时,您说柳条沟事件是一个自卫行为。

答:我没有说那是一个自卫行动,我是说——

韦伯庭长:现在该休庭了,我们休庭到13:30。

(12:00 开始休庭)

(13:30 重新开庭)

法庭执行官:远东国际军事法庭现在开庭。

韦伯庭长:请记录今天上午我宣读的医生证明。

译员:休庭以前,辩护律师说:"在回答林辩护律师的问题时,您说柳条沟事件是一个自卫行为。"对此证人回答:"我没有说那是自卫行为,我仅仅说在当时我认为是那样。"

(田中隆吉作为检方证人被传唤,重新出庭,通过日语译员作证如下)

交叉询问(山田半藏辩护律师继续询问田中隆吉证人)

问:继续上午的询问。我问您,您说关于柳条沟事件,安藤课长可能提交了报告和照片,而根据您所相信的,它是一个您不感兴趣的自卫行动。您根据什么认为这是一次自卫行动?

答：所谓自卫，根据我的理解，是指一个陷入困境的国家为了摆脱这种局面而采取的行动。对该词的国际法解释可以不同，但是您会知道这一点。

问：您什么时候相信柳条沟事件是一次自卫行动？

答：直到太平洋战争终结，我一直相信，正如日本政府所声称的，那是一次自卫行动；就是说，由于我是一个日本人，因此我相信我国政府所说的。但是，它是或者不是一个自卫行动，将取决于本法庭的判决，我自己现在不能说什么，我正在等待法庭判决。

问：您读过李顿报告书吗？

答：没有。

问：您从来没有见过它？

答：没有见过。我只在杂志上见过报告书的片段。

问：证人证明了在满洲事变前夕，在满洲的日本军队和中国军队之间的情形非常紧张，两国之间有大约——有超过300个悬案。其中主要问题之一就是中村事件。您是否记得其他促使局势恶化的重要事件，能否举四五个例子？

答：您是说包括中村事件和万宝山事件？

问：除了这两个事件，还有其他事件吗？

答：我想我在说到此事时，根据日中之间签订于1904年的条约，我是正确的。根据条约，不允许建立铁路平行线，指南满铁路的平行线。我想关于平行线的建设，中国忽视了日本的条约权利，我想平行线在南满铁路的东面和南面都建设了。

语言监督官：纠正，在南满铁路的东面与西面各有一条。

答（继续）：如果我的记忆正确，在建设吉会铁路工程的时候，[1]

---

[1] 吉会铁路：原为吉林至朝鲜会宁，后为吉林至海龙（实为朝阳镇），1929年5月筑成营运，又称吉海铁路，长189.3公里，官商合办。日本曾对其修筑加以干预，为东北当局所拒。

由日本与五个或四个国际借款团合作投资，但是这个计划遇到障碍而未能实现。当时还有其他许多分歧和事件，随着时间的流逝，我的记忆已经不允许我说得很坚决与明确了。但是，我明确地回忆起，自从张学良在满洲易帜，局势变得十分严重——排日的局势在满洲已经特别尖锐，排日运动的基本目标是收回旅顺和大连，并收回南满铁路。

问：您不知道因为中国官民的迫害，日本小学生上学也要有人护卫，在一些地方他们根本不能上学，以及排日运动以其他方式蔓延的事实吗？

答：是的，我回忆起有许多与您所说——您刚刚提到的相似的事件——其作为大规模排日运动的副产品的事件。

问：您知道当时有人在沈阳郊外的铁轨上放了一块大石头，试图颠覆列车吗？

答：知道。

问：您听说过当日本军队要在沈阳郊外举行演习时，中国军队就天天举行演习，就在那个地点，以阻止日本军队吗？

答：我的记忆中没有这样的事情。

问：您知道——您已经在上午证明了中国军队在满洲超过20万人，但您知道他们驻扎在长春、沈阳、宽城子这些地方吗？

答：这个情况我比您更了解，不过我必须说，中国军队是在其兵营内，而不是在兵营外。

语言监督官：而不是在日本人居住地。

问：此外还有公主岭。简言之，日本和中国军队之间的情形不是处于冲突的危险中吗？

答：这就是我已经告诉萨盖特检察官的。在我关于沈阳事变爆发前夕局势的叙述中，那是一种没有宣战的战争状态。

问：现在转到另一个方面。您说1930年6月您在旅顺见到了板垣。那次您去旅顺的任务是什么？

答：那年 4 月，当时的畑俊六少将是一个由一些参谋组成的满洲游览团负责人。当时我是陪同。这次旅行在当年接近 5 月底时结束，但是我随后又要去兴安岭旅行。为此做准备，我到了旅顺，在那里逗留了一个星期。就在那期间，我到板垣将军官邸做了两天客。我那时——我叙述的旅顺的会面，就是说的这一次。

问：当时您只见了板垣，或者还见了石原将军？

答：我见到了关东军的所有参谋。

问：您与所有这些参谋进行了讨论吗？

答：是的，我们喝了日本米酒并且作了讨论。

问：酒席上也谈到了"满洲国"问题？

答：是的，喝了不少酒，正如在参谋长办公室里也是杯盏交错一样。那是人所共知的事情，也是我们熟谙中国事务的关东军参谋讨论在满洲的日中关系时的做法。

问：然后，您判断——板垣正在策划关于满洲问题的什么事情——由您当时参加的这次讨论所引起吗？

答：对于这个问题，我想我不能进一步回答了。

韦伯庭长：您应该回答。

答：前一年，我终止驻北平并且经过满洲返回日本。我记得是在 1929 年 8 月中，由于暗杀张作霖元帅和张学良易帜，日中在满洲的关系日益紧张。我们关注中国事务的军官都怀有一种信念，即如果这样的局面继续下去，悬案就不可能通过和平方式解决。在这样的形势下，我们不知道日中两国军队何时会发生冲突。因此，如果这样的冲突发生了，我们相信我们不得不将其压制下去，不能不彻底地惩罚他们。作为其结果，战争状态将蔓延到满洲各地。因此，现在比过去更为迫切地需要具体调查满洲状况。但是就此目的，关东军中国调查班当时的效率、人事和力量都不足以刺探满洲的资源、民众的情感和其他重要情报。于是，当时的田中少佐——就是我本人很希望如果回到东京的参谋本部，我应该尽一切努力去把中国调查班扩大为一般调查班。当我回到东京的参谋本部，我却发现中国调查班被置于陆军省当时的马政课管辖下。于是，我与这个课的课长原常成大佐做了一次谈话。将中国调查班变成一般调查班是一个非常细致和复杂的问题，因为它将导致陆军中不同分支的冲突。但是，我的成功是我可敬的长官们的强烈愿望，我终于克服所有困难，在昭和五年（1929年）4月1日至翌年期间成功地创设了一般调查班。然而，当我在接下来的昭和五年（1929年）6月间再次回到满洲时，我发现日本和中国间在满洲问题上的对立更加严重，沈阳军阀的行政具有使人民生活和总的经济形势陷入非常压抑的状态；而且，我回忆起当时感觉应该推翻并驱逐这些中国——满洲军阀，建立王道乐土。

语言监督官：稍作更正，因此，当6月份我们见面时，我相信这是主题以和平方式转向王道乐土等的原因。

答（继续）：就这样。

问：您说板垣是你的恩人，他如何成为您的恩人？

答：我可以叙述这个问题吗？它将花费很长时间。

问：请简要叙述。

韦伯庭长：我想他不应为此花费很多时间。如我知道的，他担任的职位与板垣有关，他已经说了，但还没有显示其什么关系。

答（继续）：在我的陆军士官学校时代，我做士官学校第三中队的士官候补生时，板垣阁下是这个中队下的区队长。我在学校学习期间，属于非常调皮捣蛋的那一类……

韦伯庭长：我们不愿意听那些。我们不愿意纠缠于那些细节。我想法庭上没有人愿意听。

问：板垣是一个会策划阴谋的性格的人吗？

韦伯庭长：那太笼统了，我们不允许那样的问题。

问：当您在"满洲国"时您是否知道，满洲的每一个城市都有关东军的一个特务机关？

语言监督官：名称是关东军"特别服务站"。

答（继续）：知道，它们设在满洲的重要城市里，不是在每一个城市里。

问：您是否知道这些特务机关被解散了，因为他们干预了太多的"满洲国"政府的人事？

答：按照当时的板垣参谋次长的政策，我承担预防、制止军队特务机关干预此类事情的责任，但是机关本身并没有撤销。

语言监督官：稍作更正，按照当时的板垣参谋次长和东条参谋长的政策，我在预防特务机关干预政治事务方面起了作用。但是，特务组织本身并没有被解散。

答（继续）：尽管存在对此步骤的强烈反对，但就在东条阁下返回前，在说服其他参谋有关这个步骤的必要和明智方面取得了成功。

重复一遍这个陈述：

尽管存在对这个步骤的强烈反对，但就在昭和十三年（1938年）东条阁下从参谋长会议返回前夕，在关于这个步骤的智慧和必要方面对关东军幕僚的说服取得了成功。这项政策由板垣制定，当时他是关东军参谋长，但是积极执行这项政策的人是他的继任者东条将军。至于这个问题的解决，我在担任广岛师团长时收到了板垣将军一封非常有礼貌的感谢信。

问：您知道板垣尽可能阻止他的下属干预"满洲国"政府的政治吗？

答：我知道，对于这个事实或许我比任何其他人更清楚。

问：在您任期内——您在满洲期间，日本政府只根据"满洲国"政府的要求推荐官员去"满洲国"政府工作；倘若"满洲国"政府方面没有这样的要求，关东军就不推荐官员？

语言监督官：澄清如下，在您任职期间，以下是事实吗？推荐日本人担任政府官员只应"满洲国"的要求而做出；以下也是事实吗？除非有这种要求,关东军不推荐日本人担任"满洲国"政府官员?

答:是的,从形式上说是这样,但从实际上说并非如此。我的记忆是,年轻军官非常躁动和有扩张性,他们不总是遵守他们上司制定的政策。

问:对于"满洲国"政府的满洲人官员(占该政府官员的大部分)的任命,关东军不加干预的原则不也是事实吗?

答:程序确如你所说,但是,从实施该项政策的实际情况说,并不遵守政策。

语言监督官:而恰恰相反。

答(继续):其原因在于,如果人事问题掌握在日本人官员之手,完全仰关东军鼻息,就会出现更多的小集团和派阀,扰乱政府行政程序。

问:板垣将军担任参谋长期间,对满洲最重要的政策是什么?

韦伯庭长:我以为这个太笼统了,我们不会从回答中得到什么,请另提问题。

答:是交还治外法权。

问:您知道板垣将军担任参谋长期间,实行了撤销治外法权和归还铁路地带的事实吗?

答:如果我的记忆正确,这是板垣任参谋长时计划、研究和建议的,该计划付诸实施则是在东条担任参谋长的时候。

问:其实施是否为了有利于日本人民?

萨盖特检察官:对此问题,检方提出异议,庭长阁下,因为与议题无关。无论其是否有利于他们都是侧面的。

译员:证人说其目的是为了摆脱日本的优越感,以便允许……以便使日本人在平等的基础上与满洲人一起生活。

韦伯庭长:我想您结束了您的交叉询问。您似乎在想以后的问题了。

问:转向另一方面,我想问您另一个问题,以下是事实吗?现役军人除非病了,不能辞职,即使他们有不同意见?

答:是的,如你所说。

问:您写过一部叫《寻求失败的原因——军阀混战的真相》的书吗?

答:我对于"寻求失败的原因——军阀混战的真相"的题目没有写过书。

语言监督官:纠正,我没有写过一部叫作《寻求失败的原因——军阀混战的真相》的书,而写过一部关于战败原因的暴露的书。

问:您在那里写了什么事实?

答:您是指书的哪一部分?

问:全部。您在这部书中写了什么,它们是事实吗,它们是真实的吗?

答:我不必引用我在书中写的前言,但是如果您读完它,您就会明白我的目的是叙述真实。

问:另一个问题,您知道以下事实吗? 当"满洲国"建立的时候,满洲人的一个突出愿望是,要充当这个新国家创立委员会的成员?

答:是的,非常明白。

问:哪一种人是参加这个委员会的主要领导人?

答:噢,当然,如果您希望我提及一些日本人所说的高层人物,我可以;但是从中国人的观点来看,他们中的一些人并不一定是高层次的,在日本人和中国人之间并不存在谁具有伟大人格的协定。但是如果您问我本人谁是伟大人物中的一员,我可以说是于冲汉。

十、土肥原、冀察政务委员会与德王政权

太田辩护律师：我是被告人土肥原贤二的辩护律师太田金次郎。

交叉询问（由太田金次郎询问田中隆吉证人）

问：您在前天作证时，说土肥原是冀察政务委员会顾问，您的记忆没有出错吗？

答：他或许是一个顾问，或许住在北京而不是顾问。对于这一点，我情愿把答案留给询问者，因为我不能给出确定的回答。

问：为了澄清事实，我要问些什么，请给予回答。您记得冀察政权是在1935年12月14日建立的吗？

答：您提到的是这个政权举行成立仪式的日子？因为根据当时在场的我们这些人回忆，我要说这个仪式举行于接近11月底时。

问：在作证中您说土肥原于1936年3月成为第一师团留守部队司令官。但是以下才是事实吧：在2月中他被升为中将衔，属于第十二师团。不过作为二·二六事件的结果，他忽然转任第一师团司令官。

答：是的，我现在的回忆正如你所说。

问：因此如您作证的那样，土肥原返回是为了向南司令官报告关于冀察政权的情况不也是错了？而且这次报告不是在前一年快到年底的时候做的吗？

答：根据我的回忆，他返回了两次，一次在11月底，第二次在12月底。

问：这样您不就承认了？在这短暂的时间里，土肥原是不可能成为冀察政务委员会顾问，因为一名现役军官要担任这样一个职位，不仅需

经过关东军司令官的许可,而且必须通过陆军司令部取得御裁?

答:是的。

问:接着我要问,您说土肥原—秦德纯协定在冀察政务委员会建立后签订,该协定不是签订于该政权建立以前的1935年6月23日吗?

语言监督官:稍作更正,在冀察政务委员会建立以前,而不是"该政权"建立以前。

答:您提到的日期可能是举行协定签字仪式的日子。如果我的记忆正确,昭和十年(1935年)12月31日做出了承诺。当时秦德纯来到长城一线,带着内蒙古的三个骑兵师,我当时负责内蒙军队的训练工作。

问:以上是我的相关记忆,是1935年6月23日。

答:不是1935年,那是与《梅津—何应钦协定》相混淆了吧。

问:我的叙述没有错,1935年。

答:6月份,秦德纯还不在北平。

问:这正是我一直想告诉您的土肥原将军本人说了什么,但是土肥原与冀察政权—政务委员会的关系如何?

韦伯庭长:我不知道证人是否能够理解这个问题,但是我不能理解。让证人回答,他或许理解。

答:我把问题留给辩护律师自己判断。

问:冀察政务委员会的目标是什么?

答:把与日本合作作为一个排斥共产主义的手段,与"满洲国"建立密切联系,并且维持与日本的密切关系。同时还要根据日本的要求控制和指导当地的政治、经济和军事事务。如果以上都可能,而且不损害中国的主权的话。

语言监督官:那个不侵犯中国的主权。

问:匆忙建立冀察政务委员会,有什么原因吗?

答:在前天由萨盖特检察官进行的询问中,我已经将它说得很清楚了。

韦伯庭长：我们现在休庭 15 分钟。

（14：45 休庭）

（15：00 重新开庭）

法庭执行官：法庭现在开庭。

交叉询问（由太田金次郎辩护律师继续询问田中隆吉证人）

问：在另一天您谈到冀察政务委员会的一些目标，但是没有告诉我们这个冀察政权建立的原因，为什么必须有这个冀察政务委员会？您能现在告诉我们吗？

答：自从满洲独立以来，部分通过外交手段，部分通过军事力量收复失去的土地，是南京国民政府主要的国家政策。为了消除或者防止日中两国之间的摩擦，就考虑创建日本和中国可以友好相处的长城以南一个地区的计划了。

问：简单说，建立这个委员会的目的是要阻止日中关系的破裂，通过一种或另一种方式建立和平吗？

答：从实际的观点来看，通过塘沽协定，在日本和中国之间建立了和平。据我所知，在国民党政权内有人非常不赞成与日本或亚洲其他国家发生任何摩擦、纠纷或冲突。但是，没有任何办法可以消除国民党青年党员和学生中汹涌澎湃的抗日运动与情感。如果华北的一些地区从南京政府中分离出去，就意味着在该特殊地区，南京政府的影响就会削弱，以至该地区的日中冲突将会大大消退。这样就能消减日中之间的摩擦，实现和平的目的。对这种说法，我是不同意的。但是我们需要足够的力量去防止冲突。鉴于中国和日本之间当时的客观形势，连形式上的和平都不可能。实际上，两国之间的关系比过去更加严峻了。

问：因此我问证人，在最后的分析中，建立这个委员会的目的不是为了建立和平吗？

答：我把这个留给您自己判断，其基础是无论在哪里，没有人不渴望和平。

太田辩护律师：我的交叉询问结束。

交叉询问（由冈本敏男辩护律师询问田中隆吉证人）

冈本辩护律师：我是冈本敏男，被告人南次郎的辩护律师。

问：证人先生，既然您好像有很多意见，你能用"是"或者"不是"简单回答我的问题吗？

萨盖特检察官：根据我对交叉询问的经验，不能要求证人简单回答是或者不是，而应该允许他简单说明他的是或者不是的理由。我希望看到在这里符合这个程序。

冈本辩护律师：您可以对您的回答做出简单解释。您什么时候第一次见到南将军？

语言监督官：纠正，哪一年？

答：我第一次见到南将军是在大正十三年（1924年），当时正在川越附近举行一场师团对抗演习，我是演习统监部参谋，南将军作为演习裁判官，因为统监部拙劣的表现而严厉指责了我们。

问：我明白了。从那以后，您与他就有密切关系了吗？

答：是的。

问：您说在进行检查的过程中，您当时作为关东军的一名参谋，从南司令官那里听说了他对满洲事变的回忆。哪一年哪一月您听到了这些回忆？

答：我从小学毕业以后，从来不记日记，所以不记得日子。

问：无论何时被检察官提问，您总是能很准确地说出日子，我怎么能理解您不记得南将军回忆的准确日子了呢？

答：关于这一点，我向萨盖特检察官说过，这次与南将军的会面发生在昭和十年（1935年）秋天的某个时候。现在我告诉萨盖特先生，无论什么时候,只要我想起了,我就告诉他,给予他明确的日子。我确实想不起来了,我才这样说。我不是故意拒绝您。

问:那么,您在什么地方听到的这些回忆?

答:我非常确切地记得,是在关东军司令官的办公室里。

问:这次您拜访他是职务上的原因吗?

答:无论世上什么地方,都没有在执行官方职务过程中忆旧的。

问:因此,您见他是因为个人的事情?

答:那是在职务上的见面结束以后,告诉我这样的回忆的。

问:除了您以外,还有其他人在场吗?

答:没有。

问:您属于关东军参谋部的哪一个课?

答:关东军第二课。

问:谁是您的直接上司?

答:陆军炮兵大佐河边虎四郎。

问:谁是第二课长的直接上司?

答:关东军参谋副长、陆军少将板垣征四郎。

问:谁是参谋副长的直接上司?

答:关东军司令官——不,关东军参谋长西尾寿造陆军中将。

问:我觉得仅仅是一个参谋,就能够与作为关东军司令官和驻"满洲国"大使的南将军在他的私人房间里谈话,令人难以置信。

答:这对您来说难以想像,实际上,当时我们正在制定华北政策,所有来自土肥原将军的电报和所有发往土肥原将军的电报都由我经手,所有重要情报未经司令官事前批准就不能被处理。不像其他部队的司令官,我们的一个参谋在有重要业务时总是能见到司令官的。

问:原来如此。南将军一次就告诉了您他对于满洲事变的全部回忆吗?

答:是的。

问：您说除了这次您作为参谋的访问以外，您可以在任何您想见的时候直接见到司令官，因此您也在许多其他场合见到了他，是吗？

答：是的，我有许多机会见到他并与他交谈。

问：在这些场合，以及您因公务访问他的时候，南将军就有可能对您谈及日本的满洲政策了？

答：关于日本对满洲的政策，已经通过条约规定明确了。

问：我没有问您这个。我正在问您南将军的事情，关于南将军对满洲的政策，您不回答了吗？

答：关东军第二课与满洲的政治无关，这些事情由关东军第三课处理。

问：因此证人不知道关于"满洲国"内部指导的政策？

答：满洲事务内部指导原则是已经确定的，不可能由关东军司令官独自做出改变或者修正。

问：因此你回答中的问题在于，关于南将军与"满洲国"内部事务指导的关系，与南将军本人无关？

答：是的，那不是南将军的权力。

问：因此证人想不起南将军关于满洲的职责是保持和平？

答：在满洲保持法律与秩序不仅是司令官个人关注的事情，而且是他的参谋长、参谋副长和其他参谋的事情。

问：您不记得南将军特别强调这一点吗？

答：如果我不是特别健忘，我想他曾经就此发布过一次指示。

问：关于保持和平与秩序，不是说军人不应该干预政治事务吗？

语言监督官：纠正，尊重满洲的独立。

答：在南将军阁下接任司令官职务时，满洲的治安一团糟糕。理所当然，恢复和维持法律秩序是他的首要任务。在干涉与内部指导两者之间存在着很大区别，不干涉是很自然的。

问：证人能想起关东军内有一个特务部吗？

答：能想起。

问：这个机构从事什么工作？

答：其任务是训练"满洲国"军队，该军队维护"满洲国"的法律和治安，需要的时候为保卫"满洲国"而战斗。

问：您知道南将军撤销了这个特务部吗？

答：原先我以为您是指陆军部。如果指特务部，我还有另外一个回答。

问：我是指特务部。您愿意说明特务部在哪里进行什么类别的工作吗？

答：当我到关东军时，特务部刚刚撤销。当时在关东军内部，军官们都在积极参与经济和政治事务。

问：因此，难道以下不是事实：南将军撤销这个特务部是因为现役军人不应该沉湎于政治吗？

答：是的，南将军刚刚前来接任司令官职务，下车伊始，就撤销了这个特务部，以便洗刷干预政治的恶名，因为他感觉那样会导致军队本身的腐败。

问：于是，您就在这时知道了在满洲撤销治外法权与移交南满铁路地带行政权是当时的第一步吧。

答：关于这个决定，南将军跨出了决定性的第一步。

问：南将军任关东军司令官期间，曾经撤走满洲境外的关东军吗？

答：一次，他派遣了两个旅团前往长城以南非军事区，这是根据条约规定的——就是《塘沽协定》，并没有违背任何条约许诺。另一次，在实施建立冀察政权方案期间，从承德调出两个骑兵大队派往察哈尔的多伦诺尔，以支援内蒙古骑兵。

问：派遣这些部队是什么时候到什么时候？

答：虽然我的脑子不是很管用，我仍然记得那是在《梅津—何应钦协定》签订后一个月，从公主岭派出一个机械化旅团，从承德派出混成旅团的一个联队前往非军事区大约有1个月，以肃清当地盗匪。所有这些部队调动都是基于条约规定。

问：过了一个短暂的时间，这些部队撤回了吗？

答：是的，这些部队在任务完成后，立即撤回了他们原来的驻扎地。

问：您说部队被派往内蒙古。是在什么时候？

答：昭和十年(1935年)12月。

问：这与察北的被称为六县事件的没有关系吧。

答：什么？

问：六县事件，是指察北—张北以下的六个县的事件。

答：是不是弄错了，我对这样一个事件全然无知。

问：因此，您没有这两个大队抵达察哈尔的明确消息，是吗？

答：是的，作为关东军参谋，我奉司令官命令，坐飞机前往多伦诺尔，在那里停留了一个星期，所以我用亲眼看见来作证。

问：这两个大队什么时候撤回的？

答：这两个大队在内蒙古军队撤走以后过了两个星期，从察北的六县撤退。

语言监督官：内蒙古骑兵。

问：当时谁是察哈尔领导人，我更想说的是，察哈尔最显赫的人物？

答：直到土肥原将军与秦德纯之间的协定签订为止，领袖人物都是宋哲元将军。但是协定签订以后，当地最有实力的领导人是德王。

问：您记得德王访问新京的事情吗？

答：记得。

问：是在什么时候？

答：我想是在快到昭和十年(1935年)8月底的时候，如果我没有记错。

问：派遣这两个大队往察哈尔是在12月吗？

答：德王前往新京是在1935年8月，但是这两个大队，我搞错了，是在昭和十一年(1936年)8月下半月。

问：我想现在这个问题的翻译一定是什么地方出错了。我再问一次：德王访问新京是在派遣两个大队往内蒙古之前还是之后？

答：是四个月以前，如果我的记忆没错。

问：您的意思是说德王先去。在作证中您说，奉南将军命令，您和关东军第二课长石本大佐一起去访问德王，这是在什么时候？

答：昭和十年(1935年)4月底或5月上旬。

问：这位石本大佐是哪里的第二课长？

答：自然是关东军的。

问：您刚才不是说关东军第二课长是河边虎四郎大佐吗？

答：石本大佐于昭和十年(1935年)8月转任陆军省，其继任者是河边虎四郎。

问：您说石本大佐有南将军的指示。你能确信地说石本大佐有还是没有这些指示？

答：很自然，课长没有官方指示不能越境从事此类重要活动。

问：但是，石本大佐不是因为德王邀请才去的内蒙古——察哈尔吗？

答：不。当时的情况是，在德王那里有一个小的特务机构，该机构屡次向德王提出这个计划的建议，一开始不被理睬，后来经过许多劝说才确定在4月底与关东军第二课长会见。

问：您说在内蒙古和"满洲国"之间签订互助协定不是因为关东军的要求，而是出于德王自己的意愿。这一点确实吗？

答：我如果被称作一个说谎的人，会非常羞愧。

韦伯庭长：他不会被称作一个说谎者。

问：我希望您回答是或者不是。

答：是。

问：因此，我可以理解为关东军对内蒙古问题总是采取一种让其自主的态度——总是对内蒙古采取一种被动的态度吗？

答：是的，直到昭和十年(1935年)德王访问新京时，关东军一直采取积极的态度。但是自此以后，由于被内蒙古方面的过多要求困扰，我们可以说关东军变得消极了。

问：据此，直到德王来访，关东军采取一种积极的态度，您是说您自己也采取一种积极的态度吗？

答：无论我可能多么愚蠢，如果我上司的态度是保守的，我也没办法，而只能符合那个态度。说当时的西尾参谋长及其下属保守，等于侮辱日本军队，也是侮辱南将军，因为那等于说他作为司令官没有完全掌握他的部队。

问：我不想纠缠于争论，我将这事搁置一边而提出我的下一个问题。您说土肥原将军去北平也是奉南将军去见宋哲元的命令，这是什么时候？

答：如果我的记忆不错，我想这是昭和十年（1935年）9月中的事情。

问：这不是昭和十一年（1936年）1月6日的事？

答：我想他是在9月底前后去的，因为我的同事千田参谋陪同土肥原执行这次使命。

问：您说当昭和十年（1935年）9月土肥原将军去北平时，他随身带了指示。您见到过这些指示吗？

答：见到过。我很了解这些指示，因为是我本人起草的。

问：请告诉我们这些指示的内容。

答：如我前面所述，其目的之一是防共，另一个目的是在华北建立一块自治区域作为缓冲地带。

问：但是，查询记录，我们发现昭和十二年（1937年）12月31日，陆军省次官根据陆军大臣指示，向关东军参谋长发出了关于土肥原将军的命令。您知道这事吗？

答：您能告诉我内容吗？

问：在这个命令中说，土肥原将军将暂时被派往华北，接受日本的华北驻屯军司令官领导，并帮助冀察政务委员会。

答：是的，我十分肯定我见过它。

译员：那是在昭和十年（1935年）12月31日。纠正前面的问题，应该以昭和十年(1935年)取代昭和十二年(1937年)。

答(继续)：我可以说明吗？土肥原少将起先是奉关东军司令官的命令，作为关东军军官前往北平。他作为关东军军官在天津、华北活动，完全不受华北驻屯军司令官多田中将指挥而行动，会影响指挥的协同。多田中将对此事非常恼火，经过他的一再抗议，土肥原将军在冀察政务委员会建立以后，被转到华北驻屯军。

问：当时您不是在华北和察哈尔作公务旅行吗？

答：不。他根据关东军司令官命令，作为关东军军官被派往北平。

问：这个答非所问。您，您自己，昭和十年(1935年)末是在察哈尔和华北从事公务吗？

答：我于12月24日坐飞机离开新京，31日到达北平。在途中，我路过多伦诺尔和张河口。

问：您什么时候返回的？

答：我在1月3日离开北平，在经过苏尼特右旗以后，于1月5日抵达新京。

韦伯庭长：我们现在休庭，明天上午9:30开庭。

(16:00开始休庭)

1946年7月9日，星期二
日本东京都旧陆军省大楼内远东国际军事法庭

(9:30重新开庭)

……

交叉询问(继续由冈本敏男辩护律师询问田中隆吉证人)

问：证人昨天说昭和十年(1935年)至昭和十一年(1936年)他在华

北旅行,是吗?

语言监督官:纠正,从昭和十年(1935年)12月至昭和十一年(1936年)1月,他在整个华北游历,这样说对吗?

答:我没有说我在12月和1月间旅行。我说我在12月25日和1月5日间旅行。

问:根据记录可以知道土肥原将军在昭和十一年(1936年)7月6日离开新京前往北平。

语言监督官:您记得这件事吗?

答:记得。我记得在7月5日,我与土肥原少将、板垣参谋长和另一个人共进晚餐,就是说四人在新京的一个饭店聚餐,送别土肥原将军赴北平。

问:您说的是什么时候,1月还是7月?

答:1月5日,在新年宴会的当天晚上。

问:证人的记忆是否有错?您从北平到达新京是在1月7日。

答:是的,我正在进行一次公务旅行,预定结束于1月7日,但由于一个紧急电报,我于5日就返回了。

问:好,这个问题就这样,今后会根据记录继续研究。我要问您另一个问题。您说您知道土肥原将军——您从南将军所说的知道土肥原将军赴北平的使命。但是昨天您说您本人写下了关于土肥原将军使命的命令,您因此得以知道。这两种说法之间有所不同吗?

语言监督官:对第一个部分的纠正,您告诉检察官说,您出席南将军和土肥原将军的一次会议时听说了土肥原少将当时前往北平的使命。会上,土肥原将军就他的旅行作了一次报告。

答:关于第一个作证,我没有说我在土肥原完成使命返回、向关东军司令部报告时知道的。关于起草给土肥原将军的指示,在各种各样和互相矛盾的意见中,发生了相当多的争论,正由于如此,指示的内容没有立即决定。产生这个困难是由于发现很难确定什么才是开展华北自治运动的确定的动力。

语言监督官：纠正，用"确定的目标"取代"确定的动力"。

答（继续）：如果我的记忆正确，第一项指示是建立一个没有观念目标上的自治地区。有必要这样做，正如我所回忆的，土肥原少将、佐佐木少将和板垣少将三人研究了这个问题，除了创建一个自治区域的目标以外，他们还加上了防共作为这个方案的一个目标口号。

问：当时证人正在华北旅行吗？

答：我想起草指示一事发生在快到9月底时，当时我不在旅行。

语言监督官：纠正，9月中旬。

问：但是证人知道这个指示从中央当局发出，而且知道我昨天所说的。

语言监督官：纠正，由电报发出的指示。

答：是的，我对此很了解。

问：因此，它难道不应该被解释成土肥原将军前往华北的任务不是根据南将军的提议，而是奉司令部的命令吗？

答：关于所谓来自中央当局的命令，这仅仅是一种形式，因为这不是在东京提议，而是由关东军提议的；而且在9月底，土肥原将军已经在北平开始推行自治运动。

语言监督官：稍作增加，正如我昨天所说。

答（继续）：土肥原将军，一个关东军的军官，要在多田将军麾下的华北驻屯军势力范围内开展活动，是一件令多田将军不快的事情。

问：当时华北驻屯军与关东军之间的关系和谐吗？

答：坦率地说，土肥原将军和多田并无友好意义上的个人关系，不过，根据我的回忆，关于创建一个拥有华北五省的自治区域，他们所见略同。

问：我要问您一个十分基本的问题，华北驻屯军是在关东军的统辖

十、土肥原、冀察政务委员会与德王政权

之下吗？

答：它们是完全分开的。华北驻屯军不属于关东军指挥。

问：华北驻屯军接受谁的命令？

语言监督官：纠正，华北驻屯军根据谁的命令行动？

答：统帅事项是参谋总长的，军政事项是陆军部的。

问：关于人事，他接受陆军大臣的指示吗？

答：是的。

问：当时日本政府的首相是谁？

答：预备役海军大将冈田启介。

问：陆军大臣是谁？

答：林铣十郎陆军大将，是现役的。

问：参谋总长呢？

答：闲院宫载仁亲王殿下。

问：证人刚才说，关于华北事务，有一个防共的概念。昭和十年（1935年）是在什么形势下提出这件事情的？

答：您是指哪个方面的事情？

问：当时中国共产党在华北有活动吗？

答：共产党及其部队已经渗入了华北。

问：满洲内部是什么情况？

答：共产党及其游击队在满洲数量众多。

问：证人以通晓中国事务的关东军参谋长闻名，对于这类事务，曾经向上司做出过建议吗？

语言监督官：纠正，证人，作为关东军参谋，熟谙中国事务，关于共产党游击队的事情，有过什么建议吗？

答：有过。

问：您做了什么建议？

答：它们都是些很重要的建议。根据我的回忆，当时半个山西省差不多快要被共产党完全占领了。之前，共产党军队的观点一直是反对三民主义、共产救国，而从那时起，共产党军队的主张就是"抗日救国"。

问：请迅速给出您的结论。

答：不能没有自己意见地先给出结论。

萨盖特检察官：如果法庭同意，检方看不出这些问题之间有什么关联。

韦伯庭长：发现它们之间如何联系十分困难。我有一种印象，也许不对，就是这些问题是为提问而提问。我要提醒辩护律师，他有义务只为他的当事人提出可能导致有利回答的问题。昨天和今天由这位辩护律师提出的许多问题都指向确认或决定证人的可靠程度，目的在于了解情况，我不清楚其价值。但是我只能对辩护律师提出警告，他的职责是引出有助于他的当事人的回答，而不是仅仅为提问而提问。

问：共产党游击队的出现和活动是不是因为关东军和华北驻屯军试图……

语言监督官：试图在华北创建一块和平区域。

答：在华北创建一块自治区域的目的，毋宁说是建立与满洲的更为紧密交织的联系。但是，正如辩护律师刚才说的，我也肯定以防共作为抵制共产党游击队活动威胁的手段，是建设这个和平区域的目的之一。

语言监督官：稍作更正，目的是创建一块与日本及满洲合作的自治区域。

问：在南将军任期内，满洲的疆界扩展了吗？

语言监督官：纠正，用"满洲国"代替满洲。

答：没有。不过，我应该补充说，在热河省的西南部有一个县，"满洲国"和中国为这个县应该属于哪一方而展开了争夺。争论的结果，由冀察政务委员会和"满洲国"联合组织了一次调查。调查认为，这个县属于"满洲国"，因为历史上是它的一部分。

语言监督官：用冀察政权取代冀察政务委员会。

问：我听说南将军自从担任关东军司令官以后，一直主张与外国之间不应该发生纠纷。

语言监督官：更正，他总是指示他的下属。

答：对的，不仅对外国，他还竭力避免在中苏国境沿线制造纠纷。

问：那么，对中华民国又怎样呢？

答：由土肥原少将执行的华北五省自治运动方案的最重要方面，是随着华北各省自治运动的进展，消除日本和中国之间的冲突。

问：土肥原少将的意见是以南将军的意见为根据的吗？

答：是的。

问：它是否可以解释如下，证人迄今一直所说的意味着华北自治运动并不造成与中国的摩擦或纠纷，而是导致两个国家，即中国和日本之间的和平关系？

答：自从站到这个证人席以来，我不止一次地说过，这个自治运动被认为导致与中国之间的摩擦与纠纷。

问：证人知道南将军如何被推荐担任关东军司令官的吗？

答：不很清楚，但我知道。

问：是因为南将军作为最年长的将军之一，他的意见不是积极的，而是更加保守与平和的吗？

语言监督官：稍作更正，是因为南将军侵略成性和好战，而是因为他赞成互相间的和平关系吗？

答：我认为南将军的被任命是因为他的非常可亲近的性格和行政管理才能。说到南将军的行政管理能力，我是指由于满洲是许多纠纷，特别是警察和宪兵之间纠纷产生的温床，而且盗匪依然横行，因此有一大堆工作需要做，而他的工作就是恢复法律和治安。

语言监督官：稍作更正，警察和宪兵之间发生了一次公开冲突以后，也由于游击队和盗匪，局面十分紊乱，上述决定是正确的。

问：证人与检察官的对话中，称南将军这样一个热爱和平的人是侵略华北的始作俑者,为什么?

答：我不记得我向萨盖特检察官作过南将军是侵略元凶的证明。

问：证人不是昭和十一年(1936年)2月26日事变的同情者吗?

答：不。在关东军内部,我是最早主张积极镇压这种行为的人之一,在所有关东军参谋中,应该说我是这种政策最有力的倡导者。

问：证人不主张所有现役大将的引退——在二二六事件后立即从现职引退吗?

答：请您重复一遍这个问题。

问：在二二六事件刚刚发生以后,证人不主张所有大将从现役名单上引退吗?

语言监督官：证人不主张现役名单上的大将全体辞职或引退吗?而且在二二六事件发生以后,您没有在关东军的范围里立即提出这个意见吗?

答：没有。

问：证人作为关东军参谋,没有蒙罹神经衰弱?

答：没有。

问：证人没有因为这个原因走进新京的医院?

答：有过,是因为煤气中毒。

问：证人知道所谓绥远事变吗?

答：知道。当德王与傅作义将军之间发生冲突时,根据德王的要求并遵照关东军司令官的命令,我作为德王的助手和顾问前往帮助他,有大约一个半月。

问：当时谁是关东军司令官?

答：陆军大将植田谦吉。

问：与南将军没有关系?

答：这个毋庸置疑。

问：在最近的两三年期间证人见过南将军吗? 我不是说在这个法

庭上。

答：我拜访过他在东京品川的住宅，在去年3月。

问：当时谈了什么？

答：怎样把日本从它已经陷入泥淖的令人绝望的状态中解救出来。

问：证人没有在昭和十九年（1944年）11月19日在南将军家里和他谈过话吗？

答：谈过。

问：当时南将军官居何职？

答：枢密顾问官。

问：证人是什么职位？

答：我没有工作。

问：这次谈话关于内蒙古谈了什么？

答：当时由于整体形势，日本与内蒙古之间的关系不是很好。根据我的观点，为了改善这种情况，应当加强蒙疆自治政府，应该让这个政权完全独立。为此目的，我考虑建立一个蒙古协会，并且请南将军担任会长。

问：南将军如何回答？

答：他说他作为枢密顾问官不能做这个。

问：证人记得他生气了，并且回答说如果这样他将去和枢密院议长铃木先生说这件事情吗？

答：我希望您收回"生气"一词，因为这次谈话是以一种心平气和的方式进行的。我仅仅说如果南将军不接受这个职务，我就乐于抽掉这个协会宗旨的政治意义，而且我会去见枢密院议长铃木先生，如果铃木先生同意了，我会再一次去见南将军，让他重新考虑这个提议。

问：当时证人参与政治活动吗？

答：是的，用最大的热情。

问：您能否非常简要地告诉我们这些是什么政治活动？

答：是拥戴宇垣大将为首相，并且停止战争。

交叉询问（由三宅正一郎辩护律师询问田中隆吉证人）

三宅辩护律师：我是被告人梅津的辩护律师三宅正一郎。

问：《梅津—何应钦协定》十分口语化吗？

韦伯庭长：噢，这样提问徒然无益。这次交叉询问的目的应该是显示日本军队在满洲所作所为的权力、管辖或者理由。至今大多数询问都用以说明他们干了什么。询问只应该对科刑真正地施加影响。这个性质可能被辩护律师忽略了。

问：那我就问另一个问题。基于义和团事件议定书的华北驻屯军的任务，[1]不是保护当地日本居民和北京天津之间交通吗？

答：是的。

问：基于义和团事件议定书精神的梅津—何应钦协定，不是着眼于解决华北的排日活动问题吗？

答：是的。如果排日活动能够从华北清除，驻屯军的任务就算完成了。

问：梅津将军与何将军签订这个协定的目标是否在华北日军使命的基础上从华北铲除排日煽动，建立一种和平与宁静的气氛？

答：当然如此，不过不仅仅这样。

问：于是这种气氛，一种和平气氛，作为日本华北驻屯军和中国军队之间的这个协定的结果，不是被创造出来了吗？

语言监督官：纠正，南京政府统辖的华北的部队。

答：对于军队之间的关系，一般不太提到宋哲元将军指挥下的部队，但以下是事实：作为《梅津—何应钦协定》的结果，暗杀亲日的中国人，以及在中国报纸上反对日本的煽动性社论消失了。

问：宋哲元的部队什么时候从张家口来到华北的？

---

[1] 义和团事件议定书：指《辛丑条约》。

答：我当时不在那里，不记得了。

问：您不记得它至少不会晚于1935年9月吗？

答：我不记得了。

问：证人说华北自治政府建立于1935年12月末，对吗？

答：我想该政权实际成立于11月底，其成立仪式举行于12月中。

问：被告梅津于1935年8月1日离开华北。证人据什么认为他与在他离开后半年建立的自治政府的创立有关系呢？

答：华北驻屯军参谋长酒井大佐，是最早建议将宋哲元部队迎到北平和天津的人。酒井大佐并且在1935年3月和5月两次来到关东军请求合作。

语言监督官：纠正，1935年4月和5月，不是3月。

答（继续）：我多次参加当时举行的会议。酒井大佐是将华北从南京政府分离出去的政策的最狂热的拥护者。当时梅津说他已经完全把此事托付给了酒井大佐。

语言监督官：纠正，我说过梅津已经完全把此事托付给了酒井。

答（继续）：在梅何协定签订以后，作为其结果，开始了自治运动。有确凿的证据证明酒井推动了这个运动，因为我就在那里。酒井大佐实际上促成了梅何协定的签订。我非常确切地知道梅津只不过是那件事情的一个代表而已。

语言监督官：而且后来由梅津批准。

答（继续）：但是，在任何军队中，职位越高，责任越大。这里我指的是责任。

问：梅津将军在1935年8月离职，后来发生宋哲元的事情。我要问证人的是关于宋哲元来到华北一事。证人说他不记得了，他能试图回忆一下吗？

语言监督官：稍作更正，在1935年8月1日梅津离职后，就出现了宋哲元部队往南调动的事情。现在我要问证人，梅津与宋将军自治政权的建立有什么关系？翻译的其他部分正确。

答：我们在关东军中是坚决不赞成把宋哲元部队往南调动的。那是酒井大佐不顾关东军的反对，说服关东军而实现了这个计划。梅何协定推动了华北自治运动，是一个积极的事实。宋哲元部队关于此事所做的与现在这个话题没有任何关系。但毫无疑问是酒井大佐努力促成此事，他的指挥官、关东军司令官当然对此负有责任。对这个问题的判断应该交给法庭。

语言监督官：请重复一遍。

答（重复）：宋哲元部队向南面的调动与这个问题无关。但是毋庸置疑，作为强烈的和狂热的自治运动鼓吹者的指挥官酒井大佐是否要对这场运动负责，应该交给本法庭裁断。

问：我没有问这个。我问的是宋哲元将军南来北平的日子。

答：我没有记忆的事情，我是想不起来的，无论我怎样拼命要抓住我的记忆。

问：那么我问您另一个问题。您说酒井大佐不顾关东军的反对，将宋哲元带到北平。当时谁是他的上司，梅津将军还是多田将军？

答：我没有说酒井大佐把宋哲元将军带到北平，我说的是他来到关东军，得到了关东军对他的带中国将军到北平计划的批准。酒井大佐在8月1日转任都城的联队司令。在他离开以前，整个运动基础工作已经完成了。但是，如果它是开始于8月1日，那么就如您所说的梅津将军不应该对该计划负责。

韦伯庭长：那样就清楚了，我们休庭15分钟。

（10:45 休庭）

（11:05 重新开庭）

法庭执行官：法庭现在开庭。

（田中隆吉作为检方证人被传唤，重新出庭作证如下）

交叉询问（由三宅正一郎辩护律师继续询问田中隆吉证人）

问：最后一个问题。证人是否认为梅津将军对政治没有很大兴趣？

答：是的。他是一个能够很好理解政治，但是没有时间——或者说不很喜欢卷入政治的人，也是经常教导我们不要干涉政治的长官之一。我确认您的说法。

三宅辩护律师：谢谢。

韦伯庭长：布雷克尼少校。

布雷克尼辩护律师：我是布雷克尼，被告人梅津将军的辩护律师，他同时也由刚才出庭的日本辩护律师的代表。我不准备进行交叉询问，但是我要向法庭声明，我只想向法庭指出，现在这位证人已经充分证明了何梅协定显然是被作为起诉被告人梅津的基础的。

韦伯庭长：布雷克尼少校，您是要在此时介入案件吗？

布雷克尼辩护律师：什么？

韦伯庭长：您是想在此时介入案件吗？

布雷克尼辩护律师：我想是的，阁下。

韦伯庭长：我不知道这怎么行。如果我们同意您出来并且随意在任何阶段做一些说明，为什么不同意其他辩护律师这样做，您只是40多个辩护律师中的一个。我们必须有秩序。

布雷克尼辩护律师：阁下，我不想试图说明。我是试图为将由日本辩护律师提出的异议打下一个基础工作。对于日本辩护律师，我只是一个因他缺乏程序知识而专门提供帮助的助手。这是我做这些预备性评论的唯一原因。我只希望评论异议。

韦伯庭长：好，鉴于您是该被告的第二辩护律师，您必须取得法庭的允许才能提出哪怕一条异议。

布雷克尼辩护律师：是的，阁下，我正在试图要求得到允许。

韦伯庭长：法庭将不听取您所说的，少校。

大原辩护律师：我是被告人大川周明的辩护律师大原信一。

韦伯庭长：如果有必要，我要特别向日本辩护律师指出，没有一个被告人仅仅因为已经显示——如果已经显示——在中国的日本军队恢复了那里的和平与安宁而无罪。您必须论证，并且您的交叉询问应该论证，您的被告人本人与该事件无关，或者对他所做的拥有正当理由。交叉询问的大部分毕竟用以显示，日本军队在中国遵循或者期望和平与安宁。因此，如果这一点成立，被告有可能在判决时要求考虑其责任问题。它可能把绞刑减轻为枪决，或者把枪决减轻为终身监禁，或者把终身监禁减轻至一个较短的刑期。那是它唯一的作用。而且在审判过程中，对于我们可以接受的减轻刑罚的证据总量有一个限制。我们可以拒绝某种证据类型，直到审讯的最后才加以倾听，如果变得有必要这样做的话。

弗内斯辩护律师：如果和平被作为不同政府间协定的结果而得到遵循，有所不同吗？我可以分别提问吗？

韦伯庭长：您完全混淆了观点，我说的是由日本军队带来的和平与安宁，如果它被带来了的话。

弗内斯辩护律师：这构成对于是否侵略战争的一个判决吗？

韦伯庭长：您说得非常离题。您知道我没有宣布任何判决。我所说的即使翻来覆去地读，在其中也找不到任何判决的成分，那里只有警告辩护律师他们的义务是什么。您的意见毫无依据。如果必要，我们会来处理您所说的。

弗内斯辩护律师：我只想指出在起诉书中的诉因是违背条约权利的。如果我说的不恰当，我请求法庭谅解。

大原辩护律师：我请求法庭同意询问。

十一、"满洲独立"思潮在日本的泛滥

交叉询问（由大原信一辩护律师询问田中隆吉证人）

问：证人说在满洲事变爆发前夕，关于满洲有304个悬案。这些问题都难以解决？

语言监督官：不是"304个"，是"300多个"。

答：是的，它们都非常棘手。

问：证人不是说满洲事变爆发前夕在中国和日本之间存在着未经宣布的战争吗？

答：是的，我说过。

问：它意味着两国之间在满洲实际上并没有发生互相间的战争，是吗？

答：是的，如果"战争行动"一词是指两国军队间互相开火。

问：您是说谁都不能确定两军间何时何地会发生冲突？

语言监督官：在日本和中国之间。

答：是的。

问：您刚才提到的300多个悬案——这些问题可以通过一种或另一种军事冲突的方式解决吗？

答：请您用日语清晰地重复一遍这个问题。

问：您的意思是这300多个问题可以用武力手段解决吗？

答：我完全承认通过外交谈判解决这些悬而未决的问题是不可能的。当时的重光公使说为了解决这些问题需要极端的耐心和漫长的日子。

问：我所问的是，由于局势如此严重以至随时可能爆发冲突，在这样的情况下，有没有可能通过日中两国军队之间的战争解决这些问题？

答：如果冲突爆发，问题将由胜利方解决。在世界上，如果发生武装冲突，通常是问题不能通过谈判解决了。

问：您能说，客观地说，两国之间最终不免兵戎相见？

答：这是在当时看未来。我们这些军人的常识是，一些事情非常可能并且最终必然发生……

语言监督官：如果一直是那种状态。

答（继续）：如果局面一直不确定。

问：您不是说满洲事变爆发以前，您听大川说满洲问题不可能解决——除了军事手段以外没有其他手段可以解决吗？

答：是的。

问：您不是指当时普遍认可的陆军的说法吗？

答：不是，大川博士或许是满洲独立的狂热鼓吹者，通过一种或另一种方式参加满洲独立运动的人都接受了大川博士的影响。在相当长的时期，大川博士都怀有为这个新国家成为整个亚洲解放基地的目的而使满洲独立的希望和理想。如果您读过大川博士的书《复兴亚细亚诸问题》，您就会豁然明白了。昭和五年（1930年），当我问大川博士谁将成为这个新构思的独立国家的领袖时，他引用了《诗经》中"继绝国"的话，[1]并说除了复兴一个已经灭亡的国家，以及使宣统皇帝复辟以外，没有其他路可走。

问：行了，请只回答我的问题。您说这些事情写在名叫《复兴亚细亚诸问题》的书中。您本人读过这些观点吗？我只问您读过或者没有读过这部书。

答：读过，有五遍或六遍。

---

〔1〕 应该是引用《论语·尧曰》："兴灭国，继绝世，举逸民，天下之民归心焉。"

问：这些内容是写在书中的吗？

答：您指的什么？

问：关于满洲独立的观点。

答：没人说过它是写下来的，我只是听说。

问：我就是问您这个。您说满洲局势危若累卵，没有人可以预言它将在什么时候爆发，是吗？在这样的局面下，关东军很自然地起草了一个行动计划以应对这种局面，是吗？

答：不用说，如果冲突爆发，军队就会立即开始行动。

问：如果敌对战争爆发，并且占领了该地区，军队会起草一个保持该地区和平与治安的计划吗？

答：无论哪国军队，制定维护所占地区的法律和秩序计划，是唯一的共同观念。

问：证人说关东军执行了一个计划，是在事变发生以后由满铁调查部准备的？

答：是的。

问：调查部制定了这个计划吗？

答：大川告诉我的是事实，但我不知道这个调查部是否制定了该计划。

问：证人还说其建立——"满洲国"的建立阶段——实施得十分顺利，因为遵循了预先制定的计划。

答：是的，非常确定。

问：您说的"遵循计划"是什么意思呢？您说"计划"是指行动计划吗？

译员：证人刚刚说："我不知道这个调查部是否制定了该计划。"对此辩护律师回答："我没有说调查部。"

大原辩护律师：我刚才缩短了句子以帮助译员，现在我将它们恢复原状。

问：当我问您关东军是否制定了一个计划，以应对危险局势在满洲蔓延，您回答那是自然的，是吗？

答：我非常了解大川博士在满铁调查部一直研究紧急情况下占领满洲地区的事情。我要说根据计划，那是占领计划，因为在调查部和负责此类事务的参谋部即我的部门之间交换了各种材料。我认为大川没有说过为了解决满洲问题有必要——有必要使用武力。可以肯定他在一开始就没有说过要为解决问题而使用武力；随后，被其他人愚弄，他有两次去见张学良，劝诱他宣布独立。

问：现在我问您一个涉及其他内容的问题。您在说明满洲事务时使用了"控制"一词，但一个外国人会理解"控制"是某种形式的统治。您能用日语向我说明，你用英语说的"控制"一词的含义吗？

答：它实际上是控制吧？我有意识地避免使用"统治"一词。

问：我要听您解释您所说的"控制"一词的含义。您是指——我试图用您自己的表达——您用这个词的意思是建立一个地区，在这里中国人——中国人和日本人都和平地生活在一起，实行和平，双方的利益都得到考虑，对双方都很便利的地区吗？您的意思是这样的吗？您说的"控制"是指——是指建立一块我这样描述的区域吗？

答：那将是在满洲——那将是一个满洲的理想状态，就像日本人梦寐以求的。但实际上，该国家的行政状况要求日本军队和行政当局的控制，由于这种控制，不可能在"满洲国"取得进步。我亲眼看见了这种控制的实施，而且除了"控制"以外并没有其他的词表达我的意思。

问：您是指后来的局势吗？

答：根据我们自己正常的观念，一直到最近，日本人一直没有控制满洲吗？实际上，日满条约宣布了一种不可分离的关系，那正是日本控制的显示。

问：您使用了这个词——频繁使用了英语"控制"一词，但我正在试图得到您的说明，用日语对这个词的意思的清晰说明。

答：让我非常清晰地说，"满洲国"无疑是一个集权主义的国家。日本政府凭借赋予关东军对"满洲国"总务厅的内部指导权对"满洲国"实施控制。

问：您没有回答我的问题。您的"控制"一词是说指导还是说指挥？

答：我是说凭借其对其总务厅实施内部指导的权力，关东军对"满洲国"实施直接控制。

问：我明白了您的意思。满洲事变以后，您什么时候从大川那里听说了满洲事变？

答：我从来没有从他那里听说满洲事变。

问：您从来没有听说此事？

答：我听见他在谈论满洲独立，但他从来没有说过任何促成独立的行动。

问：证人从军队辞职以后，在医院里待了两个月，是吗？

答：准确地说，是46天。

问：您出院后在哪里治疗？

答：是的，我治愈了我的失眠症。但是我还遭受其他疾病的折磨——那就是为我的国家的局面而忧心如焚——这个病是无法医治的。

问：我从某些渠道听说您出院了，您还为出院花了钱，是吗？

答：是的，我支付了一大笔钱给医院人员送戏票和买水果，因为我希望能够尽快地出院。

问：您告诉过别人此事吗？

答：告诉过。

问：您告诉过检察官吗？

答：告诉过，因为我必须说清事实。

问：您1936年在华北得了同样的病，是吗？

答：您为什么问我这个？

问：我只是问问而已。

答：在华北的什么地方？

问：我只是问您是否得过这个病。

答：我不是在华北，1936年我不在华北，所以我不知道。

问：那好，大约是在那前后您得了同一种病吗？

答：从内蒙古返回后我病得很厉害，经过检查，发现我是瓦斯中毒。

问：哪一种瓦斯？

答：煤炭瓦斯。我治疗了四天才痊愈。

问：您没有被送进医院？

答：我在12月31日住进了医院，1月3日出院。

问：您往《东京新闻》寄了一封信——（今年）3月19日寄往《东京新闻》的，对吗？

答：我没有寄文章，我只是应要求写了一封信。

问：您的信中提到许多检察官的名字，并且说您与他们关系非常密切。

答：我没有说我与他们关系密切，我说的是我与他们讨论。

问：这封信是应检察官要求或者介绍写的吗？

答：让我告诉您事实。当时日本被告人的辩护律师显然没有得到检方将如何审理案件的任何暗示，对如何准备为委托人辩护茫然无措。于是佐野先生——他此刻就在这个法庭——提出给辩护律师一些他们将面临些什么问题的忠告，我就写了一篇旨在教导日本辩护律师的文章。

问：您从同样的渠道得到材料，是吗——我是指您的文章的材料？

答：这不是论文，这是在佐野先生给我的见解基础上撰写的，佐野先生不是检察官。我前面没有回答，是因为我不根据任何一位检察官的要求写东西。

问：您企图让您自己逃避惩罚，是吗？

答：我是一名军人，我非常坚定地说过如果有针对我的指控，我将高兴地投身巢鸭监狱。但是到今天为止，检方尚没有发现任何对我的指控。如果您想对此事有更多的证实，请问佐野先生。我不是那种其行为是由于受到威胁或者出于某种报答的人，或者是企图曲解事实的人。

问：证人现在住在哪里？

答：目前我住在代代木的为日本人证人准备的住所里。

问：此前您不是一直住在首席检察长季南住宅的隔壁吗？

答：是的，我根据命令住在野村先生的家里，其家就在服部家的隔壁，在那里首席检察长季南有他的住所。

问：您没有接受生活供给——检方的补贴或者供应吗？

答：是的。当我住在野村家里时，我接受食品供给。供应从检察局经过野村先生送达我。我在丸内旅馆住了10天，在那里的费用由日本政府承担。接着我搬到伊藤的房子，但是根据证人住所规则，日本人每天需支付28元。食品之类的供给由经理安排，他提供的物资不错。

问：您接受盟军的补给吗？

答：我很穷，我愿意接受，但是到今天为止我没有收到任何东西。

韦伯庭长：我们现在休庭到13:30。

（12:00开始休庭）

（13:34重新开庭）

法庭执行官：远东国际军事法庭现在开庭。

韦伯庭长：山冈先生请。

山冈辩护律师：庭长阁下，正如刚才证人最后回答的一个问题——太田先生的一个问题，我相信他的回答，检方为证人支付28钱作为住处的生活费。而且，如果我没有弄错，我也相信，翻译为英语变成了28元，因此我希望有一个更正，如果可以的话。

萨盖特检察官：我加一句，如果法庭同意，证人并没有如辩护律师刚才说的那样由检方提供这个房子。

韦伯庭长：几乎不值得再讨论这个话题。我认为本法庭没有一个成员会对不着边际的问题留下印象。

山冈辩护律师：如果庭长阁下同意，我能理解为不能做出更正吗？

韦伯庭长：我们会进行任何必要的更正，但如果纠缠于此，就会可怕地消耗时间。如果做出更正能够使您高兴，我们就会更正。

语言部主任：庭长阁下，根据证人回忆，休庭前，译员说"28钱"时舌头滑了一下，说成了"28元"。

韦伯庭长：证人说的是"钱"吗？这正是我想知道的。

语言部主任：是的，说的是"钱"。

韦伯庭长：语言部应该加以记录。

弗内斯辩护律师：如果法庭同意……

韦伯庭长：弗内斯先生请。

交叉询问（由弗内斯辩护律师询问田中隆吉证人）

弗内斯辩护律师：我代表重光先生。

问：田中先生，在星期六您作证说满洲是为了日本的防卫而针对苏联的战争基地。为了这样一个防卫行动，日本军队在满洲进行了训练。现在，关于这种军队训练的决定，即他们是否应该被训练，他们为什么被训练，是否根据天皇谕旨做出的决定——我想应该解释为由东京的参谋本部做出的决定，对吗？

答：是的。

问：不是由内阁或者政府任何其他部门，而是由帝国参谋本部做出的决定？

答：是的。

问：而且，根据义和团条约被赋予权利的日本华北驻屯军的司令官，同样只接受参谋本部的参谋总长命令，是吗？

答：统帅事项听从参谋总长，军政事项听从陆军大臣。

弗内斯辩护律师：行了。

交叉询问（由克莱曼辩护律师询问田中隆吉证人）

韦伯庭长：克莱曼大尉请。

克莱曼辩护律师：谢谢。

问：先生，昨天您告诉我们张作霖事件的发生是河本大佐策划的，这是您的回忆？

答：是的。

问：您还告诉我们沈阳事变由关东军的一个团体策划，对吗？

答：对。

问：张作霖事件和沈阳事变是一个共同策划的结果，还是分别发生的事变？

答：绝对是分别发生的。

问：您告诉我们 1932 年您在上海，上海事变发生的时候您在那里吗？

答：在那里。

问：上海事变是有关张作霖事件和沈阳事变的一个共同计划的组成部分吗，还是互不相关的事件？

答：上海事变完全是一个独立的事件。

问：因此我是否可以理解为，这些事件中没有一个是为达到某种目的而共同策划或者阴谋的结果，是吗？

答：上海事变是在沈阳事变发生以后，由于中日关系极度紧张而发生的。鉴于当时上海一触即发的危险局势，根据各国联军协定，当时各国派出陆战队驻扎在那里，驻扎在一些特别防御点，其中日本陆战队的警备区域与中国军队的警备区域毗邻处发生了冲突。上海事变纯粹是一个独立的事变。

问：先生，您告诉我们对于"满洲国"的内部指导完全属于关东军司令官，是您回忆的吗？

答：关东军依据日满条约，对"满洲国"实施内部指导的权力；该条约由日本政府签署，其中并没有规定由日本政府将这项权力授予关东军。而在"满洲国"，唯一被授权实施内部指导的人是关东军司令官，其他人，无论是参谋长还是参谋副长，或者是总务厅长，都无权实施这项权力。

问：先生，关东军司令官对内蒙古自治委员会同样拥有指导权，是事实吧。

答：没有对内蒙古的内部指导权，但是关东军司令官根据参谋总长颁发的未来长城以北行动方案而采取行动。这属于参谋总长的指示。

问：在本次开庭以前您作证的自治政府曾经得到日本政府承认？

答：没有。

问：日本政府没有派遣外交使节前往这其中任何一个自治政府吗？

答：没有派遣这样的使节。

问：这些自治政府的建立不是日本政府相关计划的结果，而是您所作证的团体分别行动的结果吗？

答：不是。

问：您的意思是我说的正确？

答：不，我要说明吗？

问：先生，今天上午您告诉我们因为气体中毒您在医院接受治疗。您在医院住了43天进行心理治疗吗？

答：是失眠症。

问：您母亲是死于抑郁症吗？

答：不，我母亲从未患抑郁症，她死于心脏病。

问：您曾经告诉医生您母亲死于抑郁症吗？

答：没有。

问：您已经证明，在您住院时，您曾经告诉医生您患遗传性梅毒吧？

答：不。我年轻时我非常——我玩得很多，于是我在失眠时就请医生治疗，知道如果那是梅毒引起的，我也必须准备接受治疗。

问：您告诉我们您没有从检方那里接受过补贴。您得到过今后给予补贴的承诺吗？

答：没有。

克莱曼辩护律师：我没有问题了。

韦伯庭长：还有交叉询问吗？

克莱曼辩护律师：没有交叉询问了……

韦伯庭长：还有交叉询问吗？

萨盖特检察官：不会再有了，阁下……

（证人退席）

萨盖特检察官：如果法庭同意，现在检察官提出检方文档2194号证据。请加以标注。

法庭书记官：它被标注以181号。

韦伯庭长：那是什么文件，萨盖特先生？

萨盖特检察官：是一份电报，是驻沈阳林总领事发给币原外务大臣的，日期是1931年9月19日。

韦伯庭长：按照程序登录。

（检方证据181号被接受）

萨盖特检察官：我宣读这个文件（宣读）：

昭和六年（1931年）—12663

沈阳，9月19日上午发出

外务省，9月19日上午收到

发方：林总领事

收方：币原外务大臣

编号：630号（最高级别紧急电报）

据报告，参谋本部建川部长乘18日13：00列车到达这里。陆军当局对此保密，但这或许是真实的。根据满铁理事木村先生的可靠消息，当铁路工人被派往据报被中国人损坏的路段进行维修时，陆军当局禁止他们进入现场。综合这些消息来看，可以考虑最近的事变完全是一次由陆军策划的行动。

这里有一份我没有宣读的翻译证明。检察官接着提供其文档2194B号证据。

韦伯庭长：是什么？

萨盖特检察官：是同一天从同一方发往外务省的另一份电报。

法庭书记官：标以第181号第一部分。

韦伯庭长：按程序接受。

（检方文档181号第一部分被接受为证据）

萨盖特检察官（宣读）：

昭和六年（1931年）—12672

沈阳，9月19日上午发出

外务省，9月19日上午收到

发方：林总领事

收方：币原外务大臣

编号：624号

关于我发的623号电报：鉴于中国方面几次建议以和平方式解决此事，我打电话给坂垣（也许是板垣之误）参谋，说既然日本和中国还没有正式进入战争状态，而且中国说它绝对按照不抵抗政策行事，我们现在就有必要努力防止事件的不必要扩大，而且我敦促事件通过外交渠道解决。但是上述参谋回答说因为此事关系国家和军队的尊严，虽然将尽其最大努力保护这里的外国居民，日本军队的意图是要彻底解决之，因为中国军队进攻了日本军队。既然他没有表示准备接受我的建议，我再次重复上述主旨，以引起他的注意。

萨盖特检察官：检察官下一份要提交作为证据的文档是2194C号。这是同一天的另一份电报。

韦伯庭长：按程序接受。

（上述文档被标以证据第181号第二部分接受）

韦伯庭长：在您宣读以后，我们应该得到这些电报，萨盖特先生您愿意吗，您宣读以后将它们交给我们？

萨盖特检察官：我期待着。我要问2194C号是否已经分发？

法庭书记官：其被标以181号第二部分。

布鲁克斯辩护律师：请法庭同意我与检察官核对最后一份文件，2194B号，那里有一条注释："也许是板垣之误。"我要问那是否译文，或者它实际上就在电文里。他说他不知道。

萨盖特检察官：我必须回答，庭长阁下。对翻译的要求是准确无误，我保证这个就是，所以我不能宣读。

韦伯庭长：我不明白。

萨盖特检察官：如果阁下同意，讨论中的问题是在我读过的电文中，提到了坂垣并且注"或许是板垣之误"。根据我所知，这在电报原文中有阐述，但是我没有读。

韦伯庭长：您想把它删除？您说您正在删除一些东西，这是什么意思呢？

萨盖特检察官：我没有说要删除什么，我猜测是辩护律师请求将其删除的。我建议语言监督官纠正这一点，阁下。我不知道正确的回答。

我假设它是在那里的，如果它不在，一定是被删除了。

韦伯庭长： 我们将此提交给语言部。

语言部主任： 庭长阁下，在日文本中，名字被写成"坂垣"，没有任何括号说明其或许是板垣之误。

萨盖特检察官： 检察官认为其应该被删除了。

韦伯庭长： 现在你可以宣读。

萨盖特检察官（宣读）：

> 昭和六年（1931 年）—12660
>
> 沈阳，9 月 19 日上午发出
>
> 外务省，9 月 19 日上午收到
>
> 发方：林总领事
>
> 收方：币原外务大臣
>
> 编号：625 号（紧急，绝密）
>
> 关于我发出的 618 号电报，综合不同方面报告，可以推测陆军正在策划沿着整个南满铁路地带同时开展积极行动。我正在试图通过在大连的满铁社长内田先生引起关东军司令官对此的注意。希望政府立即采取所有必要手段阻止陆军的行动。

接着，我希望标记检方文档第 485 号以识别。该文件已经在书记官那里，按照顺序存放。

（该文档被标以证据 182 号，以便识别）

布鲁克斯辩护律师： 在上述文件中提到了两份电报即"我发的 623 号电报"和"我发的 618 号电报"。现在没有一份电报相关，第一份被介绍为 630 号。我相信确实应该提交这一份。但如果有参考价值，法庭同时应该得到相关的全部电报，其他的无论哪一份应该同时提交，或者提交给辩护律师。这样我们就可以加以研究，看看它们是否适用于我们这一方。我要请求法庭对该事实制定一个规则。我请求的另一个原因,是第一份电报的最后一个词"陆军",可以是日本军队或者中国军队,它没有说是什么,其他电报或许可以为我们澄清这些。

萨盖特检察官: 根据我所知,庭长阁下,检方并没有其他文件。

韦伯庭长: 不过您应该努力搜集到它们。

萨盖特检察官: 我们会的。

韦伯庭长: 它们对于完全理解这些行动是必要的。

萨盖特检察官: 我可以说我们已经努力去得到所有这些,庭长阁下,而且得到了一份,花费九牛二虎之力搞到了刚才读的那份。但是我们还要努力去得到其他的,我们现在还没有得到。

韦伯庭长: 如果发现了,它们可以为被告人所用。

萨盖特检察官: 刚才被注明识别号 490 号的文件是一部由去世以前是被告人的松冈写的书。

法庭书记官: 那是第 485 号。

萨盖特检察官: 第 485 号?对不起。检方只希望提交这部书的一部分或者节选作为证据。我可以说这个部分包括第 223 页至 229 页。检方希望读其中 2 段,而不是只提供这些页数。

韦伯庭长: 按照程序接受。

(检方证据 182 号被接受)

山冈辩护律师: 如果阁下同意,我们现在对提交这个节选提出异议,因为松冈现在已经死去了。我们认为现在接受是不适当的。

韦伯庭长: 它对于其他人,或者他们之间的一些人是合适的。

萨盖特检察官: 我要宣读的部分开始于英文本第 2 页顶端。这里有两段,在日文本中是在第 224 页至 225 页。

(宣读):但是当前满洲和内蒙古的地位,对于我国民众的经济存在必不可少,同样它对我国的防卫是至关重要的。换言之,我们从实践的角度加以考虑,满洲和内蒙古不仅在防卫而且在经济方面都是日本的生命线。任何一个国家都有一条对其存在起关键作用的生命线。如同直布罗陀和马耳他对于大不列颠,加勒比海对于美国,那肯定牵一发而动全局,如果该国希望生存下去的话,就不可能从其撤退。当我在最后一届国会期间谈到满洲和内蒙古政策和特别生命线时,正是指的这一点。……而且,我相信人民应该懂得这一点！20万同胞住在那里和满洲铁路的存在,从日本的观点来看,还不是满洲和内蒙古问题的全部。上述事实当然重要,但它们仅仅是对这个问题赋予更加重要性的因素。

观察当前的国际关系和我国的经济生活,我们发现,即使那里没有日本人或其投资或者我们都知道的历史联系,满洲和内蒙古是与我国紧密联系的地区的基本事实也没有改变。简言之,它们是我一直强调的地方,是我国的生命线。当我们想起用我们兄弟的鲜血、所有在那里的日本人,以及巨额投资建立起来的历史联系,就很清楚我们不需要向任何国家或任何人让步以取得和保卫这块是我国生命线的地区。

弗内斯辩护律师：我能问一下吗,这个节选所出的整个文件是否根据诉讼规则第六条被省略？

萨盖特检察官：是的,先生,接着我要提出检方文件12号的证据。

法庭书记官：12号文件被标记为证据183号。

（该文件被标记为检方证据183号以便识别）

萨盖特检察官：这是一个来自内务省警保局的樱会记录。

韦伯庭长：按照程序接受。

（检方证据183号被接受）

萨盖特检察官（宣读）：

樱会1938年。

樱会是一个对三月事件与十月事件，甚至到今天都有很大影响的组织。我们在其名单上观察人员名字，其在不同部门中都担任重要职务。

布鲁克斯辩护律师：如果法庭同意，这个声音系统——我们正在听到的翻译，我在这里听不清楚。

萨盖特检察官：从第一段中间继续（宣读）：

根据樱会领导人之一田中清中佐的个人笔记，（该组织的性质）大体如下：

在昭和五年（1930年）9月头10天国内局势的不安定状态中，大约有20人，在参谋本部桥本（钦）炮兵中佐、陆军省坂田（义）中佐、警备司令部樋口（季）中佐的发起下，在军队俱乐部（偕行社）集会，决定建立一个本国国内改造的调查机构。以后该组织定名樱会。政纲由田中清中佐起草，其建立主旨如下：

主旨：本会以国家改造为终极目标。如果为达到这个目标所必须，本会准备使用军队的力量。

成员：成员将限于现役名单上具有中佐或其以下军衔、关心国家改造而且没有利己动机的军官。

为目标实现的准备：将使用一切方法，为国家改造的必要性影响全国的军官。本会成员的扩展与增强（到昭和六年即1931年5月大约150人）。国家改造具体计划的起草。

昭和六年（1931年）5月，开始起草一个具体计划的工作，坂田中佐、根本中佐、桥本中佐、田中中佐、长勇大尉、田中弥大尉被选为委员会成员。

当我们以无私的感觉而回应这些事实时，对我们自己关于时局的盲目和极端缺乏思想而感到羞愧。

我们没有什么可说的,即使据说我们已经把全部贡献给了抑制共产主义和把我们自己与时代的浪潮完全隔离出来。当时有谣言说政治上有一个新的开端,或者社民党的一些人试图组织一个军内结社,但是我们几乎没有调查他们、也无意发现进行这些研究的原因,因此我们对于时代的浪潮毫不关心。考虑以后,似乎滨口首相的健康状况才是这些日子里的主要问题。

而且,昭和五年(1930年)参谋本部第二部对形势的判断已经开始做出前所未有的决定。换言之,参谋本部第二部过去脑子里只有敌国,对形势的判断完全奉献给了战争行动。但是自从今年,他们得出结论说,为了积极解决满洲和内蒙古问题,我国不可避免地要首先予以改造,因此我们要伴随着改造而前进。

当然,这是指涉及有这种影响的人物,如桥本中佐(俄国课)、根本中佐(中国课),以及樱会的许多成员,但是我感觉必须完全承认当时军队中的总倾向已经到达了这一地步。

而且,作为樱会中激进分子的11名青年军官,同年7月17日在偕行社开会,组织了一个小樱会。有传闻说这个会的成员是53个人,包括长勇大尉,宫崎、寺田等少佐,及野田中尉等。

为了加以澄清,如果法庭同意,我请法庭注意该文档中提到的田中的名字与现在的证人不是同一个人。

韦伯庭长:我想我们都已经注意到这一点。

洛根辩护律师:在该文件中提到了两个田中。

萨盖特检察官:如果法庭同意,检方现在由海德先生继续进行程序。

韦伯庭长:海德先生请。

海德检察官:如果法庭同意,检方接下来提出检方文档第618号。

法庭书记官:文档618号列为证据184号。

（上述文件被标注以检方证据 184 号以便识别）

海德检察官：这是一封信，日期标为 8 月 6 日，由裁军国民同盟的尾崎行雄等六人写给当时的陆军大臣南将军。此信在陆军省正式档案中。

韦伯庭长：按程序收录。

（检方档案 184 号被接受为证据）

海德检察官：我们提交这份文档以证明满洲事变爆发前夕的昭和六年（1931 年）8 月上旬，由被告人南将军对各师团长进行的防谍政策讲话。如果法庭同意，我要宣读其节选。

（宣读）：阁下谈到并讨论了政治事件，攻击裁军主张，并要求通过详细叙述当前满洲和内蒙局势做出军人的决定。阁下甚至用书面形式发表了观点和意见。毫无疑问，阁下的行为是对陆军刑法典第 103 条赤裸裸的违背。该条规定，任何人为政治目的向天皇上书、建言或提出请愿，或者以演说、文字形式公开发表意见的，处以三年或以下的监禁。我们希望守法的精神会让阁下采取针对已经做出的行为的某些措施。但是事情还不限于此，阁下还试图让师团长和军司令官在他们各自的权限内把阁下的意见带回部队，这些事情都涉及政治决定。不用说，在军队内部这种宣传的传播是一种有害的行为。在军界以外这种宣传扩张的危害性就不用再解释了。而且，阁下的意图是不是要将师团长在政治争论的正确或错误这一点上，置于和政治家对立的立场上？

麦克马纳斯辩护律师：如果庭长阁下同意，我想提请法庭注意有两个被省略的陈述，1 和 2。我不知道这份文件是否包括在规则 6b(1) 的节选中。我感到不解的是，我们是否没有看到整个文件的权利？

海德检察官：那是在陆军省的档案中就删除了。显然文件的管理人简单复印了信件的一部分，这就是我们现在的证据部分。

麦克马纳斯辩护律师：这显然是一封短信。这是被允许在此宣读的第三段，第一和第二段被删除了。我不理解为什么我们不能看到整个文件。

韦伯庭长：您会看到它的，如果他们找到了它。当然，海德先生，您应该努力找到它。

海德检察官：我很高兴这样。检方接着介绍检方文档 2136 号。

法庭副书记官：2136 号编为证据 185 号。

（该文档被列为检方证据 185 号以便识别）

海德检察官：这是一封来自盟军最高司令部联络办公室主任的信件，并有一个附件。日期是 1946 年 6 月 15 日。我们提交这个文件以证明陆军大臣南次郎大将 1931 年 8 月 4 日演说的原始版本并未找到，现在只能提交一个其内容为第二手的证据。

韦伯庭长：按程序提交。

（检方证据 185 号被接受）

海德检察官：我要宣读其中一部分。

（宣读）：盟军最高司令部联络办公室遗憾地声明，在原陆军省没有发现所需要的演说版本，也许它在日本投降时所销毁的文件之列。

第一遣散部的相关证明附录在此。

宣读附录中的一部分：

第一遣散部没有 1931 年 8 月 4 日时任陆军大臣的南次郎将军演说的版本。

韦伯庭长：您请我们把那份有裁军国民同盟六名成员签名的文件作为内容真实的证据吗？

海德检察官：是的，当然我知道这是传闻。我们提交它，列为日记、信件和其他陈述第 c(4) 部分第 14 条。它也属于陆军省档案文件。

麦克科马克辩护律师：如果法庭同意，我代表被告人南，指出这里没有记录显示陆军省曾经记录了这份讲话。这只是一个巧立的名目。我要指控检方试图把别的什么东西的一段节录加到他们想加的地方。现在，如果他们搞到了该讲话的版本，讲话的完整版本，应该把它们放在一起。

韦伯庭长：在所有这些问题上，我们保留我们的决定。

海德检察官：检察官接着……

弗内斯辩护律师：我以为被称作《松冈日记》的东西只是一个陆军省收到的信件的日常记录。我认为它根本不是什么日记。如果该文件被作为一封什么人写给陆相的信笺，十分诡异，除非发现在他们的材料中才能被认定。我们请求将其从记录中剔除，因为其不能证明提交到本法庭的任何事情。

韦伯庭长：除非它需要被放弃而且不再被恢复。

海德检察官：我们可以继续进行吗，庭长阁下？

韦伯庭长：可以。

海德检察官：检方接着提交检方文档 2135 号。

法庭副书记官：文档 2135 号编为证据 186 号。

（该文档被列为检方证据 186 号，以便识别）

麦克科马克辩护律师：我代表被告方，要对这个文件被接受为证据提出异议，因为它的不可接受性。

韦伯庭长：我们还没有听到它是什么呢。

海德检察官：我要求它有一个根据报纸完整编号用以识别的号码。我们要提交的 2135 号文档是 1931 年即昭和六年（1931 年）8 月 6

日《日本时报》上的一篇文章，节选了陆军大臣南次郎的讲话。所提供的部分是刊登在第一版的南将军讲话的节录。

麦克科马克辩护律师： 这个2135号文件是一篇来自1931年8月6日《日本时报》上的文章节选。该文一共两页。其中的开头三段是某些不喜欢他讲话内容的报纸做出的负面性社论。所有在这里节录的讲话部分，是一些不喜欢报纸上引用的讲话节选的人选择过的少数几个段落。这就是我能够从文章中明白的事情。

我想请法庭让检察官搞来讲话全文，因为他们已经搞到了。我知道他们搞到了。我想法庭在这件事情上会考虑以下事实：报纸节选讲话并且有编辑反对意见的时候，就不能把这个讲话当作本案的证据；而且，这个特别的文件并没有权威性。被告方正在被阻止质证该文作者的可能性，假如他确实有过该讲话。

韦伯庭长： 您有整篇讲话吗，海德先生？

海德检察官： 如果法庭同意，它是我们所拥有的最好的第二手证据。我们要提交报纸上已经刊载的全部内容。

麦克科马克辩护律师： 那不是法庭的事情。法庭问检察官的是他是否有全篇讲话。

海德检察官： 我们没有讲话的完整版本。我只提交上述文件为证据。

韦伯庭长： 您没有得到讲话文本，您只得到了所刊登的文章吗？

达西检察官： 庭长先生，我可以把这个问题理解为现在本案的关键证据吗？

韦伯庭长： 可以，达西先生。

达西检察官： 辩护律师所作的评论对于起诉的完整性是一个毫无道理的挑战。我们花费了很大心血去寻找讨论中的文件，如同前面被接受为证据的档案一样。我们将问题提交给盟军最高司令官，并且使用其全部机构来搜寻日本各种政府机关以得到原始资料。我们的执著显示在以前被接受为证据的档案上,而且将继续显示在由本法庭所要求的证据上。我们将国际检察局调查部门的力量置于此,努力获得原始资料。我想法庭应该既要求辩护律师承受对他行为做出的谴责,也要对检方做出道歉。

韦伯庭长:您有什么理由说检方已经拥有这个讲话的全文,麦克科马克先生?

麦克科马克辩护律师:引起我注意的是,刊载这个讲话的有几家报纸。他们所提供的 2135 号证据的文件表明有六份报纸刊载了这个讲话。我曾经派我的秘书出去得到了一份报纸。我可以这样做,我知道检方也可以做 10 次以上。如果可以,我现在就在宣读。

韦伯庭长:这么说您已经得到了它?

麦克科马克辩护律师:我的办公桌里有。

韦伯庭长:您通过一个简单的办法,派秘书从报纸上得到了它。

麦克科马克辩护律师:我的办公室里有报纸。秘书出去并为我得到了整份报纸。我不明白为什么检方不能那样做。

韦伯庭长:我们保留该结果到休庭以后。我们现在休庭 15 分钟。

(14:50 开始休庭)

(15:05 重新开庭)

法庭执行官:法庭现在恢复开庭。

韦伯庭长:我想扩音装置是出了问题,我们为今天下午剩余的庭审将有一个换班。海德先生请。

海德检察官:检方查阅了所有发行的报纸,发现《日本时报》是唯一一份引用了该讲话的报纸。检方愿意在适当的时候向被告方提交所有他们希望得到的报纸,但是我们相信我们已经尽最大努力遵守了本法庭宪章,我们已经提交了我们相信是讲话中最重要的部分,并且已经声明所提交的是第二手证据。

韦伯庭长：请继续,海德先生。

麦克科马克辩护律师：对此证据,法庭有一个规则吗？

韦伯庭长：我不知道我们是否听到了最后一个词,是吗？

海德检察官：我们提交这个文件,用以证明陆军大臣支持在满洲的陆军的最终目标。

韦伯庭长：我理解麦克科马克先生有一份全篇讲话。您承认吗？

麦克科马克辩护律师：我手上有一份日本编年的昭和六年（1931年）8月5日星期三的两页打字本,题目是"陆军司令官会议,陆军大臣向公众呼吁基本改良",它正是从那份报纸上摘录的两页讲话稿。我这里有,我要宣读以有助于法庭,而不是抱有偏见……

韦伯庭长：现在,您知道所有程序,知道得和我一样多。您不能用那个方式抵触。除非检方允许,您必须等着轮到你,这里没有另一种规则。

海德检察官：麦克科马克先生所持有的版本不是陆军大臣讲话的节选。它很像演讲总结。辩护律师指控我们拥有演说全文。我们要问指控有什么依据。

韦伯庭长：对,他要么提出一个指控,否则就撤销指控并道歉。

麦克科马克辩护律师：我没有对法庭说检方与任何断言有过这么一次讲话的报纸联系过……

韦伯庭长：我们要获得……

麦克科马克辩护律师（继续）：他们的文件。

韦伯庭长：您说您知道检方拥有讲话全文。本法庭成员对此指控十分认真。他们希望您提起指控,如果未能如此,就加以撤销并道歉。现在这是要讨论的焦点。

麦克科马克辩护律师：现在,如果法庭同意我,这个讲话是在8月4日做出的……

韦伯庭长：您为什么说检方有这份讲话？

麦克科马克辩护律师：请让我解释。他们提出的作为证据的报纸和书籍——他们对报纸上有一个疏忽，即遗漏了他们想提交的刊载有演说的报纸。现在，如果您看前一天即 8 月 5 日报纸，你会看到他讲话的全部两页文章。他们没有向法庭指出这一点。这些报纸的每一份当时都在相关议题上刊载了几种讲话。

韦伯庭长：我们要您继续回答这个问题。您为什么说检方拥有全篇讲话？

麦克科马克辩护律师：因为有人告诉我他们拥有。

韦伯庭长：谁告诉的？

麦克科马克辩护律师：我听周围人说的。现在我不能一下子指认哪一个或者哪几个人告诉我的，但我被告诫他们有几篇关于这个讲话的文章。当我看到一篇以编辑提出批评意见形式被提交的文章时，我没有理由怀疑向我提出的意见的真实性。

韦伯庭长：好，请继续。

麦克科马克辩护律师：可以。如果您看日期——比他们在这里提交的早一天发行的那一期中的文章——您可以看到当时许多关于陆军大臣讲话的论述。而且在他讲话两天后，有了一些对它的批评。那就是他们要提交的材料。他们并不提交所有的事情或者指出所有关于讲话的事情，否则我们就可以得到它了。

韦伯庭长：面对检方的拒绝，我们认为您没有据以指控的充分的材料，我们认为您的合适做法是撤销并且道歉。我们不会允许本法庭被一方或另一方用作虚假指控。

麦克科马克辩护律师：对不起。

韦伯庭长：那么，您撤销了，是吗？

麦克科马克辩护律师：请再说一遍？

韦伯庭长：您撤除了您的指控并且道歉了？

麦克科马克辩护律师：是的。

韦伯庭长：您做得不太漂亮。接下来海德先生请。

海德检察官：我们提交讲话的节选作为证据，如果法庭同意。

法庭副书记官：标记以证据186号第一部分。

（上述文档被标以检方证据186号第一部分以便识别）

韦伯庭长：按程序接受。

（检方证据186号第一部分被接受）

海德检察官：我想提请法庭注意在文章中引用的一句讲话："一些其他观察者，没有研究邻国的情况"——法庭有一个版本吗？

韦伯庭长：我们有这篇文章。

海德检察官：在"他所说的"标题下的第三段：

一些其他观察者，没有研究过邻国的情况，就急急忙忙鼓吹限制军备，进行不利于国家和军队的宣传。

然后是第2页顶端第1段：

从我国的防卫以及政治、经济的角度看，满洲与内蒙与我国具有紧密的联系。

很遗憾，最近中国这些地区的局势正朝着不利于我们帝国的方向发展。

国际政治最近的变化，日本最近与排外鼓动相联系的威望的衰落以及中国的新经济力量，都造成了上述趋势，这是一个持续的而不是转瞬即逝的现象。

鉴于这样一种局势，我希望你们以热情和忠诚实施教育和训练军队的职责。这样你们就能完美地服务于天皇陛下的事业。

我们接着请求通过证据号码的标记，提交被告人荒木贞夫认罪的全部材料。

麦克马纳斯辩护律师：庭长阁下，与荒木将军在巢鸭监狱里得到面见时，他多次抱怨他的供述的翻译问题。而且至少两次，与检察官一起见他的译员承认自己显得不能胜任翻译荒木将军的供述。我相信在场的检察官海德先生和达西先生将证实在这一点。

而且，由于这个抱怨，荒木将军询问检察官他是否可以提交他自己的自愿供述，对此他们给予了同意。这三份自愿供述是由被告人荒木做出的，而且我明白——我只有其中的一份，我从被告人荒木那里得知缺了其他两份，只有一份对于提供整体情况并且充分说明他想做出的供述毫无用处。

我仔细检查了对被告人荒木的讯问，我的合作辩护律师和我自己从海德先生保存在他档案中的供述中找出了 11 处突出的错误。现在，由于翻译中的这些错误与困难，以及有关允许被告人荒木提出这三份供述的考虑，由于其中的错误，我要求法庭不接受这些供述。但是如果法庭同意把供述接受为证据，我真诚地要求三份自愿供述都由检察官提交。

韦伯庭长：这些错误将提交给语言部。

麦克马纳斯辩护律师：好的。现在，如果法庭允许，我将进一步提出异议……

语言仲裁官（莫洛上校）：这些错误是翻译错误吗？

麦克马纳斯辩护律师：是的，许多人名译错了。

韦伯庭长：最好不做详细讨论。

麦克马纳斯辩护律师：我现在要问检察官是否宣读供述节选或者提交整个讯问。

海德检察官：检察官已经提交了被告人荒木的全部供述，以便识别和作为今后的参考。检察官现在只提交该讯问的节选。辩护方也可以这样做。

麦克马纳斯辩护律师：庭长阁下说了，在许多场合，对此案件并无评论。但是，如果宣读节选，我必须重申我的强烈异议。庭长先生，我认为在场的检察官通过宣读这些节选——一半是句子，一半是段落，正在制造一个美丽的连续故事。正像他们所希望的，它作为一个记录译本显示一个推论，实际上并不完全真实，因为一半是句子，一半是段落；并且按照他们所愿意的事实，制造一个美丽的连续故事。因此我请求阁下不要允许宣读记录中的节选。

韦伯庭长：我不明白您的评论，我说过其没有评论，没有建议，没有观点的事实并不以任何形式影响我们的决定、对话等。

语言监督官：请从头读，读得慢一些。

（法庭书记官宣读韦伯庭长的声明）

韦伯庭长（继续）：您可以在诸如询问或回答，或两者同时出现等还没有被检察官利用的合适时间宣读记录，在法官议事室，我指出您应该具有被告人全部的讯问和答复。关于法庭的正常程序，是我可以为您做的最重要的事情。

麦克马纳斯辩护律师：因此我以为，庭长阁下，检察官与其他审讯一起，将展示被告人荒木的三份自愿陈述。

海德检察官：庭长先生，我不理解麦克马纳斯先生关于我个人宣读被告人荒木的声明的要求，我提供了一份，并且告诉了他将有被告人荒木的第二份声明。至于第三份，我对此一无所知。如果我们有了它，他可以得知。

麦克马纳斯辩护律师：庭长阁下，正是这个问题。自然，检察官应该拥有它，我也想有它。他从荒木那里搞来供词，我不知道是否能得到它。海德先生不知道检方是否有该第三份供词。

韦伯庭长：检察官说他们没有得到，我们目前还是要相信他们的话。驳回异议，我们请海德先生继续。

海德检察官：我们接着提交……

法庭书记官：所提出附属于同一个问题的内容将接受同样的证据编号。因此，检方文档 2248 号是证据 187A，2249 号是 187B。

海德检察官：我可以说明，这些是按日期的排列。例如，第一份在我们的检方档案中是 3 月 12 日，就是我们的文件 2248 号，等等。

法庭书记官：是的，您希望拥有它们中的每一份……

海德检察官：是的。

法庭书记官：核对无误？

海德检察官：无误。

法庭书记官：这样，2250 号应该是 187C，2251 是 187D，2252 是 187E，2253 是 187F，2254 是 187G，2255 是 187H，2256 是 187I，2257 是 187J，2341 是 187K，2342 是 187L，2343 是 187M，2344 是 187N，2345 是 187O，2346 是 187P，2347 是 187Q，2348 是 187R，2349 是 187S，2350 是 187T，2351 是 187U，2352 是 187V，以及 2353 是 187W。

（上述材料如所要求的，被标以检方证据）

韦伯庭长：按程序提交。

（检方上述证据被接受）

麦克马纳斯辩护律师：庭长先生，如果宣读这些节选，我能要求检察官指出什么地方有一个停顿，不要把它们读成一个连续的陈述吗？

韦伯庭长：当宣读一些讯问与回答的时候，作为一件公开的事情，他可以这样做，并且指出其他要点，而不是只顾埋头宣读。

海德检察官：我们还要提交我们的检方证据 10005 号，这是荒木在 2 月 15 日 10 点和 12 点做出的供述。

法庭书记官：检方文档 10005 号被接受为证据 188A 号。

（上述文档被标记为检察官证据 188A 号）

海德检察官：我们提供作为被告人荒木供述的这个部分，以证明被告人荒木在 1931 年 12 月 13 日担任陆军大臣以后，很快决定应该平定和占领张学良统治下的四个省。

麦克马纳斯辩护律师：庭长先生，我不想使法庭感觉累赘，但是我想这对于被告人荒木来说非常重要。这是关键之一，在这里他说他从未使用过"占领"一词，他使用的是"恢复法律和治安"，它是被翻译成"占领"的。这导致了很大的不同。

韦伯庭长：如果他想让我们相信他的话，有一个可以让我们相信的地方，那就是证人席。

海德检察官：我宣读第4页上的材料：

问：什么时候在你自己的脑子里决定应该平定和占领张学良统治下的四个省？

答：在我成为陆军大臣以后不久。

我们接着提交检方证据10006号，是荒木在2月19日13:45至16:30于巢鸭监狱的供认，第1页。

法庭书记官：10006号，标记为证据号188B。

（上述文档被标记为检方证据188B号，以便识别）

韦伯庭长：后两个文件按程序接受。

（检方证据188A号和188B号被接受）

海德检察官：我们提供荒木这份供述的一部分，以证明作为陆相，被告人荒木与首相、海相、藏相以及内阁书记官长就他所提出的关于平定和占领这些省份的军费预算进行了商议，在这次预备会议上所有人都表示同意。

现在宣读他的回答：

就任陆相以后，我们讨论了占领张将军的四个省、厘清满洲局势的政策。在我本人与首相、外相和藏相一起拟订计划以后，所有人都同意了。首相前往枢密院争取批准。

接着，我们要提交检方证据 10001 号。

法庭书记官： 证据 188C 号。

（上述文档被标记为检方证据 188C 号）

海德检察官： 这些是荒木 2 月 7 日、2 月 8 日和 2 月 11 日的供词。

韦伯庭长： 该文件按程序接受。

（检方证据 188C 号被接受）

海德检察官： 我们提出这份供词以证明当时达成了一个协议，首相向天皇提出预算请求，天皇转而请枢密院讨论并加以认可与通过。枢密院在有内阁和天皇在场的情况下，于 1931 年 12 月 17 日前后批准了用于平定和占领这四个省的军费预算。

为了节约时间，我只宣读其中一部分，从 2 月 7 日讯问的第 6 页的问题开始。

问：将军，从你担任陆相开始，你就命令扩展日本对满洲的占领吗？

答：在政府决定政策以后，军事行动的命令都由参谋总长发布。陆相无权发布与军事行动相关的命令。换言之，政府决定政策，参谋总长执行政策，该政策是要给张学良统治下的领土带来和平与秩序。

问：谁决定了这个政策？

答：政策由政府决定。

问：所谓政府，你是指内阁还是陆相？

答：内阁。

问：内阁什么时候决定这项政策的？

答：在决定要求增加开支时决定。

问：什么日子？

答：在 12 月，我不记得具体日子了。

问：1931年？

答：是的。

问：当时你是陆相吗？

答：是的。直到这个时候并没有固定的政策，人们认为缺乏政策将导致战争行动的扩张。于是确定包括张学良统治的三个省需要和平，但是张学良的一份大意说他的统治包括四个省的声明将军事行动范围扩展到热河。张学良起先在锦州，然后从他实施统治的地方撤退到了热河。

问：于是在1931年12月，内阁决定平定在张学良将军统治下的这4个省吗？

答：是的。

问：将军，返回到你们的1931年12月由内阁决定的政策，当做出决定的时候，内阁全体成员都在吗？

答：他们都在场。

继续至2月8日审讯的第4页，节选的第3页中间。

问：内阁同意你们应该用武力占领这四个省？

答：是的，没有内阁的批准，不能调动士兵，因为不会得到拨款。

问：内阁批准是12月17日确定的政策的一部分，该部分规定由日本军队占领这四个省吗？

答：这是一个非常复杂的事情，我不能说内阁的批准是不是该政策的一部分，但是我要指出首相和其他所有的大臣都同意这个政策，否则它就不能被执行。

问：他们是什么时候同意的？

答：政策实际上是在枢密院会议上决定的，所有该院成员、内阁代表或许还有天皇都出席了会议。

问：天皇在会上说了什么吗？

答：天皇总是出席枢密院的特别会议。

问：当时天皇在那里吗？

答：天皇出席了，但他没有参加讨论。

问：将军，你在那里吗？

答：内阁实际上都出席了。

问：包括你在内？

答：是的，以及枢密院的所有成员。

问：你知道天皇是否批准了这个政策？

答：当枢密院达成一致决定的时候，就奏呈天皇，由他批准。

问：是书面的批准吗？

答：不，不是一份书面批准。枢密院的要求是口头奏呈天皇的。在这样的会议上天皇实际上不置可否，在听取决定以后就走了。如果有书面记录，内阁书记官会让大家知道。

问：你知道这些记录是否被销毁了？

答：我现在不在内阁，我不知道，但我推测它们已经被全部销毁了。

韦伯庭长：我们现在休庭，明天上午9:30重新开庭。

（16:00 开始休庭）

十二、日本内阁会议与攻占哈尔滨

1946年7月10日,星期三
日本东京都旧陆军省大楼内远东国际军事法庭

(9:30 重新开庭)

法庭书记官: 远东国际军事法庭现在继续开庭。

韦伯庭长: 所有被告人都出席了,只有大川和平沼除外,他们由其辩护律师代理。我这里有一份来自监狱医生说平沼暂时不能出席审讯的证明,请加以记录。有哪一位辩护律师想说什么吗?洛根先生请。

洛根辩护律师: 如果法庭同意,我想代表所有被告人提出一个我们认为在本案中十分重要的问题。本法庭规则有几处依据纽伦堡审判的先例,因此我请你们注意纽伦堡审判中关于被告人审讯认罪的规则。

韦伯庭长: 您推定我们盲从纽伦堡,其实不然。直到最近一两天,我都没有读过纽伦堡的判决。我们乐于有他们的指导,我想在有些事情上我们是遵循他们的。我不记得我们在任何事情中制定过不同的规则。

洛根辩护律师: 如果我的回忆不错,庭长阁下,我想本法庭已经几次提到并且遵循纽伦堡制定的规则。

韦伯庭长: 帕特里克·德富林勋爵已经提醒了我几次,我们给予被告人及其辩护律师的自由要多得多。

洛根辩护律师: 如果法庭同意,我可以继续吗?我想您会同意我曾经……

韦伯庭长：我们不要再一般性地讨论纽伦堡规则了，如果您要指出我们没有遵循纽伦堡规则的哪一条，您最好等到这一情况再次出现时提出来。我绝不会因为我做出的决定可能与纽伦堡审判做出的有所不同而重新审议这些决定。我们不盲从纽伦堡，我想我们不应该盲从。

洛根辩护律师：如果法庭允许的话，我接下来要指出的一点，就是现在在法庭面前宣读的这些法庭记录。

韦伯庭长：您可以提它。

洛根辩护律师：昨天休庭前，检察官正在宣读一份据说是被告人荒木的供述书节选。现在，鉴于被告人中许多人的供述实际上是他们在巢鸭监狱做出，检察官很可能在稍后的庭审中会将这些供述作为证据提交，法庭关于此事的决定对于所有被告人而言都至关重要。我们感觉法庭就该点所做出的决定将对稍后所提交的供述构成一个先例。法庭稍早已经裁定，如果检方已经宣读了非被告人所作文书的部分节选，则辩方需等到阐述被告人观点时才能宣读同一文书的其他节选部分。现在，能否将此裁定同样适用于被告人所作之供述？我们强烈主张，这是完全不同的。我认为，如果检方提供了被告人的部分供述或声明，则该文件的其余部分可以在阐述检方观点时即由辩方引用并宣读节选，这才是被世人认可的、合理的法律。

韦伯庭长：其余部分可以提交引用，没有宣读的部分答复也可以宣读，但不是全部答复都应当宣读。您想达到的目的在于，如果您的主张是对的，您就能立即宣读荒木的两份讯问记录的全部内容吧？

关于纽伦堡判决，我想提醒您，不管怎样，纽伦堡审判只有四个国家参加，这四个国家全部参与了本次审判，另外还有七个国家参与本次审判。如果您认为我们会盲从纽伦堡，您就错了，但是我们绝对尊重纽伦堡的判决。

洛根辩护律师：对不起，庭长阁下，我想您误解了我说的话。我特别提出，如果检方提交了被告人的部分供述或声明，则辩方可以引用该文书的其余部分并宣读部分节选,我没有主张我们应该被准许宣读全部文书。

韦伯庭长:当应该宣读答辩的全部内容时,检方有义务宣读全部答辩,否则它们就会误导法庭。

洛根辩护律师:我赞同您的说法,庭长阁下,但是我们主张的是:这份供述中的其他部分内容是用来辩解检方已经宣读的那部分内容,这是我们所主张的要点。在阐述检方观点时,我们应当被允许宣读上述供述中对检方已经宣读的那部分节选内容做出辩解的任何其他内容。法庭不应该要求我们等到检方发言完毕,才将其观点放在我们的观点中阐述。因为,在纽伦堡第81号、第82号和第83号案件的判决中,他们遵循的是上述程序。我们强烈主张,本法庭也应该遵守相同的程序。

韦伯庭长:不好意思,洛根先生,我们需要几分钟处理一下其他事情……好,洛根先生,请继续。

洛根辩护律师:如同我说的,我想在本法庭上读一读纽伦堡审判中的三个决定。第80号(宣读):"如果检方律师宣读了讯问记录中的一部分,而你想宣读该记录的其他部分,那么,为了保证已经宣读的内容不会误导法庭,在他宣读了上述内容后,你可以这样做。"第81号——

韦伯庭长:如果您在他们宣读某一答复的部分内容时提出这个问题,我们能做的唯一决定就是听取该答复的其余部分。我们也许会信任您而不信任检方,但那并不违反我们已经做出的决定。如果那是您想要的,我不认为它会有什么不同以满足您的需求。如果您指控检方,那么我们应该立即进行调查。当然,如果您错了,我们也会处罚你。对事实的隐瞒是一种欺骗,如果您提出这一问题,我们必须进行处理。洛根先生,我认为您并不需要其他任何的决定。

洛根辩护律师:如果法庭同意,我可以这样说,我并不是指控检方欺骗,我也没有指控检方隐瞒证据,我所寻求的不是辩方能宣读某一答复的全部其余部分,而只是辩方可以宣读被告人所作陈述的其他部分内容，如果这些内容对检方宣读的陈述节选做出了解释的话。

韦伯庭长：那将给您太多打断检方发言的机会了。但是假如您指控他们隐瞒，我们就必须进行调查。

洛根辩护律师：如果法庭同意，辩方认为这是一个基本的法律命题。如果一个法律文件本质上是被告人所做供述，并作为证据提交，则在法庭上，我们应当允许将整个文件作为证据，辩方也应当被允许在检方陈述其观点时宣读该文件的其他节选的内容。这是同一个命题，应该在本法庭得到遵守。这个问题对我们来说非常重要，因此我们恳请本法庭予以遵守。

韦伯庭长：让我们认识到这一点。如果您提出要求，文件的其他部分将作为证据。唯一的问题在于您能宣读其中多少。如果您说检方隐瞒了答复中的重要内容，我们就会审理答复的其他部分。这就意味着您实际上提出了检方隐瞒事实的指控。我支持本法庭已经做出的决定。

洛根辩护律师：被告人能对庭长阁下的此裁决提出异议吗？

韦伯庭长：其他法官也都同意我的裁决。您愿意的话可以提出异议，我们会记录的。

海德检察官：如果法庭同意，我将继续宣读2月8日讯问被告人荒木的节选。

韦伯庭长：我想您应该把扩音机放得离你近些，海德先生。

海德检察官：我从法庭已经拥有的节选第4页底的第2个问题开始（宣读）：

问：将军，为什么这是一个特别会议？

答：它实际上是一次紧急会议，因为需要出征，其正常程序应该由国会通过，但是国会当时并不在会期。

问：需要什么出征？

答：需要平定四省包括张学良将军领土的出征。当时的情形十分紧急,可以和发生水火之灾时无暇讨论或者争辩应该使用哪一种类型的抽水机等等相比。

继续到法庭所拥有的节选的第6页第3个问题(继续):

问：但是当时召开过内阁会议给予同意吗？

答：我不记得召开过内阁会议,但记得我与首相,以及外相、藏相和内阁秘书长官商量过。

问：建议是你提出的?

答：是的。

问：在预备会议上,对于给予拨款,以及应该由日本军队平定和占领在张学良将军统治下的四省,所有出席者一致同意,是吗？

答：预备会议的主要目的是为军队拨款,占领和平定四省的政策当然随之确定,但没有被阐述为明确的政策。

问：它是经过讨论了,对吗？

答：它是讨论过的,因为除非支持它以取得各方面的满意,否则拨款不会得到批准。

问：那是与会者一致同意的吗？

答：是出席预备会议的枢密院成员一致同意的。当议题被提交到御前会议时,未参加预备会议的成员将会出席并讨论问题,内阁成员也将出席,需要取得一致决定。

问：在预备会议上,你对于他们关于违背九国公约问题的答复是什么？

答：我想这个问题没有在预备会议上讨论。

问：是在御前会议上讨论的,对吗？

答：不,没有讨论。唯一讨论的议题是占领的地区和占领的目标。违反九国公约或许在枢密院其他会议上讨论。但在这个会议上,重要的事情却是解决这件事。

问：你所讲到的地区是吉林、沈阳、黑龙江和热河,对不对？

答：对。当时一个讨论的问题在于,究竟是三个省还是四个省。

问：他们决定的是四个,是吗？

答：是的,他们决定在四个省中,要让张学良撤退至热河,然后从那里行动。这个决定包括热河。

麦克马纳斯辩护律师：庭长阁下,现在我可以问检察官是否有这个供述提到的枢密院会议的记录;如果没有,他们是否想以后搞一份？

海德检察官：据我所知,检方没有枢密院那次会议的记录。荒木在讯问中说过,而且我们在大多数时候发现十分真实的是,记录在1945年末被销毁了。

克莱曼辩护律师：我可以发言吗？我们有规定枢密院组织的证据第83号,有枢密院会议的四份记录和已经由检察官提供给了辩护律师的决定,后者与被告人荒木的供述相矛盾。其原因——

韦伯庭长：这不是一个要现在提出的问题。在这一点上我们不会再听您说什么。

克莱曼辩护律师：那就这样吧,阁下。

韦伯庭长：我们不认为检察官告诉我们的一切都是正确的。它可以在合适的时间由被告人全盘否认。

海德检察官：我们接着提交检方证据10002号。

法庭书记官：它被接受为证据188D号。

（上述证据被标记为检方证据188D号）

海德检察官：这些是讯问第6页,是1946年2月8日被告人荒木在巢鸭监狱的供述。

韦伯庭长：按程序接受。

（检方证据188D号被接受）

海德检察官：我们提交被告人荒木供述的这一部分，以证明荒木知道四个省即满洲的东三省及热河省是中国的一部分，在中国的主权下。现在我宣读。

问：将军，这次特别会议上的每一个人都知道这四个省是中国领土吗？

答：知道。国会一名成员表达了对人们认为四个省都在张学良统治之下的惊愕。他原来以为满洲只包括三个省，认为这些从古代就被叫作东三省。

问：因此这表明人们都知道此事？

答：是的。人们知道主权是中国的，但当时不明确这四省是属于张学良还是蒋介石，或者同时属于他们两人的。

问：你正在说的是指一个政府？

答：是的。

海德检察官：我们接着提交检方档案10004号。

法庭书记官：标记为188E号。

（该文件被标记为检方证据188E号，以便识别）

海德检察官：这些是荒木2月13日下午的供述第2页。我们提交被告人荒木的部分供述，以证明由会议批准的这个平定和占领的决定包括在荒木给司令部的命令中，而且下达给了部队。

韦伯庭长：按程序接受。

（检方证据188E号被接受）

麦克马纳斯辩护律师：庭长阁下，我不喜欢总是对法庭抗议个不停，可是我应该再次对在提交每一份文件前的这些开场白提出异议。

文档只应该说它自己的事情，由检察官证实。开场白已经做过了。检察官在提交每一份文件前必须引起法庭注意并且加以记录的是关于它将证明什么的开场白吗？文件只为它自己说话，它遵循达西先生的开场白。

韦伯庭长：它是为了让你节省时间。很奇怪的是，海德先生现在做的正是在纽伦堡被允许的。我们将允许被告人有同样的特权。但它必须是一个非常短的说明，而且只在必要的时候，海德先生。

海德检察官：我们提交它，只为了显示我们所相信的由证据所支持的最终事实。

韦伯庭长：不要做说明，除非是在您的意见中绝对需要，或者极端希望的。

海德检察官：我接着宣读。

问：将军，我现在想知道的是——在御前会议决定以后，你是如何命令完全占领这四个省的？

答：我们立刻决定派遣军队去奉天省，陆军省制定了主要计划，即命令司令部立刻启动程序派遣军队执行计划。

问：谁签署了给司令部的命令？是你，将军吗？

答：主要计划由会议批准，作为程序由我签署。

问：将军，你能回忆起你签署的命令中说了什么？

答：我想不起来。

问：那会在陆军省档案中吗？

答：我不知道。那已经过了这么多时间，我不能确定我们是否能找到文件。

问：那是由天皇批准的，是吗？

答：天皇知道这个计划，不过命令由辅弼机关颁发，至于已经过去10年之久的书面命令之类的文件他们通常会加以销毁。

如果法庭同意,麦肯锡检察官继续诉讼活动。

韦伯庭长:好的,接下来是什么步骤?

海德检察官:麦肯锡检察官继续。

韦伯庭长:麦肯锡先生请。

麦肯锡检察官:如果法庭同意,我要提交文档58号的三段节选。这是基本材料之一,已经作为证据了。第一个是材料219C……219B,对不起。

法庭书记官:文件219B号接受为证据189号。

(上述文件被标以检方证据189号)

麦肯锡检察官:这三个节选是完整的电报,显示日本政府给美国的三份保证。

韦伯庭长:按程序收录。

(检方证据189号被接受)

麦肯锡检察官:

日本大使馆致美国国务院,昭和六年(1931年)9月24日内阁特别会议以后发表的声明。

日本政府一直真诚努力实施其已经确定的培育日中之间友好关系,促进两国共同繁荣和福祉的政策。不幸的是,在过去的一些年中,中国官方和个人的行为一直使我国的感情频繁遭受刺激。特别是,令人不快的事件接二连三地在日本利益达到特别程度的满洲和内蒙古地区发生,以至日本人民的头脑中获得了这样的印象,即日本的友善和友谊态度并没有得到中国的真心回报。在混乱和焦虑的气氛中,制造出9月18日半夜一支中国军队破坏了沈阳附近南满铁轨并进攻我们的铁道守备队的事件。日中两国军队之间的冲突由此爆发了。

由于驻扎在整个铁路沿线的日本守备队人数不超过1.04万

人,而与此相对的则有大约22万中国军队时,局面变得十分严峻。而且,几十万日本居民处于危险中。为了防止巨大灾难从天而降,日本军队不得不迅速行动。驻防在附近地区的中国士兵被解除了武装,维护和平与治安的义务落到日本军队监督下的中国地方组织手中。

采取这些措施后,日军大多撤回铁路地带。在沈阳和吉林还保留着一些分遣队,其他一些地方则保留少量人员。但是没有一个地方达到军事占领的状态。关于日本当局控制了营口的海关和盐税机构或者控制了四平街至郑家屯,或者沈阳至新民屯之间的中国铁路的报告纯属虚构。我们的军队被派往长春以北或者进入间岛的说法也没有任何事实基础。

在日本政府9月19日的内阁特别会议上,决定尽一切努力防止事态扩大,相关指示发给了满洲守备部队司令官。9月21日一支部队从长春派往吉林是事实,但不是为了军事占领,而仅仅是为了除去对南满铁路侧翼的威胁。一旦目标达到,我军主力就会撤退。还有,当4 000人的混成旅团从朝鲜派往满洲加入守备后,在前守备部队的总人数仍然保持在条约规定的限度内,该事实因此不能被认为是用各种方式增加国际局势的严重性。

反复唠叨日本政府在满洲没有领土野心是多余的。我们所希望的是日本臣民可以安全从事各种和平的职业,并以资本和劳动力参与那块土地开发。保护国家和个人合法权利和利益是政府适当的义务。日本政府保护南满铁路、抵御蛮横攻击的努力是众所周知的。日本政府正在与中国政府为防止当前事态发展成两国间灾难性的局面,努力制定出这样一个建设性计划,以铲除今后摩擦的原因。如果当前困难能够带来两国关系的新转折的解决,日本政府将会感到极大的满足。

辩护律师将我的注意力引到我不经意间遗漏的一行："日本政府真诚制定的政策，是准备与中国政府合作——"

如果法庭愿意，我希望接着提供检方文档219C号，是1931年11月24日给出的第二份保证。

法庭书记官：证据190号。

韦伯庭长：按程序提交。

法庭书记官：219C被接受为证据190号。

（上述文档被标以检方证据190号接受）

韦伯庭长：麦肯锡先生，在您开始宣读以前，您看到法官已经拥有这些文件。

麦肯锡检察官：是的，庭长阁下。在我开始以前，我已经把它们放在所有工作人员办公桌上。

韦伯庭长：到我告诉您，您再开始。

麦肯锡检察官：我现在可以开始吗，庭长阁下？

韦伯庭长：可以了。

麦肯锡检察官：219C号，一份电报。

驻日本大使致国务卿（大意），东京，1931年11月24日，晚10点（美国时间11月24日上午11点45分接收）

234号。关于给国务院的电报。今晚我将您的大致意见转告给币原男爵。外务大臣的态度完全是调和的与热忱的。他声明说，首相、陆相、参谋总长以及他自己都同意不应该对锦州采取军事行动，并且已经颁布了该主旨的命令。他同意禁止草案中的敌对用词，但坚持日本公民应该得到日本军队保护，以防止出没于这个国家的匪徒的掳掠。但此方面情形极端复杂，因为这些实际上是劫匪的人今天被称为兵，明天又穿上了老百姓服装。他说，如果战争被限定为两国军队之间的行动，日本方面没有任何异议。我没有引用原话。他说在齐齐哈尔驻军没有政治意义,其目的只是寻找死者,搜集冻坏者和伤者,实施撤退。在零下摄氏30度的气温下,军队忍受着很大的痛苦在广袤地域行动。搜寻和治疗伤者需要一些天,这是延迟的原因。时间紧迫时,他不能给我准确的日期,只说他与陆军省官员就撤退的政策完全一致;他说今天行动中有战斗发生的报告,但不在锦州附近,而且只是驱赶不超过2 000人、威胁说要切断南满铁路的一股土匪。

在这些保证后面,如果法庭同意,我将再次转向李顿报告书,第72页,从第2段开始宣读。

第一……

韦伯庭长:您已经读过这个了,是吗?不要重复读了。您已经读过了吗?

麦肯锡检察官:我没有读过,先生。

韦伯庭长:如果您没有读过,现在可以读。

麦肯锡检察官:

这些行动中的第一个是10月8日轰炸锦州,9月底张学良将军把辽宁省政府迁到了那里。根据日方说,轰炸主要针对在那里的兵营和在其中建立了民政机关的交通大学。

接着是如下一段:

根据路易斯先生所说,兵营实际上根本没有炸到,大批炸弹落在城内各处,甚至落在医院和大学的楼房。

接着是嫩江桥事件,第 72 页最后 2 段。

　　接下来的军事行动是在嫩江桥,开始于 10 月中旬,随着齐齐哈尔被日军占领而于 11 月 19 日结束。日本人的借口是他们在维修架设于被马占山将军所破坏的嫩江上的桥梁时遭到进攻。但破坏桥梁这件事发生在好些天以前,而且已经对此做出了申辩。

　　在 10 月初,过去与马占山和万福麟军阶相当的洮南镇守使张海鹏将军垂延他们所在的黑龙江省督军一职,以武力夺取省政府为主要目标,开始沿洮南—昂昂溪铁路前进。这次进犯是由日本人怂恿的观点,在中方成员 3 号文件中得到认可,并且得到中立阵营报告的证明。为了防止张海鹏部队进犯,马占山将军命令炸毁嫩江的桥梁,双方军队隔着嫩江宽阔而遍地沼泽的河谷对峙。

第 73、74 和 75 页是那次征讨和嫩江桥战斗的详细报告。然后描述了天津事变。宣读从 75 页最后第 2 段的最后一句开始:

　　有两次事件的爆发,分别在 11 月 8 日和 26 日,但整个事件经过是非常模糊的。

然后是关于"日本人对 11 月 8 日事件的爆发的叙述"。接着是中国人的叙述和"11 月 26 日事件的爆发"以及"冲突的数据"。鉴于已经叙过两个结论,就不再宣读它们了。

　　天津骚动对满洲局势的影响。

我想宣读结束于第 77 页段落的最后两句,以及随后的一段:

他们不停地向锦州扔下炸弹,但是天津局势改观的新闻很快改变了对其原来目标的远征,而且在11月29日,使中国人瞠目结舌的是,日本军队撤回了新民。

天津早些时候骚乱的另一个结果是一直居住在日本租界里的前皇帝,在与土肥原少将谈话以后,于11月13日到达旅顺寻求庇护。

日本人撤出的地区由中国的各支部队共同占领,这个事实被广泛传播。中国兵的士气略有高涨。非法武装和盗匪的活动也增加了。得益于冬季,他们在许多地方跨过冰封的辽河袭击沈阳郊区。日本军事当局明白这一点,即使只维持他们已有的地位,也有必要增强力量。通过这种增援,他们希望能够摆脱集中在锦州的中国人的威胁。

与此同时,满洲局势是一个在日内瓦进一步讨论的问题。当接受12月10日的决议时,日本代表声称他的接受是"理解这一段(第2段)并不是想阻止日本军队采取对直接保护日本臣民生命和财产、防止满洲各地猖獗的盗匪和不法之徒活动必要的举措"。这样的行动被认为是一种由满洲特殊形势所需要的例外措施,"一旦在那里恢复了正常局势,其必要性就将终结"。对此,中国代表回答说:"这个要求双方不致恶化局势的指令,不应该以满洲局势所导致的无法无天为借口而肆意违背。"国联理事会的一些成员国参加了承认"危及日本人生命和财产的局势可能出现,在这样的紧急状况下,附近的日本军队将不可避免地采取行动"的讨论。当向调查团提出证据的日本官员提到这个事情时,通常认为12月10日决议"给了日本维持其在满洲的军队的权力",或者使日本军队承担镇压那里的盗匪的职责。当描述接下来的行动时,他们声称执行这个针对辽河附近盗匪的权力时,偶然会与驻扎在锦州附近的中国军队发生冲突,其结果是中国军队撤退到长城以内。日本人在日内瓦做出了保留，使他们得以继续按照自己的计划应对满洲局势。

现在我请求提交国际检察局文档219号，它应该是证据191号。

法庭书记官：是的。219号文档被接受为证据191号。

（上述文档被标以检方证据191号）

麦肯锡检察官（宣读）：

驻日本大使福勃斯致国务卿（意译），1931年12月22日下午2点发，美国时间12月22日晨5点45分收。

我可以请法庭注意这里必须做一个更正吗？"noon"一词在"after"后被省略了，它正确地出现在法庭和语言部使用的版本，但在辩护律师的版本中不正确。

韦伯庭长：我这里没有。

布鲁克斯辩护律师：如果法庭同意，我相信任何被告人的辩护律师都没有这个电报。在我的办公桌上我有一份所有文件的完整目录，是依照日期的适当次序排列的，但没有那份电报。

麦肯锡检察官：它们是上个星期六才得到的，没有马上提交，我相信直到今天早晨才提交。当我核对的时候，有一份报告给了我，我到今天早晨才得以核对是否进行了分类。

布鲁克斯辩护律师：有一处纠正：它是以2191排列的，"I"被编成了"1"。您很难看出不同，抱歉。

韦伯庭长：麦肯锡先生请继续。

麦肯锡检察官（宣读）：

周六下午，犬养毅到美国大使馆，我引用了一位观察者的话。

观察者认为因为满洲主权受损,中国不会放下武器。犬养向我保证,日本决不会允许这样一种局面出现,也绝不会损害中国主权。他重申日本仅仅希望保护日本人民和利益,并且表达了随着秩序的恢复和满洲交通方式的改善,期待会大大增加中国居民流入满洲。

与此同时,为今后在满洲活动的准备在继续,看来日本军方已被允许放手去干。

现在,如果法庭同意,我要再次转向第77页底的李顿报告书。

第二师团,除了其驻守在齐齐哈尔的守备部队以外,都集中在沈阳西面。增援部队不久就开始抵达,在12月10日至15日之间抵达的是第八师团的第四旅团。12月27日,得到了天皇的从朝鲜派遣第二十师团司令部和一个旅团的上谕,长春和吉林暂时由独立铁道守备队保护。

现在是该页页底:这里所有给出了的日军部队番号和兵力的陈述都依据日本官方消息。

现在翻到78页上的"进攻锦州",开头两段的第一句开始:

日军的集中进攻开始于12月23日,当时中国军队第十九旅被迫放弃阵地。从这一天起,日军节节推进,几乎没有遇到任何抵抗,中国指挥官发出了撤退的总命令。1月3日早晨日军占领锦州,随后继续推进,一直抵达山海关长城,在那里与当地的日本守备队建立起巩固的联系。

张学良之所以将其部队完全撤出满洲,而始终未事抵抗,与中国长城以南的国内局势有关。在前面的章节中已经阐明了互相征伐的军阀之间的世仇,应该知道这种世仇并没有了结。

相对轻松地攻击至山海关,可以使日本人从原来的位置上解放他们的一些部队,转而用于其他方向的进攻。

接着是"哈尔滨的占领",从第78页最后一段的开头几行开始读:

在今年年初,造成比其他地区更多纷乱的是哈尔滨的北面和东面。过去驻扎在这里的吉林和黑龙江两省政府残留人员已经撤走。这个地区的中国将军似乎与北平保持着某种联系,从那里不时得到支持。以两支中国军队之间的冲突开始,向哈尔滨的讨伐开始了,如同向齐齐哈尔一样。1月初熙洽将军开始了旨在占领哈尔滨的向北远征。

现在跳到第79页头上第1段。

土肥原大佐,现在的将军,在此紧急时刻,于26日被派往哈尔滨,以接收日本在那里的特务机关。他告诉调查团两支中国军队之间在哈尔滨周围的战争已经进行了大约10天。他对于那里的4 000名日本居民深感忧虑,他们大部分居住在受威胁的地区,与1 600名在傅家甸近郊的朝鲜人居住在一起,他们有横遭屠戮之虞。尽管反吉林的军队已经在持续10天的战斗中占领了这个城市,但是朝鲜人和日本人居民所蒙受的灾难尚少。后者把他们自己组织成武装义勇队,以帮助他们的民众逃离中国人地区。据说1个日本人和三个朝鲜人在试图逃离时被杀。此外,一架被派往侦察危险局势的日本飞机由于引擎故障被迫降落,机上人员据说被丁超的部队所杀害。以上两个事件促使日本军事当局进行干预。

然后是对进程的进一步叙述。跳到第 80 页顶端,第一段的最后两句话:

4 日晚,中国人部分阵地被日本军队攻陷,5 日中午做出最后的决定,同日下午日军占领了哈尔滨,中国人向三姓方向撤退。

现在跳到同页中间:

2 月初以来日本人的行动可以概括如下:临近 3 月底,第二师团主力沿方正方向离开哈尔滨,以镇压丁超和李杜两将军的反吉林军队。该师团推进到三姓一带以后,于 4 月上旬返回哈尔滨。当时第十师团到达哈尔滨,从第二师团接过了防区。

接下来一段的第一句:5 月上旬,北满日军进一步得到十四师团驰援。

接着跳过三分之二直到倒数第二段,结束于本页最后一段:

8 月上旬日本人说马占山将军的部队再次被有效击破,他们有将军本人已经被击毙的充分的证据。中国人声称将军仍然健在。刚刚从日本到达的骑兵似乎也参加了这次行动。

8 月期间,在奉天省和热河省边境发生了几次较小规模的战斗,主要靠近(京奉铁路的)锦州—北票支线,这是由铁路逼近热河的唯一途径。在中国,对这些事件仅仅是日本人早些时候旨在占领热河的大规模军事行动前奏的恐惧广泛扩散,中国和在满洲的中国军队之间通过热河的主要交通线路仍然存在,对于日本进攻这个已经自称是"满洲国"组成部分的省的恐惧,不是空穴来风。日本报纸上正在自由地谈论这场危机。

韦伯庭长： 过一会再继续。如果您有地图的话，我们希望有地图显示，麦肯锡先生。我们现在休庭 15 分钟。

（10:45 开始休庭）

十三、塘沽协定与日军侵入热河

（11:00 重新开庭）

法庭执行官：法庭现在开庭。

韦伯庭长：麦肯锡先生，在进入程序以前，法官就法庭的空调问题开了一次会。我们感觉热浪扑面。本案是最严肃的案件之一，为了其公正审判，我们当然应该拥有一个合理的舒适环境，但我们现在没有。我们在最近的三个、四个以至五个月中就空调问题一直得到承诺。我们被告知早在 6 月份空调就会安装好，但到现在都没有搞好。我们正在认真考虑休庭到空调安装妥当。有一名医生说他支持我们的态度。但即使没有医生所说，我们也知道我们的感觉，知道热度正在干扰我们适当履行义务。

麦肯锡检察官：如果法庭愿意，我可以说的是我很高兴将此事报告给当局，看看为处理此事能做些什么。

韦伯庭长：好的，我向您保证我们已经厌倦了就空调一事向我们做出的许诺。我们确实感到如果我们休庭就会加速改善空调。我们建议在 12:00 休庭，直到星期一上午 9:30，然后我们会酌情决定。我们怀着最大的遗憾这样做，但这是在最大的不快之下不得不做的。好吧，麦肯锡先生请。

麦肯锡检察官：关于法庭要求的地图，询问影印部后，我发现我或许可以得到作为李顿报告书一部分的地图的影印本，并且在明天早晨将它们送到法庭。如果庭长阁下认为那时它们是有帮助的。

韦伯庭长：是的。

麦肯锡检察官：现在跳到李顿报告书81页第5段（宣读）：

　　由日方成员给出的情报最后说，虽然热河秩序的维持是一个"满洲国"国内政策的事情，日本鉴于其在维持满洲和内蒙古和平秩序方面发挥的重要作用，不能对该地区的形势漠然视之。又说，热河的无序很快会在整个满洲和内蒙古产生非常严重的影响。而汤玉麟将军则在其报告末尾说，如果日本重新发动进攻，就要采取一切可能的手段提供有效抵抗。

　　从这些情报看，似乎这个地区的冲突范围有所扩大，是必须认真应对的。

　　虽然中国军队主力于1931年底撤退到长城以内，日本人在满洲各地继续遇到非正规的抵抗，没有出现诸如发生在嫩江桥那样的进一步的战事，但是战斗一直在持续和蔓延。

然后是对中国军队抵抗性质的描述：东北军残部、非正规武装、义勇军和盗匪。

现在，我要把程序转交海德先生。

布鲁克斯辩护律师：我已经听取了对此事的论述。在对此事件的相关性提出异议前，我希望检方能给予我们一些阐述，它是否与本案有关，以及如何有关，以便我能正确认识到此时提出相关性的异议是否恰当。其理由，正如我理解的本阶段案情，涉及起诉书中指控的反和平罪和日本军队与中国军队之间的冲突。现在，从提交给法庭的证据所显示的来看，这个中国军队不是南京的中国军队，或者由盟军或本法庭所承认的被认为是国军的中国军队。

韦伯庭长：如果您认为该证据是无关的，您的基本职责是提出异议，检方无须在这一点上给您什么解释。如果您现在提出异议，那就是您的立场，请说出您异议的理由。但这次您的态度非常奇怪。据我所知,您以前没有过这种态度。您提出异议还是不提出异议?

布鲁克斯辩护律师: 如果法庭同意,我要提出异议。但是我认为,为了公平起见,检方有义务把一切证据拿到法庭上来。他们可以公平处理本阶段的案件,让本阶段案件显示其公平的程度,因为他们上次就说过,那些人是叛乱者、强盗和土匪。他们的目的是我在法庭上不对他们的陈述提出异议,但是如果他们是在证明侵略行为时,我质疑其对日本侵略的证明的相关性。因为日军的行动不是针对中国的国军。有情况表明,并且今天早上的报纸也表明,同样还是这些叛乱者、强盗和土匪,现在仍然在中国与民族主义者战斗。

韦伯庭长: 我们认为您在提出异议,现在让我们听听您的理由。

布鲁克斯辩护律师: 我提出异议的原因在于检方,如果证据是用来证明侵略行径的——他们并没有建立起证据链——他们所呈现的已经发生的事实,对辩方是有利的。如果法庭允许,辩方将在适当的时候陈述自己的观点。但现在提到的这些事并没有表明这是一场侵略战争,或者是日本对中国合法政权的侵略行为。因为所提到的这些人,根据本案相关证据,是土匪和叛乱者,他们今天是士兵,明天又是平民了,因此不能被认为是合法的国家军队,并且他们侵犯的是日本的居民和人民。如上所述,那里出现了一些符合条约规定的军队行为,并没有超越条约权利。因此,如果检方仅仅是为了证明侵略行为,与本案无关。如果是为了证明其他事项,我看不到任何的逻辑关系。

韦伯庭长: 如果对此有异议,您应该在前几天就提出来,那时证据链是开放给大家验证的。我们都认为没有什么可以异议的地方。因此不支持异议。

麦肯锡检察官: 我刚刚收到尤金·威廉姆斯递交给我的一张纸条,让我告知法庭,检方从中国带来了两位证人,如果可能,希望他们在法庭休庭或者做出相关规定之前作证。

韦伯庭长: 我们休庭是因为温度如此之高,以至我们不能很好履行我们的义务。这同样适用于中国人的作证和其他任何作证。

海德检察官：检方接着提交检方文件1871号，那是1931年9月18日至1937年8月13日日本在中国战争罪的概要。

法庭书记官：它被列为第192号证据。

海德检察官：那是由中华民国外交部所准备并加盖其官印的。我们申请证据编号，以便识别并引用。

（上述文件被标以检方证据192号，以便识别）

我们接着提交文件1871C号，这是法庭证据192号第3至第4页第一部分中的一段。

法庭书记官：标以192A号。

（上述文件被标以检察官证据192 A号，以便识别）

海德检察官：现在我宣读（宣读）。

占领辽宁、吉林和黑龙江三省以后，日本人继续执行他们向西推进的计划。1932年春上海战事结束后，他们在中国东北各省的军队得到了增援。同年7月中，借口一名叫石本的日本军官失踪，日本人开始入侵热河。7月和8月分别发动了一次总攻。他们未能夺得地盘，因为他们的正面有中国防御部队，后方则有中国义勇军活动。但是日本人颁布了一个诡异的声明，宣布热河省是"满洲国"领土，这是一个为它最终占领的托词。与此同时，更多的援军源源到达，以准备另一次大规模进攻。在接下来的半年，除了占领中国的许多要地以外，小规模的进攻接踵而至，没有停息。1933年年初，榆关（山海关）战斗开始了，沿长城的关键地点如山海关、九门口落入日本人之手，热河的战略局势变得十分严峻。2月22日，以傀儡"满洲国"名义，日军向中方送交了一份最后通牒，说热河不是中国领土，限热河省的中国军队在24小时内撤走。2月25日战事爆发，日本军队从他们在通辽和绥中的基地以三路前进并开始总攻。出于政治与军事原因,热河省最终于3月2日沦陷。

我要指出被告人小矶国昭从1932年8月至1934年3月是关东军参谋长;被告人荒木在这期间是陆军大臣。

卢埃林女士可以继续为检方发言吗?

弗内斯辩护律师:这个,不就是证据192号吗?它刚刚为识别而被标记,对吗?

海德检察官:对的。

弗内斯辩护律师:我可以问一下这个节选是否属于法庭允许的规则6(b)的例外?

海德检察官:这个文件是中文的。是在此规则中,我能宣读该适用的规则的一部分吗?

韦伯庭长:它已经被提交?

海德检察官:是的,该文件被提交了。

韦伯庭长:按程序接受。

(检方证据192号被接受)

弗内斯辩护律师:这是一个很长的文件,我理解根据规则6,如果提交了节选,整个文件都应该给我们,除非法庭允许规则6(b)的例外。我要问的就是是否允许例外。

海德检察官:我能宣读我们认为必须遵守的规则的一部分吗?

韦伯庭长:好,它在哪里?它是根据法庭命令的?

海德检察官:不是,阁下。我们相信它是在规则的部分内容中,该规则正是我要宣读的,如果可以的话:"如文件非英文版或日文版"——这个文件是中文的——"而翻译成英文或日文送达检察官或相关被告人或其辩护律师以及此类官员,如同本案,即为达到该文件此规定之目的。"

韦伯庭长:您似乎是遵守了规则。

海德检察官：接着由卢埃林女士继续。

卢埃林检察官：庭长和各位法官，检方现在提交 1870 号文件。

法庭书记官：1870 号被接受为证据 193 号。

卢埃林检察官：证据 193 号就是人们知道的塘沽停战协定，日期标为 1933 年 5 月 31 日。检方提交这个文件以证明在河北省东北部建立了一个非军事区，根据其条款中国军队被迫撤往这个区域以南和以西。

韦伯庭长：按程序提交。

（检方证据 193 号被接受）

卢埃林检察官：请法庭特别注意第 2 条和第 3 条，这是不久前由田中将军证实的塘沽停战协定的内容：

（1）中国军队一律迅速撤退至延庆、昌平、高丽营、顺义、通州、香河、宝坻、林亭口、宁河、芦台所连之线以西、以南地区。尔后，不得越过该线，且不做一切挑战扰乱之行为。

（2）日本军队为证实第一项的实行情形，随时用飞机及其他方法进行监察。中国方面对此应加保护，并给予各种便利。

（3）日本军队如证实中国军队业已遵守第一项规定时，不再越过上述中国军队的撤退线继续进行追击，并自动回到大致长城一线。

（4）长城线以南，及第一项所示线以北、以东地区内的治安维持，由中国方面警察机关担任之。上述警察机关，不可利用刺激日军感情的武力团体。

（5）本协定盖印后，即发生效力。

海德先生将继续提交文件证据。

海德检察官：检方接下来提交 1871D 号文件。

法庭书记官： 文件1871D被接受为证据194号。

海德检察官： 这是法庭证据192号第105至107页的节选。

韦伯庭长： 按程序接受。

（检方证据194号被接受）

海德检察官（宣读）：

1935年5月中，叫做胡思溥、白逾桓的两个中国人在天津日租界内被暗杀。日本人抓住这个机会并谴责中国人的暗杀行为，试图为他们的利益推动局势。日本华北驻屯军参谋长酒井隆和日本大使馆助理武官高桥坦约谈了军事委员会北平分会主席何应钦。他们声称日本军事当局认为胡和白被暗杀是中国人挑衅日本守备队的行为。如果这种不利于日本和"满洲国"的行为继续发生，日军可能将采取激烈的行动。他们进一步要求于学忠将军自愿转到其他职位，中国宪兵第三团，河北省的省级和大城市的国民党党部、分会政治训练处，以及被日本人称作蓝衣社的机构也要撤退。为了维持和平与外交关系，中国政府于是主动将政训处长曾扩情、宪兵第三团团长蒋孝先、副团长丁昌免职。同时，国民政府宣布暂停天津党部工作，河北省长调任其他岗位，并命令地方当局追查暗杀。但是日方对所有这些改变和决定仍然不满意。不久，日方再次要求河北省党内所有官员全部撤销，第五一军、中央军第二师和第二十五师撤走，禁止一切排日行为。所有这些要求都必须答应并且立即实行，否则日军将采取不受限制的行动。由于当时形势如此严重，中国政府为了和平目的以很大的痛苦同意妥协。河北省所有党的机构自发关闭，五十一军等分别调走，国民政府重申禁止抗日运动。于是河北省事件了结。

接下来，检方要介绍检方文件1242号。

法庭书记官：1242号文档接受为证据195号。

海德检察官：这是关东军参谋长西尾将军的一封信，日期标为昭和十年（1935年）12月9日，寄给陆军次官古庄将军，同年12月12日收到。

韦伯庭长：按程序接受。

（检方证据195号被接受）

海德检察官：如果可以，我要宣读我们提交的节选。

（宣读）：关东军的宣传计划，其将与在华北的军事行动同时执行。

一、基本原则。我们开始我们的宣传，以让全世界相信关东军一旦推进到中国本土，我们是合法的。我们将发动一场运动，通过在华北居民中煽动反国民党和反共产主义意识，将他们从中央政府离间出来。

二、宣传方案。第5段："必须明白，当我们将来某个时候派遣军队至中国的时候，我们是为了惩罚中国的军阀，不是为了惩罚普通中国民众。"第8段："我们对满洲的宣传将是，'华北独立政府的出现不是别的，而是他们渴望满洲政府健全的行政的具体显示，它将照亮满洲的未来。"

三、执行计划。① 宣传由陆军参谋部策划并执行。在中国和内蒙古的特务机关以及在那里的兵团履行其职责。② 在我们的军队进入中国关内以前，这个宣传就要开始，并将得到来自日本政府和日本驻华北部队宣传的侧面支持。当我们的部队进入中国本土以后，即执行该计划以利于我们的军事行动。③ 我们的部队在活动范围内的宣传按照出动部队上述计划执行。作为规则，这种宣传必要的人事由派遣军提出。但是如果他们不能提出必需的人选，参谋部将征求他们的意见选派。如果必要，将直接从部队选派宣传班。④ 在执行这个计划中，要维系与日本的中国驻屯军及各种驻华机构的密切联系。

检方接着提交其文档 1871A 号。

法庭书记官：1871A 号文件接受为证据 196 号。

海德检察官：这是法庭证据 192 号 21 至 22 页上第六节的部分。

韦伯庭长：按照程序接受。

（检方证据 196 号被接受）

布鲁克斯辩护律师：这个 195 号证据显示是一个宣传计划，是日本军队行政命令的一部分。如果可能，如果他们有的话，我要请检察官再向辩方提交该行政命令的其他材料，以便研究确定这个命令是根据什么做出的。

海德检察官：如果我们已经掌握这封信或报告的答复或要求，我们乐于附上它。

韦伯庭长：您如果有什么？

海德检察官：这是一封被作为 195 号的法庭证据。我们的材料已经显示，这是我们所拥有的唯一的文件。我们没有对它的答复，如果曾经答复的话；我们也没有对它的要求。但是如果我们有，我们会附上。

布鲁克斯辩护律师：有两份已经送交辩方的材料。一个是文件 1242 号，其标题或者信封上记述说这是一份 1935 年 12 月 9 日由关东军参谋长西尾发给陆军次官古庄的报告。现在我不知道该宣传计划的段落编号，但是我知道一个行政命令将有这样一个计划——它不是一封信，而是一个报告——一个行政命令应该有一个伴随着行动路线的宣传计划；而且我想在第 5 段中说，如果在美国军队中有一个宣传计划，就可以有相应的指导行为。我想看该文件的其他部分是什么，有什么关系，它是否曾经被使用过。这在这个案件中是非常重要的。

海德检察官：关于我们的 1242 号文件，它现在是法庭证据 195 号。

以前，当这份报告或者信件被油印的时候，他们遗漏了标题，只是简单地注明"关东军宣传计划"，作为一份报告，或者如翻译给我们的信件那样。我自己想了解辩方的要求，这样他们可以知道向他们显示的一个完整的报告或信件是什么。这个文件本身就是完整的，据我所知，这是一个完整的英译本。

布鲁克斯辩护律师：辩护律师对此的问题是，既然这个标题遗失了，我们认为应该给我们原件，这样我们就可以发现行政命令及其段落。因为在军界，向上级提供一个试验性的计划是惯例。现在它是否被提交，我们并不知道，迄今还没有任何显示。如果检察官未提交，我想至少应该确定它是什么文件、它是否施行，以及由谁施行的问题，因为那是相关的，谁递交了它，它是否完全被实施，以及是否被修改变动。

韦伯庭长：我想在第一个例子中，许多争论都可以解决，如果辩护律师向达西先生提出的话。对我们来说似乎遗憾，如果不能从达西先生那里得到补偿。它对我来说是在浪费时间。

布鲁克斯辩护律师：与此相反，我认为那不应该被允许，除非有一个原来就提供给我们的这一部分所缺少而且文件本身也没有显示其编号之类的完整标题。有了这样的标题，才可以向法庭显示并且宣读，以便我们后来提到剩余部分时提及。

海德检察官：原来完整的文件现在作为法庭证据195号。

韦伯庭长：好的，我看任何其他东西都是不必要的了。

海德检察官：检方接着提交724A号文件。

法庭书记官：724A号文件被接受为197号证据。

海德检察官：这是电报号331：1、331：2，由日本驻北平领事馆参事官若杉于1935年10月2日发给本案被告人广田弘毅的。

韦伯庭长：按程序接受。

（检方证据197号被接受）

海德检察官：我要宣读各份电报的简短节录。

韦伯庭长：好。

海德检察官（宣读）：

我对该地区最近形势的观察，使我相信军方为了国防和组织一个日本、满洲以及华北经济集团的目的，并且最终为了政治、财政和经济目的，正在试图组织一个华北五省的完整的自治政府（实际上的独立国家），将华北从南京政府统治下分离出来。

电报331：2：第一段：此外，日本军队的内蒙古政策如同我和驻张家口领事多次向您报告的，是稳步推进。有一次土肥原往返于张家口与承德，见到了察哈尔省主席和德王，他的使命无疑是促进内蒙古自治政府的建立。大仓组根据日本政府的要求，为了内蒙古经济发展的目的，最近建立了一个旁支公司即大蒙公司（其总部在新京，以多伦和张家口为活动中心）。如上所述，日本军队目前正在稳步推进其宏大计划。

检方接着提交1871B号文件。

韦伯庭长：我们今天不接受更多的文件。我们现在休庭，到下星期一9：30开庭。

（12：00开始休庭）

十四、日本对上海电力工业的劫夺

1946年8月28日,星期三
日本东京都旧陆军省大楼内远东国际军事法庭

……

（13：35 重新开庭）

……

萨顿检察官：如果法庭同意,我现在想介绍一名来自上海的中国检察官、国际检察局中方成员裘劭恒氏,他将代表检方继续询问证人。

韦伯庭长：裘先生请。

裘检察官：如果法庭同意,接下来的证人童先生,要就涉及日本在经济领域侵略中国的事情作证。他在这里已经等待了相当长一段时期,因为不可预见的和不可避免的原因,法庭程序被推迟到相应阶段。但是他在中国的工作压力,要求他必须在本周末以前返回。

韦伯庭长：好的,您现在可以传唤他,但是您必须约束他的作证,如同前面的作证一样。

裘检察官：谢谢,庭长阁下。检方传唤下一位证人,童受民先生。

（童受民作为检方证人被传唤,首先正式做誓,然后作证）

直接询问（由裘劭恒检察官询问童受民证人）

问：证人先生,您能说并且听得懂英语吗？
答：是的,我懂英语。

问：您叫什么？

答：童受民。

问：现在住在哪里？

答：我现在住伊藤住宅。

问：您在哪里接受的教育？

答：我于 1919 年毕业于上海的江苏商业学校。

问：您离开学校以后从事什么工作？

答：离开学校后，我于同一年成为上海浦东电气公司的职员，1933 年我被选为公司董事长和经理。然后我一直在那个职位上。

问：战争期间您都在上海吗？

答：是的，我在上海，直到 1938 年 3 月我离开上海前往重庆，以地方议员资格参加政府工作，以后成为国民政府经济部下属资源局秘书长。

问：然后您在哪里？

答：我因病于 1939 年 9 月从重庆回到上海，1940 年 12 月我经过香港再次前往重庆，但是我被健康状况困扰，于 1943 年 1 月再次回到上海休养。自从那时，我就一直生活在上海。

问：在 1937 年 8 月中日两国军队之间爆发战事以后，您的公司怎么样？

韦伯庭长：他的耳机有问题。

答：我没有听见。请重复一遍。

问：好的。

（对法庭书记官）：书记官能对证人重复一遍吗？

（最后一个问题由法庭书记官重复）

答：我们尽一切努力维持战争期间的电力供应，但是我们在 8 月 14 日停止发电。因为浦东居民的电力供应受到影响，我们安排了在上海的其他电力公司发电。当年 11 月，在中国军队撤走以后，大约在 11

月7日浦东的电力供应中断了。

问：上海的战争爆发以后，您的公司被什么人或者什么公司接管了吗？

证人：请再说一遍。

（最后一个问题由法庭书记官重复）

答：1937年11月日本人占领了公司，1938年3月日本人恢复营业。同年6月，华中水电公司接管了浦东电气公司，由日本人经营。公司原有固定资产总额180万（中国）元，日本人评估为47万日元，由华中水电公司投资。所取得的份额由傀儡维新政府实业部以所谓"所有者不在"为借口而占据。

问：谁经营和控制您所提到的华中水电公司？

答：就我所知，华中水电公司是华中振兴公司的子公司之一。名义上，它是中日合办商行，实际上由日本人一手经营和控制，由日本人制定政策，所有负责人——所有的上层职位都由日本人垄断。

问：当日本人1937年11月接管的时候，您的工厂整体情况如何？

答：在日本人占领以前，公司的工厂经营状况良好。

问：1937年及其以后中日军队在上海一带交战的结果，工厂遭到了直接损害吗？

布鲁克斯辩护律师：这个问题无关和空泛，我提出异议，这不是损害赔偿诉讼。我认为本案中，犯罪行为不会有任何赔偿。对工厂的损害，我看不出在这个案件中如何能被具体化。

裘检察官：如果法庭同意——

韦伯庭长：整个案件都是以对财产的损害、对人的损害、人的死亡、所有此类事情、战争的蹂躏，以及所称的侵略战争为基础的。驳回异议。

答：我要说在上海的战争期间工厂没有损害。

问：在日本人投降后您从他们那里接收了公司吗？

答：是的，我接收了。

问：您是什么时候以什么资格接收的？

答：我根据中国政府指示，于1945年9月18日开始从日本人那里接收公司，并且在同月30日完成了接收，当时所有的日本职员都遣散了。

问：当您从日本人那里接收工厂时，你发现那里的情况怎么样？

答：发电厂情况非常糟糕。我们原来在工厂安装了一台瑞士布朗和博维公司制造的汽轮发电机，600千瓦，2 300伏，3相，60轮；和两台英国巴可可和维尔克公司制造的水管加热器，每一个的加热表面大约1 400平方英尺，蒸汽压力250磅。在从日本人那里接收的时候，发现汽轮发电机、加热器和其他设施都无影无踪了。

问：您是否试图找回您所说的丢失设备？

答：是的，我去找了。

问：您做了什么？

答：我在1945年10月致函实业部，要求他们命令华中水电公司的日本负责官员报告丢失的设备在哪里。

问：结果如何？

答：1945年11月，我收到了来自实业部的复函，说华中水电公司副社长青木答称，上述设备被他们通过兴亚院华中联络部以大约12万日元的价格卖给了华中工业公司。日本人还说丢失的设备被运走，安装在湖北省的大冶铁矿。

问：收到了这样一条由青木通过政府当局提供的信息以后，您做了什么？

答：按照青木通过政府当局提供的信息，我指示公司的一些干部前往湖北大冶铁矿进行调查；他们返回后向我汇报说丢失的设备找不到了。

问：当您在1945年9月从日本人手中接受发电设备时，其状况如何？

答：它们处于受损严重的状况。公司大约有 25 公里——不，公司大约有 500 公里的头顶电线，其中 50% 至 60% 丢失了。剩下的被较细的电线所取代，有的地方甚至使用铁丝，情况惨不忍睹。我还要说水下电缆的情况。我们设置了——我们在黄浦江上下游分别设置了一条水下电缆，以连接上海所有电力公司的供应线，每一条电缆包括两条 6 600 伏的水下线路。在 9 月 15 日接收的时候，一条线路被发现丢失，另外三条线路破损不堪。我们还有大约 160 个变电器和总量有 1.1 万千伏的变压器，大约 1.5 万只电度表，以及总量达到 9 000 马力的大约 700 台电动机。我们发现这些变压器、电度表和电动机大约 60% 不翼而飞了。

问：当您从日本人手中接收的时候，工厂建筑的情况如何？

答：我们发现我们张家浜发电厂的四幢建筑被彻底毁坏，而且——

列文辩护律师：庭长阁下，我提出异议，因为其作证内容不适合、无关和空泛。我想其中关键一点是接收工厂，当然那是因为他们接收了工厂。如果他们错误地接受了工厂，无论他们接收的是良好的还是不好的状态，并无差异。

裘检察官：如果法庭同意，我一直在试图揭示日本的经济渗透，我的目的是比较日本人占领这些设施前后的条件与情况。

韦伯庭长：这是显而易见的，驳回异议。

答（继续）：如同我已经指出的，我们发现四幢建筑完全毁坏，两幢严重受损，在浦东王家渡的新发电厂设施遭到完全破坏，办公设施、交通设备包括轨道和汽船也遭受了沉重的损失。

韦伯庭长：现在我们休庭 15 分钟。

（14：45 休庭）

（15：00 重新开庭）

法庭执行官：远东国际军事法庭现在开庭。

韦伯庭长：裘先生，您要继续询问许多事情吗，您准备询问许多事情吗？

裘检察官：不，庭长阁下，我只带来一件事情，我要用很快的方式处理。

韦伯庭长：您看，从一个特别的案件中得出一个推断是非常困难的。从特殊到一般不会有很多争议，但有时确实有争议。我想您也许会传唤一两个证人，询问他们以后，或许会牵出数百个案件。

直接询问（由裘劭恒检察官继续询问童受民证人）

问：除了浦东电气公司经理，您还担任其他职务吗？

答：是的，我担任其他职务。

问：什么职务？

答：我兼任上海南市的中国电力公司经理。

问：那也是在日本人占领期间被接收的公司吗？

答：是的。

问：日本人投降后您也接收了这家公司？

答：是的，我接收了。

问：您能否简要向法庭陈述接收该公司前后的状况，不要太多地牵扯技术细节？

答：战前，该公司经营电力供应和有轨电车业务。1937年8月14日，公司停止了有轨电车业务，并且在8月20日停止发电，其后向南市居民的电力供应也受到影响，于是通过法商电力公司继续供应。大约在11月10日，当日本军队占领南市的时候，切断了供电。1938年6月，日本人管理下的中国电力公司由华中水电公司接收。日本人评估公司固定资产大约为170万日元，而原先的价值则是大约850万中国元。这些资产由华中水电公司的日本人取得，股份由傀儡维新政府实业部以"所有者不在"的借口持有。

问：请简要告诉法庭在日占期间工厂是否遭受很大损害及物资遗失。

答：我们在发电厂安装有10台水力透平热水机和3台蒸汽涡轮发电机，总发电量1.6万瓦。从日本人那里接收的时候，我们发现这10台热水机和3台蒸汽涡轮发电机不见了。

问：您从日本人那里接收有轨电车设备的时候，状况如何？

答：我们有22公里的电车轨道，用以承载电车电线的大约630根铁柱和大约50根水泥柱。我们接收的时候，发现这些轨道和柱子全部不见了，对这些物资迄今我们只恢复到20%。我们还有54节电车车厢、27个拖引车和3个变换器，总额2 100千瓦，以及3个转换器和3个配电盘，直到现在这些设备也没有恢复。

问：当您从日本人那里接收的时候，建筑物状况如何？

答：一些建筑被损坏，是严重损坏，其中有些已经多年失修。我们还有一个很大的可以容纳大约一百节电车车厢和拖引车的车棚，发现完全被日本人拆毁了，只留下一块空地。

问：除了您担任经理的两个公司与您所证明的以外，您还知道日本占领期间上海其他电力公司的总体情况吗？

答：是的，我知道日本占领时期其他公司的总体情况。

问：您是怎样知道的？

答：我有一些当时在各家电力公司工作的朋友，他们经常到我家谈起这些公司的事情。我仔细地听取了这些公司的事情包括经营情况。

问：您知道的都是些什么公司、什么事情？

答：首先是中国的闸北水电公司，然后是美商上海电力公司和法商电力公司。

问：您能非常简要地叙述日本占领期间这些公司的概况吗？

答：中国公司——闸北水电公司在中国军队撤走以后也被日本人

立即接收。该公司总发电量为3.6万千瓦。它遭到严重破坏以至目前不能发电。该公司输电和配电设备与其他设施也蒙受惨重损失。美商电力公司在太平洋战争爆发以后被日本人接收。该公司总发电能力是18.3万千瓦,现在只剩下13.6万千瓦,降低4.7万千瓦,大约战前发电能力的45%。六分之一的输电和配电线路被毁坏,只从日本人那里接收了仓库中的一小部分设备。其他公司——法商电力公司——日本人没有接收法商电力公司,但在战时它的经营当然是在日本人操纵下,原来2.8万千瓦的发电能力降低到了1.6万千瓦。

韦伯庭长：列文先生请。

列文辩护律师：庭长先生,我们反对这种细节的作证。我们认为当裘先生询问证人其实与他无关的其他工厂的损失的时候,我们推测也许是证人在他能够回答的范围内,提出了自己的观点。但是我们怀疑他是否能够回答,并且怀疑介绍日本人接收工厂和他们收回工厂的期间内千瓦数减少的详情的必要性。

裘检察官：如果法庭同意,我要揭示的不仅是证人自己作为经理的两家公司的情况,还有当时上海其他电力公司的一般情况。

韦伯庭长：好的,他给我们提供的其他公司的情况只是传闻,但是细节累计起来,就更有说服力了。

裘检察官：是的。

韦伯庭长：我猜测您会要求我们从这些具体的例子中做出一个总的结论,或者您会满足于将这些作为与其他证据相联系的依据。但是您应该限制详细程度,否则我们会在琐碎的事情上浪费太多时间。

裘检察官：庭长阁下,在回答我的最后一个问题时我不会让证人继续那样陈述——到那时为止。

问：关于占领期间对上海居民家用供电,您知道些什么?

答：对上海的家用电力供给一再被缩减,直到最后每个家庭——无论一家有几个成员,每个月只准用7度电。显然,这对于一个任何规模的家庭都是不够的。超量消费的要承担很重的罚金，如果违背规定二次或三次就要断电。

问：工业用电的供给情况如何？

答：对工厂的供电同样被一再缩减，直到最后所有的中国人工厂都不准使用电力，除了少数生产日本军队所需产品的工厂。申请电力供给当然很难得到批准。

问：您知道关于您所证明的这些供电的事情在今天怎样吗？

答：上海目前面临非常严重的电荒。所拥有的总发电量只有150千瓦……15万千瓦，无法满足对电力持续增长的需要。由于电力原因，我们停止了扩大新的消费者，而且对已有消费者进一步制定了非常严格的限制。有时候我们不得不在某些区域，在一天中停止向消费者供电几小时。至少需要二到三年，发电能力才能恢复到战前水平。订购新的机器就需要一个很长的时间才能送到。

裘检察官：庭长阁下，主要的询问结束，辩护律师可以反问证人。

交叉询问（由布鲁克斯辩护律师询问童受民证人）

韦伯庭长：布鲁克斯大尉请。

问：证人先生，这个法国公司和美国公司，它们现在还营运吗？

韦伯庭长：这个问题的要点是什么？

布鲁克斯辩护律师：他把情况说得一无是处，我不知道为什么会陷入那样的困境。但他没有说明所有这些公司现在是否还在营运。所以我想问这个问题。现在我撤回问题。

问：证人先生，现在上海的情形您已经叙述了，您知道在上海活动的日本军事机关官员的名字吗？

韦伯庭长：这同样没有关系。

布鲁克斯辩护律师：我们不知道这些工厂是否被日本军事当局接收来为军队所用。这就是我为什么问这个问题。

韦伯庭长：它们被日本政府接收，这就足够了，使用的事情与此无关。

布鲁克斯辩护律师：我并不很想把使用当成接收的方法并且通过使用才得以接收，但是如果没有显示这是一场侵略战争，也没有显示它们由军事当局所接收，并且加上了这些限制，对于一个军事当局来说就没有什么值得大惊小怪了。

韦伯庭长：不允许问这个问题。列文先生请。

交叉询问（由列文辩护律师询问童受民证人）

问：您已经证明了您自己公司与其他公司由日本人接收，以及所造成的损失的情况。您是否做过对于公司财产的个人调查，以确定损失程度？

答：是的，我做过。

问：您做了多少调查，简单地说？

答：我多次视察过发电厂、输电系统，以及其他财产。

问：您为您的工厂接受过47万日元，对吗？

韦伯庭长：让他说完问题。

裴检察官：如果法庭同意，我对这个问题提出异议——

韦伯庭长：现在还没有提出问题。我理解辩护律师所加上的那句"对吗"，但是辩护律师不应该问这个问题，此类问题经常不被允许。

问：当为您的工厂支付给您时，日元的价值与中国的钱相比较是4比1吗？

裴检察官：如果庭长阁下允许，我要对这个问题提出异议。证人已经作证他有两家公司，辩护律师并没有提到哪一家公司，因为他们被接收是在不同的时间。

韦伯庭长：我说，列文先生询问财产被接收和取回的不同时间日元的价值，是相当明确的。驳回异议。

问：您能说出财产被接收时的价值吗？

答：请重复一遍您的问题。

（法庭报告员重复了如上记录的最后一个问题）

韦伯庭长：证人，我认为您的公司应该得到足够的赔偿，因为元的价值的变化，是吗？

答：我们从来没有从日本人那里得到一分钱。

韦伯庭长：您有一次提到10万元或12万元的总额，我没有记住是关于什么事情的。

列文辩护律师：我相信庭长提出了一个问题。

韦伯庭长：好的，那就是您要问的，而且我相信您有资格知道。

列文辩护律师：那正是我要问的。

答：我请求法庭让谁翻译一下，以帮助我。

韦伯庭长：好的，可以把列文先生的问题交给他，法庭书记官可以做这事。我记不得每一个词是什么意思。

（最后一个问题由法庭书记官重复如下："问：您能说出财产被接收时的价值吗？"）

韦伯庭长：后面还有一个问题。

（法庭书记官重复庭长的问题如下："您有一次提到10万元或12万元的总额，我没有记住是关于什么事情的"）

答：我已经说过当1937年日本人接管的时候，浦东电气公司的资产大约是180万中国元，而中国电力公司被日本人接收的时候的资产价值大约是850万中国元。战前中国元比日元是1比1——中国元相当于95分日元。浦东电力公司资产大约180万中国元，当时估计为4.3万日元，我认为只代表了25%。

交叉询问（由列文辩护律师询问童受民证人）

问：我的日本同僚和我自己的笔记指出的陈述都是47万日元，您说是 4.3 万日元？

答：是 47 万日元。

问：是 47 万日元，相对于 180 万中国元的不动产价值，对吗？

答：对。

问：这样，日元与中国元的比值不是 4 比 1 吗？

答：那是在 1937 年至 1938 年。当时中国货币还没有贬值，因此我认为比率几乎与战前保持相同。但当时实际上没有外汇，因为日本与中国之间已经爆发战争。

问：在接收前对这个财产——这些财产有评估吗？

答：我可以补充我的第一个回答吗？我要强调的是，虽然日本人为公司财产作了评估，但公司从来没有从日本人那里收到 1 分钱。

列文辩护律师：庭长阁下，既然我们可以请求拒绝不负责任的问题，我可以请求忽略不负责任的回答吗？

韦伯庭长：它将被记录并保留，列文先生。

列文辩护律师：辩护律师对这位证人没有更多的询问，庭长先生。

韦伯庭长：现在应该暂停了，我们现在休庭，明天上午 9:30 开庭。

（16:00 开始休庭）

1946 年 8 月 29 日，星期二
日本东京都旧陆军省大楼内远东国际军事法庭

（9:30 重新开庭）

法庭书记官：远东国际军事法庭现在开庭。

韦伯庭长：所有被告人都出庭了，除了大川、松井和平沼，他们由辩护律师代表。辩护律师有什么事情要说？

清濑辩护律师：庭长阁下，我可以向法庭介绍乔治·布鲁伊特先生

吗？在为被告人东条英机的辩护中，他是我的合作辩护律师。

韦伯庭长：莫洛少校请。

语言仲裁官（莫洛少校）：我要提及证据297号中有争议的1767—291号文档。其中日文词汇的问题是，按字面翻译，应该读成"轻微限制条件"，我们建议译为"保护限制"，以便其与内容相协调。

韦伯庭长：给予纠正。裘先生请。

裘检察官：法庭是否同意没有对证人的进一步交叉询问了，我可以请求让他按程序退庭、返回中国吗？

韦伯庭长：他可以离开了。

（证人童受民退庭）

萨顿检察官：如果法庭同意，我们现在继续提交关于日军针对中国平民和其他人的暴行的证据。检察官提交1946年6月7日的检方文件1921号，即路易斯·斯迈思的证词。

韦伯庭长：关于什么的证词？

萨顿检察官：关于日军在南京的暴行，以南京安全区国际委员会给南京日本当局的报告的形式。

韦伯庭长：洛根先生请。

洛根辩护律师：我想问检察官，是否要在没有证人在场的情况下提交这份证词？

萨顿检察官：是的，如果法庭同意，我们预期斯迈思先生不会作为证人出庭。

洛根辩护律师：是这样。如果法庭同意，辩方一致反对只根据证词审理这个案件。这涉及一个在所有英语国家都得到普遍认可的基本法律问题，即刑事案件的被告人有权与证人对质，见到他们，听到他们的作证，并且有机会反问证人。如果证人不出现，就没有询问证人的机会了，这场审判就由一个看不见、不知道、听不见的证人作证了。

检方也没有说明为什么证人不能出庭，我们认为这一审判是不公平的,因为它将导致对证词的争议。如果辩方能享有同样的特权,我肯定法庭不会从检方或辩方提供的证词中得到任何帮助。我代表所有被告人真诚恳请审判不要导致对证词的争议。

韦伯庭长:好的,这个非常重要的问题其实已经由本法庭宪章解决了。根据宪章第13c(3)条的规定,证词是可以采用的。为了公正,在听取辩方和控方意见后,法庭通常会坚持证人当庭作证,检方和辩方通常也对证词被采用的证人进行询问与反询问。

洛根辩护律师:如果法庭同意,关于13c条,如同我所读的那样,它不是强制性地要求法庭允许上述证词的提交。它仅仅是许可性的,而不是强制性的。

韦伯庭长:我没有说它是强制性的,但是您注意到,当然我们也注意到了,洛根先生,如果不想将本案的审理没完没了地拖下去,它在很大程度上就必须依赖证词。

洛根辩护律师:庭长阁下,我注意到了这一点,但是就该阶段,我们已经收到73份证据,它们中的大多数都是本阶段将要提交的证词,而且我们提出的有关本案另一阶段中采用的653份证词的动议悬而未决。就辩方而言,质询证人、质询证词已经被采用的人或者认可证词的人既然不可能,就此类证据做出辩护也是不可能的。

韦伯庭长:我们注意到,那些证人为被告人所实施的南京暴行作证时,辩方并没有认为交叉询问是恰当的,除了其中一位证人外。

洛根辩护律师:如果阁下同意,我相信辩方是对其中一些证人进行了交叉询问的。但是,在本案中,我们不能提前说出这些证人要证明的是什么。我们所担心的是,阁下,现在通过提交证词而设立了一个先例,从而导致可以提交证词的节选,而这正是那些悬而未决的动议所包含的问题。

韦伯庭长:虽然我并不知道这一点,但我可以预期检方会传讯某些所控暴行的受害者上庭。如果这些受害者证人被传上庭作证,而辩方能在交叉询问中成功地否决证人的证词,这将会促使法庭坚持其他提交了证词的证人出庭。

洛根辩护律师:庭长阁下,这对于发生在同一地方的暴行而言可能是十分正确的,但如果证人是为发生在其他地方的暴行作证,这两批证人之间没有可比性。我们认为证人应当来自所在地区。检方到现在还没有说明为什么这个证人不出庭或者不能出庭。

韦伯庭长:毫无疑问,大部分证词都具有累计效果,例如,六个或者更多的证人共同证明同一个事项。证词只要具有证明效力就会被采用。

洛根辩护律师:庭长阁下,如果那样的话,能告诉我们那些证人的现居地址、提供证词的人的姓名和地址及做出证词时其他在场的人的姓名和地址吗?

韦伯庭长:关于今天上午您提到的650个宣誓证人,我在法官议事室下达了同样的命令,洛根先生。

……

十五、日本在"满洲国"的经济统制

1946年9月6日,星期五
日本东京都旧陆军省大楼内远东国际军事法庭

(9:30重新开庭)

法庭执行官：远东国际军事法庭现在开庭。

韦伯庭长：所有被告人都出庭了,除了大川和松井,他们由各自的辩护律师代理。豪克斯赫斯特先生请。

豪克斯赫斯特检察官：如果法庭同意,这次公开阐述的事实概况的证据已经或将要被提交。日本侵略战争不仅要求陆军和海军,而且要求装备、供给和弹药。他们期待充分和完全地控制所侵略的领土。全面战争概念由使用军事控制目标的可利用资源的被告人所完备。其结果,不仅是日本的经济结构,而且被占领地区的自然资源和工业组织同样被控制并且为侵略战争的目的服务。

日本控制所侵略领土的实现可以有两种途径。一是作为日本殖民地加以控制;二是通过所谓"独立国家"进行控制和强化。两种方式都不仅需要军队而且需要通过军队加以持续占领。关东军是在满洲,日本军队是在中国和被占领的地区。

被告人与其同谋者相信,支持日本统治东亚计划所必需的充足资源只能通过占领土地来获得,并且只能用于军队和装备。他们构想通过军队可以取得制造业的市场。因此,无论是商业必需品还是被占领地区的生产力都必须适应紧密配合支持日本战争经济的总体计划。日本的侵略战争需要供给它自己的自然资源和原材料。日本需要铁矿，但满洲最多只能提供日本需求量的三分之一。日本需要生铁、钢和煤，还需要铝和镁这样的轻金属。根据日本的侵略计划，日本军事当局曾认为他们有足够的原油供给，直到他们可以从南方——从其他地区得到石油供给。

作为1905年关东半岛和起自旅顺与大连的铁路沿线俄日战争的结果，日本获得了租借权，显示出这些所需原料和资源在满洲和中国其他地区是多么充沛。1906年，满铁反复策划着关东租借地这些资源的开发。

这已经或者将要显示，在控制被侵略地区中，日本抓住了它们的原料和自然资源。以武力为后盾，日本指导和控制着他们的工业和生产效能。其典型就是对满洲的垄断性控制。资源和工业控制体系化的长期方式意味着持久。日本人从来没有想到放弃他们对于将要做和为什么要做的截然相反的公共宣传。它只想留在当地。它所占领的每一块土地都是进一步的和计划中的侵略及侵占的跳板。

日本受到尊重中国领土完整的条约义务束缚。如已经显示的所发动的两次战争和被创造的所谓"事变"那样，一场侵略战争违背了这些条约义务。作为"事变"的结果，日本占有了满洲和中国几乎所有有价值的资源和原料供应地。

已经提供的证据显示，军事占领首先在满洲开始然后扩展到华北和华中。通过宣传活动，如同已经显示的那样，日本试图显示它是创造和控制不仅满洲而且整个中国及南亚的经济集团注定的领袖。凭借它所拥有的整个时期的军事力量，日本在所占领地区制造了临时的、受控制的和自封的独立政府，并且通过这些临时政府得以实施日本的意愿、执行日本的计划，不仅将它们作为自封的独立国家对待，而且控制它们的资源和产业。

我们已经提交了显示紧随所制造的事变后的军事侵略、在满洲建立所谓独立国家的证据。这个证据包括详细阐述"满洲国"建立的李顿报告书的部分。其他证据显示"满洲国"的建立遵循着由关东军所规定和执行、由历届日本政府所采纳的计划。

1933年,走出了统制满洲所有商业和工业计划的第一步。同年3月1日,宣布了"'满洲国'经济建设大纲",确定了"统制经济"政策基础。这个计划由经关东军和日本政府批准的"满洲国"政府不时颁布的法律法令所补充并执行。它将日本置于控制"满洲国"所有自然资源的地位。该统治和垄断政策由政府对不同企业随着其产生、组织和发展而连续投资得以进一步的增强。

日本对"满洲国"独立的承认一直推迟到1932年9月,通过议定书而确定。其中规定,日本和"满洲国"在维持其国家安全方面进行合作,日本军队为此目的而有必要时将驻扎在满洲。

日本在"满洲国"的地位通过从苏俄购买北满铁路而得到加强。

如果法庭同意,我要在说明中加一句话,如果法庭允许我说。

韦伯庭长:您可以说。

豪克斯赫斯特检察官:我要说的是,日本在"满洲国"的地位由起诉书另一部分中所叙述的通过施加压力从苏俄购买北满铁路得而到加强。

这个铁路的取得导致除日本以外所有外国在"满洲国"利益的消灭。正由于如此,日本保证实施"满洲国"对苏俄的与购买相关的义务。

为了两个国家之间经济关系重要事项的决定,日本与"满洲国"之间达成协议,以建立一个日满共同经济委员会。日本和"满洲国"在这个据说由日本实际控制的委员会中得到平等地代表。而站在一旁的就是关东军。

1934年3月,"满洲国"通过了一个新的组织法规定"满洲国"将是一个帝国。随后确定执政成为"满洲国"皇帝,拥有经过日本控制的参议院批准颁布帝国法律法令唯一的权力。

1937年1月，宣布了产业振兴五年计划。该第二个建设计划要求将国防必需资源作为日满经济集团的一部分而加以开发。由此，同年5月1日，颁布了一部统制重要产业的法律，并由一部法令所补充，其中列举了其所涉及的产业目录。在此补充法令中所列举的第一批产业包括兵器工业、飞机工业、汽车工业和其他涉及军火生产的工业。

同年12月，作为生产军火并提供其统制所必需的重工业开发合作建立的半官方公司，成立了满洲重工业开发株式会社。这些工业和商业经济统制的滥觞显示出日本在满洲建立的经济和所组织的新经济集团基础的基本原则。

在中国，中国事变以后，日本军队一直控制由军事和经济战略确定的所占领地区。这里提交的证据显示中国事变以后的对华侵略比在所谓满洲事变以后的1932年至1933年进行的侵略更为成功。1937年至1938年中国的局势不同于日本建立"满洲国"时期的满洲。在中国本土，存在着一个受承认的政府，战争开始以前日本并没有能够对其加以控制。国民政府的武装抵抗阻止了日本完全控制整个中国。在中国东北即人们所知道的满洲，日本凭借领土租借权和军队——关东军，部分控制了这个地区。于是在促进建立其所控制的导致真正有组织的中华民国瓦解计划的所谓"独立国家"方面，军队如同在中国本土一样不可或缺。在北平建立了一个临时政府，在南京建立了一个维新政府。1938年12月汪精卫离开重庆以后，他和日本政府，以及已经建立的临时政府的头目之间举行了会议。作为这些会议的结果，建立起一个所谓"中华民国国民政府"，并且通过了将这个新政府当成中国真正的或者正统的国民政府的计划。

1940年11月30日，日本和日本控制下的中国新政府之间签订了一项共同条约。作为一个建立东亚新秩序——符合宏伟的八纮一宇（在一个屋顶下的世界八个角落）精神的计划的一部分，日本政府、日本控制的"满洲国"政府、日本控制的中国政府的共同宣言得到实施。但这并没有改变日本军队在中国驻扎并实行控制的事实，也没有改变例如占有中国资源和控制产业的局势，因为相关的证据显示它们处于日本的控制之下。华北开发株式会社和华中振兴株式会社根据1938年通过的要求加速华北经济发展与合作的共同事业及帮助华中经济恢复和开发的法令，用日本政府的和私人的资金组织起来。

我们将揭示这些公司处于1938年建立的"实施帮助建设新的中国和实现东亚新秩序重要任务的中央机构"，即日本机构兴亚院的控制下。兴亚院由日本首相任董事长。东亚省建立后，兴亚院成为该省所属中国事务局，继续着它在日本军队指导下的控制。

在1940年签订的中日基本关系条约中所确立的事实，即共同揭穿其在独立中国的伪装下的秘密条约，并没有被1940年11月30日的条约与共同宣言所改变。这些秘密条约在发现有必要并且在所期待的协商基础上公布出来。其中规定，"中国将在计划、开发和生产特殊资源方面遵守日本有关军需要求并紧密合作，积极地、充分地为日本和日本人民提供便利，特别是落实日本的战略需要"。

在中国和满洲建立的新政府必须遵循日本确立的经济政策，并符合它的要求。1940年11月30日条约公布以前，未经与中国上述的新政府协商，日本于同年11月5日发布了一个声明，即"包括日本、'满洲国'和中国"的经济建设计划，其中规定了创造大东亚共荣圈的基本政策。"满洲国"和中国被告知必须这样做。日本要永久控制所占领土的野心昭然若揭。

1943年10月30日，日本和所谓的中华民国之间签订了同盟条约。1940年11月30日的条约和文件由于失效而附于其后。新的条约确定了日本大东亚共荣圈和进一步的军事侵略政策。

证据将揭露日本的计划，如这些开发和执行是通过武力获得首先在中国然后在整个东亚的经济统治计划的一部分，其中包括：① 获得进行侵略战争的资源；② 对于所占地区实行控制性的统治和主权，以将其作为进一步侵略的供给和军火基地；以及③ 以日本为控制中枢的"大东亚共荣圈"的建设。

对所侵占地区的资源与产业统制，如日本所推行的，成为日本大东亚共荣圈的表述和日本进行侵略战争图谋的一部分。

这个计划违背国际法、条约、协定和国际保证，特别是九国公约和条约规定，以及日本和美国之间的承诺。

现在要提供的证据适用起诉书整体特别是起诉书附录 A 的第一部分 1 至 5 条和第三部分。

我的同僚有田纳西州纳什维尔的艾伯特·威廉姆斯，以及为本法庭所熟知的大卫·尼尔森·萨顿检察官。亨利·裘副检察官也是本阶段的协作者，这个星期去了上海，他希望下星期返回。很遗憾他现在不在这里。

我要介绍来自马萨诸塞州波士顿的威廉·普劳特先生，另一个帮助我们的人。

如果法庭同意，在准备这个部分时，我很自然地转向李顿报告书关于"满洲国"形势的消息。我不是要引用报告书，而是要请法庭记得这个报告书已经宣读过的有关本案思考的部分。

韦伯庭长：我们不记得在本阶段所有已经宣读过的部分，所以您最好更详细地介绍这些应该记得的部分。您可以在后面的阶段这样做，豪克斯赫斯特先生。

豪克斯赫斯特检察官：如果阁下允许，我要对法庭说，我要提交的部分已经向法庭宣读过了。我不想浪费法庭的时间那样做，除非随着案件的进展而需要您回忆由达西先生提交的证据 231、222 和 223 号中已经宣读的部分。

韦伯庭长：为了最有效地加以联系，我建议您再一次指示李顿报告书刊载这一部分的页数和段落，而不是整段地引用。

豪克斯赫斯特检察官：由于这个原因，如果法庭同意，我要提交检方档案 2336 号，其刊载于《"满洲国"政府公报》第 1 卷，1932 年 4 月 1 日，第 7 至 10 页。该文件的提交是为了向法庭证明，第一部组织法是与"满洲国"政府的组成相联系而发展的。

韦伯庭长：按程序提交。

法庭书记官：检方文件 2336 号，标题为"'满洲国'组织法"，列为证据 436 号及其节选 436A 号。

（检方证据 436 和 436A 号被接受）

韦伯庭长：好，豪克斯赫斯特先生。

豪克斯赫斯特检察官：如果法庭同意，我们提供这个，以使法庭理解作为"满洲国"政府第一行政长官执政的权力。这与证人溥仪不久前作为"满洲国"第一执政或首席行政官的作证有关。我要宣读的有：

第一部分的第 1 页上第 1 条：执政统治"满洲国"。

第 1 页上的第 5 条：执政经立法院批准行使立法权。

第 9 条：如果无法召开以维护公共和平与治安或者遏制重大灾害为目的的立法院会议，经过参议府同意，执政可以颁布与法律具有同等效力的紧急命令。但是该命令应向下一次立法院会议报告。

第三部分第 17 条，在该页页底：立法院的组织在法律基础上分别规定。

第 18 条：所有法律目录和预算账目必须经立法院批准。

在这一点上，我请法庭特别注意李顿报告书的陈述中没有这样一个机构的成立；亨利·溥仪的作证中，也说没有这个立法机构。

我现在提交检方文件 1898A 和 B，请求标记为证据。

韦伯庭长：按程序收录。

法庭书记官：检方文件 1898 号，标题为"1934 年 3 月 1 日'满洲国'

政府公报",列为证据号437号,其节选标以证据号437A号。

（检方证据437和437A号被接受）

豪克斯赫斯特检察官：该文件为使法庭充分了解诸如1934年通过的"满洲国"组织法和使"满洲国"成为一个帝国、执政成为"满洲国"皇帝的情况而提交。提交这个文件以节省法庭时间并且引起它对我将提出之点的注意。我翻到第1页上的第1章：

第1条："满洲帝国"由皇帝统辖和管理。帝位的继承另行规定。

第5条：皇帝经立法院批准行使立法权。

下一页，第8条：当不能召集立法院会议时，皇帝为维持公共安全、防止紧急灾难，经向参议府咨询，被授予颁布帝国法令之权，该权具有与法律同等效力。但是此种帝国法令，必须向下一次立法院会议报告。

在页底的第三章第17条：立法院组织由法律另行决定。

第18条：所有立法和预算以及条约事项（除在国际条约上规定的预算义务）需要得到立法院批准。

第21条：立法院每年由皇帝召开，会期一个月，必要时得由皇帝延长。

然后是第5页第41条：皇帝经参议府同意，可以临时颁布具有法律效力的敕令，确定预算，签订条约，但对国库承担义务的预算除外。

第42条：所有从前的法令、院令，以及其他法律和法令，无论其签署者与标题，均继续有效。

接着是页底，帝国1号法令第一段：大同元年（1932）1号法令的政府组织法废除。

代表检方，我接着提交436号文件。这是"满洲国"与日本之间关于设立满洲拓殖株式会社的法令和协定,其显示日本将满洲殖民地化的计划。

韦伯庭长：如前列入。

法庭书记官：检方文件436号标以证据438号。

（检方证据438号被接受）

豪克斯赫斯特检察官：法庭通过命令授予使用该协定节选的权利。这些是在发布命令时提供的节选（宣读）：

日本帝国政府和"满洲国"帝国政府,为了增强并进一步发展存在于两国间的紧密的和不可分离的联系,通过促进向满洲移民和开发满洲土地的共同努力,并且认识到为此目的建立一个日满共同经营的合资公司的必要性,在此同意以下条款：

第1条：日本帝国政府和"满洲国"帝国政府将合作建立一个由日满共同经营的合资公司,其致力于促进移民和开发"满洲国"土地的经营。

前述公司的名称为满洲拓殖株式会社。

第3条：公司股份将予以登记并且只能由两国政府持有,通过日本或"满洲国"公共组织或臣民,或者通过两国中任何一国法律所产生的法人；其中一半或更多的成员或者股份持有者或者行政官员,或者总数一半或者更多的资金,或者股份持有者的大多数选票属于两国中任何一国的臣民或法人。

现在跳到第5条：公司主席或董事长由日本帝国政府和"满洲国"帝国政府任命。

会长任期五年,董事长四年,审计员为三年。

第6条：公司发行不超过其已付资本10倍的债券。当公司准备发行债券时,应该首先获得日本帝国政府与"满洲国"帝国政府的批准。

支付前述债券的本金和利息必须在各自完成所需程序以后,由日本帝国政府和"满洲国"帝国政府提供共同的和严格的担保。

我代表检方现在提交证据——

韦伯庭长:没有给出日期。对了,它显示在证明上,虽然应该是在记录中。

豪克斯赫斯特检察官:对不起,我准备——

韦伯庭长:我现在就给。我已经根据我的一个法官同事的建议简单地告诉了您。

豪克斯赫斯特检察官:检方现在希望提交证据并且标以证据号码440A和440B。这是满铁组织章程,A是满铁据以组成的法令,标以日期1906年6月7日。

韦伯庭长:按照程序接受。

法庭书记官:检方文件440A和440B接受为证据439号。

(检方证据439号被接受)

豪克斯赫斯特检察官:虽然整个文件已经提交,但是从这些文件中节选的特权由法庭最近颁布的命令授予。

142号命令第1条规定:
政府批准满铁建立并让它经营满洲的铁路运输企业。

第2条:公司股份将被全部登记并且只由日本和"满洲国"政府或者其国家所持有(由敕令20号,标以昭和十五年即1940年1月19日所规定)。

第3条:日本政府可以提供在满洲的铁路和它们的附属财产以及煤矿作为抵偿。

第 7 条：公司设一名总裁，两名副总裁，四名或者更多的董事，以及三至五名监事（由昭和十五年即 1940 年 6 月 19 日帝国法令 416 号所修改）。

第 8 条：总裁代表公司并主管公司业务（由昭和四年即 1929 年 6 月 18 日敕令 178 号所修改）。

我将跳过以下似乎并不重要的一段以节省时间，跳到第 2 页上的第 9 条：

总裁和副总裁由政府通过敕令任命，其任期五年（由昭和四年即 1929 年 6 月 18 日敕令 178 号修改）。

接着是该法律第 3 页上的条文：

第 13 条：政府可以颁布对于监督公司必需的命令。

关东军司令官可以发布涉及公司经营，以及战争时期（包括相当于战争的事变之际）的军事事务的必要指示，可以在军事上必需的时候颁布涉及公司经营事务的命令。

当公司由于上述命令的规定蒙受损失时，政府可以在正常损失的预算范围内给予赔偿。

第 14 条：政府可以撤除公司的决定或者解雇职员，当其行为违背法律、命令或者公司的目标，或者有害于公共利益，或者他们不遵守在前 1 条第 2 段规定的命令时（敕令 613 号，昭和十七年即 1942 年 7 月 14 日）。

第 15 条：当政府认为必要时，可以适用涉及日本帝国内部铁路的公司法或规则。在这样的案件中，政府应该以适用这样的法律或规则条文事先通知公司。

这是我要宣读的全部法令。我现在跳到第5页上的一章：

第4条：公司的目标如下：
(1) 满洲下列铁路运输事业的经营——以下是八个公司的名称。
(2) 以下为公司需要的附属企业的经营：煤矿、水运、汽车服务、电力工业、住房、土地和房产经营。
(3) 此类由政府允准或批准的其他业务经营。

然后跳到第8页第21条——第三章，标题"股份持有者"。

第21条：公司股份持有者限于日本和"满洲国"政府以及日本、"满洲国"和中国国家。

第22条：日本政府投资以下项目，公司每1亿元投资均分配200万的股份。
(1) 现有铁路（不包括现在使用的汽车，沈阳和安东之间的轻型铁轨及其附属物）；
(2) 所有附属于上述铁路的财产，除了在租借地由政府分配的财产以外；
(3) 抚顺和烟台的煤矿。

除了以上显示的投资以外，日本政府根据大和九年即1920年34号法律，于同年12月1日捐助了价值1.2亿元的股份，对此公司分配240万元的股份。

我将取消以下两段的宣读，因为我们希望本案到后来再讨论对这个公司的政府财政投资；但是我要读第22条—2（宣读）：

公司从根据昭和五年即1930年1月2日举行的全体股东特别会议决定增加的资本中,抽出5 000万元分配给"满洲国"政府,将为此发行100万股份。除此以外,公司还将根据昭和二十年即1945年1月20日举行的特别股东大会决定所增加的资本中抽出总数1.75亿元分配给"满洲国"政府,并且为其发行350万股。

然后转到第15页,第54条:

公司为铁路建设或者其附属企业经营所发行的债券,以及为上述债券的偿还而发行的其他债券,政府将担保偿付利息,如果必要,将偿付本金。

由日本政府担保的债券总数不超过已缴股份总数,并且不超过资本总数。

韦伯庭长:不超过已缴股份总数的两倍。

豪克斯赫斯特检察官:对不起,我说错了。已缴股份总数的两倍,并且不超过资本总数。

第55条:根据该条第1段的规定,为发行债券,日本政府向公司提供总额相当于债券的利息。当利率超过已缴股份总额的6%时,债券总额包含其利息;这时,政府通过免除上述利息总额给予补助。

第56条:当公司利润在支付债券利息以后还有剩余时,剩余将被用来支付日本和"满洲国"政府所拥有的股份,直到已付股份总额的利率相等。但是当日本和"满洲国"政府所持有的股份利率达到一年4.3%时,公司可以在偿付一年所付总额4%的范围内偿付第二债券。当日本和"满洲国"政府所持股份利润超过一年

4.43%时，公司将在一年25%的范围内为股东已付总额增加第二债券。为政府持有的股份的利润债券将于每年7月31日支付。

第57条：第55条规定的日本政府的补助，必须支付6%的年利率。所支付利率应包含在本金内，并且应计为公司对日本政府的债务。

我想已经可以了，庭长阁下。

弗内斯辩护律师：如果法庭同意，辩护律师请检方提供该件即440B的修改日期。很明显，1906年以来它已经经过了修改，我们要求有这个日期，如同它们在440A条显示的那样。

豪克斯赫斯特检察官：我们很愿意这样做。您应该明白该公司及相关法律于1906年6月7日建立和通过，而且无疑对法律有很多修正，我们继承了并且以为我们正在得到章程所涉及的准确情况。该条末尾以及该章程末尾的证明标为昭和二十一年（1946年）6月21日，由外务省管理局经济厅大陆课长铃木政胜做出。后面这个证明的原因是希望所提交的证据包括最新的版本。

韦伯庭长：得到1906年以来的所有修改的记载要涉及很多工作，而且当您得到它们时，它们或许已经不重要了。如果您能够指明这些事情的意义，弗内斯上校，我们很乐于提供给您正在寻找的东西。

弗内斯辩护律师：这个文件显然作为一个共谋的证据而提交。很明显被告人并没有被牵涉进1906年。假如他们是日本政府官员那样控制着1906年基本文件变化的被告人，对我来说，修改日期就变得很重要了。

韦伯庭长：我所说公司资料的修改意义是清楚不过的，它们显然是在战争期间或许还是为战争目的进行修改的。不过对章程的修改——对于公司条文的修改或许没有什么意义。我们要求您所寻找的修改具有某种意义、某种内涵的条件。

弗内斯辩护律师：我们不怀疑我们有了最后的文件，但是我想已经宣读的各条文都显示了政府控制。如果这些被修改过，其修改日期就是很重要的。如果它们在1906年初以来就存在，那么为什么没有任何共谋，或者由这里的这些人进行政府控制的证据。检察官已经宣读的文件指出其中有一些内涵。我要指出豪克斯赫斯特先生说过他很高兴此事的了结。

韦伯庭长：我想您应该看到您从检察官那里得到的东西，弗内斯上校。如果您不满意，可以在法官议事室向我申请更多的资料。

豪克斯赫斯特检察官：我请求弗内斯先生向我指示他特别注意的拟订条款的事情。换言之，我们要得到这个会有很大困难，因为如果您从1906年追溯，包括全部的这些公司条款中所做的每一次修改，其卷帙浩繁。

弗内斯辩护律师：我想豪克斯赫斯特先生误解了我所要求的——我们所要求的。我们所要求的是在条款末尾的一个声明，叙述其进行的修正及其日期。换言之，我们想要显示在文件440A的第2条的同样的内容。

韦伯庭长：如同我已经指出的，在440A的这些修改被限定在侵略战争阶段。您肯定不想追溯1906年的修改。现在您想从什么时候开始？

弗内斯辩护律师：我们希望从1928年1月1日开始，先生，而且我们不想要修改。如果显示在这个证据中的条款已经被修改了，我们只想要一个关于修改日期、修改方式的陈述。

韦伯庭长：如果这一章程如同它出现在这个证据中一样，就必须假设所有这些条款都是原始条款，它们制定于1906年，而且完全有利于被告人。是检方对显示战争期间的修改有兴趣。我建议您在您提出申请以前，对这个更多地思考一下，弗内斯上校。

豪克斯赫斯特检察官：现在检方要提交文件2338号为证据。

韦伯庭长：我们现在休庭15分钟。

（10：45 开始休庭）

（11：00 重新开庭）

法庭执行官：远东国际军事法庭现在开庭。

韦伯庭长：豪克斯赫斯特先生请。

豪克斯赫斯特检察官：如果法庭同意，我将提交为证据的下一个文件是2338号文件，它是一份关于日本和"满洲国"之间条约草案的完整叙述。在李顿报告书中被完整引用——虽然我不能找出其准确页数，但是我知道它在那里——如果法庭注意刊印在李顿报告书中的日满之间的协定草案，它就不必在这个文件中提及了。

韦伯庭长：如果您有李顿报告书中的页数，就能为法官节省很多时间。

豪克斯赫斯特检察官：这个文件不长，我提交的也许会更短。

韦伯庭长：可以。

豪克斯赫斯特检察官：因此，我提交的证据即检方文件2338号。它是一本外务省颁发的小册子，标题是《条约集（第10、14号）》，发行于1932年9月15日。

韦伯庭长：按照程序接受。

法庭书记官：检方文档2338号接受为证据440号。

（上述文件被标以检方证据440号接受）

豪克斯赫斯特检察官：草案宣读如下：

  日本承认"满洲国"按照它的居民的自由意愿，将它自己组织和建立为一个独立国家的事实，而且，"满洲国"声称它遵守所有中国所签订的国际协定，只要他们对"满洲国"适用。

  现在，为了在日本和"满洲国"之间建立一种恒久友好的邻国

关系,日本和"满洲国"政府互相尊重对方的领土主权,并且为了实现远东和平,同意以下各条:

1. 只要将来日满之间没有相反的协定,"满洲国"将遵守和尊重在"满洲国"领土内的日本或其臣民凭借包括秘密的与公开的中日条约所拥有的所有权利和利益。

2. 日本和"满洲国",认为对签约任何一方领土或和平与秩序的威胁即构成对签约另一方的安全与存在的威胁,同意在维护它们的国家安全方面进行合作;它们理解日本军队因此有必要为这个目的而驻扎在"满洲国"。

该草案从签署之日起生效。

该草案用日文与中文起草,每一种文字都有两个相同的版本。如果在日文与中文版的翻译中出现差异,以日文版为准。

由于在末尾签字作证,由他们各自的政府及时授权,已经在该草案上签名并且盖章。

昭和七年(1932年)九月十五日,即大同元年九月十五日,1932年9月15日,于新京。

日本帝国特命全权大使　武藤信义

"满洲国"国务总理　　　郑孝胥

检方现在提交证据1799号文件,这是有关满洲到1934年的发展的第四份报告,由满铁在大连用英文颁布。

韦伯庭长: 如前面那样接受。

法庭书记官: 检方文件1799号,标题为"关于1934年前满洲发展的第四份报告",被标记为证据441号;其节选,即检方文件1799B,被标记为证据441A号。

(上述文件被分别标记为检方证据441号和441A号而接受)

豪克斯赫斯特检察官: 根据法庭命令,整个81段条款都包括在内,它并非是在申请节选的时候被包括的。我要宣读的第一段，目的是显示满铁在满洲事变以后接管了所有属于中国的铁路的管理与指导。我只读其第一段（宣读）：

> 与建立国家铁路系统同时，"满洲国"政府感到鉴于促进经济和技术效能的需要，统一这些现存铁路线、担负由于形形色色的经营而导致的损失非常迫切，而且，将整个国家铁路的经营和管理分配给拥有在满洲长期的和连续的经营铁路经验的南满铁路公司，是非常合适的。这样的安排，在解决新国家对公司所欠涉及该公司过去对几条铁路线的财政和建设的巨大债务方面，也是互利的。最后，"满洲国"政府与南满铁路公司签订了合同，委托后者承担经营和管理"满洲国"国家铁路的责任。

我现在要求提供检方文件 2415 号，其节选已经被法庭命令所接受，包括"'满洲国'经济建设计划"。

韦伯庭长：按照程序接受。

法庭书记官：检方文件 2415 号被接受为证据 442 号。

（上述文件被标记为检方证据 442 号并接受）

豪克斯赫斯特检察官：提交该文件的目的是简单显示为"满洲国"制定的第一个经济建设计划纲要。其颁布于 1933 年 3 月 1 日。从开头宣读。

> 1. 在国家事务方面，需要的是行为而不是言词。然而，经济建设的巨大任务，即使已经根据牢固树立的原则而将它掌握在手中，符合一个精心准备的计划和一个在所有感兴趣的领域协调合作的努力，也是一个极端艰巨的任务。因此，建议这里根据任务的基本原则和建设计划的要点予以加强，以便在政府和人民努力实现目

标的过程中,向他们提供指导。

2. 经济建设的基本原则。在计划我国的经济建设时,鉴于盲目的资本主义经济的罪恶,要通过充分利用所必需的适用国家控制的资本,努力促进国民经济健康与蓬勃发展,以此丰富和保证民众的经济生活,提高民众的生活水平,充实我国的自然资源,对世界经济发展做出贡献,提高我国的文化与文明程度,实现建立模范国家、巩固国家基础的崇高理想——这是建议经济发展的最终目标。

为了实现这个宏伟目标,我们必须以极大的勇气从事符合以下四个基本方针的经济建设:

(1)确立促进全国利益的主旨,排除社会部分成员垄断自然资源和工业发展利益的罪恶,使所有人都能分享幸福生活。

(2)对于经济活动的重要领域实行国家统制,采取合理手段,以有效开发各类自然资源,使我国能够承担和促进所有经济领域的合作发展。

(3)鼓励开发自然资源和促进产业发展,遵循门户开放和机会均等原则,在世界上广泛寻求资本,最重要的是引进和适当地、有效地利用更先进国家最好的技术、经验和其他领域的文明。

(4)为实现东亚经济的合作与合理化,鉴于两国间互相依存的经济关系,重点与友邻日本开展合作,并且不断密切这种互利关系。

这四条构成了经济建设的基本方针。它们在所有情况下都必须得到完全遵守,完全实施。

3. 经济统制的措施。根据上述基本原则的精神,政府提出在以下范围内统制国家经济,该限制是鉴于现有条件提出的最好的实施方式。

(1)将其作为国防性质重要企业或者由公共团体或特殊公司

所经营的公共设施的指导原则。

（2）让其他工业、自然资源和其他经济事项由个人或公司自由经营；但是必须明白，出于那些人民福利与为了维护他们生活水准的需要，必要时对于其生产与消费的调整将有所影响。

检察官现在提交文件 2166 号为证据，即 1935 年 3 月 23 日"'满洲国'政府官方公报"的一部分。

韦伯庭长：按程序收录。

法庭书记官：检方文件 2166 号，名为"'满洲国'政府公报，1935 年 1 月至 3 月"，被接受为证据 443 号；同样号码的节选，接受为证据 443A 号。

（上述文件分别被标以检方证据 443 和 443A 号而接受）

豪克斯赫斯特检察官：提交的目的是显示日本对"满洲国"政府购买北满铁路即原中东铁路合同实施的保证。

我要宣读第 1 条：

苏维埃社会主义共和国联盟政府向"满洲国"政府转让其所拥有的关于北满铁路（中东铁路）的所有权利，考虑条件是"满洲国"政府向苏维埃社会主义共和国联盟政府支付总额 1.4 亿日元。

然后跳到第 7 条，包括支付（宣读）：

在本协议第 1 条所提及的 1.4 亿日元中，根据本协定第 8 条的规定，总额 4 670 万元用现金支付；剩下的 9 330 万元根据本协定第 9 条的规定，由"满洲国"政府通过向苏维埃社会主义共和国联盟政府供应商品的方式支付。

这个保证显示在谈判协定的大使与外务大臣之间往返的四封信件中。为了使文件完整，他们交换了信件，"满洲国"代表送了四封信给在东京的外务大臣，后者将其复本送回。您可以从中看到双方之间的照会，以及用英文或日文写的协定。在第1页底，在"注意"的标题下，是信件交换的开始。

外交部公告1：
关于我国与苏联之间关于苏维埃社会主义共和国联盟向"满洲国"转让北满铁路（中东铁路）权利，以同一日期的官方照会，在本国驻东京全权大使与日本外务大臣间于1935年3月23日交换。

（宣读）：日满之间互换的照会。

（满方照会）：我荣幸地通过如下照会通知您：关于苏维埃社会主义共和国联盟向"满洲国"转让北满铁路（中东铁路）权利的协定，由苏维埃社会主义共和国联盟和"满洲国"全权代表于今天签署。"满洲国"政府提出，如果苏维埃社会主义共和国联盟政府要求日本政府提供上述协定的签订担保，"满洲国"政府将履行"满洲国"政府根据本协定第8条的总额4 670万元用现金支付，根据本协定第9条剩余的9 330万元由"满洲国"政府用商品送往苏维埃社会主义共和国联盟的所有支付义务。

（日方照会）：鉴于日本和"满洲国"之间紧密的和特殊的关系，上述对苏维埃社会主义共和国联盟政府的义务要求被日本政府所接受。关于这个要求，我要通知您今天我与苏维埃社会主义共和国联盟驻日本全权大使交换了官方照会，如同每一个封住的复件。

我本人利用这个机会向阁下重申我的经过充分考虑的保证。

日本帝国外务大臣　广田弘毅

随后是信件：

东京，昭和十年（1935年）3月23日

大使先生：

根据阁下代表苏维埃社会主义共和国联盟政府所表达的意愿，关于向"满洲国"让渡苏维埃社会主义共和国联盟的北满铁路（中东铁路）权利的协定的谈判过程，今天由苏维埃社会主义共和国联盟和"满洲国"全权大使签署。我荣幸地通知您如下：

鉴于日本和"满洲国"之间业已存在的紧密和特殊的关系，日本政府承担"满洲国"政府充分履行在上述协定所提出的各自时间范围内用货币或者商品的支付义务的保障，对此"满洲国"政府在苏维埃社会主义共和国联盟的赞成下，履行上述协定第7条，作为转让的结果。

现在，如果法庭同意，其他信件中重复了这封特别信件中的表达和确认的声明。提交这个协定的目的是显示日本保证这个条约的实施。除非被要求，我就不读该信中的其他部分了，而跳到下一文件。

现在检察官希望提交文件2168号为证据。这是一个刊载于"满洲国政府官方公报"，1937年5月1日的法律文本。提交该文件是显示政府对于"满洲国"公司和企业营运的控制。这里有两个敕令，其中一个被称为重要产业统制法。

韦伯庭长： 按程序收录。

法庭副书记官： 检察官文件2168号，标题为《"满洲国"政府公报》，1937年5月，被接受为证据444号，其同样编号的节选接受为证据444A号。

（上述文件分别被标以检方证据 444 号和 444A 号接受）

豪克斯赫斯特检察官：所提交的这个文件包括每一部敕令的全部，如果法庭同意，本案中不申请节选。

我接着要宣读敕令 66 号第 1 条，是关于统制重要产业的。（宣读）：

经营重要产业者应该依法获得主管大臣的许可。
重要产业的种类由敕令决定。

对这一点，我要接着宣读的敕令显示其内容。

第 2 条：经营重要产业者应依法向主管大臣提交一份其经营项目的书面报告，以及他的每一个经营年度的业务报告。

然后是第 5 条：

在下列事项中，经营重要产业者应依法取得主管大臣的许可。
1. 当上述人员希望签订关于统制的协定，或者修改或者取消此协定时；
2. 当上述人员希望扩大或改变其生产设备时；
3. 当上述人员希望向其他人员转交其全部或部分业务时；
4. 当上述人员作为法人而进行合并时。

其目的如我已经说的，是揭示对于产业和公司的政府统制，因此不必进一步宣读该敕令的相关部分。

接着是敕令第 67 号，就是您已经有的文件第 3 页底的法令第 67 号。

关于重要产业统制法的实施事宜。

第1条：重要产业统制法第1条第2段所规定的重要产业如下：

兵器制造业；飞机制造业；汽车制造业；液体燃料（矿物油和纯酒精）生产业；铁、钢、铝、镁、铅、锌、金、银和铜提炼业（不包括金或银的湿法提炼）；煤矿业（不包括年产量少于5万吨的）；毛纺业（不包括手织机生产的）；棉纺业；纺织品制造业（不包括手织机生产的）；麻线制造业（年产量超过50顿的）；麻纺织业（不包括手织机生产的）；面粉业（日产量超过500袋的）；啤酒酿造业；炼糖业；烟草制造业（年产量1 000万支烟以上的）；苏打制造业（不包括自然苏打提炼）；肥料（硫酸氨、硝酸氨、超磷酸石灰，以及钙质氨）制造业；纸浆制造业；油坊（由分离系统或15台以上压榨机作业）；水泥制造业；火柴制造业。

我不读更多的了，因为其目的是显示由法律统制的各种产业。

韦伯庭长：什么日期？

豪克斯赫斯特检察官：1937年5月1日。

韦伯庭长：颁布于1937年5月1日，两个文件都是吗？

豪克斯赫斯特检察官：是的，阁下。

现在检方要提交2332号，是"满洲国"政府公报866号，1937年2月17日星期三。

韦伯庭长：按程序提交。

豪克斯赫斯特检察官：这是"满洲国"政府关于第一个五年施政的声明，以及下一个五年施政纲要。

法庭副书记官：检方文件2332号被接受为445号证据。

（上述文件被标以检方证据445号接受）

豪克斯赫斯特检察官：提交该文件节选。

抱歉,我知道在我的材料中颠倒了顺序,提前了一个文件。

韦伯庭长:是的。

豪克斯赫斯特检察官:整篇报告已经印出,节选已经通过不久前的申请由法庭命令允准。

(宣读):第一个五年施政业绩与第二个建设计划纲要

帝国建立五周年演讲参考资料(国务院总务厅情报部)

第一个五年施政业绩。

引言。自从"满洲国"怀着三千万人民作为一个整体得到我们友好国家日本的帮助、摆脱中国束缚的希望,于1932年3月1日建立以来,已经过去了五年。在这个阶段,大体上重新安排了行政和经济制度。第二个阶段的五年计划将于康德四年(1937年)开始,据此将全力以赴地开展划时代的建设活动。

现在我转到第5页,在标以H的段落下。

(宣读):标题:鼓励经营和自然资源开发

由于鼓励经营是新国家建立的基本目标,自从经济建设的基础与概要于大同二年(1933年)3月1日建立一周年之际公布以来,起草了促进经营与经济建设的计划。其基本政策如下:

1. 基于整个国家的利益,必须打碎坏的惯例,由自然资源开发和促进经营带来的利润不能由少数阶层的人垄断,而必须致力于整个国家的共荣。

2. 重要经济部门的国家统制。

3. 关于在机会均等和门户开放原则基础上的自然资源开发和经营促进,政府致力于从全世界获得资本,学习先进国家的技术和经验,集中各类文化精华并且加以有效利用。

4. 加强日满经济联盟。可以由国家统制的具有国防和公共利益性质的重要企业，包括运输、通信、钢铁、轻金属、金、煤、油、汽车、硫化氨，以及木材工业；其他企业基本上由私人自由经营。鉴于日满经济联系的加强和生产企业的发展，于康德二年（1935年）7月15日签署了《日满经济共同委员会协定》。

在第15页页底，标题C. 矿产和制造业的发展

将设计这些产业的政策，通过开发矿产资源，建立基础工业和为国家防卫所需要的工业以丰富人民的经济和增加国家财富，促进国家福利。政府正在根据这个政策设计发展计划。

矿产业。满洲丰富的矿产资源举世闻名。上述有用的矿产资源包括铁、煤和金（砂矿）。自从"满洲国"问世，政府就认识到开采丰富的矿产资源的重要性，并且颁布了矿产法（康德二年（1935年）9月1日起实施），以将其置于政府统制下，并且鉴于国防和保持国家资源的观点加以开采。根据该法，实施当前在国家和个人企业两方面都规定的统制。

通过各煤矿的统一和生产、供应煤的合理化，将努力向公众提供大量廉价的燃料，并扩大输出。

然后是第17页，标题为"制造业"。（宣读）：

下列产业将根据国内需求，在必要的统制下逐步发展：

金属，机器制造，油脂，纸浆，苏打制造，酒精制造，柞蚕丝，纺织，面粉作坊，水泥制造，酿造和蒸馏。

没有包括在以上目录中的产业暂时允许自由发展。

关于提交已经通过的五年计划概况文件的目的。

第 20 页是我从关于过去五年计划的部分中选录的最后一部分,其中第 1 段:

> 新国家建立以来,政府一直进行有关度量衡制度统一的调查,终于在大同三年(1934 年)1 月颁布了度量衡法,于同年 2 月为该法颁布了实施规则,其实施日期确定在同年 3 月 1 日,这也是帝国政权确定开始运作的一天。同时,在实业部设立了权度局。

然后跳到该页第 3 段:

> "交通政策将被设计为促进对外贸易与国际交易。"

语言监督官:豪克斯赫斯特先生正在宣读的节选和他为我们做出的标记中有一个细小的改变,我们必须寻找并且当即加以阅读——在桌子上的文件已经被分类标记——因此我们请求法庭当我们寻找这个部分并且阅读的时候给予恩准。

韦伯庭长:您可以在休庭的时候给予指出。

我们现在休庭,到 13:30 继续开庭。

(12:00 开始休庭)

(13:30 重新开庭)

法庭执行官:远东国际军事法庭现在开庭。

韦伯庭长:豪克斯赫斯特先生请。

豪克斯赫斯特检察官:如果法庭同意,我宣读 2332 号文件英文版的第 20 页,我要宣读的是从 20 页中间开始的一段:"交通政策将按照促进对外贸易和国际交易设计。"

韦伯庭长：实际上您已经读过这一段了。

豪克斯赫斯特检察官（宣读）：

作为交通政策，当政府接管海关时，采用了中华民国的关税率，其充满排外色彩。然后，政府着手调查修改税率，在大同二年（1933年）7月开始实施第一个修改过的关税。这就是说，采用了新的关税政策以加强日本和"满洲国"之间的特殊关系，以"满洲国"建设活动和它的产业发展所必要的物资以及人民生活所必需为基本目标。

现在转到第22页，其标题是"第二个建设阶段计划纲要（第二个五年计划展望）"。

满足积极建设计划需要的诸条件。

回顾过去五年的结果后，我国将承担积极建设活动，并且在今年年初举行的省长和总务厅长会议上宣布计划纲要。在执行该第二个阶段建设计划中，没有全国的通力合作，不可能期待计划中的成功。因此，我们将说明满足第二个阶段积极建设计划，及成功推行克服所有困难需要的各个条件，以及第二个阶段建设计划的总体概要。

满足起草第二阶段积极建设计划需要的条件可以归纳为以下两个方面：一、满洲发展的必经阶段。二、日满经济联盟的增强。

一、满洲发展的必经阶段

自从我们"满洲国"建立迄今已经五年了，在此期间，通过日本的全力支持与合作，皇帝陛下的高尚品德，以及政府和人民的不懈努力，国家成功地重新安排了行政和经济，奠定了今后发展的坚实基础。

由于这五年的行政过程是今后发展的基础活动,在不同领域如财政、经济和产业的活动一直实行统制。换言之,财政行政保持着健全的财政政策,省级财政也保持着同样的原则;至于产业发展,政府统制的有力举措,包括进行基础的和实质的调查,从而为国家的生活提供保障。

第23页底:

二、日满经济联盟的增强

即使在和平时代的体系下,加强日满经济联盟也是必需的。自从建国以来,它正在逐步实施。

为基于维持国家长久繁荣的目的加强日满经济联盟,在为扭转国际局势和改变远东形势两个方面采取反措施,仅仅保持当前的局势是不够的,因此政府设计了第二个阶段的经济建设计划,使"满洲国"在我国和日本资源供给的范围内,得以开发为其国防和消费品自给自足所必需的资源。

1. 建设计划概览

本计划的主旨是五年产业计划,其目标是:

(1) 建立和发展重要产业。

(2) 促进民生经济。

首先,关于建立和发展重要产业。

为了持久稳定人民生活水平和提高日满之间现有和共同繁荣关系的目标,必须取得重要产业的基础繁荣。于是政府设计了开发自然资源和建立例如煤矿、铁矿和煤的液化这样的重要基础产业的计划。

① 增加煤炭生产计划。煤,估计储藏量超过100亿吨,是我国最重要的矿产品之一。鉴于其作为发展制造业、促进发动机工业

和文化进步的现代工业主要动力的价值,起草了增加生产的计划。就是说,"满洲国"政府决定为满洲煤矿公司增资到 8 000 万元,以便扩大组织和开发自然资源。

② 增加钢铁生产计划。钢铁生产业是提供国家繁荣和国家生活水准稳定基础的重工业,也是建立和建设城市和运输业的必要产业。在"满洲国",直到今天这些物资一直从外国进口,于是起草了增加生产计划,通过使"满洲国"铁的自给增强日满经济同盟。

③ 建立煤炭液化工业。由于满洲拥有几乎取之不竭的煤的供应,将注意力转向煤的液化就理所当然。鉴于国内迅速增长的对液化煤的需求和我国石油资源的匮乏,起草了通过煤的液化进行液化煤生产的计划,决定建立煤的液化工业;煤炭液化公司以 5 000 万元的资金建立起来并在今年年内初具规模。与此相关的各类组织也正在规划。

2. 促进民生经济

农业是"满洲国"国民经济的后盾,我国国民的最大部分是农民;因此毋庸置疑,我国国民经济的发展有赖于其农村经济的建立。政府竭尽全力,通过增加农产品产量,改善其质量与耕种方式,纠正农村经济,整体上承认农村社会结构以恢复农村社团。

然后是第 31 页底,标题是:

1. 关税制度

自从控制海关以后,对于阻碍满洲工业发展或者压抑国家生活水准的海关制度进行了多次修改,为对外贸易的进步提供了各种条件,其结果是外贸逐年增长,贸易的结算账目近年来已经好转,海关税收不断增加。所有这些事实都是真正的"满洲国"健康发展的证据。而且,对于海关制度的根本改革和同时进行的进出口税制的改善,受到鼓励合理调整国内制造业与日满贸易、减轻国家负担的观点的影响。

2. 专卖制度

"满洲国"的专卖制度从前局限于鸦片、汽油,和国家盐产量的一部分,自从本年度(1937年)以来,国家的整个盐业生产与火柴也被置于政府垄断之下。而将盐的价格从每100斤(1斤等于半公斤)10.16美元降低到7.95美元的结果,国家的负担减轻多达600万美元。今后专卖制度的应用将被用以指导价格的合理调整,生产的增加,分配的平稳,其将符合公共利益和国防的目的,以及促进专卖制度目的的实现。

3. 金融

符合第二阶段建设计划的基本政策,为货币市场的平稳运作采取一项谨慎的政策,政府策划积极进行满洲新业银行的组建,并且在满洲中央银行产业金融的货币运行方面不留下任何遗憾。

然后是第38页即最后1页。

根据所宣布的目标,拟订以下计划:

任命县日语学校的视学。从今年起分配他们到10个县去。今后每一个人将分别被分配到全国的每一个县。

重新安排和促进教师训练制度,以训练中等学校的日语教师和工商学校教师。

检方现在介绍2542号文件的证据,这是"满洲国"的五年产业计划。

韦伯庭长: 按程序提交。

法庭书记官: 检方文件2542号被接受为证据446号。

(检方证据446号被接受)

豪克斯赫斯特检察官： 从第 2 页开始读。

（宣读）："满洲国"产业发展五年计划纲要。

（康德四年（1937 年）1 月，关东军司令部）

内容：

一、政策

二、计划

1. 矿业和其他产业。① 发展的目标和所需资本；② 发展措施。

2. 农业和畜牧业。① 发展目标，支出和所需资金；② 发展措施。

3. 交通和通讯业。① 发展目标和所需资金；② 发展措施。

4. 所需资金分配表。

第 3 页：

一、政策

产业发展五年计划已经制定，根据对日本和"满洲国"经济统制措施的基本原则，重点在于开发后者领土范围内的资源，其要求的时间十分紧迫。与此同时，需要根据本计划发展各种类型的产业，以使"满洲国"自足，并且尽可能供给物资短缺的日本，同时为本国建立产业发展的巩固的基础。所有这些努力自然旨在加速"满洲国"国家实力的扩展和人民生活的稳定。

1. 关于矿业和其他产业

（1）牢固建立兵器、飞机、汽车和全部车辆的军工产业。

（2）主要的基本产业如钢铁、液体燃料、煤、电力的开发，重点特别置于其材料对于国防必不可少的钢铁和液化燃料工业的发展上。

2. 关于农业和畜牧业

（1）采用所有可行的办法，尽一切努力增加所需农产品如军需品小麦、大麦、燕麦、大麻和棉花等的生产。

（2）为增加稻产量，要求日本移民发挥主要作用。但是考虑到与日本的需求与供给一致，产量将会调整。

（3）重点改良马和羊的品种并增加其产量。

3. 关于运输业、铁路和港口，将为工业发展，并为已经有所准备的国防上需要的交通项目提供必要的设施。

然后跳到第6页。

二、开发计划

1. 钢铁工业

以年产253万吨生铁和185万吨钢作为目标，考虑到日本的供需形势，通过东边道和其他地区丰富的矿藏开发的促进，以及现有的昭和制钢所和本溪湖煤铁公司等的经营而得到拓展。

（1）昭和制钢所和本溪湖煤铁公司同时生产铁与钢，发展东边道的工厂，其他地区则暂时只生产生铁。关于开原附近地区铁矿的开采，生铁的利用取代废铁将在调查和研究后进行。

（2）日本和"满洲国"政府为实施本计划，将走出以下必要的步伐。①直接进行东边道和其他地区铁矿资源的调查，在关于昭和制钢所实际情况的基础上采取诸如修改产量等适当措施；②将本溪湖煤铁公司的本溪湖煤矿产量增加到大约年产80万吨，分配给满洲各地的各个铁工厂，与铁的焦炭混合使用。同时，对在田师傅沟和其他地区的焦炭矿采取适当步骤；③为了保证日本钢铁计划的实现，据此计划将向日本供应63万吨生铁和40万吨钢（其中一半是成品），剩余的向国外出口。对此计划，政府将给予帮助。对于计划扩展的钢铁工厂必须削减营运规模，在日本和"满洲国"之间的营运削减比例采取适当的步骤。

2. 液化燃料

年产液化燃料的目标为80万吨页岩油，以抚顺和三姓作为生产中心，并有80万吨液化油在抚顺、阜新、间岛、四平街等地生产。分别促进各种方式——直接液化、煤气合成、低温炭化，逐步形成一个广泛的全面营运计划。

（1）执行抚顺页岩油增产计划，今后产量将进一步增加到一年50万吨。在三姓，将会依据矿业的实际情况而迅速发展，五年后其年产量增加到30万吨。

（2）关于液化煤，现今抚顺生产计划实现后，将扩展到年产25万吨。加速实现间岛年产30万吨的计划。

我现在跳到3：

3. 煤炭

要求满铁与满洲煤矿公司执行它们已经确定的生产计划，与此同时，对于以满洲煤矿公司为主体的所有煤矿公司制定和执行进一步的达到550万吨的生产发展计划，这样整个满洲的年产量将达到2 550万吨。

4. 电力工业

鉴于满足公众对电灯和电力的需求，从现在起的产业五年中，将安装一套140.5万千瓦的总发电工厂设备。换言之，除了现存的45.9万千瓦煤炭发电设备以外，将安装新的95.6万千瓦的设备。同时建设水力发电的新设备，建设尚未完成的水力发电厂加上火力电站，服务于直接需求，并在今后作为保留设备。相应地，将要安装的新设备包括95万千瓦水电设备和35.6千瓦火力设施。

5. 车辆

目前计划的1 414辆机车,1 770节客车,12 750节货车的维修能力(包括建造能力),由满铁和其他相关公司实施,将充分执行以应付任何紧急事件。同时,为了尽力实现五年产业发展计划,将建设拥有25辆机车和350节货车生产能力和相应维修能力的工厂。

6. 铝

以满洲轻金属公司作为主要的生产者,按计划制造完成4 000吨生产设备,其后进一步扩大生产,使总产量达到2万吨。(1)根据计划扩大生产的1.6万吨,可能利用电力供应将抚顺工厂限制在铝的生产,同时将电力输送到其他地方生产铝。(2)与上述计划及其产品向日本的输入相关,日本政府在关税及纳税方面采取适当步骤。

7. 镁

年产镁的目标将来要达到2 000吨。在目前只进行半工业的实验,将颁布一个适当的政策。实验企业,按计划拥有生产200吨能力,附属于满洲轻金属公司。

10. 黄金

目前达到1 000万元的黄金生产将提高到五年总产值与两亿元。政府为此目的给予补助或采取其他适当的措施。

下一页——第9页:

13. 汽车工业

客车和卡车划分为大型(5吨级)、中距离运输的中型与短途运载的普通型(3吨级)两类。现有的同和汽车公司将从根本上被看作是一个独立公司,并附属于日本从事中型和普通型汽车制造的两个代表性企业,逐步建设成一个羽翼丰满的汽车企业,与整个满洲的机器工业发展相提并论。

14. 兵器(包括坦克)

现有设备按照维护和补充兵器(包括坦克)总数的观点发展,在紧急时由"满洲国"军队所有。装备金额约1亿元。上述支出的主要部分由日本政府承担,和平时期将特殊考虑预订总数等事。

15. 飞机

建立一个独立公司,拥有月生产28架和维修20架的能力。公司将随整个产业实力的增加而扩大。如果必要,公司将采纳外国技术。

我现在要转向17页上的表格,即"扼要重述所需资金分配表"。该表显示执行这个计划所需资金总额为257 867.5万元,表中数据以1 000元为单位。它显示"满洲国"政府将投资总额为54 564.4万元,满铁将投资94 797万元;同时希望得到私人投资与贷款37 666.9万元,总数为257 867.5万元。

第30页表格后面的是第二部分,"根据五年产业发展计划的矿业和制造业修正案概要",日期标为1938年5月,其内容为:

"满洲国"政府总的原则

1937年以来,制定了五年产业发展计划,在各产业领域计划中的发展成果斐然。根据第一年和国际局势发展的结果,我们发现有必要重新研究原来的计划,特别是如附件中所显示的,要提高矿业和制造业的生产目标。对于修改过的计划,增加了新的项目,旨在进一步加强日本和"满洲国"之间的联系,对于资金、技术、物资的供应等,均已详细记录。我们希望计划的实施得到保证。

一、钢铁

(一) 概要

1. 为了满足日本对钢铁不断增长的需要并且应付"满洲国"建设工作的进程,需要加速开发资源,扩大各公司的规模。

2. 在第五年设备生产能力的目标修改如下(单位:1 000吨)。

(1) 生铁(包括50万吨的铁碇)　　　　4 850
(2) 钢锭　　　　　　　　　　　　　　3 550
(3) 普通钢材　　　　　　　　　　　　1 700
(4) 特殊钢材和锻铸钢品　　　　　　　 100
(5) 需要的铁矿石
　　　高品位　　　　　　　　　　　　2 990
　　　低品位　　　　　　　　　　　 13 000

第31页上第4段——中间一段

4. 当确定为如下数据的计划完成时,实现以钢铁供应日本的目标(单位1 000吨)

(1) 生铁(包括含低百分比磷的生铁量24万吨)　1 500
(2) 钢条　　　　　　　　　　　　　　　　　　1 125

除此以外,估计向第三国包括中国输出大约40万吨钢材。

如果庭长阁下同意,现在翻到第33页。

二、煤炭

(一) 概要

1.相应于例如钢铁制造、煤炭液化、电力资源开发等各企业的发展进程,以及为保证向日本的输出,将进行煤矿的开发,考虑到不同煤矿煤储藏的数量与质量,需要最大限度地利用交通和其他设施。

2. 瞄准3 500万吨左右目标,在五年计划中提高目标如下(单位1 000吨):

满洲煤炭公司	(15 000)	18 050
SMR	(10 660)	10 360
本溪湖	(1 500)	2 700
其他	—	3 800

然后是3. 财政年度中向日本供应方案如下(以1 000吨为单位)

1938年度　　　　　　　　　4 100

然后到44页,最后4段:

黄金

(一)方案

1. 为了满足最新形势的需要,将努力不断增长黄金产量。关于砂金,将逐步加速根据原来计划所需要的产量,并有系统地提高矿化黄金产量。

第46页"飞机"标题下。

(一)方案

1. 关于工作母机,将努力扩大生产能力,将年产量增加到5 000台大关。

车床　　　　　　3 200台

刨床	100 台
钻床	300 台
铣床	100 台
旋刃机	900 台
磨床和其他	400 台
总数	5 000 万台

韦伯庭长： 这是以百万为单位的吗，不可能吧。

豪克斯赫斯特检察官： 是 5 000 台，对不起。

注释：所显示的上述机器，将根据日本所采纳的计划价格计算。

2. 关于汽车。首先调整同和汽车制造公司的现有设备，然后进一步巩固地建立汽车生产工业，使年产量达到 5 万辆。但是在当前局面下，要瞄准生产 3 万辆汽车的生产能力，并努力加速这一行业的产业化。

3. 关于飞机，将试验满洲航空工厂的分散和扩展，并根据使年产量达到大约 5 000 架的目标，努力为这个产业奠定巩固的基础。

4. 为了替汽车和飞机制造建立一个适当的基础企业，将考虑吸引第三国的投资和技术支持。

5. 在第二年和以后所需要资本的粗略估计为 5.95 亿元。

第 47 页 13 项，电力计划。

1. 为了推广电灯的应用和鼓励各种类型产业的出现，扩展电力传输和变电设备。

我想我不再宣读剩下的段落了。转到第 54 页。

"满洲国"五年产业发展修改过的财政计划要旨
"满洲国"政府　康德五年(1938年)5 月
1. 所需资金——

该页底：表 2

根据支付的国家所需资金估算——

对不起。如果您同意，我要回到该页顶端的表 2：

1. 所需资金(从第二年起)。其显示矿业和制造工业以及整个计划：原计划 15 亿元；全部计划 25.825 亿元。

如您在下一行看到的，修改过的计划增加到 49.628 亿元，增加了 23.803 亿元。

第 55 页顶端(宣读)：

如上表所示，在所需资金总额 49.6 亿元中，43% 将由国内支付，30% 由日本，27% 由第三国支付，其总量大约 13.5 亿元；其第三国支付的数字比原来计划的 8.5 亿元有增长，增长了大约 5 亿元。

3. 资金增长计划
(1) 日元资金增长，见表 2。
满洲的日元资金根据五年计划生产的向日本输出的物资，支

付总数应该直接或间接减少,差额部分应该在日本增加,矿产和制造业大约16.9亿元;

  其他: 6.2亿元;

  总数: 22.1亿元。

  外汇基金的增长——第b段

  第三国支付的费用。在需要的资金中,如上所示,总数为13.5亿,相对的是由"满洲国"支付的资金总额6 100万元,包括根据日满外汇协定估计获得的外汇,由于今后外贸的改进与新的黄金生产而增加的外汇,因此这里有7.4亿元的赤字,该数字将根据外汇计划第6条而增长。

第59页:

  计划三

  第二个及其后一个五年产业发展计划政策概要——"满洲国"政府,康德五年(1938年)5月。

  (一)指导原则

  根据五年产业计划第一年所取得的实际成就,将纠正该计划中的缺陷,重新审查整个计划以符合当今国际局势与日本及"满洲国"的实际情况,最终的和年度的目标实现实质性改进,将日本和"满洲国"作为有机整体,维持计划中两者之间的紧密联系,满足所有生产要求,以保证计划的实施。

  (二)措施

  1. 生产目标

  (1)为适应当前国际局势与对日本及"满洲国"不断增长的生产力的需求,作为一个整体,加上华北,将"满洲国"和其他部分的自然资源加以考虑的生产目标将会增长。

（2）随着对自然资源的研究和调查，在计划制定以后，供应和需求及其他因素取得了进展，每一年计划的生产分配要重新审查，以使计划有效和可行。

（3）在各种资源整体发展的政策之后，对于计划项目，锌和铜矿以及化学设备的生产将有显著增加。

（4）鉴于条件的可塑和影响的深远，农业和畜牧业将与矿业、制造业和其他领域分别对待，在这些产业中生产的增长更多地具有复杂性。考虑农业经济的实际情形，并为促进农民福利的目标，将重新审核农业和动物饲养的方式，进行可能的变化，以避免重点置于谷类的单独发展。

2. 企业组织

为了增加同等的和很好平衡的生产组织的效率，考虑以下情形。

（1）满洲重工业开发株式会社的业务经营结果运用于五年计划的执行。作为保证，上述公司的管理首脑将积极参加计划及其执行，以使公司管理适当运作。

（2）根据五年计划，工程产品资金和必需的设备与设施的增加落实到各公司，一方面是每一个公司，另一方面是政府的职责范围，将会在执行计划具体方案的基础上分类。

（3）在执行该计划时，每一个公司都要遵从政府政策，瞄准企业的独立性以使经营合理化和巩固，为经营基础的管理做充分准备，而不要使它变成一个纯粹的军火工厂；不要被眼前的事务所眩惑，应该在一个长久的基础上建立业务。

（4）与统制的工业并列，一般指导与鼓励自由企业；从事与重工业相关领域经营的小工厂作为有机整体的部分将得到发展，如果必要，将受指导参与整个计划的实施；同时协调轻工业的活动，以使它们对健康平衡发展的工业做出贡献。

(5)为了维持在执行计划中从事各种领域生产的公司之间的紧密合作,要召开一些公司代表的例行协调会议,并采取其他必要的措施。

3. 劳动力和技术

(1)技术人员。重新审查依赖日本的技术和熟练劳动力的供给,在满洲发展技术性劳动力训练学校,特别是训练满洲人,制定各类工厂,每一年,每一个国家,以及招收、训练和分配技术工人的具体项目。

(2)整个产业发展计划不仅从政治上,而且从技术角度考虑加以重新审查。鼓励大陆科学院、地质调查所和其他实验室、研究机构或技术组织进行的研究工作。

现在翻到第4页。

4. 为生产所需要的自然资源、机械和其他条件

(1)为加速开发自然资源,进行系统勘查,简化矿产行政管理以提高效能,进行相关机构调整,特别是发挥满洲矿业开发公司的作用。

(2)在日本和"满洲国"采取必要步骤,以优先获得实施五年计划需要的设备、机器和原材料,如果必要,在当地实行统制。

(3)做出特别安排以获得机床,并且在不同公司间给予平等分配。

5. 资金

(1)预期可能的价格与资金流转速度的提高,重新调查所需要的总量,以便在尽可能具体透彻的基础上确立项目。

然后是第62页第7项:

7. 负责执行计划的政府组织

（1）组织经济计划会议（暂称），负责属于不同政府组织的商业和经济行政的调整和协同，保证政府部门和私人企业之间的协同，并考虑实施五年计划的方案和措施。

然后是（3）：

（3）审查五年计划关于各地区的规定，按比例完成，并保证中央和地方机关之间的合作。

豪克斯赫斯特检察官：检方现在提交《1941—1942年版日本年鉴》节选，现在是法庭证据276号。根据第938页起的申请而拥有使用这个节选的权利。

韦伯庭长：日本年鉴并不整个的都是证据，您应该留意这一点。

豪克斯赫斯特检察官：我请求获得证据号276B。

韦伯庭长：276B号，是吗？

豪克斯赫斯特检察官：是的，阁下。

韦伯庭长：按程序收录。

法庭书记官：检方文件1576C号标以证据447号。

（检方证据447号被接受）

豪克斯赫斯特检察官：这一段的开头如下：

产业发展计划。五年产业发展计划在过去的四年中得到实施并在1941年结束。一个新的五年发展计划将在权力机关中酝酿。

第四年执行结果。在1940年执行五年计划过程中，负责机关遇到了来自复杂国际局势的各种困难。但是，在第四年取得的结果远远好于前一年。企画院关于前一年实际结果与今年确定的目标相比较的报告如下：

1. 钢铁与煤炭工业。如果把1939年的产量作为100，那么生铁产量就是104，铸钢就是102，钢110，煤炭108，液化燃料100。

2. 其他矿产。铅308，锌213，铜196，轻金属200，石棉107。

3. 电力。电力工业达到了五年计划中为今年确定的目标。

4. 农业。将五年计划中为今年确定的产量作为100，则实际为高粱104，大米127，大麦122，小麦75，糙米116，大麻100，豆90，棉花70，油料和大豆均为80，花生50。

5. 殖民化。与确定的今年（100）的目标相比较，日本移民为85，朝鲜移民65，志愿者80。自从殖民计划开始以来，耕种新土地的农业人口家庭为：来自日本3万户，来自朝鲜2.4万户，来自本国农村2万户，志愿者4万户，以及季节性志愿者2万户。

6. 畜牧业。羊100，牛80，猪90。

7. 资本的积累。尽管有国内外金融市场的不利条件，为产业发展所必需的资本总额目标已经成功实现，其中55%来自日本。

8. 交通。运输和通讯设施已经克服许多困难，按计划改善并扩大。

豪克斯赫斯特检察官：现在，如果法庭同意，我要提交检方文件2599号，与文件1505D相联系。这样做的原因是下一个项目为《东京公报》的编号。《东京公报》的一个编号作为266号文件提交为证据。鉴于《东京公报》开始于1937年7月，直到1942年3月连续按月出版，每年有12期，那就应该提交39期加以分类和证明。[1] 记得这一点，并且知道如果可能，让它们都得到证明，对法庭是有帮助的，因此我准备

---

[1] 按，似应为56期。

了这个文件 2599 号，显示于丹利先生杂志的资料来源于日本外交学会。我还有一个来自内阁书记官高桥氏署名的批准这些杂志在政府监督下发行的证书，以及监督文件出版的筧氏的证明。其显示进行监督的政府机关为：从 1937 年 7 月至 8 月是情报委员会；从 1937 年 9 月至 1939 年 7 月是情报部，即首相管辖下的内阁情报部；1939 年 8 月至 1940 年 12 月是内阁情报局；从 1941 年 1 月至 1942 年 3 月也是该局。

语言监督官：豪克斯赫斯特先生，这是在哪一页上？

豪克斯赫斯特检察官：对不起，我没听清楚。

语言监督官：你刚才宣读的是在哪一页上？

豪克斯赫斯特检察官：在筧氏证词的第 1 页上，第一段的最后一部分。

韦伯庭长：按程序接受这三份证明。

法庭书记官：检方文件 2599 号标为证据 448 号。

（检方证据 448 号被接受）

豪克斯赫斯特检察官：我代表检方接着提交文档 1505D 号，是一篇刊登在《东京公报》1939 年 6 月第 24 号第 1 页至第 6 页上的文章，标题是"'满洲国'经济建设现状"。

韦伯庭长：如前面一样接受。

法庭书记官：检方文件 1505D 号标以证据 449 号。

（检方证据 449 号被接受）

豪克斯赫斯特检察官（宣读）：

整个日本、"满洲国"和华北地区生产力广泛扩展进步计划，在国会的最近一次会议上由政府公开并充分说明。计划的基本点是保证规定的 15 类产业即钢铁、煤炭、轻金属、有色金属、液体燃料、苏打和工业盐、硫酸氨、纸浆、黄金、羊毛、机床、铁路车辆、船舶、汽车，以及电力的原材料供应。如果在这些基本的步骤上失败,即使生产设备成功扩展,在紧急时候也不会有多大意义。幸运的是,"满洲国"拥有为所有这些产业所需要的充沛资源。这里的事实是,"满洲国"生产力扩张计划构成了日本周边广阔发展方案的最重要部分。接下来的 1 页是概要说明这些产业领域根据开始于 1937 年的五年计划,所取得的更加重要进步的实际情况。

然后以最后一个"五年计划概要"为标题,分别叙述钢铁、煤炭、电力、轻金属、液化燃料和其他工业。

我接着代表检方介绍其文件 1584D 号,刊载于 1941 年 11 月的《东京公报》第 5 卷第 5 号,从 230 页至 235 页,标题是"新国家的十年"。

韦伯庭长: 如前接受。

法庭书记官: 检方文件 1584D 被标以证据 450 号。

(检方证据 450 号被接受)

豪克斯赫斯特检察官: 这是内阁情报局的。我从第 1 页的第 2 段开始宣读。

钢铁、煤炭、石油和电力可以作为现代文明的四个基本要素。日本,作为共荣圈的领导者,饱受至少缺乏其中两个要素铁和煤的困扰,而"满洲国"则能弥补其不足。除了广阔的农业潜力,"满洲国"拥有丰富的铁、煤和多种有色金属的储藏,并有充沛的电力供应。确实,就自然资源与世界上其他地区比较,它拥有凸显的优势地位,唯有的个别例外或许是石油,因此"满洲国"或许可以被称作第二个美国。

四年以前,以开发所有可用自然资源为目标,"满洲国"开始了产业发展的五年计划,一个正在证明其具有很高满意度的计划,特别是在轻金属的生产方面,1940 年与前一年相比,其增长从 50%

提高到了100%。与此同时，在边远地区的工业和文化的发展也已经开始。

豪克斯赫斯特检察官（继续）：接着翻到第2页顶端。

韦伯庭长：请。

豪克斯赫斯特检察官（宣读）：

"满洲国"也被上帝恩赐农业的良好条件，农产品包括大豆和主要谷物都是重要经济因素。

然后跳到该段最后部分。

新国家以集中于该国家粮食分配方面的宏阔体系，当然地公平扮演东亚粮仓的角色，很早以前我们就看到了可以说"满洲熟，东亚饱"的一天。

关于电力，"满洲国"迄今完全依靠火力发电系统。随着鸭绿江水丰洞大坝的完工，1941年8月1日开始了水力发电。而且在1942年的某个时候松花江丰满大坝将完工，在"满洲国"的那个部分也将使用水电。这两个大坝的水库都像日本最大的湖泊琵琶湖一样大，这两个地区的发电量将等于目前日本整个水电供应的一半。"满洲国"的地形与河流系统是这样，以至可以在这个国家各地建造更多的大型水电站，"满洲国"水电资源或许可以证明是世界上首屈一指的。拥有这样充沛的电力供应，"满洲国"具有享受电力文明的一切前景。因此"满洲国"的自然资源为新的国家取之不竭并保证一个光明的前景，虽然还保留着对于开发这些资源所需要的资本、物资、技术和劳动力的调查与研究的很大空间。迄今为止，对于劳动力供给方面几乎完全依靠华北，从中国那个部分来的劳动力流向继续保持一个可观的程度。

在"满洲国"逐年的增长中,提高产量的资金额的比例不断加大。如果谁记得在新国家建立时,任何一点所需要的资金都要由外部提供,"满洲国"国力的增强确实有目共睹。本国生产物资的供给已经随着国家工业的发展迅速改善。因此"满洲国"当然拥有满足其自身对于机床和其他设备需要的光明前景。

除了劳动力、资本和物资,工业发展还需要领导和技术知识。鉴于后者的极端重要性,必须对"满洲国"人进行必要的训练,因此"满洲国"正在努力形成教育体系,为满足这样的要求提供训练的方式。

豪克斯赫斯特检察官:然后是在如下句子后的表格的第一部分。

以下数字雄辩地说明国民生活在社会、文化和其他领域的增长。

一个关于 1941 年和 1932 年的比较显示,1932 年的国家预算是 1.1 亿元,而 1941 年是 25 亿元;税收则是 9 900 万元对 3.77 亿元;关税是 1932 年的 5 245 万元对 1941 年的 1.72 亿元;日本的投资 1932 年是 17.5 亿元,1941 年增加到 60 亿元。

韦伯庭长:您还要读其他节选吗,例如银行存款?

豪克斯赫斯特检察官:我会读的,银行存款从 2.71 亿元增加到了 17.1 亿元。

韦伯庭长:现在该休庭了。我们休庭到下星期一 9:30。

(15:00 开始休庭)

十六、日本在"满洲国"的"管辖权重组"

1946年9月9日，星期一
日本东京都旧陆军省大楼内远东国际军事法庭

（9:30重新开庭）

法庭执行官：远东国际军事法庭现在开庭。

韦伯庭长：所有被告人都出庭了。除了大川和松井，两人都由辩护律师代理。各位辩护律师想说什么吗？

鹈泽辩护律师：庭长阁下。

韦伯庭长：鹈泽博士请。

鹈泽辩护律师：经法庭同意，我想报告说哈里斯少校担任被告桥本欣五郎的辩护律师。因此，各位被告人现在都由美国辩护律师代理。

韦伯庭长：对的。豪克斯赫斯特先生请。

豪克斯赫斯特检察官：如果法庭同意，现在检方要求提交1769号文件为证据。这是一份关于对满事务局官制法令的陈述。

韦伯庭长：按程序收录。

法庭书记官：检方文件1769号被接受为451号证据。

（检方证据451号被接受）

豪克斯赫斯特检察官：日期标为昭和九年（1934年）12月26日，为敕令347号。我宣读第一条（宣读）：

对满事务局在首相的统辖下建立，它处理以下事务：

1. 关于关东局事务；
2. 关于各省对满有关行政事务的协调；
3. 关于对满洲殖民地企业除外交事务以外的领导和鼓励；
4. 满铁及满洲电信电话公司业务的监督；
5. 关于满洲文化企业的事务。

接着,我宣读第3页上的第3条:

除了上引条文所提到的职员以外,另行任命四个行政官员。

通过首相向天皇呈请,内阁将从该领域与公司官员或者军队中级别相似的官员,或者从海军低于大佐的舰长和官员中任命上述行政官员。

检方现在介绍其文件1801号,是"关于至1939年为止'满洲国'发展的第六份报告",由满铁出版。

韦伯庭长:如前收录。

法庭书记官:检方文件1801号,以"关于至1939年为止'满洲国'发展的第六份报告"为标题,被列为452号证据,具有同样号码的节选将给予证据号452A。

(检方证据452号和452A号被接受)

豪克斯赫斯特检察官:这是第五章,标题是"日本管辖权的重组",从第8页开始。全章包含在这个文件中(宣读):

直到1939年,日本在满洲的管辖权都包括四个方面:租借地内的关东州政府,铁路地带内的满铁,各领事区内的领事,以及关东军。虽然这些机构中的任何一个都有其特殊使命,对统一行政要求的呼声却日益高涨。

满洲事变的爆发和"满洲国"建立的结果，1932年在一个很大的范围内的彻底变化帮助实现了这个要求。在新的3∶1体制下，关东军司令官兼任关东租借地总督与驻"满洲国"大使。这是一个改善，但是在满洲和东京仍然都感觉存在各种困难，主要是由于其转移仅仅局限于满洲方面，而东京的控制力则没有变化。

经过进一步的研究，在1934年下半年，建立了另一个更为广泛的组织（详见第五份报告第三部分）。这一次，是通过将关东军司令官和驻满大使合并，而实现2∶1的统一。关东租借地总督一职被撤销，一个以关东局名义的新机构建立起来。关东局总务长官和大使馆领事分别在大使的指导下，监督日本的管理权和在满洲的外交活动。同时在旅顺的关东州地方政府则于1937年移至大连，在关东局总务长官的总揽下管理关东州租借地。而满铁则在大使的直接监督下。在东京，在内阁监督下建立了一个以对满事务局为名义的新机构。首相通过这个事务局监督大使的司法活动，外相则通过日本驻新京大使馆领事监督大使纯粹的外交琐事。而且，陆相兼任对满事务局总裁，以造成民政与军政之间的合作。接着南次郎将军担任了第一任大使和关东军司令官，1936年由植田谦吉将军继任，他直到今天仍任该职。

1937年12月1日"满洲国"治外法权撤销和南满铁路地带行政权转移，虽然2∶1的行政管理一般原则保持不变，在日本管理权方面需要再一次稍作调整。这个改变由1937年12月1日的敕令所规定，在同日实施。在关东局，由于日本警察力量转给满洲，警察部被撤销；创建教育部以监督学校协会和学校协会联盟（见下，14∶2部分），其接管了日本在满洲的教育活动。在关东州政府，所有在南满铁路地带运作的包括警察和邮政服务的官员都转向"满洲国"，增加了财务和土木两个部，撤销了大连民政局，将大连市置于已经从旅顺迁到大连的关东州政府的直接监督下。而且，南满铁路地带纯粹日本人之间的业务由邮局暂时委托给了同一地区的"满洲国"邮局（见下，15部分）。

放弃治外法权包括领事裁判权的另一个重要结果是日本在"满洲国"的几处领事馆被撤销。这个重要决定由日本驻新京大使于1939年1月上半月宣布。其变化包括撤除在沈阳、吉林和齐齐哈尔的总领事馆，以及在安东、锦州、承德、赤峰、白城和延吉的领事馆或其分支机构，暂时在新京和哈尔滨设置总领事馆，在满洲东北部设置领事馆。鉴于东北边境重要性的增加，哈尔滨总领事馆牡丹江分馆和延吉领事馆珲春分馆升格为正规领事馆。

检方现在提交证据文件1915号及其节选，将其分别作为证据标号。在宣读这个材料以前，我要请法庭注意一些作证，是在记录的3993、3994、3997、4019、4020、4021和4172页，是证人溥仪关于"满洲国"总务厅及其在政府中的影响和地位，也是关于我引用过的页码中他提到的作为"满洲国"总务厅长官的被告人星野的供述。从审讯开始宣读——

韦伯庭长：按程序接受。

法庭书记官：检方文件1915号被接受为证据453号，其节选被接受为证据453A号。

（检方证据453号和453A号被接受）

豪克斯赫斯特检察官：从1946年1月28日的审讯，即文件69号第18部分第1页开始读。

问：1932年（昭和七年）你去了哪里，星野先生？
答：昭和七年我去了满洲。
问：是什么日子你去的满洲，如果你记得？
答：我离开日本是在昭和七年（1932年）7月12日。

第3页：

问：星野先生。你什么时候知道你要被派往满洲？
答：在6月底。
问：谁告诉你的？
答：大藏大臣私人秘书告诉我的。

第4页：

问：他告诉过你为什么要去满洲吗？
答：考虑我担任总务厅长官。
问：你从你这一方面选择了什么人同行吗？
答：大藏大臣私人秘书与我商量后确定了可能的人选。

第10页：

问：当你在1932年至1936年担任总务厅长官的四年期间，你与关东军打过交道吗？
答：双方之间有不间断的联系。
问：什么方面的联系？
答：当时有许多事情都遇到难题，作为日满条约的结果，与关东军建立了联络，以处理这些事情。
问：请给我们举些此类事情的例子。
答：一个例子是对于在满洲享有治外法权的日本国民的课税问题，在日本控制下的铁路地带也是一样。与这些治外法权和铁路地带的特权相联系，事情必须提交到各类机构，其中包括关东军。

问：关东军拥有对南满铁路地带的管辖权,或者其被局限在关东租借地中吗?

答：关东军没有南满铁路地带的管辖权,但是关东军司令官也是关东租借地政府长官,由此他拥有铁路地带和租借地的管辖权。

如果法庭同意,我将省略"问"和"答",除非您要我读出问题——在宣读以前先说"问"和"答"。

韦伯庭长：好的,如果答复可以没有问题地连接下去,就这样办。这应该是普通程序中对审讯的答复的特色。就是说,答复可以被宣读而无关问题。也许这些也是可以的。

豪克斯赫斯特检察官（宣读）：

"关东军——"

韦伯庭长：不过我担心——看第11页（宣读）：

"问：在1932至1936年期间,谁是关东军司令官?"他回答:"早先是本庄将军,随后是武藤、菱刈、南和植田这四位将军。"宣读这样的答复使您不能省略问题。

豪克斯赫斯特检察官：好的,阁下（宣读）：

问：关东军拥有对南满铁路地带的管辖权,或者其被局限在关东租借地中吗?

答：关东军没有南满铁路地带的管辖权,但是关东军司令官也是关东厅长官,由此他拥有铁路地带和租借地的管辖权。

问：在此情况下你就必须与关东军打交道,你是与谁打的交道?

答：这根据出现问题的事务,以及与这些事务及问题相关的人或人们而决定。

韦伯庭长：您用"问"与"答"的地方，报告员将用"Q"和"A"。

豪克斯赫斯特检察官：好的，阁下。

韦伯庭长：这样，您就无须使用那些词汇。

豪克斯赫斯特检察官（宣读）：

第2页：

问：在1932年至1936年期间，谁是关东军司令官？

答：早先是本庄将军，随后是武藤、菱刈、南和植田四位将军。

问：你能给我举个无论什么时候你个人与这些将领或长官一起处理事情的例子吗？

答：例如，我与植田大将处理了撤销治外法权的问题。

问：你还记得其他任何例子吗？

答：另一个例子是有关昭和七年（1932年）"满洲国"发行公债，为了公债的发行而请武藤将军麾下的关东军给予精神支持。

问：为什么必须把"满洲国"发行公债联系到关东军指挥官？

答：由于"满洲国"刚刚作为一个国家而创建，日本人民并不熟悉满洲事务，因此人们认为应该得到作为日本在满洲的最有力组织关东军的支持。为了保证公债发行成功，这种支持是不可或缺的。

问：这是"满洲国"的债券吗？

答：是的。

第15页：

问：你认识岸信介先生吗？

答：认识。

问：你第一次见到他是在什么时候？

答：是在1934年或1935年他来满洲的时候。

问：当时他在"满洲国"有什么地位或职务吗？

答：他是实业部次长。

问：他是1935年从日本来担任这个职务的？

答：在此前后，我不能确定准确日期。我以前可能见过岸信介先生，但我不记得具体情形了。

第16页：

问：当他是实业部次长时，你担任财政部次长，在政府事务方面，你们两个部之间有很多需要打交道的事情吧？

答：是的。

问：举个你这样认为的例子。

答：一个例子就是五年计划由实业部次长颁布，在财政问题上由财政部支持。

问：关于五年计划的起草，你有很多事情要做吗？

答：是的，在财政方面。

问：除了你和岸信介先生，还有谁参加"满洲国"五年发展计划的制定？

答：满铁和总务厅的许多人都参加了。

问：这个计划的目的是什么？

答：代替"满洲国"建立以后四五年间的无序发展，认为颁布一个具体的、协调的计划是必要的。"满洲国"政府相关发展计划应该与满铁正在计划并执行的发展相协调，被认为具有极端的重要性。在制定该计划时，有必要协调这两个不同领域，使它们作为一个整体进行工作。

接下来的系列数字是文档 69 号第 19 部分,是 1946 年 2 月 4 日进行的讯问。

第 1 页:

问:当你在满洲的时候,岸先生是实业部次长,他与总务厅有联系吗?

答:岸先生担任了总务厅次长。

第 2 页:

问:他是在作为总务厅长的你之下工作吗?

答:是的。

问:你和岸先生一起制定出了满洲发展的经济计划?

答:是的,我与岸先生一起工作。

问:你们制定出的"满洲国"经济发展计划是什么?

答:我们为"满洲国"工业和满洲国家资源的开发,同时与农业相联系,改良谷物品种并提高其产量的五年计划而工作。

第 8 页(关于板垣将军):

问:关于五年发展计划,他与你一起工作吗?

答:当时我们共事。

问:与关东军有关的事情,无论涉及或不涉及五年计划,由谁说了算?哪一个官员?

答:关东军司令官。

问:大多数事情上,参谋长有决定权吗?

答:我认为没有。我想是关东军司令官。他当关东军司令官已经很长时间,知道实际情况和局势,因此他拥有决断权。

第10页:

问:满洲重工业公司是什么公司?
答:它是统合与发展"满洲国"重工业的公司。
问:你知道它什么时候组建的吗?
答:计划颁布于1937年,公司组建于1938年上半年。

第11页:

问:关于重工业公司,松冈洋右处于什么地位?
答:满洲实业开始是由满铁管辖,要组建一个新的公司,我们在松冈先生那里遇到不少难题。但是,随着华北铁路的发展,满铁必须帮助华北铁路,因此松冈先生同意组建满洲重工业株式会社。

第12页:

问:对组建这个满洲重工业株式会社,松冈先生和关东军之间有什么分歧吗?
答:没有什么特别的分歧,除了我已经说过的事情。
问:关东军坚持这个计划必须实施?
答:关东军同意该计划并给予支持。

第13页:

问:1937年12月,"满洲国"颁布了一个产业开发公司管理法令,你知道为什么要颁布吗?

答:一般的法律规定不适当,所以制定了这个特别的行政法。

问:你是指关于建立这个公司的?

答:这个法令规定诸如政府投资、利润分配、对公司的政府监督等事宜。

问:这些事情在总务厅的管辖范围内吗?

答:产业开发公司董事长承担对该产业的责任。但是,总务厅在制定公司营运法律的过程中给予了帮助。

第15页:

问:你什么时候离开的满洲?

答:1940年7月。

问:为什么离开?

答:我离开满洲,去担任第二届近卫内阁的企业局监督。

问:企业局相当于过去的"内阁企画院"吗?

答:是一回事,而且我更倾向于称"内阁企画院"。

问:内阁企画院有多少规模?

答:大约100人。

第16页:

问:当你在内阁企画院时,该院承担草拟日本经济计划之事吗?

答:是的,是日本经济计划。

问:企画院是在作为委员长的你的指导下,为日本的商业、制造和工业准备经济计划吗?

答:是的,在内阁就有这样一份计划。

问：这个计划规定了什么？

答：同一行业的产业应该组织成一个稳固的集团,通过这个集团,它们应该承担自己的义务。政府应该通过这个集团进行控制。

问：政府任命这个组织的董事长和经理吗？

答：政府任命这个集团的负责人。

问：这个计划是仿效"满洲国"通过的计划的吗？

答：两者有所不同。

问：如何不同呢？

答：基本的不同是"满洲国"的是一个财团法人,并不试图组织所有的产业,仅仅只是它一个大财团法人,此外还有另外一些独立的财团法人。而在日本则是一个集团,不是财团法人,是一个协会或者一种联合的中介。

第17页：

问：在满洲,政府任命这个大财团法人的首脑吗？

答：是的。

问：在日本,政府组织一个统制会,并任命统制会的理事长或会长吗？

答：是的。

问：该会包括同一产业的工商团体作为成员？

答：是的。

文档第69号第21部分,1946年2月7日进行的审讯。

第11页：

问：在起草这个关于东亚发展的计划时,你做了什么？

答：这是一个从整体上直接面对满洲、中国和东亚资源开发的计划，因为日本并没有所有它需要的资源。

第17页：

问：谁是第二届近卫内阁的外务大臣？

答：松冈洋右。

问：松冈在担任外务大臣以后，是否宣布过一个新的外交政策？

答：我记不清了。

问：你知道松冈的大东亚外交政策吗？如果知道，请陈述一下它是什么。

答：它是我已经在上面说了很多的了。它是要在东亚各国间建立一种亲密的关系。

问：松冈的计划所考虑的不仅仅是日本和"满洲国"吧。

答：它至少还包括中国。

问：松冈的计划考虑用与日本建立"满洲国"的同样方式来对待新的南京政府吗？

答：不，用不同的方式。

问：什么方式？

然后是第18页：

答：这种不同，建立在根据日满条约形成了非常密切的军事和政治观念的事实基础上，而日本与南京政府之间的关系并非如此密切。

文档第69号第24部分，1946年1月31日进行的审讯。

第2页：

问：你什么时候被任命为财政部次长，哪一天？

答：昭和十一年（1936年）。

问：你记得是哪一天吗？

答：不记得了。

问：你什么时候担任总务厅长？

答：我在同年12月担任总务厅长。

问：总务厅关于"满洲国"政府有什么职责、干些什么事情？

答：它在"满洲国"政府总理大臣的直接领导下，负责企业预算统计、人事、法律事务和情报。

问：它也一般地制约其他厅的事务吗？

答：在总理大臣控制下的这个厅对其他厅实施一些控制。即，总理大臣领导这个厅，这个厅根据总理大臣命令制约其他厅。

问：它是"满洲国"政府最重要的部门之一，是吗？

答：是的。

问：你什么时候取代崎山先生成为总务厅长官？

答：崎山是副厅长。第一任厅长是驹井，接着是远藤，然后是长冈、大达，我接替大达先生成为厅长。

问：你任总务厅长有多长时间？

答：大约三年半。

第3页：

问：直到1939年底？

答：到昭和十五年（1940年）7月。

问：然后你去了哪里？

答：我回到了日本。

问：你在日本政府里有职务吗？

答：我是企画院总裁。

问：这是在日本政府哪一个部门下面，或者它是一个独立的部门？

答：这个部门直接由首相领导。

问：当时的首相是谁？

答：近卫公爵。我还是企画院下的无任所大臣。

问：从近卫内阁一开始，你就一直担任无任所大臣，一直到其结束，其中包括两任或三任内阁？

答：我于近卫第二任内阁期间的昭和十六年（1941年）4月辞职。

问：当你担任无任所大臣时，你一直是企画院总裁？

答：是的。

问：作为无任所大臣，你负责过其他厅或者部门吗？

答：不存在其他的厅。

问：企画院干什么，星野先生？其职责是什么，怎样发挥作用？

答：企画院是协调不同的部门，并且制定下一年计划。

问：这样做的时候，他们与"满洲国"政府有关系吗？

答：与"满洲国"政府没有关系。

问：因此企画院只为日本制定计划？

答：是的，只为日本制定计划。它制定向满洲出口和从满洲进口的计划，制定向满洲输出什么、从满洲输入什么的计划。企画院还制定下一年计划——

第4页：

只要与日本有关，并且只要有必要包括进这些计划的日满关系，例如从"满洲国"的货物和原材料进口和日本通过出口输往"满洲国"的事情,都包括在计划里。

问:在你的院和"满洲国"代表之间,就这些计划应该包括哪些——出口和进口之类的事情,发生过争执吗?

答:"满洲国"政府和企画院之间没有特别的争执。

问:对于"满洲国"产业的财政,企画院做了什么?

答:有一个在日本计划内制定的财政计划,包括帮助"满洲国"的资金分配。但是我不能说它直接适用于产业财政。

问:它是对政府的贷款或者垫付?

答:计划中有一定的向"满洲国"投资的金额,它不单独涉及工业,而是在"满洲国"的巨大投资,包括工业和其他政府需求。这样大量的资金分配给"满洲国"产业和其他政府领域。但是企画院并不关注它自己应该如何被"满洲国"利用。大藏省关注这样的事情。

第5页:

问:关东军是与铁路地带分离的吗?

答:是的,但关东军的首脑是关东州的长官。

问:当时的领事也有自己的作用吧。

答:是的。

问:在你1932年去了那里以后,出现了变化?

答:是的,有一个变化。

问:那时他们干些什么?

答:关东军司令官是驻"满洲国"大使,而"满洲国"大使领导着领事、满铁和关东州政府。

问:这发生在什么时候,是在你去"满洲国"以后吗?

答:是的,

问:是1932年(昭和七年)吗?

答：不错。

问：1934年（昭和九年）对上述体制有没有改变？

答：有一些变化。

第6页：

问：是什么变化？也许我可以帮助你，通过问你是否在1934年开始关东军司令官和大使两个职位由一人兼任，这样大使在执行关系到关东租借地和满铁的政府事务时就代表了日本政府。这样说正确吗？

答：正确。

问：当他们把关东军司令官与大使结合起来后，就注定总有一位军人作为驻"满洲国"大使，是吗？

答：是的。

第13页：

问：关于1936年起草的五年经济计划，你做了些什么？

答：当起草五年计划的时候，我正在大藏省，因此我与计划的财政部分有关系。

问：五年计划什么时候生效？什么时候开始实施？

答：从1937年（昭和十二年）开始实施。

问：作为总务厅长，你做过什么与它有关的事情吗？

第14页：

答：我担任总务厅长后，与它有着广泛的联系。

> 问：关于五年计划，你与谁一起工作？
>
> 答：我与大藏大臣、大藏省次官，农商大臣、农商省次官，企画院总裁，递信大臣和总务厅次长一起工作。

豪克斯赫斯特检察官：对不起，有一些询问与答复似乎已经读过了，我要跳到第17页顶端。

第17页，讯问——我只好回到另外两个问题。

韦伯庭长：这个讯问在您已经提交之处几乎没有什么新意。

豪克斯赫斯特检察官：确实这样。

韦伯庭长：我猜想是以某种方式与被审讯的人相关。

豪克斯赫斯特检察官：是的，先生。（宣读）：

> 问：你知道当时鲇川义介先生为什么一次一次地去"满洲国"吗？
>
> 答：我相信是日本政府鼓励他去"满洲国"。

第17页：

> 问：你知道为什么吗？
>
> 答：一些企业家被派往"满洲国"去研究和调查那里的经济状况，鲇川先生是其中之一。
>
> 问：当时在关东军方面，对于财阀在"满洲国"进行投资有所反对吗？
>
> 答：一开始，关东军似乎有一种反对，但是我想没有任何特别的反对。
>
> 问：关东军为什么反对财阀在"满洲国"投资？
>
> 答：军队从整体上不反对财阀，但是在关东军军官中存在着这

样一种氛围。他们相信既然财阀垄断了日本的产业，就不能再在满洲产业中出现。因此就有军方的反对。

第18页：

问：关东军与满铁对于产业的观点有什么不同？
答：在关东军与满铁之间没有特别的分歧。但是，当关东军力主一个满洲公司的时候，满铁就支持一个日本公司。
问：为什么关东军力主一个满洲公司而不是一个日本公司？
答：关东军力主满洲公司，因为他们认为只要产业是满洲人的，就应该由满洲人控制所有的事务。这不是关东军的政策，但是一个努力的目标。
问：其目标是把"满洲国"发展成一个政府自我统合或者自我支持的国家？军方的这个政策是要让"满洲国"在相关的原料与制造方面自我控制吗？
答：是的。"满洲国"的产业应该由满洲人控制，而且为了与日本的联系，建立了满日经济委员会，以作为一种联系方式。

第19页：

问：你下一次见到鲇川是在什么时候？
答：我不记得了。
问：你在东京不止一次地遇到过他吧。
答：在东京我见过他二、三次。

第20页：

问：你与他谈过他到满洲并使他自己对这个国家的发展产生兴趣的可能性吗？

答：我们讨论了这样的事情。

问：你们讨论了什么具体的事情？

答：鲇川先生说，对于发展"满洲国"，日本人的机器和财政帮助还不够，需要其他国家的投资，以建立"满洲国"的产业，特别是需要美国的帮助和投资。

第21页：

问：鲇川的计划是什么？

答：为了发展"满洲国"的产业，必须巩固各种工业，例如煤、铁和机器工业。这种巩固了的工业应该由日本工业企业控制。日本一家不足以给予这样一个大工程以财政支持，因此他们需要外部的帮助，首先是美国的投资。

问：鲇川先生的计划是书面的吗？

答：好像有一本鲇川先生出版的小册子。

问：你在"满洲国"的时候与岸先生讨论过这个计划吗？

答：讨论过。

第22页：

问：满洲重工业株式会社什么时候成立的？

答：我以为是在昭和十二年（1937年）深秋成立的。

问：总务厅就该公司的成立做了什么？

答：为了制定有关满洲重工业株式会社的特别法律与法令，有一个各部大臣的会议，总务厅与这个会议有联系。为了制定满洲与中国之间的条约，日满经济委员会在两个国家之间设置了联络机构，总务厅长是经济联络委员会的成员，于是就与总务厅建立了联系。

第23页：

问：你是总务厅驻这个联络委员会的代表吗？

答：是的。

问：作为这样的代表，对于该条约或协定的准备，你做了什么？

答：我出席会议并且同意这个计划。

问：你起草了这个协定？

答：我没有起草这个协定，我只是同意。

问：在它最终签署以前你作了什么建议或者修改吗？

答：我没有做任何建议或者修改。

问：鲇川先生参加了这个会议吗？

答：没有。

问：参加这个会议的有谁？

答：有外交部长官、财政部长官、实业部长官和总务厅长，日本方面则是参谋长。

问：东条英机是参谋长吧？

答：是的。（继续）大使馆的领事出席了。

问：他是谁？

答：守屋或者泽田，（继续）还有由日本政府提名的专家，以及关东州长官。

文档第69号第27部分，1946年2月26日进行的讯问。

第1页：

问：内阁企画院的目标与任务是什么，星野先生？

答：内阁企画院的总任务主要是两个方面：各个部门的总协调，以及年度计划的制定。

问：你说的年度计划的制定是指什么？

答：我是说生产计划和物资分配计划，以及其他各种详细计划诸如实施物资分配的运输等。

第2页：

问：在此期间，你不仅为日本帝国的行政制定必要的计划，而且制定为驻华日军所必需的军火和物资供应计划，对不对，星野先生？

答：在企画院，关于物资分配的唯一计划是全盘性的，并未触及具体事宜。例如，如果海军、陆军和民政提交某个满足其需要的计划，内阁企画院就制定关于物资供应总量的必要计划。内阁企画院对于某物资额度是否由在中国的某支部队使用，或者另一个额度是否由在日本的某支部队使用等无关。它只进行对各方面要求的全面估计。

问：星野先生，你从哪一个渠道接受与你们年度计划需求相关的物资和供给的各种要求与估计？

答：它们由不同部门例如陆军、海军、农业等部门所提交。

问：星野先生，在你担任企画院总裁前后的一些年，陆军和海军的需求不断增长是事实吗？

答：是的，它是在增长。

问：而且，1939年、1940年及其以前陆军和海军不仅因为在中国的战争而且因为蓄谋对其他国家战争的可能性而增加了对供给的需求吗？

答：这个我不好说。对物资分配的增加是为了实施在中国的战争的目的，但是，其具体内容和原因是由陆军和海军保密的，因此内阁企画院对其用途一无所知。

问：难道你不知道，星野先生，如刚才所说的那样，陆军和海军对供给的需求每年都在增加吗？

答：我知道，那是当然的。

霍华德辩护律师：庭长阁下，我叫霍华德。当威廉姆斯上校因病住院而缺席的时候，我代表星野先生。我们认为现在所宣读的材料中有两个错误，是具体的并且应当在记录中更正。一个是第14页，其中提问说，东乡是参谋长吗，东乡应该读成东条。

韦伯庭长：您的意思是它应该被读成T-O-G-O，但在这里却读成了T-O-J-O？

霍华德辩护律师：我理解为他将其读成T-O-G-O，而它应该被读成别的。

韦伯庭长：它将被写成T-O-J-O，因为书记官是从文件中得知，而不是听豪克斯赫斯特先生说的。

霍华德辩护律师：很好，阁下。另一个纠正是在第1页："答：大藏大臣的私人秘书与我商量，并且挑选了可能的人选。"我们理解他说的是"首相"而不是"大藏大臣"。

韦伯庭长：书记官将从文件中而不是从他们听见豪克斯赫斯特先生说的获得回答。

豪克斯赫斯特检察官：如果法庭同意，我代表检方提交同一个文件2117号证据，其是对星野的审讯，1945年11月19日、22日和28日由美国战略轰炸调查团进行。

韦伯庭长： 按程序收录。

法庭书记官： 检方文件 2117C 和 2117D 被接受为证据 454 号。

（检方文件 2117 号被标以检方证据 454 号，检察官文件 2117C 号和 2117D 号被标以检方证据 454A 而被接受）

豪克斯赫斯特检察官： 提交这个文件，首先是为了证明由本法庭命令所批准的节选可以被列为证据。我们现在正准备这样做，但是我知道将遇到反对。

霍华德辩护律师： 庭长阁下，我们对采纳审讯中的这些节选提出异议，因为在进行这些审讯的时候，星野先生被审讯引导相信他所做的陈述不会被用来针对他。我们的异议也是因为当时的翻译能力不够，不能正确地翻译出星野先生所给予的回答，而且当星野先生请求他们纠正时，他们就推脱说那不具体，肯定不会被使用。因此我们诚恳地希望这些节选不能被作为证据。我们现在把星野先生置于证人地位，他将证明我所提出的事实。

韦伯庭长： 好的，在一般案件中，这样一个事实的问题应该由一个预测所决定，使用一种古老的诺曼—法兰西式的表述。但是在这个案件中，法庭将听取你在一个普通程序中提出你的证据时所说的，法庭也将尝试接受你所提出异议的证据。当然，我必须与我的同事商量这事。

法庭多数成员的意见似乎是，当辩方提出他们的证据，如果谁愿意，谁都可以用自己的证据去证明。这样就对审讯带来一次异议。但在辩驳中应该给出证据，证据将按照当时那种方式的异议被接受。

豪克斯赫斯特检察官： 我想指出，文件本身没有显示辩护律师所指出的情况。

韦伯庭长： 文件不仅被确认，而且被作为一个证据提交？

豪克斯赫斯特检察官： 是的，检方同时具有宣读法庭命令所批准的节选的权利。

这里有审讯星野直树的节选，日期是 1945 年 11 月 19 日、22 日和

28日（宣读）：

第4页：

　　问：在满洲较早的时期——大体上是1931至1936年，在满洲的生产，特别是工业生产方面没有大的变化。你认为在这些较早的年份中工业缺少发展的主要原因是什么？

　　答：这有一些原因：也许，最主要的是在这个时期进行的是大量的准备工作，所以没有很大规模的生产。

　　问：这些准备工作是在什么领域？

　　答：我手边没有准确的数字，不能为所有这些找出具体的原因。不过准备工作涉及诸如昭和制钢所这样的企业的建立，并且涉及黄金领域前景的确定等。因为日本在这些领域的发展不如美国快，要为工业生产确立一个基础就花费了相当长的时间。

　　问：在这一时期出现了发展中的资本短缺吗？

　　答：如果您想到资本不仅是以货币的形式，而且是以必要的物资和材料的形式，我们当然可以把在满洲的部分困难归因于缺少资本。

　　问：你从哪里去寻找需要的资金？

　　答：我们首先到日本寻找资金，但是日本本身没有足够的资金可供调用。因此我们从外国寻找资金。满洲产业开发株式会社建立后，我们希望从美国得到一些资金，但由于各种原因，事与愿违，并没有按照我们的计划实施，于是我们被迫转向可以由日本自己开发的资金。

第5页：

韦伯庭长：现在可以休庭了。我们休庭15分钟。

（10:45开始休庭）

十七、日本投资开采中国东北铁矿与煤矿

（11：00重新开庭）

法庭副书记官：法庭现在开庭。

韦伯庭长：豪克斯赫斯特先生请。

豪克斯赫斯特检察官：我想我要宣读2117C的第一个问题。我从它头上开始，如果可以的话。不，它在文件第1页末尾的第四段和第5页（宣读）：

问：在较早的时期——在我们所说的1937年以前的第一个阶段，由谁投资，资本从哪里来，它是当地资本还是来自日本的资本？

答：实际上它全部来自日本。在这个时期，从满洲来的资本可以忽略不计。

问：日本方面如何提供资本？

答：如我已经说过的，当时提供给满洲的资本不是一个洪流，当然有一些，这来自不同的渠道，来自不同的产业协会，来自与财阀的联系，来自私人资本以及小投资者，来自许多渠道。在早期，当然，其中的很大部分是通过满铁投资的。

问：1937年年初，在满洲有一个非常明显的工业生产的增长——产量如此大规模扩展的原因何在？

答：生产中这样一个增长的扩张可以归结为各种企业如昭和制钢所完工，煤矿已经全面开工并且进入了生产阶段的事实。与此同时，增长扩展的计划也已经制定了。因此从那时起我们就可

以见证生产的快速增长。

问：这个发展在多大程度上依赖于鲇川带来的产业经验和设备？

答：一件事情是，"满洲国"政府希望对整个事态采取更加现实和积极的态度。就是说，他们希望日本资本家摒弃他们的怀疑和踌躇，他们希望真正得到一些资本，将事情置于更加巩固的基础上。

问：鲇川是日本资本家的一个非常特别的类型——为什么他们选择了他？

答：我正要谈到这一点——我是刚刚开始论述。当时，满洲人采取一种欢迎帮助的态度，而日本资本家开始在满洲得到更加确切的利益，这导致资本的流入。直到现在，满铁仍在一定程度上经营着各类企业，但是随着企业的增长，企业数量对于满铁变得过多了，因而感到有必要将整个发展推动到更高水平。同时，满洲需要比资本更多的东西，也需要行政能力。这些原因带来了当时鲇川的到来。引入鲇川的另一个原因是感觉必须将满洲的这些企业发展到极点，事情在一定程度上必须放在国际基础上，这样才能在日本以外得到财政帮助。

第6页：

问：你在满洲服务的第一个阶段在1940年结束，这差不多正是满洲第一个五年计划的终点。这个计划在哪一个领域最成功？

答：没有什么，是按部就班的。对我来说，要说我们取得许多很大成功并非易事。但是，这在煤炭生产领域和钢铁生产领域却是可能的，我们取得了相对明显的进展。在水电发展领域，我们没有完成这个时期的计划，但是大坝建成了，为今后发展奠定了基础。因此在那个领域也可以说我们差强人意。此外我可以说在飞机生产和汽车制造领域,我们一事无成。

第7页:

问:当你是"满洲国"总务厅长时,你与关东军保持着怎样的关系?

答:我与关东军联系非常密切。

问:你多少时间会见一次关东军司令官?

答:虽然我们经常会面,但并不定期。我想我见到关东军司令官一个月有一次或两次,但是我比其他官员要见得多。

问:你与关东军司令官讨论的常规话题范围是什么,是战略话题还是主要是经济上的?

答:完全不讨论战略领域的事情,我们主要讨论一些经济事务和市政事务。

问:你们通常讨论哪些问题?

答:实际上我们讨论所有经济问题,特别是涉及发展,就是满洲经济发展的问题。

问:其中包括仔细讨论了如五年计划进展这样的事情吗?

答:是的,那当然。

问:当1932年至1940年期间你在那里的时候,你认为经济发展的主要障碍——主要局限是什么?

答:缺少发展可能性的最大原因之一是先进设备的匮乏。

问:就是机械和机床?

答:是的。

问:星野先生能否用自己的语言,就日本进入满洲的目的和它想从中获得什么的想法,做一番陈述?

答：可以，一句话，我要说在日本占领这个国家后，我们的政策就试图对其加以建设，首先是把它当作我国工业原料的来源，其次是作为我国人口拓展的地方。

问：到战争爆发为止，你感觉将满洲作为获取原料的来源是否成功？

答：我可以说，关于原料，我认为它是十分有利可图的事情；但是要回答你的问题确实很困难。

问：特别是在铁矿方面？

答：满洲的铁矿甚至不能充分满足日本工业的需求。也许它只能提供到三分之一。

问：这就是说，假设他们充分完成了计划，他们也只能得到不超过三分之一作为国家需要的计划的铁矿？你的意思是这样吗？

答：我再说一遍，对此准确回答比较困难。但是我感觉即使我们的计划实现了，我们最多也不能找到超过我们需求的三分之一的那种资源。

问：煤炭怎么样？

答：关于煤炭，我们或许可以得到我们想要的全部。从满洲得到煤炭是否最为有利，是另一个问题。

问：粮食呢？

答：如果我们的计划实施了，我们就能从那里得到充足的粮食供应。

问：足以满足日本进口的需要？

答：我想或许可以满足。

问：除了铁矿以外，是否有他们感觉需要而发现从满洲不能得到足够数量的其他原料？也就是他们认为对他们国家发展具有基本性的原料？

答：有很多，首先是石油和铝。

问：在满洲他们没有页岩可以生产石油与铝吗？

答：有页岩和铝的储藏，如果加以开发，可以生产页岩供应我们的需要。从煤炭中生产合成油是当然可能的，但是，其资源的开发有赖于巨大的努力和开支，而且不可能很快实现。

问：为什么他们决定不搞那个投入？

答：他们已经开发了一些，但不能适应需要。我想他们已经在不久前生产了大约10万吨页岩油，但是计划要求50万吨。这几乎是不可企及的。至于合成燃料，也许生产总量也没有超过10万吨。如果再有10年或者20年，他们也许会开发出什么东西，但在当前的成效却是微乎其微。

第9页：

问：你说日本接收满洲的一个目的是得到用于它自己工业的原料？

答：是的。

问：但是，取而代之的是满洲建立起工业消费当地的原料，他们岂不是不把原料运到日本了吗？

答：也许在刚才我使用的日本一词是一个严格限制的概念，我应该说是在日本的范围内，因为我是把日本与满洲放在一起考虑的。

问：虽然你们有一个经济体系，你们必须把大量原料运往日本，而且你们已经在日本建立了设施，但是你们还是选择在大陆建立新的设施，为什么？

答：如我曾经说的，我们的目标是在整个日本的范围内进行开发，因此不局限于日本本土。从这个观点来看，我们开发能够最充分利用当地原料的工业是有利的。而且正因为此，靠近满洲原料产地的工业就发展起来了。

问：实际上，虽然粮食生产计划照顾到日本需求，日本在珍珠港事变以前却继续从其他地区进口粮食，对吗？

答：对的，数量相当可观。

问：这样看来，如果接收满洲的目标是使日本自给，那么在粮食方面是失败的吧。

答：在一般的情况和条件下，日本对于朝鲜和满洲应该能够互相支持，生产所有他们需要的粮食。但是，谷物产量并不总是达到期望的水平，因此需要进口。谷物的产量波动很大，例如，我记得昭和九年(1934年)满洲生产了如此多的大豆，以致不知道该如何处理。实际上他们甚至研究了用大豆来取代用于蒸汽机车的煤。当时日本一直有一种对进口大豆征收关税的想法，其对满洲是很成问题的。

第10页：

问：你说日本进入满洲的一个原因是为民众取得额外的生存空间。在这个方面，满洲实现了多少？

答：我不能说已经取得了很大的帮助，实际上，刚刚是一个开头。

问：但是，如1941年，还没有实现日本所希望和期待的？

答：没有，它并没有如我们希望的那样取得进展。

(科尔大校的询问)：

问：对于进入满洲，我们听到两个原因。我要问是否有其他一、二个原因，例如军事方面的？

答：我不知道除了上面提到的原因，还有军事方面的重要原因。

问：当时日本军队在政治影响方面是很强大的,它可以实施它的意见。为什么军队希望进入满洲?

答：这个,对于我来说,对此了解得可以加以分析,他们的目的主要就是我已经提到过的两点。

(比森先生的询问)：

问：你的意思是进入满洲没有一个战略目标?

答：这些事情本身不是应该被考虑为具有某种战略意义吗?除此以外,我不知道其他任何的目标。

第11页：

问：那意味着关东军更多地控制了他们在满洲的投资?

答：我所说的"安全"的意思是从经济角度说的,他们知道那将有利可图,它不仅仅是一个冒险。

问：但是有一个由关东军绝对控制的满洲发展计划的修改吗?

答：关东军有时和缓了控制,使他们得以放松。

(克根中尉的询问)：

问：当你说"满洲人所希望的事情"和"满洲人如何如何",你是指,当然是关东军?

答：当我说满洲人时,我是指"满洲国"政府。当然,关东军和"满洲国"政府之间有着密切的联系,通常它在很大程度上代表了军队的意见。

(比森先生的询问)：

问：你从1940年7月至1941年4月是企画院总裁,在那个时期你管理企画院过程中,在你现在看来,其主要的任务——主要的活动是什么?

答：当时,或许突出的问题是为日本制订经济计划。

问：关于由企画院起草的动员计划，我们的理解是他们规划满洲生产以适应日本的生产，对不对？

答：计划是为日本本土起草的，当然，在两个国家之间存在这样一个密切的联系，计划通常考虑整个区域。

问：这个企画院可以改变"满洲国"已经通过的方案吗？

答：与其说有一种限制权力的观念，不如说计划必须共同执行，以便在计划我们的需要时，我们可以对来自满洲的产品进行分配；另一方面，满洲计划输入日本的设备，对我们来说一起制定计划也总是必要的。因此彼此之间对于计划并没有更正。

问：谁是每一个项目数量的最后拍板者？如果日本要求比满洲愿意提供的更多的生铁——这个矛盾如何解决？

答：诸如此类的问题都在日满经济委员会上决定，由满洲的领导人和日本的责任当局决定。

问：谁是满洲的领导人？

答：财政部长、实业部长之类。

问：在日本方面呢？

答：日本大使馆参事官和对满事务局长。

第13页：

问：1941年深秋，或者快到年底的时候，你会说什么经济幅度的准备才适合于当时日本面对的战略计划吗？

答：这是一个非常困难的问题。你在经济上处境不一定非常有利，当然有一大堆困难。

问：让我们具体化——关于石油问题——你估计你们有多少石油储存应对需要？

答：海军当然有秘密储存，或许陆军也同样，但是对内阁企画院的我们来说,并不知道他们有多少,除非他们充分感受对他们的需求有足够的供应,直到他们可以从其他地区获得石油。关于石油,当时有充沛供应的前景。

问:有其他项目的特别考虑,而取代这个很可能被切断的供应吗?

答:是的,我们很担心铝以及铁矿石的匮乏。

问:石油问题是与陆军和海军讨论,虽然他们不说他们手里到底掌握多少,但他们说他们并不担心,而且还没有消耗尽他们已经拥有的以前,他们就能够得到新的石油来源?

答:我肯定是有误解,否则就是您误解了我。关于第一个问题,您问我关于我们经济短缺的问题,我提到了石油是一个大问题,以及我们必须做些准备以应对被切断外部供给的情况。当时,我们自己的石油产量只有30万吨,而我们的需要却是200万吨,这引起了我们很大的关注,在企画院的工作中很突出。现在,这个石油问题从另一个角度出现,并且与我作为企画院总裁的工作没有关系。您问我对于日本军方是否认为他们具有或许他们正在1941年秋计划的为战争准备足够石油供应的看法,我以为您似乎理解为他们具有充足的石油供应直到最后,直到他们从南方得到了石油,这与我的企画院没有任何关联。

第16页:

问:在满洲已经出现的可能阻碍鲇川实现其目标的具体困难是什么?

答:如我已经说了几遍,鲇川在满洲的使命是联系一个带来资本的计划,他的观念都集中在一个长时间的发展上。但是,就在这个时期前后,中日事变发生了,而且事态越来越严重,局势不允许长期的发展,因此不得不加速。显然,鲇川无法看清楚他的方向,就试图对计划做这样一个改变。他认为像被要求的加速是不可能的,而且既然很明显,比起长远发展的项目,在手边的任务必须首先执行,他感到自己不是适合这项工作的人,因此就放弃了。

第17页:

问:鲇川因为是一个财阀而遇到反对吗?

答:我以为没有反对。

问:鲇川对关东军态度友善,可以推测他与你的关系也不错。把他的计划付诸实施还有大的困难吗?

答:对鲇川的反对或许可以分成两个时期——早期,反对主要来自认为国际资本不应该被带入满洲的人。第二个时期,当资本没有来,他们却又开始严厉地批评他,这个反对来自满铁方面,因为根据计划,他们业务的很大一部分要转移到满洲产业开发株式会社手中。在这个时期的较后阶段,中层官员中也出现了反对。

问:是纯粹的民政官员还是包括关东军军官?

答:这些中层官员绝大多数是民政官员,虽然可能有一些是关东军的,相对于放任不管,他们认为直接控制更为有效。

(多尔先生询问):

问:你是否能简短地和一般地告诉我们当你和东条英机都在满洲时你们的关系如何?

答:我去满洲是在昭和七年(1932年),开始是财政部次官,当时东条是关东军宪兵司令。他驻在我所在的新京,我在那里初次见到了他,但是我们实际上没有官方接触。后来昭和十一年(1936年)我担任了总务厅长,翌年东条做了关东军参谋长。由于这些职务,我们进行了一些交往并且在一起工作。

第 23 页：

问：中国被认为基本上是日本产品的一个潜在市场，还是基本上是日本的一个原料来源地？

答：两者都是。

问：还有，什么东西阻碍了日本与中国之间的贸易，即使它在那里并没有军队？

答：当时，在两国之间存在着一个实际上的战争状况，日本不愿意无条件地从中国撤军。

问：假如占领荷属东印度、马来亚和菲律宾的情形好于你所期待的，为什么你们兵工产品的消耗并不少于你曾经估算的？

答：一开始我们的情况非常好，我们的计划执行得令人满意，但是主要在瓜达尔卡纳尔岛战役以后，我们获得的新资源的运输就遭到水下或其他方式的攻击，这是我们的计划为什么不能执行得如我们所期待那样好的一个原因。还有另一个原因：瓜达尔卡纳尔岛战役和当时另外一些战役在军火和船舶方面消耗远远大于我们预计的。

问：在占领菲律宾、马来亚和荷属东印度的早期战役中的军火消耗，是大于还是小于所想像的？

答：超过我们预期的唯一事情是从新占领土的原料输入量——否则在战争局势下，就没有我们所期待的改善。

第 31 页：

问：想到铝土矿的输入可能会在将来被切断，对增加从满洲输入页岩油有考虑吗？

答：相比把它们运到日本，我们更倾向于计划在满洲直接使用满洲的供给。我们有一个把也许位于山东省张店的页岩矿运到满洲的计划。

问：预计中的铝土矿的短缺，在夸贾林岛陷落后变得严重了？

答：我们确定的第一个计划是加速从南太平洋所有可能的地方进口铝土，以预先得到供应；第二个计划是利用华北页岩的供给；第三个计划是在日本本土利用所获得的某些含量较低的铝页岩。

问：日本铝工业是否曾经劝告内阁说华北页岩应该由他们来处理？

答：我想他们的意见是，在整体上可以利用华北的页岩。

问：这不是很恰当的答复——对它可能在那个基础上实施，官方有考虑与一个确认的决定吗？

答：有的，有这样一个决定。

……

问：对于满洲页岩油的进一步发展有什么考虑？

答：以前曾经对此做过研究，它不可能一蹴而就，仍然是计划通过优先供应这些发展而实现生产的增长。

问：优先供应满洲的页岩油发展，在战争期间有变化吗？

答：即使在战前，这也是在优先的目录中，但当时有了进一步的发展。

……

问：1944年，在日本战争工业已经被迫中断枪支和军火生产的时候，大约40%满洲生产的钢铁都进入了在满洲的新的工厂和商业及市民使用的建筑。日本为取得满洲大份额的钢铁生产方面做了什么努力吗？

答：我不知道您所说的这个40%，满洲产品的使用一般是通过两个国家之间的谈判决定的，绝大多数满洲产品可以进入军用，所以我想知道这个对民政的40%的生产是否被间接利用在战争的进展中,这样实际上进入满洲民政的可以忽略。

问:对此是你自己的意见吗?

答:我想这是局势。

问:正如你所知道的,满洲经济完全与日本战争经济连为一体,稀缺材料的分配完全是由日本控制的吗?

答:随着战争发展,日本和满洲经济的完整性越来越明确。但是我不会说那个决定是由日本专断做出的,而且这些决定总是送到两国之间的谈判中。由于日本越来越受压抑,满洲需要做出更大的努力承担战争需要的更大份额。

问:关于利用满洲资源,出现了意见分歧吗?

答:是的,对这个事情有所讨论,尤其是在日本国内。

问:当不同意见不能由讨论决定的时候,谁有最后决定权?

答:正如我在前一天说明的,这样的意见分歧由日满联合经济会议解决。

问:在委员会中,每一方各有多少票?

答:4票。

问:有过50对50的吗?

答:没有过。

问:票总是一致的?

答:一般地说,讨论总是达到一点,最后取得一致的协定。

问:换言之,在战争进行中满洲资源利用的议题没有不能由所有各方达成完全一致解决的?

答:就这一方面的考虑来说不错。

问:有什么条件吗?

答:当然,是指导致这些最终决定的许多讨论。

问:而且你们总是对日本从满洲得到可以得到的一切东西感

到满意？

答：是的,我很满意。我想满洲已经提供了充分的帮助。当然,日本实际上是在战争中,而满洲做了从它一方可以做的事情。

问：满洲民政经济如日本那样被削减了很多？

答：满洲或许没有像日本那样被削减得多,但是由于它没有直接进行战争,或许它所从事的范围是可以预期的。事实是,无论直接还是间接,满洲经济都遭受了相当大的挫折。

问：人们不期望它做出如日本那样的贡献吧？

答：是的。

第21页：

问：我的问题是——如果和美国之间发生战争,你相信你们能够取胜吗？

答：与其说我们是否能够取胜,不如说重要的是我们可以试图解决与美国的纠纷,我们明显感觉这些事情是可以解决的。当然,我们曾经认为如果开战,我方操有胜券。

语言监督官： 等一下,豪克斯赫斯特先生。书记官可以重复一下最后那个问题和答复吗？

（法庭书记官重复以上最后一个问题与答复）

豪克斯赫斯特检察官（宣读）：

问：关于你们如何赢得战争,你们有准确的计划吗？

语言监督官： 豪克斯赫斯特先生,给我们的日语译本没有包括这些问题与答复,因此需要补充翻译。

豪克斯赫斯特检察官：对不起。我以为我已经提供了。我已经问了我的问题，是吧。

语言监督官：是的。

豪克斯赫斯特检察官：答案是：

当然，关于这些具体的事情，您应该与陆军大臣与海军大臣谈，因为我并不涉及他们的详情或计划。

语言监督官：现在您可以宣读了，豪克斯赫斯特先生，我们现在有了一个日文译本。

豪克斯赫斯特检察官（宣读）：

然而，从我的也许还有其他人的观点来看，我感觉在战争的早期阶段，日本可以占领远东许多地方，以我们所能取得石油和其他资源，使我们感觉我们可以维持战争很长时间，在我们所占领的国家一直支撑下去。我们从来没有一个取得战胜美国或者在美洲大陆登陆或者使美国屈服的决定性胜利的想法——我们感觉美国方面不会屈服于远东，我们最终会搞出一种对谈判和平的理解。

问：如果你知道德国和同盟国其他国家会被苏俄打败，你觉得上述维持会有可能中止吗？

（这时检察官要求提交其文件 705 号为证据，其中包括敕令 758 号即兴亚院官制）

韦伯庭长：按程序收录。

法庭书记官：检方文件 705 号被接受为 455 号证据。

（检方证据 455 号被接受）

豪克斯赫斯特检察官：如果法庭同意，该证明显示这个敕令颁布于

1938年12月16日,兴亚院官制颁布于同一天。

我宣读第1条,第1、2、3、4和5段(宣读):

第1条:在中国事变过程中,兴亚院官制在首相监督下建立,其负责除外交以外的以下事宜。

(1)在中国事变过程中有必要在中国处理的关于政治、经济和文化事宜。

(2)与上一条中提到的事务相关的政策的制定。

(3)关于公司业务监督的事宜,该公司根据特别法律以在中国开展经营为目的而建立,并且控制这些在中国设立的企业的经营。

(4)关于在中国文化经营的事宜。

(5)关于维持与中国相关的行政合作事宜,由官方指导。

与第2条相关的是,我不反对宣读它,但是我请您注意各种官员及其级别要求。而且,回到我今天早晨提出的作为证据的文件,对满事务局,我注意到在其文件中"C-H-O-U-K-I-N"被翻译成"由陛下任命",因此这些名字的每一个都同时意味着"由陛下任命"或"高层官员"或类似的事情。

(宣读)第3条:除了前条提到的人事以外,内阁可以根据首相的推荐,从相关省的高级官员中任命行政官员。

然后到第6条:首相应该任命总裁,总裁根据他自己的裁量管理会的事务,管理和任命较低职位人事。

第7条:外务大臣、大藏大臣、陆军大臣和海军大臣任命副会长,副会长协助会长。

作为检方证据的下一个部分,我要请法庭注意法庭证据第90号即检方文档 213 号、敕令 707 号,颁布于 1942 年 11 月 1 日,有关大东亚省官制。该文件并没有被作为证据,只是作为一个基本文件提交。我要宣读其中两段引文即证据第 90 号。

大东亚省官制

第 1 条:大东亚大臣管辖大东亚区域(此处定义为包括日本本土、朝鲜、福摩萨和萨哈林岛,下同)各种政务(纯外交事务除外)的实施,包括保护日本在上述区域商业利益事务,居住在上述区域内的日本臣民事务,以及关于上述区域内移民、殖民化和文化事务。

大东亚大臣统理关东局与南洋厅相关事务。

大东亚大臣就第一段规定的事务指导和监督驻扎在大东亚的外交官与领事官。

第 2 条:在大东亚省下设立如下四个局:总务局;满洲事务局;中国事务局;南方事务局。

第 4 条:满洲事务局负责以下事务:① 关东局事务;② 对满外交事务;③ 根据指导满洲企业特别法令而建立的法人业务的监督;④ 满洲移民、居民和拓殖企业事业;⑤ 关于对满洲的文化事业;⑥ 关于关东州和满洲其他事项。

第 5 条:中国事务局负责以下事务:① 关于中国外交事务;② 根据指导在中国企业的特别法令而建立的法人业务的监督;③ 关于对中国的文化事业;④ 关于中国的其他事项。

接着是第 19 条,引用如下:

将合作扩展到陆军和海军,大东亚省指导有关大东亚区域内占领地区的行政。

韦伯庭长：我们现在休庭，到 13:30。

（12:00 开始休庭）

（13:30 重新开庭）

法庭执行官：远东国际军事法庭现在恢复开庭。

韦伯庭长：豪克斯赫斯特先生请。

豪克斯赫斯特检察官：如果法庭同意，检方现在提交文档 1201 号，包括昭和十七年（1942 年）情报局关于外交事务文件节选。

韦伯庭长：如前提交。

法庭书记官：检方文档 1201 号，包括情报局昭和十七年（1942 年）度外交文书，给予证据号 456 号，其节选为 456A 号。

（检方证据 456 号和 456A 被接受）

豪克斯赫斯特检察官：我现在不读第 21 章，我还要省略前述档案的概述的第 26 章。我现在从第 32 章开始宣读：

大东亚大臣声明，1942 年 11 月 1 日。

我为我意外被分配至今天建立的大东亚省承担大臣的沉重职责而深深地感动。

大东亚省建立的目的如政府的前此声明。当前的大东亚战争意味着它本身的建设和大东亚的建设及战争的进程不可分离。这个建设与战争目标是在道义和权力的基础上建立一个新的秩序，通过指导我们帝国建立的基本原则的基础，实现八纮一宇大义，通过大东亚，使以日本为核心的大东亚圈的所有国家和人民拥有各自的繁荣。为了实现这个理想，完善为赢得当前战争所必要的制度和结构极为迫切，因此加速增强和充实我国国力以推进战争必须说在当前具有极端的迫切性。为此目的，在执行建设大东亚和其他政府事务的计划中，政府必须不断密切与统帅部的协作，同时在统一和广泛的结构下,保证事务的高效和准确的经营。

建立大东亚省以满足此迫切需要,我真切地感受到该省的崇高使命和沉重责任。我决心竭尽全力,不惜粉身碎骨,至诚奉公,以履行我的义务。

在天皇陛下圣德的照耀下,凭借瑰丽的计策和帝国军队官兵的勇敢努力而赢得了胜利。当前大东亚战争,并且已经在一个牢固基础上建立了我们战无不胜的地位。但是,成功进行这场战争和建设"大东亚共荣圈"的任务是一个史无前例的宏伟任务,为此目的,我们必须竭尽全力与我们的盟国与友国站在一起,并且在内部进一步巩固我们一亿民众的团结,以坚韧不拔的精神,在各占领区倾注我们的全部力量。从这一点出发,我要求根据条约的规定,与共荣圈内与日本具有特殊关系的国家如"满洲国"、"中华民国"、泰国和法属印度支那进一步密切与加强合作。与此同时,我热切希望这些国家也参与当前真正意义上的战争,为实现建立大东亚新秩序的理想而进一步拓展它们之间的关系。

现在,如果法庭同意,我要传唤一名证人陈大受,他是懂得并能说英语的中国人。

十八、华北钢铁公司对日占企业的接收

（陈大受作为检方证人被传唤，正式宣誓后作证如下）

豪克斯赫斯特检察官（对法庭执行官）：您能向他说明麦克风和耳机的使用方法吗？

直接询问（由豪克斯赫斯特检察官询问陈大受证人）

问：陈先生，您的名字是什么，请说出您的常住地址和您现在住在东京什么地方？

答：我叫陈大受，常住地址在北平，现在我住在东京中国使团驻地。

问：您能简单介绍您受过的教育与培训吗？

答：我 1915 年在天津的北洋大学完成技术教育，得到理学学士学位，随后我作为实习工程师和助理工程师在海安铁工处及扬子江铁工处工作。1920 年我去美国，在加利福尼亚大学读研究生，1921 年获得冶金学硕士学位。随后我进一步在伊利诺斯大学学习煤矿和煤炭准备与洗炼。1922 年秋我回到中国，在安徽省的馒头山煤矿担任煤矿工程师和经理。从 1928 年至 1930 年，我是浙江省建设委员会的矿业工程师。从 1931 年至 1938 年，我是中国国民政府国家建设委员会的矿业工程师、矿山科长、淮南矿山处长及计划部长。在我服务期间，我在 1933 年被派往欧洲学习煤矿和冶金。当时我在法国、比利时、英国和德国学习煤矿和钢铁工作。1938 年夏我加入了中国国民政府资源委员会，被任命为广西省平桂煤矿管理局局长。1940 年我被国民政府资源委员会任命为云南锡业公司的副董事长和总工程师。今年 2 月，我被该委员会派往北平调查华北的钢铁事业,今年 3 月被任命为华北钢铁公司筹备委员会执行会长。

问:陈先生:华北钢铁公司成立的目的是什么,其业务又是什么?

答:华北钢铁公司是一家中国公司,成立以接管日本经营的华北的钢铁工厂和铁矿。

问:据您所知,您能说一下其子公司在哪里,并加以简单描述?

答:好,这个公司拥有熔铸生铁的分公司,即华北制铁公司、青岛制铁公司、天津制铁公司及其天津铁钢公司、在天津的伊藤制铁公司、唐山制铁公司,另外还有三个煤矿、铁矿公司。铁矿公司是龙烟铁矿公司、金岭镇铁矿公司,以及华北矿业公司。为了熔铁,华北制铁公司拥有 11 个 20 吨高炉,1 个 200 吨高炉,1 个 380 吨高炉,以及 1 个正在建造的 600 吨高炉。天津制铁公司拥有 5 个子高炉,每一个 20 吨。青岛制铁公司有 2 个高炉,每个 250 吨。天津铁钢公司有 1 个 25 吨平炉和 2 个转炉、小转炉,天津伊藤制铁公司有两个小转炉,唐山制铁公司有 2 个 8 吨电炉和 2 个小转炉。龙烟铁矿公司在烟筒山有 10 个 20 吨高炉,并在庞家堡有 2 个铁矿。金岭镇铁矿公司在胶济铁路附近的金岭镇有铁矿。华北矿业公司在河北省涞县有铁矿,在湖南省有铁矿,在山东省有 1 个煤矿。

问:陈先生:根据您个人的观察与调查,您能说一下日本投降后工厂被公司接收时,对于工厂情况您看到了什么?

答:可以,在日本投降期间或者在维修、建设期间,高炉暂时没有用处,大高炉、100 吨能力的都被封闭,没有放进模子材料。20 吨的小高炉只为战争服务,现在没有任何用处。而青岛的 2 个 250 吨高炉只是一个高炉架子,2 个高炉只有 4 个热炉。

问:你们公司是否取得了您所提到的这些公司从被日本人占领到日本人投降期间经营的账簿和记录?

答:我不仅调查了所有的账簿等资料,我个人还访问了一些钢铁车间。

问：您能说一下这些记录所透露的日占期间消费的煤矿和铁矿这样的事情吗？

答：日本经营期间，在 480 万吨矿产中，只有大约 70 万吨用于熔炼——生产生铁。他们用 2 吨铁矿石和 2.2 吨焦炭生产 1 吨生铁。

问：作为专家，陈先生，您能说一下制造钢铁时，您对于使用焦炭和铁矿石生产铁有什么经验？

答：铁矿石根据含量的百分比，其使用量各不相同。至于焦炭，通常是每生产一吨生铁需要一吨焦炭。

问：您说大约使用 450 万吨矿，并且说了已经消耗掉的数量。您是做了对书籍和记录的个人观察，以确定在经营期间一部分铁矿石怎么样了吗？

答：是的，我做了。我查阅了所有的书籍，我发现其中 140 万吨输往满洲，还有 100 万吨——大约 130 万吨铁矿石被输往日本。

问：在战争期间使用这些铁矿石对当地的铁矿储藏量有什么影响？

答：当地总储藏量的 4% 稍多一些被耗费了。

问：您与中国其他矿业有联系吗，如果有，您能否说出它们的名称并描述一下它们的经营？

答：我与馒头山煤矿与淮南煤矿铁路公司有联系。关于馒头山煤矿，我是该煤矿的股东董事会主席。这个煤矿每天生产 400 吨煤炭，位置很靠近长江，有一条几公里长的轻便铁轨和机车，每天拉 400 吨煤，并有 540 千瓦的发电厂。它靠电力营运，所有的煤矿机械如水泵、升降机、空气压缩机等，都靠电力运转。其煤层有 4 至 12 英尺厚，出产 11% 灰烟的优质半无烟煤和 12 000 英国热单位，具有重要价值。我于 1945 年 12 月去那里看煤矿。到达那里，我发现除了空旷的土地什么都没有。所有建筑都被摧毁，所有机械、铁路和设备，如同当地人告诉我的，也都被拆除和运走。所有沉重的部件都被分割成小块运走。至于淮南煤矿，拥有 212 公里的铁路，日均产煤 2 000 吨，它邻近有一个大屯煤矿，现在已经与淮南煤矿一起组成了新的淮南煤矿。大屯煤矿日产煤炭 1 500 吨。当前，在这两个煤矿合并以后，它们每天只能生产 1 100 吨煤炭。煤矿公司董事长告诉我，在日军占领期间，他们的煤矿没有任何发展，上述所有的煤矿在 180 米水平的都已经开发完或者处于目前无法接近的局面，因为他们不注意维护坑道，而且他们已经挖掘完了坑道上煤柱的一部分。如果没有下沉新的井穴，这些煤矿不可能恢复到原来的产量。

豪克斯赫斯特检察官：我没有更多的询问。

韦伯庭长：霍华德先生请。

霍华德辩护律师：庭长阁下，我有一个简短的问题。

交叉询问（由霍华德辩护律师询问陈大受证人）

问：证人先生，您提到的您从中得到了记录或者情报的账簿，您身边有吗？

答：没有。

霍华德辩护律师：我们建议最好的证据就是账簿，在刚才询问时我们没有提出异议，但在我们看来那是最好的证据。

韦伯庭长：布鲁克斯先生请。

布鲁克斯辩护律师：庭长阁下。

交叉询问（由布鲁克斯辩护律师询问陈大受证人）

问：证人先生，您证明了华北钢铁公司的事情，这个华北钢铁公司什么时候成立的？

答：其成立于今年 3 月 1 日，是在中国国民政府资源委员会属下的一家公司。

问：现在我想您已经证明了它是要接收某些日本公司，是吗？它是为此目的而专门成立的吗？

答：是的。

问：现在这些要被接收的日本公司，有在1928年以前就已经存在的吗？

答：没有。

问：如果这个或者这些日本公司已经被接收，您知道它们以前是被日本公司接受的中国或满洲公司吗？

答：北平冶炼厂以前就是中国工厂，叫作龙烟冶铁公司。战争期间，它被日本人接收，组成了华北制铁公司，龙烟铁矿是中国人经营的铁矿，战时被日本人接收，组成龙烟铁矿公司。

问：接收的过程如何？有一个权益的购买、出借或者任何其他的接收方式吗？

答：我没有接触这些详情。

问：我从您的答复中感觉您并不熟悉情况，是吗？

答：您知道，现在我们刚刚接收，以后我们将接触具体情况。

问：您误会了我的问题，我没有说华北钢铁公司接收日本公司的事情，我的问题是，当日本公司接收一些中国公司，接收的方式是什么，当时与前中国公司做的财务安排、租借或协定是什么？

答：关于冶铁——在北平的制铁公司，日本通过武力接收，随意给旧股东一些钱作为股份。我不清楚这以后的具体情况。

问：但还是给了一些钱。证人先生，难道没有一些公司是由日本财政和物资组建，没有用以前中国人留存的吗？

答：大多数——唐山制铁公司、天津制铁公司、伊藤制铁公司以及青岛制铁公司都是这样。

问：您是说您接收的这些公司的大部分原来都是日本公司给予财政支持的吗？

答：我后面提到的这些公司是由日本人给予财政支持和经营的。

问：您谈到的接收的这些公司，在中国的这类公司总数中是一个很小的百分比吧？

答：在中国的百分比不大。

问：根据我的理解，被接收的公司，是在日本军队占领的军事地区，我的问题就是针对这个的。中国公司在整体上不是必然为一个小的百分比吧？

答：您看，最大的百分比是满洲。在华北，工业较少，与满洲相比不是一个令人欣赏的份额。

问：在相当程度上是因为日本在该地区的很大的财政帮助和物资帮助，不是事实吗？

答：烦请重复一遍问题，我没有听清楚。

布鲁克斯辩护律师：书记官能向他重复一遍这个问题吗？

（后一个问题由法庭书记官如记录的那样宣读）

答：我想对中国没有任何帮助，因为所有这些生产的物资都用于对中国的战争。

问：证人先生，在使满洲和华北那些地方具备大规模生产的可能性方面，其他国家提供了财政帮助和设备，不也是事实吗？

豪克斯赫斯特检察官：如果法庭同意，我以为这个问题对于法庭调查不适用或者不具体，可以提出异议。

韦伯庭长：我理解布鲁克斯大尉是向他表示受到日本不利影响的矿业大多数都是中国以外的国家如日本和其他一些外国投资的矿产。问题就在这个范围内，我看不出有任何可以异议的。

答：既然华北钢铁公司对于外国利益无所作为，因此我对外国利益不能说什么，因为我并不担任什么事情都知道的职位，只知道我已经接收的事情。

布鲁克斯辩护律师：庭长阁下，我不再询问了。

豪克斯赫斯特检察官：不询问了，证人可以按规定离开吗？

韦伯庭长：证人可以按照程序离开。

（证人离开）

豪克斯赫斯特检察官：如果法庭同意，我要向法庭提出证据58号，是关于美国与日本外交关系的文件，1931至1941年，第1卷。

韦伯庭长：按程序接受。

法庭书记官：检方文件219M被接受为证据457号。

（上述材料被标以检方证据457号接受）

豪克斯赫斯特检察官：这些节选包括一封美国驻日本大使寄给日本首相的信的全文，日期为1938年10月6日，日本外务大臣给美国驻日本大使馆的回信，日期标以1938年11月18日。

韦伯庭长：您打算花费时间宣读这些文件吗，豪克斯赫斯特先生？

豪克斯赫斯特检察官：是的。

韦伯庭长：现在可以休庭了。我们进行下午的中间休庭15分钟。

（14:45开始休庭）

十九、美日交涉在华"门户开放"与"机会均等"

（15：00 重新开庭）

法庭副执行官： 法庭现在恢复开庭。

豪克斯赫斯特检察官： 与这个文件及其节选相联系，我请法庭注意第2960至2966页上的证据239号；在2960至2966页——对不起，是在3584至3599页上的证据269号，文档1338号，"宇垣氏呈天皇的密折"；在其中的3590页上，是"在1938年11月29日枢密院会议上外务大臣有田关于对华政策的报告"。同样在这个档案3596页上的第3节，是关于外交关系的讨论；在2972页上证据241号是关于与"满洲国"签订日满议定书程序。同一份证据中，2982至2986页是讨论违反九国公约的问题。

这是一封美国驻日本大使格鲁致日本首相兼外务大臣近卫的信函：

1076号，东京，1938年10月6日

阁下：在10月3日谒见阁下时，我荣幸地口头转达了我国政府关于日本机构或代表在中国对在华美国人权利和利益造成违背或者歧视情况的观点和要求，我将在不久后的照会中提出这些观点和要求。为了完成此项任务，并根据我国政府指示，我现在荣幸地向阁下表达如下：

美国政府经常有机会就贵国政府在中国采取的行动和政策，由美国政府将其作为例外，向阁下的政府提出抗议。根据美国政府意见，上述行动和政策违背了机会均等和门户开放的原则和条件。对这些抗议的回应，以及其他的相关事宜，无论是在公共场合还是在私下，日本政府都给予了明确的维护在中国机会均等与门户开放的保证。但是，美国政府不得不加以观察，尽管日本政府做出这些保证，日本仍然侵犯了美国所拥有的权利和利益。

通过对当前局势的说明，美国政府希望引起日本政府的注意。据回忆，当日本占领满洲的时候，日本政府曾经保证在满洲维持门户开放。然而在当地主要的经济活动已经被由日本国家控制并按照一个给予它们优越的或者垄断地位的章程所建立的公司所接管。作为在那里日本公司实际优越地位的结果，许多此前在满洲经营的美国公司被迫从当地撤走。正在实施的日本和满洲当局的协定允许满洲和日本之间货物的自由运动，而满洲和日本以外国家之间货物和资金的流转则受到严格限制。

这种货物的运输渠道主要受到为法律目的而颁布的法律效力下，日本不被考虑为外国，日元也不被认为是外币的兑换统制所影响。根据我国政府的意见，机会均等和门户开放在满洲实际上已经不存在，虽然日本政府保证在该地区将给予维持。

美国政府现在担忧美国企业在日占中国其他地区的开发，因为这些地区当前的敌对状态使美国企业处于类似于在满洲的不利竞争地位。

1938年（昭和十三年）4月12日，我有机会请阁下的前任注意美国政府送交的报告，其中指出对有利于日本的美国与华北贸易的歧视似乎是利用兑换统制手段，并且希望得到日本政府不支持或者鼓励歧视美国利益的经济手段的保证。虽然外务大臣说日本政府将继续支持在中国的机会均等与门户开放政策，但就这些被抗议的问题日本政府并没有给予具体回答。

美国政府现在获悉，在青岛的日本当局已经建立一种外汇管制制度,凡不把出口单据售给横滨正金银行者,一律禁止出口。而这个银行则以大大低于天津和上海的市价购买这些出口单据,否则一律不予购入。类似的情景在烟台也存在。而且报告继续涉及美国政府,即一个广泛的兑换管制将在整个华北很快建立起来。兑换管制交易控制了贸易和商业企业,实际上无论是直接还是间接,通过华北的日本兑换统制当局,妨碍了在该地区日本和美国之间机会均等或自由竞争的地位。在这种局势下,从美国进口和向美国出口,以及在华北的交易者的选择,将完全服从于日本当局的统制。尽管在青岛实行兑换统制时间不长,两个歧视的例子已经引起美国政府的注意。一个例子中,一个美国商人的大宗商品无法向美国输出,因为当地日本当局坚持他的输出账单必须在相关交易将导致损失而不是赢利的公开市场上,以远低于中国货币的外汇当前汇率的价格卖给日本银行;而一个日本竞争者最近以相当于当地公开市场汇率计算的美元市场价格,完成了一只大船的货物托运。另一个例子中,一个在山东的美国商行被拒绝购买香烟,除非它用外国货币并且用垄断的和很低的汇率购买所谓联邦储存币或日元,该条件并不限制该公司的日本和中国竞争者。

美国政府已经向日本政府指出,在日军占领区的中国地方政权修改了中国海关税率,并经日本政府正式保证予以支持,这是霸道和非法的劫夺,日本政府难辞其咎。无需解释,只要由某个"外国"政权为促进该政权的利益实施对规则、税务或禁止贸易的极端权力,无论直接还是间接,在中国就不可能有机会均等与门户开放。不言而喻的是,在中国机会均等和门户开放条件的基本前提是,在该国的经济生活中不实施直接或间接有利于任何外国或者其国民的优先和垄断的权力。7月4日我对宇垣将军说了美国政府的愿望,就是要避免可能在中国建立特别公司和垄断的对美国贸易和其他企业的这种限制和阻碍。大臣非常和善地表示将维护在中国的门户开放,美国政府可以信任,日本政府将充分尊重机会均等的原则。

尽管有这些保证,北平临时政权于 7 月 30 日,即中国电话电报公司成立典礼的次日宣布,该公司的目的是在华北的电话和电报通信的垄断和排他性运作。7 月 31 日在上海组织了华中电气通信公司,日军特务机关向外国在上海的电报公司通报说,新的公司将控制华中所有的电讯业务。根据半官方的日本报纸报道,7 月 28 日在上海组织由日方控制的上海内河航通公司,所报道的该公司目标是控制上海三角洲地区的水上交通。根据我国政府收到的消息,已经组建了一家日本公司接收和经营迄今一直是公众拥有和经营的青岛码头。如果真的发生这样一个变化,所有的船运,无论什么国籍,都有赖于日本机构分配空间和装卸设施。

据报告,在华北的羊毛贸易现在由日本垄断,该地区的烟草垄断正在形成过程中。而且,根据不少已经送达我国政府的报告,日本政府正在组织两家特殊的开发公司,这些公司已经制定了计划,并且控制投资目标,统一规范在中国的大型经济企业的管理。

上述变化,说明了日本对中国政策的明显趋势,清晰地显示日本政府正在日军占领地区寻求建立日本利益的优势,其不可避免的效果必将破坏门户开放原则的实际运用,剥夺美国国民的均等机会。

我同时希望引起阁下对日本军事当局加在在华美国国民头上的未经警告的限制的注意。尽管有美国在中国条约权利的存在和日本政府关于会采取步骤以保护美国国民,利益和财产将不交给日方非法干预的不断保证——实际上却是进一步把美国利益置于连续的严重阻碍和困境。有关材料特别提出了日本军方已经重新占有或者仍然占有的特殊利益和加在美国国民头上的限制;还提到日本对美国在上海的邮件和电报的审查与干涉,以及对美国人的贸易自由、居住和旅行包括使用铁路、船舶和其他设施的限制，当日本商船在上海和南京之间运载日本商品的时候，这些船只拒绝运载其他国家的商品，美国和其他非日本的船只以军事需要的借口被拒绝在长江下游航行。美国国民为取得返回长江下游地区通行证的申请也遭到日本当局的拒绝，其理由是和平与秩序还没有完全恢复，虽然人们知道许多日本商人及其家属就在这些地区。

美国国民和他们的利益在远东蒙受了很大损失，其直接原因可以追溯到当前日中之间的冲突，即使根据最有利的条件，也不可能期待美中贸易的尽早恢复。美国政府因此发现将它自己和局势加以调和是极端困难的，美国国民必须与在华日本当局对他们权利的未经警告的干预做斗争，也必须与日本用以剥夺美国在华贸易和企业机会均等的行为和政策做斗争。它同时尖锐地指出，在日本，作为日本政府强加给中国的军事行动的工业、贸易、外汇和其他统制的结果，美国人的贸易和其他利益也同样陷入了泥淖。

当美国在远东的利益被日本当局控制时，美国政府无论在它自己的领土上还是在第三国的领土上，都没有追求实施或影响实施禁运、禁止输入、兑换管制、优先限制、垄断或用以消灭或影响到消灭日本人贸易和企业的特权公司。在对待日本国民及其贸易和企业时，美国政府不仅遵循1911年日美通商条约的文字和精神，而且遵循那些基本的国际法原则和秩序，其构成了它关于所有人民和他们的利益的政策基础；日本商业和企业在美国继续享有机会均等。

阁下不应该无视两者之间巨大的和不断扩大的鸿沟的存在：在中国和日本的日本当局给予美国国民和他们的贸易和企业的待遇，以及美国政府在其管辖范围内给予日本国民和他们的贸易和企业的待遇。

根据这里述及的局势，美国政府要求日本政府采取迅速和有效的措施执行它已经做出的关于维护门户开放和不干涉美国人权利的保证，以：

（1）停止其施加于日本所控制中国地域的直接或间接歧视美国人贸易与企业的兑换管制和其他措施的差别对待；

（2）停止任何剥夺美国国民在中国从事任何合法贸易或产业，或者任何可能意味着建立其在中国任何地区的商业和经济发展的有利于日本的任何权利的垄断或优势，以及

（3）停止日本当局在中国对美国财产和其他权利的干涉，包括审查美国人邮件和电报，对美国人的居住、旅行、贸易、船运的限制等形式。

美国政府相信为了美国和日本之间的关系，可以期待有一个尽早的答复。

约瑟夫·格鲁

以下是日本外务大臣有田致美国驻日本大使格鲁函译本第102号，东京，1938年11月18日。

阁下：我荣幸地通知您我认真地阅读了阁下10月6日致当时的外务大臣近卫的1076号关于美国人在华权利和利益照会的内容。

在此照会中，阁下在美国政府所占有消息的基础上列举了各种例子，包括日本当局正在歧视对待在华美国公民并且侵犯美国的权利和利益。

日本政府关于这些例子的观点可以陈述如下：

1. 根据帝国政府获得的消息，采取如目前在青岛实施的关于

输出外汇措施的情形,以及下面要提到的情形,我们相信都不能解释为构成对美国公民的任何歧视。

不久以前,在华北建立了联邦准备银行,该银行券外汇价值确定为1先令2便士兑换1元,早已经发行到超过1亿元,并且正在广泛流通。作为临时政府所需要的法定货币的这些银行券,其价值的维护和其平稳的流通被看作是在华北指导和发展经济活动不可缺少的基础。既然日本政府过去采取合作的态度,所有日本臣民都在使用这些纸币,相应地,在他们的输出贸易中正在按照1先令2便士的比例兑换。另一方面,仍然在这些地区流通的旧法币已经贬值到了大约8便士兑换1元。于是,与这些使用联邦准备银行券和用合法汇率实行合法贸易的人相比,从事输出贸易和使用这种纸币的人就获得了不适当的超额利润,与这些虽然在华北临时政府管辖范围内从事经营但只使用旧法币的人相比,使用联邦准备银行券的日本臣民和其他人已经蒙受了不合理的超额损失。而且,上述联邦准备银行券和旧法币之间价值的不平衡的存在,其联邦准备银行券几乎以它自己的票面价值兑换它的纸币,对于联邦准备银行券的交换并且最终对日元的交换价值产生了不利影响。日本政府因而对这种局面不能熟视无睹。

为了将已经获得不适当和超额利润的旧法币的使用者,与这些联邦准备银行券使用者置于同等的基础上,并且有助于维护联邦准备银行券兑换值,在青岛提出了采取输出外汇兑换措施的目标。措施的适用无关国籍,其根本谈不上歧视。实际上,通过这些措施,那些感觉受到歧视的联邦准备银行券使用者被置于与其他人平等地位,而且由于第一次被置于平等地位,使他们得以在一个完全平等的基础上竞争。

2. 不久以前,华北和华中的新政权修改了关税率,以取得对从前国民政府实施的关税税率的一个合理的修正,因为这些税率不适当地高，不适应促进经济恢复和中国人民的整体福利。无论如何，所采用的规划是由该政权于1931年轻率批准的，并未考虑适应任何特别国家的利益，相应地也没有从居住在中国的外国居民中听到抱怨。日本政府当然赞成这个修改的目的并且相信其将有效促进所有国家与中国的贸易。

3. 关于在中国的某些开发公司组织。中国在当前事变之后的经济、财政与产业活动的恢复和发展，对于中国人民的福利具有最迫切的需要。而且日本政府为了实现东亚新秩序，极端渴望承担这样一个恢复和发展任务的开始与进步，并且正在做出一切建设性努力实现这个目标。建立华北开发公司和华中振兴公司的事实不代表别的，正是为这个恢复而向中国提供的必要帮助。与此同时也是有助于中国自然资源的开发。它无论如何没有侵害贵国国民的权利和利益，或者对他们的企业有任何歧视。日本政府当然没有任何意图反对，反而是衷心欢迎并愿意在新的条件基础上进行有第三国参与的合作。

在华北和华中的电信公司，上海内河航运汽船公司和青岛码头公司也已经建立，以满足早日恢复通信、运输和在事变中被毁坏的港口设施的迫切需要。电信企业不仅因为其公共设施的属性，而且鉴于它与维护和平与秩序、国防的关系，由专门的公司承担是合适的。但是，所有普通的中国与日本法人的其他企业，并没有歧视贵国或第三国以获取垄断利润的目标。至于羊毛贸易，当时在内蒙古实行购买机构的统制，现在已经中止了。当前没有建立烟草垄断的任何计划。

4. 关于美国公民返回被占领地区，在华北对他们的返回没有限制，除了这些返回将遭受危害的个人安全的例子。阁下知道在长江下游，大批美国人已经返回，允许返回的事实目前还不普遍，如已经反复向阁下通报的那样，考虑到还没有恢复秩序的危险，或者由于战略需要如保守军事秘密而不可能批准第三国国民返回。而且,在被占领地区实施的对于美国公民的居住、旅行、经营和贸易的各种限制,构成了包括军事需要和地方和平与秩序条件的最低规则。日本政府的意图是一旦条件允许就恢复正常条件。

5. 日本政府对于所声称的对于在美日本人和在日美国人之间的差别感觉惊讶。在此紧急时期,居住在这个国家的美国人受制于各种经济上的限制,不用说,这种限制不是单独加给美国人的,同样也是加给所有外国人包括日本臣民的。日本政府关于贵国政府意见的声明,关于在美国领土上日本臣民的待遇,将保留在其他机会论述。

日本政府以充分尊重在华美国人权利的愿望,如同上面一再提到的那样,已经为此尽了一切努力,鉴于现在正在远东地区实施的史无前例军事行动的规模,我的意见是贵国政府也应该认识到所产生的偶然障碍遮掩了尊重贵国权利和利益的意图的实施。

当前日本正在天理和国际正义的基础上全力以赴地在整个东亚建立新秩序,正在迅速地朝着实现这个目标而努力。该目标的成功实现不仅有赖于日本的存在,而且构成了东亚的持久和平与稳定的基础。

日本政府现在坚定地相信,在东亚继续发展新的局势的时候,一个适用当前和未来条件的努力,不改变任何观念与原则而适用当前事变以前的条件,对于议题的直接解决并无作用,今后也无益于东亚和平的牢固建立。

但是帝国政府并无任何反对贵国或者其他国家参加所有实业领域重新建设的伟大工作的意图,如果这种参加以理解上述目的而进行。而且,我相信目前在中国建立的政权也准备欢迎这种参加。

敬具

有田八郎

其答复为编号1153号,标以东京1938年12月30日(宣读):

阁下：根据我国政府的指示,我荣幸地向阁下致以如下照会：

美国政府收到了并对日本政府11月18日对本政府10月6日关于美国民众在中国的权利和利益的答复给予了充分考虑。

鉴于事实和经验,美国政府被迫重申了它过去表达过的意见,即加给在中国经营慈善、教育和商业活动的美国国民的运动和活动的限制,如果继续的话,将继续置日本利益于优越地位,随后则是针对美国人合法利益的确切歧视。而且,关于兑换管制、强迫货币流转、关税修改,以及在中国某些地区实行的统制,日本当局的计划与实践意味着日本政府或者日本军队在中国建立和维护的政权有资格在中国行动,以来自主权等能力或者进一步行动以忽视甚至宣布不存在或者废除已经建立的政权和其他国家包括美国的利益的设想。

美国政府表达了它的信念,即受到干预的限制和措施不仅不公正和无保证,而且违背日本和美国双方都自愿签订有时还有其他国家签订的几个有约束力的国际协定的规定。

在照会的结论部分,日本政府声称坚定地相信面对新的形势,亚洲的快速发展,任何尝试将过去已经不适合的观念和原则适用于今天和明天的条件,都无助于在东亚建立真正的和平,也不解决直接的议题。只要这些问题受到理解,日本丝毫没有意图反对美国和其他国家参加在工业和贸易方面重建亚洲的伟大工作。

鉴于日本政府重申的在它与中国的关系中遵守机会均等原则的意愿,并且鉴于日本这样做的条约义务,在美国政府10月6日的照会中要求日本遵守义务并在实践中恪守诺言。日本政府在其答复中,基于美国政府和其他政府对由日本当局构想和哺育的远东"新形势"和"新秩序"的理解,重申了它的遵守原则条件的意图。

关于远东形势的条约，在其规定中与一系列的主题有关系。为了制定这些条约，在各方之间有讨价还价的过程。为了能够执行其条文，在条约中另行颁布并同意；为了取得他们关于某些事项的安全优势，每一方都承诺拒绝某些其他事项。所同意的各种规定可以说是集体地构成了一个自卫协定，为了各方的利益，所关联的原则一方面是国家完整，另一方面是经济机会均等。经验显示，这些原则中对前者的损害几乎总是紧接着对后者的忽视。无论什么政府，只要在该地区超越其合法管辖的限制而实施政治权威，就会不可避免地发展成一种该政府的国家要求并且屈从其政府，机会均等基础上的特惠待遇停止存在，歧视的实践和摩擦的产生无处不在的态势。

美国国民享受非歧视待遇之说——一个整体上建立良好的权力——以及日本当局的远东"新局面"和"新秩序"概念的合法性，根据我国政府的意见，都是非常荒谬的。

我国坚持和倡导的机会均等原则并非完全来自取得商业利益的渴望，其自然来自该原则的规定。其来自遵守原则导致经济和政治稳定的坚定信念，它将导致在国内民众的福利，和国家之间的互利与和平关系；来自未能遵守原则导致国际摩擦和病态愿望，其结果损害了所有国家特别是包括这些未能遵守它的国家的坚定信念；并且来自一个平等的坚定信念，认为遵守这个原则将打开贸易渠道，由此适用于在一个互惠的利益基础上进行的市场和原料供应、产品制造。

进一步说，经济机会均等的原则是一个长期的过程，在许多场合日本政府给予了决定性的批准。其表现之一是日本政府让自己处在许多国际条约和理解中。它是一种由其他国家和日本共同遵守并建立在它自己的频繁的主观坚持基础上。最近几个月日本政府反复宣布了它的意愿。

美国人民和政府不能同意立即和为任何第三国的特殊目的建立一个蛮横剥夺他们长期拥有与其他国家公民合法与公正地拥有的均等机会与公平对待的权力。

如机会均等这样被长期视为内在明智并且已经被广泛采用与坚持的原则,在其适用中一般不能通过单方面确认而被废除。

关于日本政府照会中远东今天和明天需要一个对过去的观念和原则加以修改的意思,美国政府要回顾关于条约修改的立场。

美国政府曾经在1934年4月29日与日本政府沟通,表达了它的见解,即"条约可以合法地修改或终止——但只能通过签约方规定或承认或同意的程序进行"。

在同一次沟通中,美国政府还说,"根据美国人民与美国政府的意见,未经其他相关国家同意,在涉及其他主权国家合法权利、义务与法定利益的情况下,没有一个国家可以合法地推行它的意志"。在1937年7月16日的正式和公开声明中,美国国务卿指出美国政府主张通过和平谈判和条约的形式解决国际关系中的问题。

在最近20年的各种场合,许多国家包括日本和美国,有机会就远东局势和问题进行沟通与交换意见。在关于这些问题的信件和会议的指导中,相关各方都考虑了过去和现在的情况,并都发现了在当前局势中修改条约的可能性和愿望。在制定条约时,他们起草并同意下列规定:要求提供有利的发展同时排除和阻止在该地区具有或将具有关系的双方之间和各国之间的摩擦。

根据这些情况,特别是时时考虑条约规定的目的和性质,美国政府完全同意已经指出的非常明确的目的,并且反对签约一方在远东的新秩序中,选择由该国从事通过它自己的选择进行意图专横的过程(通过其机构的行动和当局的声明),无论条约的保证和其他相关国家建立的权利方面。在远东局势中无论什么变化以及现在的无论什么局势,这些事件对于美国政府来说,其意义与关注不比在过去更少的了。而且这样的变化今后将在那里发生,或许会产生新的局面与新的秩序。美国政府充分认识到局势的变化,同时认识到许多变化是由日本的行动带来的。但是美国政府不承认此类任何需要或者要求。

人们知道,对整个世界来说,所签订的条约各方为了在远东规范条约和今后避免摩擦的目的——为此目的,其已经在条约中包括了许多限制性规定——不时地并且根据变化的形势通过谈判程序和条约对于撤销限制和根据今后局势的变化带来进一步的发展,进一步撤销限制。通过撤除早期对远东所有国家的限制,放弃曾经一度被西方国家享有的与远东国家有关的领事裁判权。所有这些国家中,唯有中国是例外。略早于并包括1931年,在中国还拥有这些权力的国家包括美国积极进行谈判,寻求放弃这些权力。所有具备辨别力和公正的观察者都明白美国和其他缔约方在最近20年中,都没有追求在远东国家中的它们的所谓特殊权力和特权,相反是稳步地鼓励在这些国家的局势的发展,并且在当前的实践中可以安全地与平稳地放弃这些特权。所有观察者都看到权利和特权通过拥有它们的国家的协定逐渐被自愿放弃,在某些方面只有美国政府和几个其他国家政府坚持着。也就是说,新的形势必须发展到一个点,就是保证特殊的保护性限制的撤销,并且由法律程序实现。

美国政府在任何时候都认为协定是一个敏感的选择,但它一直坚持选择只能通过在各方间的谈判和协定的正常程序内实施。

日本政府在许多场合下表示它具有同样的观点。

美国有它自己的国际关系上的权利和义务,其来自国际法,和基于条约规定的国际法和条约规定。在基于条约规定的权利与义务中,其与中国有关的部分基于美国和中国之间的条约规订,部分基于美国和几个其他国家包括中国和日本的条约规定。这些条约以良好的愿望而签订,即保卫和促进不仅是一方而且是所有签字方的利益的目的。美国人民和政府不能同意由于其他任何国家代表或当局的专横行为而放弃自己国家的任何权利与义务。

但是,美国政府一直在准备而且现在也准备给予适当的和充分的考虑,对于建立在公正和以下原因的基础上,即用一种考虑所有各方权利和义务的方式,而这些方式是通过所有相关各方的自由谈判和承诺的程序进行的。对于日本政府来说,提出这样的机会是有并且将继续有机会的。美国政府已经并且将继续愿意讨论这样的问题,如果被提出,可以在任何时间与任何地点与其他国家代表包括日本和中国,就所涉及的权利与义务进行讨论。

与此同时,本国政府保留美国已经拥有的所有权利,不能接受对这些权利的任何不公正。

约瑟夫·格鲁

韦伯庭长:现在已经16:00了,那个钟慢了,您也一定累了,豪克斯赫斯特先生。我们现在休庭,直到明天上午9:30。

(16:00开始休庭)

二十、近卫声明与日本在华占领区的资源垄断

1946年9月10日,星期二
日本东京都旧陆军省大楼内远东国际军事法庭

(9:30重新开庭)

法庭执行官: 远东国际军事法庭现在开庭。

韦伯庭长: 所有被告都出席了,除了大川和松井,他们由辩护律师代表。

哪一位辩护律师想说什么吗?豪克斯赫斯特先生请。

豪克斯赫斯特检察官: 如果法庭同意,检方希望提交为证据的是文件1505C,1939年2月公报。该文件有两条,一条标题为"兴亚院",在第5和第6页,没有什么关系,因为昨天已经包括了;另一个文件是近卫首相在1938年12月22日的讲话,我们要宣读其中的一段。

韦伯庭长: 按程序收录。

豪克斯赫斯特检察官: 该段开始于文件第3页底,如下。

韦伯庭长: 等一下,直到其被编号。

法庭执行官: 检方文件1505C号,一份1939年2月的《东京公报》,被编为证据458号,其节选1505C被编为证据458A号。

(检方证据458号和458A被接受)

韦伯庭长: 它也包括首相的一份声明。

豪克斯赫斯特检察官: 我们希望引起法庭对证人约翰·戈特作证

（记录第 3860 至 3862 页，以及记录第 3863 至 3864 页）的注意（宣读）：

关于两国间经济关系，日本无意在中国实行经济垄断，也不想要求中国限制第三国的利益。日本紧抓新东亚的含义并愿意相应行动。日本只是寻求在两国间实行合作与协同。也就是说，日本要求中国根据两国平等的原则，承认在中国领土上的那部分日本臣民的居住和贸易自由，以促进两国人民的经济利益，并且根据两国间历史和经济的联系，要求中国为其自然资源的开发，特别是在华北和内蒙古地区拓展向日本提供的方便。

检方要求提交其文件 1504B 号，1938 年 8 月《东京公报》第 37 页为证据。

韦伯庭长：按程序收录。

法庭书记官：检方文件 1504B，是一份 1938 年 8 月的《东京公报》，将被作为证据 459 号。其中的节选，检方文件 1504B，将被作为证据 459A。

（检方证据 459 和 459A 被接受）

豪克斯赫斯特检察官：关于此事，我们希望法庭注意在记录的 3860 至 3862 页和 3863 至 3864 页上的证人约翰·戈特的作证。

（宣读）：最近颁布的法律法令：关于华北开发株式会社和华中振兴株式会社的法律。

（第 81 号和 82 号法律，1938 年 4 月 30 日颁布）

建立华北开发公司以在华北加速经济开发与巩固并且加以调整。公司的业务是在交通运输、港湾、通信、发电及其传输、矿山、盐的生产销售等领域的投资和融资。公司资本 3.5 亿元，其中一半由政府资助，其余一半由私人企业资助。公司获授权发行总额达到其资本五倍的债券。

华中振兴株式会社的业务是对于该地区的交通运输、通信、电气瓦斯、矿山、水产等的投资与融资,以帮助华中的经济恢复和发展。公司资本为 1 亿元,政府与私人企业共同与平等资助。该公司也被授权发行其资本总额 5 倍的债券。

政府承认这两家公司宣布对私人拥有的股份优先分红的权利。在一定期限内它将资助公司,使其具备支付私人股份红利的能力。

检方现在要求将其来自 1938 年 12 月《东京公报》的文件 1504C 列为证据,该文刊载于第 1 至 6 页。这也是 1938 年 12 月文件的一部分,是 11 月 3 日近卫公爵的声明,其刊载于 1504 号。我要宣读近卫公爵广播讲话,刊载于文件第 6 页,两段。

韦伯庭长:按程序收录。

法庭书记官:检方文件 1504C 即一份《东京公报》,给予证据号 460 号;其节选 1504C 号给予证据号 460A 号。

(宣读):近卫文麿首相声明,1938 年 11 月 3 日。

第二段开始于:

日本占领广州以后,又占领了中国中心汉口,实际上是现代中国生命支柱的所谓华中平原与七大城市,已尽落入我国之手。

语言监督官:豪克斯赫斯特先生,检察官先生,我们没有为我们准备的日文译本。因此我们只好如昨天那样分段进行。

豪克斯赫斯特检察官:相比分段,如果法庭愿意,我更想撤回文件的那个部分,不再宣读。

韦伯庭长:好的,您要宣读多少篇幅?

豪克斯赫斯特检察官：我想宣读第7页上的第二段及其下一段。

韦伯庭长：我们不能有一个即席的翻译吗？

豪克斯赫斯特检察官：我想——感觉今天早晨日文本送达了。我不知道为什么语言部没有。

语言监督官：先生，送达给我们的日文译本当然只是英文本的第一个部分，而且不包括近卫公爵的广播致辞。

韦伯庭长：有人说一个辩护律师有一个日文版本，但我认为他们还没有。

豪克斯赫斯特检察官：如果没有提供，就是撤回了那个部分。

韦伯庭长：好了，现在我们有了，先生。

豪克斯赫斯特检察官：这是致辞的第2段，如果可以，我想把它读完。（宣读）：

占领广州以后，又占领了中国中心城市汉口，于是实际上是现代中国生命的支柱的所谓华中平原与七大城市，已尽落入我国之手。有一句中国谚语形容这样的事情"得中原者得天下"。这样蒋介石政府就仅仅是一个地方政权了。日本取得了这些战果，并未过度使用战斗力，其一直保持在足以排除外来干预的水准上。

随后跳到其下两段到重新开始的一段：（宣读）：

三个伟大的邻国中国、"满洲国"和日本，当他们充分保留各自独立性的同时，应该为它们保卫东亚的共同义务紧密地站在一起，这是历史的需要。应该深深哀叹的，不仅为日本而且为整个东亚的这个目标，由于国民党政府的错误政策而遭受了挫折。该政府的政策建立在大战后短暂的历史浪潮上，而不是发源于中国人民智慧与良好感情的继承上。特别是,行为上动辄使用武力,而不管国家是否沦为共产主义的牺牲者还是降级为卑贱的殖民地的这个政府,只能被认为是背叛这些爱国的为了建立一个新的中国而不惜以生命冒险的中国人的行为。在这样的情况下,日本虽然不愿意卷入两个同宗的伟大国家互相厮杀的悲剧中,却被迫对蒋介石政府端起武器。

现在他们有了日文的文本,我要宣读其最后两段。(宣读):

对前线的人完全信任,国内的日本人默默地加速战时生产,并且准备延长的战争。这里我们有一种现代的古代日本精神的复制。历史显示我们国家强大或衰弱的均衡到了一个程度,即日本全体人民都已经意识到日本的国家形态。知道在东方的持久和平总是我们主权的目标,我们没有别的,只有深深地意识到作为天皇臣民的道德义务。现在正是我们全体准备面对这些责任的挑战的时候——换言之,要在道德基础上建立新秩序——一个东亚所有国家的自由联盟,互相依存而独立。

这意味着什么?这需要什么样的牺牲?需要什么准备?这些都是我们必须获得一个清晰的理解和关心、不能有任何差错的事情。如果有谁相信广州和汉口的攻陷标志着一个转折点,很快会转到正常状态,他明显是没有抓住当前事态的意义,没有比这更危险的了。日本建立一个新东亚的任务意味着它的国家的所有活动领域都进入了一个长期的创造工作。在那个意义上,真正的战争刚刚开始。如果我们要使我们的国家成为值得信赖的伟大国家,我们必须团结起来,追求坚定的信念,坚决地完成如建设国内一样去重新建设或建设海外的任务。

我现在要宣读所说文件中第 1 至第 6 页,其刊载于标题为"中国经济开发方案,企画院,第一部分"的版本上。(宣读):

现在广州和武汉地区,国民党政府两个最重要的军事和政治基地,被日本军队攻陷了。巩固军事胜利成果的直接必要的任务,是帮助所占领地区经济的重新恢复与发展。在有些地区,华中部分以上海作为中心,而在山东发生了激烈的战斗,由于中国军队的横扫而导致灾难,公共设施企业如交通运输、通信、电站和供水以及一般工业被完全打乱——一句话,经济建设整体上被摧毁了。即使在华北和华中农村地区的乡镇,战斗导致的危险轻一些,荒芜现象也是普遍的,虽然程度不同。

另一方面,在这些地区蕴藏有巨大的自然资源尚未开发,其可以被开发以促进工业并且导致人民的幸福和繁荣。为了帮助在北平与南京新建立政权领导下出现的新的中国,在经济发展工作中,日本不能限制其活动于狭义上的重新建设领域,必须利用未开发的自然资源。

在国民党政府统治下未能开发自然资源的主要原因,在于其缺少资本和技术以及政局的稳定。日本可以把这些条件带给新中国。这样,促进经济力量和改善一般生活水平所必要的资源就可以得到充分开发。而且,当这些事情实现时,中国人民的购买力就自然会增长,反而带来日本对中国输出的增加。因此在中国,自然资源的开发对于实现不仅在日本与中国之间而且在包括"满洲国"的三个邻国之间的经济合作的理想意义深远,这是建立东亚新的理想秩序的国家目标的基础步骤。

东亚稳定的力量也成为日本国家的生命。它不仅供应日本原料如铁、煤、盐和棉花,以增强其国防,扩大其生产力。重新建设和调整运输、港口、通信和电力企业的必要性在此事中可以得到理解。从日元区域获得这些必要物资的充分供应,在一个可以考虑的范围内,减少了日本的海外支付,同时在日本、"满洲国"和中国三国之间的产业协作调整,消灭了它们之间不必要的竞争和摩擦,对于物资供需调整和国际支付平衡具有很大的作用。

再次指出,这些重建活动不应该被认为仅仅是表面措施,它们与军事行动和政治活动同样致命和急迫。它们甚至是在战争延续过程中也必须采取的措施。这些措施的成功将毫无疑问地证明:一方面巩固新的政权,另一方面碾碎国民党政权。

特别公司的建立。作为实施帮助中国重建与发展措施的具体步骤,两个特别公司,华北开发公司和华中振兴公司现在已经诞生了,它们是在建设和开发工作中直接进行投资和融资的债券公司,如颁布于1938年4月30日的有关华北开发公司的法律和有关华中振兴公司的法律所规定的那样。

两个公司建立的目的是不一样的。如相关特别法第1条所规定的,华北公司被设计为加速华北的经济发展与相关任务的合作与调整。而按照相关法第1条,另一个公司则被设计为促进华中的经济重建与开发。

在华北,由于战争所导致的毁灭没有像华中那样严重,其丰富的自然资源如铁、煤、盐、棉花、羊毛尚未开发,日本的帮助主要是为经济发展。在华中,已构成西方投资中心和中国工业及经济建设的心脏,这样的发展已经达到了一个可观的程度,其灾难恰如1923年大地震以后的东京—横滨,其直接的需要是重建工业和公共设施企业,否则和平与秩序就无从谈起,也不要说开展建设与发展活动。这在上海地区的需要中尤其明显。相应地,日本帮助中国的这些地区是要恢复和重建产业和公共设施企业,并且进一步开发自然资源。

这些区别也反映在对两个公司各自承担的任务所需要的资金

的估计上。鉴于其发展计划的宏大,华北公司的资本为3.5亿元;而华中公司鉴于其主要任务是恢复和重建工作,其资金不超过1亿元。相关两者都被授权发行总额达到其已付资本五倍的债券。这些资金与资本被用货币或实物的形式投资于中国人的子公司,是由日本的私人所投资,总数达到几十亿日元。

子公司。如前所述,作为股份公司的这两家公司,原则上并不直接经营商业企业,其业务将组织许多子公司,对它们加以投资和融资,调整它们的经营。但是关于华中,在一些特殊的情况下,可以作为商业企业直接经营。

下一段,在该页开始的最后一段,在其他证据中已经勾勒出了其经营的目的,我将省略。在第3页底是:

这些子公司,既然是相关的在中国直接经营的企业,被期待是在中日共同管理下的中国公司登记而建立。至于一个公司一种经营的原则是否在这里适用的问题,取决于经营的种类。实际上,并没有就此做出决定。

子公司运行的合作与调整,如相关华北开发株式会社法律规定的那样,被设计用以消灭如下情况的可能性,即可能抵销关于自然资源开发与其他将要在该地区开始的许多产业企业的综合增长。但是,关于华中的事例,在法律上却没有这样的规定。这可以用日本帮助的事实加以说明,除了开办企业的少数事例之外,主要指向现存企业的恢复、补充和扩展,这可以受到控制投资和融资以及由此规范两者行动的重要事项的影响。在两个事例中,通过股份公司手中的资本的力量,将给予某种程度的指导。

给予两个公司的特许。从目前国家的目的来看,两个公司的使命非常重要。而且它们的业务并不能从一开始就获利,许多严重的困难横亘在它们成功营运的道路上。鉴于这些使任务变得极端繁重的积极的和消极的因素，政府除了对它们的必要投资外，还通过其各自法律所规定的保护方式给予两个公司许多特许。

政府向华北株式会社投资1.75亿元，代表总投资量3.5亿元的一半；给华中株式会社投资5 000万元，也代表了总投资资本额的一半。在这些政府投资中，一定的数量将用货物形式，主要包括为维修和建造被国民党政府毁坏或者搬运走的车辆、桥梁和铁轨所需要的物资。承认这两家公司对于私人利益者宣布分配红利的权利，通过此保证每年6%的红利，从其经营的第一年开始，是授予它们的另一项特权。为此，政府将在5年期限内给予它们某个确定数量的补助。至于债券，早已经说明过了。在这里所授予的特许是两个本金和利息的支付都由政府保证。

特许一般需要监督。两家公司对这个规则也不存在例外。关于筹集贷款、修改协会章程，执行合并与解散决议，以及利润的分配需要得到政府批准，关于每一个财政年度投资和融资财政计划，也需要得到政府批准。而且，政府将对公司颁布诸如为其监督和国防所必需的法令。这些和其他的监督手段都在法律中加以规定。

豪克斯赫斯特检察官：检方现在要求出示和提供其文件1505B《东京公报》1939年1月，中国经济发展概要，企画院第二部分作为证据。

韦伯庭长：按程序接受。

法庭书记官：检方文件1505B即《东京公报》1939年1月被接受为证据461号，其节选亦同，编号为461A。

（检方文档1505B被标记为检方证据461号，其节选号码相同，标记为检方证据461A号，被接受）

豪克斯赫斯特检察官：这个文件十分冗长，关于将要组建与接收的各种公司有许多详情。对于我来说,仅仅指出我认为在这一点上是重要的少数段落是有利的,如关于经济领域而不是宣读整个文件。您看,这是我已经宣读的部分文件。

我们与法庭语言部核对了节选,这样他们就被明确告知我想宣读的部分,而不必花费很长时间找到这些段落(宣读):

《东京公报》,1939年1月,中国经济开发计划,企画院。

二

《东京公报》的最后一个题目,是关于中国发展计划概要,特别是关于华北开发株式会社和华中振兴株式会社的作用与运行。在当前的条文中,将充分讨论由其子公司进行的开发和振兴任务。为此,华北和华中将分别进行。

华北:与资源开发总任务相关的公共设施企业,诸如交通运输、港湾和码头的改善、发电和电力传输的极端重要性,已经得到广泛认识。自然,这样的工作将会首先考虑。

关于交通运输、港湾和码头改善,一个关于把铁路营运作为其基本任务的建议已经提出。但是关于如港湾和码头营运工作的适当性,其在中国那个部分经济发展中的重要性可以与铁路相提并论。但是在一个同样的管理中关于这个公司的具体计划尚未确定。

然后是下一页,该段的中间(宣读):

关于交通服务,相关的华北电信电话株式会社已经于1938年7月30日成立,其投资为3 500万元,由北平临时政府投资1 000万元,包括以设备与其他资本形式,由华北开发株式会社和其他经营与通信密切相关的公司投资2 500万元。其主要业务是建设和经营有线和无线电报电话服务,包括海底电缆。人们期待这个新公司的服务将会极大地实现建立在日满中合作基础上的通信政策。毋庸说,这个公司的通信服务经营不仅在华北各地之间,而且在日本、"满洲国"和世界其他地区之间。

接着是下一段(宣读):

相关公司或者为发电及电力传输公司的建立是如此重要,至今尚未最后决定。

然后是第3页"自然资源"(宣读):开发自然资源的企业将会得到华北开发株式会社的帮助并置于其协调控制之下,通过前述投资与融资的办法。这类企业是矿业及与制造业、盐业销售与利用相关的企业。对于前者,铁和煤矿将首先接受日本的援助。

华北铁矿储藏总数大约2亿吨,占整个中国据说是3.5亿吨的半数以上的储量。其中只有小部分已经开发和生产。储藏量最大的是在察哈尔省的龙烟铁矿,其储量据说是9 000万吨。为开发这个矿,1918年建立了一个半官方公司,并且在什么地方(我不能叫出其名字)建设了一个拥有一座高炉的冶铁工厂。

韦伯庭长:您正在读市场以外的部分。我不明白您的意图,但看上去它没有任何重要性。

豪克斯赫斯特检察官:是的。现在读页末的一段(宣读):

一个可望很快建立的铁矿公司可以将其经营放在龙烟铁矿的开发上,在石景山、太原和阳泉的铁矿也可以归其经营。来自这个铁矿的部分铁矿石以及在这些冶铁工厂生产的剩余生铁将输往日本,而生产的钢材则在当地消费。兴中公司在一些年以前已经向日本输出铁矿。

煤炭是华北的另一个重要矿产。在山东省，储量据说超过15亿吨。该省的重要煤田是在博山、淄川、章丘和坊子的煤田。它们的年产量分别达到150万吨，70至80万吨，20万吨，以及4至5万吨。

我不想宣读这个事情，我要宣读第5页顶端（宣读）：

在开发这些煤炭资源方面——

由于某些原因，这个本子已经与我要宣读的本子混淆了。我不能肯定这与核对的相一致，虽然我认为这就是今天早晨我交给他们的那个。

韦伯庭长：我们的版本标记得够清楚了。

豪克斯赫斯特检察官：我要从第4页底开始，与盎格鲁统治的中国有关（宣读）：

华北所有省份的储量估计总数为1 300至1 400亿吨，占整个中国储量的50至70%。但是总的年产量不超过1 500万吨。而且以下原则问题尚未确定，即决定要建立的从这些广泛分布的煤田煤矿和煤炭买卖的公司的数量与分布。

在开发这些煤炭资源时，新的公司将通过统制供应的方式，瞄准保证中国国内煤炭消费的平稳，同时满足日本的需求，特别是为生产铁而对黏结性煤的迫切需求。日本对煤炭的消费量随着其工业的发展而迅速增长，而煤炭生产的增长又不可能与需求增长同步。根据情况来看，从现在起大约十年，必须每年进口几亿吨。根据当前的汇率及运输费用，不要说"满洲国"也要求它自己的更大的煤炭工业扩展计划，日本工业的资源方向将转向来自中国的煤炭供应。

但是，仅仅依靠开滦煤矿和山东的煤矿，无法实现上述目标，因为其产量、自然条件及年代的局限。换言之，煤矿必须适应大规模新的开发的目的，许多专家认为必须在大同煤矿进行大规模的发展。根据他们所说，该煤矿年产量可以达到2亿吨的水平。

关于通过液化煤、液化燃料的生产，三个国家日本、"满洲国"和中国都困于短缺，也在计划中。

而关于盐的生产、销售和利用的企业，在发展计划中构成了一个不可或缺的部分，其基础当然是盐田。

然后到第6页顶端（宣读）：

盐从海外领土和外国输往日本，即使在今天，总量也已经达到150万吨，可以根据其产地分成两类，即远洋盐和海岸盐。后者是除了从海外领土以外，从"满洲国"、中国，法属印度支那和爪哇供应的；而前者主要从非洲厄文特里亚、意大利和法属索马里、埃及、苏丹和亚丁进口。为供应日本对盐的日益增长的需求，出于经济和其他原因，尽可能多地依靠来自中国的盐当然是可取的。相应的，由于来自日本工业扩张以及中国国内对食品和工业的消费，迫切需要恢复和增加长芦和山东盐的生产。

在华中。华中工业促进计划包括重建和发展以上海为中心的铁路、客车和通信事业、电力供应、水运、矿业和渔业。作为华中振兴公司的子公司相关企业的建立计划已经取得了进展。

然后我要翻到下一页，在"铁矿"的标题下（宣读）：

铁矿。华中也有幸具备有现代国家最基本的自然资源的铁矿。长江流域铁的储量据说总数大约1亿吨，占整个中国储量的35%。拥有优越的地理位置和出产丰富的矿石，这些资源已经开发到了超过华北相当大的程度。然而从整体上看，这个国家铁资源的开发与其矿藏总储量相比还是微不足道的，其年产量还不超过130万吨。

然后跳到下一段。

为了开发这些资源，华中铁矿公司于1938年4月8日成立。该公司投资尚不足，主要的投资是日本方面的1 000万元，其中包括振兴公司的450万元。中国方面的投资，除了已经有的以储存货币的形式的微小投资外，将以设备与货物的形式投资，同时对其矿藏的评价已经结束。而且，自从日本占领武汉地区以后，在长江流域上游的大冶和其他矿的恢复和发展已经提上日程。

其他企业。作为子公司之一，内河航运的统制已经建立。同时，关于建立相关的客车服务、渔业，以及在海州附近地区的制盐的计划进展顺利。

这样，经过良好计划的以及日本的帮助，新中国的经济生命将很快复兴和发展，不仅为中国人民而且为东亚所有国家的繁荣。

现在我要提交检方证据，文件1529D。这是《东京公报》495卷，1940年11月。作为这个文件一部分的也是1940年12月号的一条，标题为"日本、满洲和中国经济建设计划大纲"。

韦伯庭长：如前接受。

法庭副书记官：检方文件1529号，是两份东京公报，即1940年11月和12月的5、6号，给予证据号462号。其节选即检方文件1529D号，接受为证据462A号。

（上述文件分别被标记为检方证据 462 号和 462A 号接受）

豪克斯赫斯特检察官：第一条："中国工业重建"，由内阁情报局编制。该条也包括已经向法庭宣读的复本。它们有少量的节选，已经由语言部核对过。

在第 1 页底的段落为：

中国工业很低的生产力具有束缚作用，不允许该国丰富的工业资源为自身利益所用。相反，这样的资源几乎全部以原料的形式输出，以养育世界上遥远地区的发达工业，其转过来对中国工业也是所需要的物资。而且，这种很低的工业生产力最多获得极低生活水准的工人，其结果是中国工业不能将它自己与农业经济分离开来。

然后是英文声明第 2 页第 2 段，其部分如下。

由于中国 80% 的工厂都集中在 5 个工业中心，由它们承受的战争结果带来的直接危害巨大。在上海，根据旧上海市社会事务局 1936 年 11 月编制的统计，2 998 个工厂即该市大约 5 525 个工厂的 55% 被摧毁。由于南市的沦陷，危险还在进一步增加，整体上看，在该市对工厂的损害估计为 8 亿元。

然后是第 3 页顶端。

恢复。由战争所影响的工业区域都是在新的中国政府领导下的战略区域，有必要在这些受创伤的城市首先进行所有工厂恢复的任务，恢复工作，维持和平与秩序。为此目的，所有被其业主荒废的工厂都已经被暂时置于日本军事当局的监督下，或者委托给日本业主。许多中国的工厂业主可以在中日联合经营下，得到日本资金和技术，使其工厂重新开张。这个安排已经吸引了不少日本资本来到中国，帮助瘫痪的中国工厂重新站立起来。

然后是页底的一段。

从恢复到建设。由于恢复工作的进展，中国工业进入了一个发展的新时期，而且应该进一步沿着现代线路扩张。在日本的领导下，鉴于防止共产主义渗透和刺激中国生产力的目的，为华北包括内蒙古全面发展的计划已经在制定中。根据这个计划，各种产业诸如煤、铁、液化煤、电力和制盐工业已经被置于经济统制下，而纺织和其他工业被允许保持自由企业。1937年11月，为统制与这样的产业相关的各种辅助公司，华北开发公司作为一个股份公司而建立。作为自由企业，它们由以下为建立东亚新秩序的三个基本原则所指导：① 必须避免日本、"满洲国"和中国之间的竞争；② 必须限制可能需要双重投资的企业；③ 必须避免同样种类的企业杂乱重复。相应地必须颁布在这些原则基础上的政策以规范自由企业。

这个规范产业的政策是要促进中国工业的健康发展，并通过提供政治的和经济的安全鼓励中日经济合作。日本驻华派遣军司令官3月18日的宣言，意思是在日本军事当局监督下的工厂必须恢复到合法的中国所有者具有同样精神的活力。这是日本政府在华北的特别地区如在华中那样的政治、经济和军事政策。重要的产业由华北开发公司和华中振兴公司所控制，小产业则可以是自由企业。

华北。产业统制的方式具有特殊意义。直到中国事变爆发，华北铁工业的很大部分都尚未发展，石景山炼铁厂已经关闭了20

年。铁工业现在在1939年7月中日组织建立的龙烟铁矿公司的指导下。1938年11月以来的石景山制铁所,1939年6月以来的阳泉制铁所,1939年11月以来的太原制铁所都已经开工,它们的生产非常可靠。

第5页的一个段落即第2段如下:

在华中,有华中振兴株式会社的12家子公司。华中盐业公司建立于1939年8月,正在海州开发盐田。它还准备通过直接投资或者提供贷款开发新的盐田。

我现在要宣读刊载于该文件末尾的《东京公报》12月期。
韦伯庭长: 现在该休庭了,我们休庭15分钟。
(10:45开始休庭)

(11:00重新开庭)
法庭执行官: 法庭现在重新开庭。
韦伯庭长: 豪克斯赫斯特先生请。
豪克斯赫斯特检察官: 如果法庭同意,我宣读1529D,即1940年《东京公报》。(宣读):

日本、"满洲国"和中国经济建设计划大纲
昭和十五年(1940年)11月5日内阁情报局宣布
基本目标。确立"大东亚共荣圈"的基本国策,其目标在于建立新的世界秩序。现在已经进入一个缔结日本、德国和意大利三国条约的新阶段。政府在最近的内阁会议上决定了包括日本、"满洲国"和中国经济建设计划的大纲,着眼于按照局势的最新发展,并旨在此后不间断地实施符合基本国家目标的国家政策。新政策的目标以经济秩序的新视角，在三国广泛的经济发展基础上实现"大东亚共荣圈"前所未有的进步。

以各地人民和国家可以自由交换货物为基础的世界经济自由贸易的新制度正在崩溃的过程中。相应的，日本的制度也需要抛弃依赖旧秩序基础的旧结构的新基础上重组。但是，在这个认识方面，日本经济必须取得一个更高、更广和更强的结构，能够领导东亚人民改善他们的生活条件并找到他们各自在新的世界秩序中的位置。这里所谓"更高"意味着必须实现我们国家所拥有的生命的力量，以创造更高的生产力；"更广"意味着经济互相依存的范围必须从日本、"满洲国"和中国拓展到大东亚，并且牢固地建立起来；"更强"意味着可以应对任何形势的坚不可摧的经济力量必须通过保持广度而维持，日本经济对此只在一个很小的程度上依靠其他国家。为了达到这一目标，必须通过凝聚国家的所有力量和资源，以坚强的意志在国内克服进行革新努力的艰苦，并且战胜外部的任何压力与威胁。这样一个在日本领导下的东亚经济秩序必须在10年之内建立起来。就这个东亚秩序来说，不仅"满洲国"和中国，还有东亚其他国家的经济秩序必须能够期待改善和发展到一个最高的程度。

基本原则的主要内容

为了实现建设新东亚秩序并保证世界持久的和平，各国国内结构的革新、生活范围的扩大与组织的过程必须到达完善的统一。它的基本经济政策必须按照以下三个程序的组织计划相应建立起来：

1. 国民经济重组的完善。
2. 日本——"满洲国"——中国经济的组织和加强。
3. "大东亚共荣圈"的扩大的组织。

政策的基本路径

1. 包括日本、"满洲国"和中国的经济建设计划目标是在大约10年内建立一个自给自足的经济结构,通过加速"大东亚共荣圈"的建设增强东亚在世界经济中的地位。

2. 日本承担包括三个国家的经济建设计划的指导原则在于通过三个国家的一体协同,以一个共存共荣的理想状态推进总体福祉,符合"八纮一宇"的崇高和广阔的精神。

3. 为了开发经济结构,日本将努力昂扬国民气魄,革新国内态势,扩充国家实力,并且对"满洲国"和中国的重建经济提供援助。为此目的,它将努力振兴科学技术,承担先驱工业的发展。

4. "满洲国"与日本具有不可分割的关系,被期待迅速整备和发展重要基础产业。

5. 中国被期望在与日本和"满洲国"的协力中开发其资源,复兴经济,特别是需要通信和交通运输的进步,货物的平稳交换,基础工业和资本的开发,因此被期望对大东亚共荣圈的建立做出贡献。

6. 鉴于包括日本、"满洲国"和中国的经济结构的调整和加速组织计划,应该加速整备相关行政机构。

实践政策。日本、"满洲国"和中国组成"大东亚共荣圈"的脊梁,因此有义务在三国最近的联盟基础上规制经济关系,政府因而决定了包含这三个国家关于产业分野、劳动、金融、贸易、交通运输的基本政策。

产业活动圈。确定产业分野,应该考虑三个国家的特殊条件和它们各自的经济发展阶段,从广泛观察的角度影响决定并将它们看成一个有机整体。

鉴于此,日本今后应该努力振兴最高类型的精密工业和机械工业,同时努力发展基础工业如重工业、化学和矿业工业。

"满洲国"被希望在矿业和电力事业方面做出一个划时代的进

步。为了其重工业和化学工业的发展，日本准备提供必要的援助。

中国被希望发展它的矿产业和制盐业，并承担大规模的工业原料生产。既然它的自然资源为重工业和化学工业的发展提供了很大空间，沿着这个方向的进步在今后可以期待。

大陆轻工业必须加以很大的促进。关于此，日本有必要调整它的轻工业，特别是纺织工业和日用品工业，应该认真考虑它们向大陆的转移。

关于日本的农业，必须采取措施改善有关土地的各种制度，革新经营管理，改善和取得农民生活的安定，确保国民获得充足食物，同时维持农业人口数量的稳定。还要采取措施，稳定发展水产业，实现森林资源的合理化利用与保护。

关于满洲的农业，鉴于该地区是日本、"满洲国"和中国食品、饲料的补给基地，并且是向全世界供应特殊农产品的基地，期待其将农产品生产扩展到最充沛的程度。为此发展的目的，将实行日本农业开拓移民。关于中国的农业，必须努力保证该国充分的粮食供应。棉花和其他大宗产品的增加的迫切性也不逊色。

劳动。为了占有世界经济的统治地位，劳动和技术地位的重要性将迅速增加。为此目的，在日本，必须彻底改变劳务技术体制。而且，在东亚每一个国家和地区劳动力的适用必须能够使它们为改善整个劳动力做出贡献，从而维持"大东亚共荣圈"在世界经济中的优势地位。根据这个观点，日本要完善劳动和技术的一种新的结构，训练工人的身体和头脑，提供全面的科学教育，提高劳动生产率，培养技术人员和熟练工人。"满洲国"和中国的这种经济建设将按照两个国家的需要得到加速和援助；"满洲国"和中国将得到有能力的为其产业开发和经济建设所必需的技术人员和熟练工人的供给。毋庸置疑，鉴于技术的重要性，两国自己必须培养这种类型的人。而满洲的进一步需要在于不仅仅是其劳动力从华北向其农村移民,而且要采取劳动力自足和改善管理的措施,特别是在矿业。

金融。本着建设国防经济的观点,必须发挥金融的职能,以符合国家的目的。换言之,应该这样发挥作用,即国家所需要的物资应该在质量上和数量上都得到保证。为了使日本、"满洲国"和中国实现产业计划的统一,资本应该按照与所确立的任务相应制定的计划和制度决定配置。对于此,必须完善金融机器,以适应重要物资的储存,保持技术的进步,顺应产业活动的范围及金融的整备。为三个国家所需要的资本必须是由其自己积聚而供给的来源。为此三国必须采取措施,以增加和有效利用这样的积聚。关于为基础产业开发所需要的资本,日本准备提供援助。应该建立三个国家在国际问题上互相援助关系,如同它们之间的经济联系更加紧密一样。

交易。关于正在到来的新世界秩序中的交易,必须在很大程度上修正过去的商业贸易主义,形成生产主义的原则,通过交换它们自己计划生产的物资,使每个国家、地区和经济体互相供应它们所需要的产品。规范这些国家和地区之间的贸易,不用说包括日本、"满洲国"和中国之间,必须创造一个一体的贸易规制。在这些国家和地区之间,为有利于货物更加紧密的流动,需要一份关于支付的特殊协定。

交通。随着日本、"满洲国"和中国之间以及共荣圈内物资更密切的流动,在这三个国家之间交通制度必须通过广泛的和有组织的计划加以综合整备,进而保证整个区域的安全。相应地,这三个国家之间连接陆地和海洋的交通运输必须拓展,船运的大规模增加,航空的统制联络,以及电讯设施的整备扩充必须进行规划。

二十一、日本扶植华北、华中诸政权

豪克斯赫斯特检察官：检方现在要提交其文件2203号为证据，它是中国事变的第五部分，"关于在北平建立临时政府和在南京建立维新政府的文件"。

韦伯庭长：如前接受。

法庭书记官：检方文件2203号被接受为证据463号，其节选被接受为证据463A号。

（检方证据463号和463A被接受）

豪克斯赫斯特检察官：对此，我要请法庭注意刊载于速记录第3853页至3860页上的证人约翰·戈特关于临时政府的作证。按照总务局总务课的要求，一旦获得这个文件并有需要，就请求加以公布。

这是一个其原始版本毁于轰炸的文件。根据本法庭的相应规则予以提供。

（宣读）

一、中华民国临时政府

1937年，在攻陷华北的德州、绥远、彰德、太原以后，11月底，国民政府仓皇迁往汉口、重庆。12月13日南京最终攻陷，左右了战争发展的趋势。这样事先在华北的要人间已经安排的建立一个新政权的机会就成熟了。

王克敏同意担任华北政权首领的情况是：事变伊始，他正在香港，北平特务机关长喜多少将通过正在上海的山本荣治竭力劝说王接受邀请。同时,为同一目的从北平和台湾驻屯军直接派出参谋人员前往香港进行劝诱。最后,王于11月24日来到上海,12月6日飞往福冈,然后与山本、余晋龢一起前往华北。

据说王到达上海时,他还没有完全同意出任华北政权领袖,但在做一次视察旅行的条件下他同意了。

华北军事当局为建立作为中央政权的阵容整齐的华北政权煞费苦心,所安排邀请的不仅有王,还有通过当时在上海的吉野和今井(军官)从南面请来的其他有影响的人物。对于上述华北中心主义的计划,军部及寺内大将等给予了批准。但是,在上海的一部分军官表示反对,特别是楠本大佐反对,认为不必从一开始就把华北确定为政治中心而从上海抽出许多头面人物。

到达北平后,王克敏决定接受华北政权主席职务,并确定了政府组织和基本原则。1937年12月14日,"中华民国临时政府"在北平成立。

其政府组织和基本原则如下:

(一)政府在政府主席领导下组织,其议政、行政与司法以下述三个委员会在法律上互相独立。

1. 议政委员会(审议重要国策与一般政务机关)

委员长:汤尔和

常务委员:王克敏、朱深、董康、王揖唐、齐燮元

委员:江朝宗、高凌蔚

2. 行政委员会(设置实施行政一般事务的机构秘书局,以及行政、治安、文教、法制、灾区赈济五部)

委员长:王克敏

行政部长:王克敏(兼任)

治安部长:齐燮元

文教部长:汤尔和

法制部长：……

除非法庭感觉有必要宣读所有官员姓名，我就从（一）跳到（二）了。

（二）国旗：五色旗

（三）宣言要旨

1. 恢复民主主义，芟除污秽政党政治；
2. 绝对根除共产主义；
3. 发扬东亚道德，促进与世界友邦的睦邻关系；
4. 开发产业，改善国家福利；
5. 为政府过去宣布的义务承担完全的责任。

作为临时政府新建立的结果，北平地方维持会、天津治安维持会、平津治安维持联合会加入。12月14日冀东政权以池宗墨以下全体官民的名义发出与新政府合并、冀东政权自然解消的通电。昭和十三年（1938年）1月30日冀东政权并入临时政府。

根据临时政府建立后不久内阁会议上确定的处理事变基本原则：旧南京政府如果重新考虑局势，日本政府将与旧南京政府合作。如果旧南京政府不重新考虑并且继续所谓长期抵抗，日本将不期待今后与旧南京政府进行谈判。而且适应在所占广大地区管理的需要，日本将分别采取各项措施。

在华北，主要的政策是促进公共和平和福利。在政治上，确立以反共产主义为目标，支持日本和"满洲国"的政策；经济上，建立日本、"满洲国"和中国之间不可分割的关系，并且逐步扩展和加强这个政权以制造重生的中国的中心力量。但是，如果与旧南京政府进行了谈判，这个政府将根据和平的条件对此进行调整。

进而，在昭和十三年（1938年）1月11日御前会议决定的中国事变处理基础上，我国政府确立了其政策，大意是关于在旧南京政府出现反应、改变主意以及真诚对待我们的时候,"中央政府"保留在分别起草和平条款的基础上与其进行谈判的权力,以寻求和平;如果相反,它对我们没有和平努力,我们将抛弃继续与它谈判解决冲突的期望;我们将帮助创建一个新的中国政权,并通过与它一起做出规范两国间关系的方式,与它合作进行一场新的改革。另一方面我们将努力打碎旧南京政府或者将其合并于新的"中央政府"。

关于我们迄今通过德国为中间人的和平谈判,旧南京政府于1月14日建议我们通过德国驻南京大使进行,以达成最后的决定。它认为我方要求过于宽泛,希望我方提供进一步的细节。我们认为,既然他们应该充分了解日本通过德国提出的基本和平条件,中国方面的答复没有和平真诚愿望的迹象,显然不过用以拖延解决时间。于是我国政府在1月15日或其前后放弃通过与旧南京政府进行谈判得到和平的希望,内阁决定了符合1月11日御前会议决定的帮助创建和发展一个新的中国政权政策的第二阶段措施。在这方面我国政府于16日发表了一项对国内外的声明,预先并同时宣告停止中国与我们之间的和平谈判。

二、在华中建立新政府运动

当日本军队在上海及其附近地区击败中国军队,随即在昭和十二年(1937年)12月13日占领南京时,在华中创建一个新政权的运动就开始了。首先,12月5日在上海组织了上海大道市政府。上海以外的其他各地也出现了各类公共秩序的维持会。其中主要的机构是建立于昭和十三年(1938年)1月1日的南京自治委员会和杭州治安维持会。但是在上海地区,蒋政权和国民党的影响被证明还很强,在南京攻陷后,上述影响也远远超过预期,亲日分子即使在国际定居点要公开接近日本人也是不可能的。因此不同于在华北,在华中建立一个实质上的政权,在一个长时期内都是困难的。

从攻陷南京开始的建立新政权运动，可以归结如下：

1. 上海市大道政府（大道市政府）

关于这个政府，据报道是大使馆陆军武官室的楠本大佐和参谋本部影佐大佐互相协商后帮助其建立。驻当地的海军机构和外务省官员一直不知道，直到这个政府开始出现一个具体形式。因此这个政府当时一般不很受欢迎（市长苏锡文，福建人，早稻田大学毕业，一度是天津一名盐务官员）。

这个市政府将下列地区划归其治下：浦东、南市、沪西、闸北、真茹、市中心、吴淞、北桥、嘉定、宝山、奉贤、南汇、川沙，以及崇明；同时设置秘书处、特区办事处，社会、警察、财政、教育、卫生、土地、交通、工务各局，肃检处，北方政总署。

2. 上海市战区善后整理会

该委员会主要由虞洽卿和其他一些人为首的商人集团所组织，由张啸林领导的青帮为后台，试图承担参与维持公共秩序并恢复商业和工业，以及上海战区的所有善后工作。虽然它是救济和恢复协会，但更是一个政治团体。它实行委员会制度，由委员会通过提名选举的主席为首，并试图采取代表制度。运动由上海居民中有影响的成员发起开展，但最终停止了，没有机会发展成政府形式。

3. 拥立西山派唐绍仪的运动

在中国战事的早期，松井司令官派了菅野长治与他一起来到上海。菅野与山田纯三郎等与陈中孚联络，试图由唐绍仪、许崇智、居正等西山派组成一个新的政权。但是这个努力没有取得明显进展。另一方面，唐绍仪集团怀疑和害怕日本人今后会与蒋政权妥协或者可能制造一个纯粹的傀儡政府。于是这个中国人集团的态度非常消极（后来唐绍仪和吴佩孚开始互相间合作，他们的合作显示出实质进展的迹象。但是唐吴联盟即将出台时,由于唐绍仪在昭和十三年(1938年)8月的一次事件中成了被刺杀的牺牲品而受挫)。

我要省略宣读4、5、6,然后在下一页"三、'中华民国政府'的恢复"继续开始。

(宣读):三、"中华民国维新政府"

为在华中建立一个中央政权的运动已经开始,梁鸿志、任援道、陈群、温宗尧出马的机会逐渐成熟。传闻驻上海陆军特务部的原田少将、楠木大佐,和驻上海海军特务部给予所有这些不同派别的人物以援助,以便开展他们之间的合作。但是与以上政府的建立相关,华北集团很快开始创造了一个强力的对立面。

当时重建政府及其平台结构的主要因素,在3月28日正式组建的时候,可以归纳如下:

1. 该政府以三权鼎立的民主宪政的形式,在其组成中拥有三个院和七个部。

我要从这一点直接到2,省略有关部的宣读。

2. 国旗采取五色旗。

3. 政纲要旨:① 采取三权鼎立基础上的民主宪政形式,取消一党专政;② 尽可能实施反共措施;③ 关于对外关系,努力保证在东亚的平等、维护主权、中立与和好、和平,以及与所有外国的友好关系;④ 采取措施救济战争受害者,使他们返回并正常营生,实行地区补偿;⑤ 采取措施开发自然资源,促进农业和工业,引进外国资本并在友好条件下与外国实行经济合作;⑥ 努力发展商业、工业和金融,增加国民财富;⑦ 采取步骤提高国家的科学知识,在其独特的文化基础上,实行根本的教育;⑧ 财政合理化以使其更合适,并采取步骤减轻民众负担;⑨ 广揽人才,言论公开,允许批评政治;⑩ 撤销非正规机构,采取措施改善政府人事。

作为前述政府机构恢复建立的结果,在其控制下一些地方政府随后建立起来,因为公共秩序维持会在所有不同的地方被解散了。这样,在江苏、浙江和安徽的省级政府,以及南京的市政公署于5月23日、6月20日、7月23日和4月24日分别诞生。在上海,上海市政公署于4月28日建立,接收了整个大道市政府机构,在其组成中有着名义上的变化。这个市政府摈弃"大道"之名,并且由行政院直辖。

第1187至1189页

华中政务指导方案(包括新政权建立以后的一段时间),1938年1月27日临时性决定。

一、总原则

(一)建立一个高度亲日政权,逐步将中国从依靠欧美中解脱出来,并且建立起依靠日本的中国一个区域的基础。

(二)该政权的指导,要为今后发展进程中与华北政权的平稳结合而实施。这种指导因日本顾问的内部指导而停止。避免由任命日本人官员而在行政中的具体指导与干预。

(三)消灭蒋政权。同时在一个短时期内实现日本占领区域内消灭共产主义和毁灭国民党。今后相同的运作将很快扩展到邻近地区。

二、指导计划

(四)在指导行政事务中,重点将置于最高的政治组织,首先是高于一切的立法部门,以及作为执行机构的国内行政(主要维持和平),行政部门的财政、产业和教育局。在上海及其周围地区创建特别机构,以建立华中经济发展的基础。

(五)在指导省政府和一些地方政府中,日本顾问尽可能避免参加,这样来自上层行政机构的指示将被平稳地实施。

在日本占领地区特别是战区,抚慰人民的精神,实现安民就业。

(六)财政基础应该尽快建立,要调整金融机构,在华中实现日中经济合作。为此的措施在另一个计划中描述。

(七)关于军队,将训练小规模的军队以维持和平与秩序,并且在日军指导下努力恢复公共秩序。但是海军和空军将包括在日本的防卫计划内。

(八)在整个地区,附属于行政机关的维持和平机构将予以强化。为此,任命若干日本警官为指导,以建立警察行政。

(九)建立特殊学校以训练模范官员、促进文化活动,创造促进政治净化的特别辅助机构,将另行计划。

(十)随着行政机构的改善,逐步取消地方自治团体。

(十一)第一阶段的行政地区是在日本占领下的行政地区。该地区将不断地扩展。

(第1190至1193页)

建立华中新政权计划(符合行政指导的计划)

(1938年1月27日临时决定)

一、基本原则

1. 新政权名称——华中临时政府。

2. 政权所在地:暂时位于上海,今后位于南京。

3. 国旗：五色旗。

4. 政体：另定。

5. 宣言与政纲：在一独立文件中规定。

6. 新政权组织机构：如简图所示。

7. 新政权将很快建立，为了其成长，通过有形的或无形的压力消除对抗性的影响。为此目的，加强该地区在日本占领下正在不断建立的地方自治体，有力刺激公众希望建立由日本支持的新政权的感情。而且，在上海及其周边地区很快实现经济恢复，从而对新政权的建立做出贡献。

8. 在政权最初阶段的事业方面，相当一部分将由日本承担。

9. 为了救济战争受害者与恢复实业，立即采取紧急措施。特别是向市场平稳供应农产品，农民没有担忧地从事春耕。为此目的，维护地方和平将由日军尽其最大努力进行，直到新的地方政权建立。

10. 新行政机构建立的顺序如下：① 建立"中央政府"，特别是立法和行政机关；② 建立上海特别市政府机构；③ 建立省级政府机构；④ 县自治体及其下延的组织。

11. 与1.和2.并行，青红帮转向亲日，直接和间接帮助新政权。

12. 划定新行政区域，原来的将大体保留。

13. 随着新政权的巩固，日本在租界内的影响逐渐扩展；建立新政权以后，在日本陆军和海军控制下的旧政权机构将在适当的时候由新政权接收，同时迅速解决突出的问题。

14. 大道市政府、市民协会和其他新出现的机构并入新的上海市政府。

15. 省以下纯粹的行政机构大体照旧保留，但是教育体制和内容将大规模改革，如另行规定。

如果法庭同意，检方现在要求提交其文件1584A。这个文件有两个部分：一是关于日中基本条约的文件，另一是外务省发言人关于日中基本条约的签署，和1940年11月30日发布的日满中联合声明的谈话。

韦伯庭长：按程序收录。

法庭书记官：检方文件1584A即东京公报1941年1月，列为证据464号，其节选为证据464A号。

（检方证据464号和464A号被接受）

豪克斯赫斯特检察官：为了让法庭知道，我要说明这个文件的第一部分，"关于日中条约的文件"包括了所有在证据40号（检方文件190号）中显示的内容，即"日中1940年条约"。为准备这个文件，我们记得法庭规则规定整个"东京公报"文件必须包括在内；由于这是文件第一部分，我们认为这将省略对证据40号的参考，我们将知道文件中的所有如现在介绍的情况。

韦伯庭长：您要宣读全部，还是只给我们一个充分考虑过的节选？

豪克斯赫斯特检察官：我准备了，如果法庭愿意，将向法庭提交条约和其草案的三段或四段节选。

韦伯庭长：我们现在休庭到13:30。

（11:58开始休庭）

（13:30重新开庭）

法庭执行官：远东国际军事法庭现在开庭。

韦伯庭长：豪克斯赫斯特先生请。

豪克斯赫斯特检察官：如果法庭同意，我发现在提交证据40号的时候，它还没有向法庭宣读，我要宣读条约中的一条，第6条，以及日本、"满洲国"和中国共同宣言议定书第2条。

（宣读）：第六条

两国政府根据长短互补和有无相通的旨意，依据平等互利的原则,在两国间实行经济合作。

关于华北和蒙疆的特殊资源,特别是国防所需要的资源,"中华民国政府"许诺其将通过两国之间的紧密合作加以开发;关于为国防需要的其他地区特殊资源的开发,"中华民国政府"为日本和日本臣民提供必要的帮助。

关于前段所述资源的利用,当考虑中国需要的时候,"中华民国政府"将向日本和日本臣民提供积极的和充分的设施。

两国政府将采取一切必要措施在整体上促进贸易,使两国间货物供需合理化。两国政府尤其拓展以日本为一方,华北和满洲为另一方的在长江下游贸易和商品的促进的紧密合作。

关于恢复和发展中国的产业、财政、交通和通信,日本政府通过两国间的协商,扩大对中国必要的帮助以及与合作。

议定书第6页第2段:

(宣读):日本、"满洲国"和中国互相尊重各自的主权和领土。

日本、"满洲国"和中国在三国互惠的基础上进行整体合作,特别是好邻居的友谊,共同抵御共产主义活动和进行经济合作,并且为此在一切领域采取所有必要的措施。

豪克斯赫斯特检察官(继续):在第1页底的文件第2页,我要宣读第二份声明,外务省发言人谈话第2段,关于1940年11月30日中日基本条约的签署和日满中联合声明的发表。

(宣读):中日战争爆发后,由于日本军队的推进,在中国许多地区出现了维持和平与秩序的协会,其逐步由两个政权即北平临时政府和南京维新政府加以吸收与合并,走上了建设新的中国的道路，直到汪精卫领导下的和平救国运动。

然后是第2页，最后两段：

(宣读)：与建立"中央政府"的活动相同时，并且不可分割，进行了调整中日关系的谈判，在友好睦邻、对共产主义的共同防卫与经济合作三原则基础上，谈判取得特别显著的进展。在1939年8月底举行的国民党六中全会以后，12月30日在关于调整中日关系基本观念的基础上，两国谈判者之间在上海达成一个非正式协定。

由于今年3月30日新的"中央政府"的建立，日本政府于4月1日任命阿部信行为全权特别大使，于本月23日到达南京。随后，所有办理恢复中日关系的准备完成。7月5日举行了第一次正式会议，阿部大使和作为代理主席的汪精卫出席。在这次会议上，当阿部大使提出日本政府关于将要开始的谈判的观点后，汪先生说明了中国的希望。随后谈判持续了几乎两个月。那其实是双方对于在东亚建设新秩序的热情超过所表达的互相让步的程度，使两国代表能够解决许多复杂的和令人烦恼的问题。在8月28日举行的15次会议上，他们同意了一份条约草案，其于8月31日草签。根据两国政府对他们各自国家国内观点的调查，这个条约草案被发现需要做部分调整。相应地，在9月后半月，恢复了为必要修改而进行的谈判，为此达成了一个观点的条约，10月10日签署了条约的最后形式。

另一方面，由于"满洲国"毫无保留地支持中日合作过程，进行了关于日满中联合声明的谈判。在11月早期，"满洲国"外务局长韦焕章先生到达南京，今天发表了由三国代表草签于11月8日的宣言。同时，阿部大使于10月27日回国，于10月29日面见近卫首相，汇报他的这次使命。在11月13日的御前会议以后，向枢密院提交条约,在11月27日的全体会议上得到批准。这是今天在南京签署的日中基本条约的简史。

豪克斯赫斯特检察官(继续):我代表检方提交后面一份文件1453号为证据,是一份标记为1940年11月30日的秘密条约。

韦伯庭长:接受为证据。

法庭书记官:检方文件1453号被接受为证据465号。

(检方证据465号被接受)

豪克斯赫斯特检察官:这个包括两个秘密的附加协定和一份褚民谊给日本大使阿部的一封信。我要宣读A1中的3条。

第1条 两国政府同意,为了促进两国的共同利益并取得东亚和平,将实现基于互相协作的外交,而且不采取与有关其他第三国相关的与原则相反的举措。

第2条。"中华民国政府"遵循日本关于军事的要求,以符合两国间今后决定的关于日本军队驻扎区域,以及在"中华民国"管辖区域内的铁路、航空、通信、港湾和水路等事项。但是"中华民国"施行和管理权将在长时期内得到尊重。"中华民国政府"同意根据两国间今后将达成的协议,向上述日本军队提供对日本驻军必要的设施。

第3条。两国政府认为必要时,将在协商的基础上公布这个协定的全部或部分条款。

我接着宣读文件A2第1、2、3条。

第1条 根据该条约第5条的规定,日本船只被允许自由进入和停泊"中华民国"管辖领土范围内的港口区域,以便日本的水面船只可以驻扎在长江沿岸和南中国海岸以及与此相关地方的特别岛屿。日本和"中华民国"同意，为了维持两国的共同利益，协定维持和保卫中国海域在上述条约第 5 条基础上的两国间的交通线，在华南沿海和相关地点的特别岛屿实行紧密的军事合作。

第 2 条。"中华民国政府"同意两国在计划开发和生产特殊资源中密切合作，特别是在防卫厦门、海南岛及其毗邻岛屿的国防所需要的战略资源方面。关于这些资源的利用，"中华民国政府"在考虑它自己需要以后，将积极地和充分地供应日本和日本人民，特别是满足日本的战略需要。

第 3 条。两国政府将在协商后公布这个协定，在两国间恢复和平的时候或者在恢复和平以前的某个适当的时间。

豪克斯赫斯特检察官（继续）：接下来我要宣读的文件是 1453C，由汪兆铭致阿部大使。

韦伯庭长：照程序收录。

法庭书记官：检方文件 1453C 被接受为证据 465A。

（检方证据 465A 被接受）

（宣读）：大使先生，我荣幸地通知您，关于"日中基本关系条约"的签署，阁下和我之间已经就其补充草案第 1 条的规定，即日本继续它正在进行的在中华民国领土上的战事行动，"中华民国政府"将为全面实现上述日本军事行动的目的而给予积极合作达成协定。

我希望阁下确认上述的理解。

检方接着要提交其文件 1451A、B、D 和 E 为证据。这是签订于 1943 年 10 月 30 日的中日条约。

韦伯庭长： 如前接受。

法庭书记官： 检方文件1451A、B、D和E被接受为证据466号。

（466号证据被接受）

豪克斯赫斯特检察官： 有一份在文件中的原始条约，也有在部长与政府代表之间传递的原始信件。为了节省法庭的时间，我要给这个文件加上10月30日情报局的正式声明，以及一份日本政府关于日本和"中华民国"之间1943年10月30日缔结同盟条约的声明。总之，正如日本政府在声明中满意地概述的那样，从我们的观点看，分析和叙述条约的目的将节省时间。（宣读）：

1451A，关于日本和中华民国之间缔结同盟条约的情报局声明，1943年10月30日。

日本和中国政府以在两国间缔结同盟条约的观点进行了谈判，就一个条约草案达成了完全一致。日本特命全权大使阿部信行阁下，和"中华民国"行政院长汪兆铭阁下，10月30日在南京于条约上签字和盖印。

1451B，日本政府关于日本与中华民国之间缔结同盟条约的声明，1943年10月30日。

日本政府今天与中华民国政府签订了日本与中华民国之间同盟条约，作为签订这个条约的结果，关于日本和中国之间基本事务条约和因此达成的文件丧失其效力，与此同时，两国间条约关系进入了一个划时代发展的时期。

日本政府在其今年1月9日的声明中澄清了关于应付大东亚战争爆发后形势的日本对华政策。从那以后，日本逐步转变到其在声明中已经公布的行动，在显示自己主张的独立和显示国民政府政治力量的基础上随即扩展了它对新中国迅速建立的极大帮助。随后关于日本，采取措施增强了他们自己，并且增强了他们为战争中的合作，导致两国间新关系的平稳和令人满意的发展。

由于大东亚战争的爆发，世界这一部分的局势发生了彻底变化。战前，美国和英国的侵略活动横行，日本被置于当它决定它与中国的条约关系时不能忽视这个局势的现实的地位。但是在战争爆发后，美国和英国的影响被彻底逐出，日本政府也对这些国家宣战。结果，日本和中国显得调整它们的条约关系已符合新的形势，以使它们能由于所有过去的局势而不受限制，转向他们作为睦邻的、正常的、适当的地位，完成他们合作稳定东亚并促进其复兴和繁荣，就被认为是合适的。这确实是新的条约签订的原因。

日本已经取得了在正义基础上的与"满洲国"、泰国、缅甸和菲律宾的密切合作关系，并且现在与中华民国建立了新的合作基础。于是，大东亚所有国家的共同繁荣与昌盛的理想正在稳步实现。

日本政府满怀信心地期待日中关系在符合新条约精神基础上的划时代进步，与此同时，为完全实现中国自我做主的独立扩展而慷慨提供所有的帮助，并且希望日本和中国将紧密合作，充满活力地前进，为推进当前的战争与在大东亚建立新的秩序而前进，并由此使他们的信念在国内外均得以传播。

豪克斯赫斯特检察官：检方希望提交为证据的下一个文件是其文件2177号。这个文件是基于联合国军司令官指令而做出的包括日本与"满洲国"、关东州和中国之间的贸易输出入的。文件包括三份，已经准备的表格不仅包括关东州、"满洲国"和中国，而且包括菲律宾、印度支那和南方的其他国家，其从1932至1946年。

不用花费时间去通读这些数据，我请法庭注意第4页，显示输往日本的铁矿和盐。为说明这个文件，我忽略了把它提交为证据，如果法庭同意，我现在就做。

韦伯庭长： 按程序收录。

法庭书记官： 检方文件2177号接受为证据467号。

（上述文件被标记为检方证据467号而被接受）

韦伯庭长： 但是数据是用的日文。

豪克斯赫斯特检察官： 如果法庭同意，其是两个，第1页是英文，第2页是中文。

韦伯庭长： 您要我们注意的是第4页，是吗？

豪克斯赫斯特检察官： 是的，阁下，请看第4页，其中涉及中国和"满洲国"。它们是两个分开的文件，但它们都在第4页上。

韦伯庭长： 其特别项目是盐，另一个是什么？

豪克斯赫斯特检察官： 盐和铁矿以及煤炭。

韦伯庭长： 您最好告诉我们这些年的结果是什么。

豪克斯赫斯特检察官： 我们考虑这个文件只是为参考而已，但它没有显示，例如在第4页关于中国的输入。

韦伯庭长： 其标题是"输入，'满洲国'"。

豪克斯赫斯特检察官： 好的，然后，在文件末尾是中国的进出口，第4页在"盐"下是1931年从中国输往日本的"盐"，价值按元计是196万元，而1945年的输入是1.675 01亿元。同一页上关于煤炭，1931年价值390.2万元输入，1943年有1.4 543亿元的煤炭输入。

韦伯庭长： 是吗？

豪克斯赫斯特检察官： 被介绍的文件显示了这些比较，煤炭和铁和制造的机器从日本输往"满洲国"是事实。关于输自中国的铁矿石，1931年价值是418万元，相对于1945年的价值9 593万元。

检方现在要求将文件2470号提交为证据。该文件是进出口的进一步总结，现在介绍文件的最后1页即第10页。

韦伯庭长： 按程序接受。

法庭书记官： 检方文件 2470 号被接受为证据 468 号。

（上述文件被标记为检方证据 468 号接受）

豪克斯赫斯特检察官： 文件第 10 页上是"满洲国"1932 年至 1943 年重工业制品的输入，单位 1 000 元。我请法庭注意 1932 年下一行，是与 1938 年一行的比较，其显示以元计算的重工业制品价值的增加。1932 年，总数是 3 472.6 万元价值输往"满洲国"。1938 年即最后 1 年，您将看到显示的数字，是 3.65 076 亿元。

布鲁克斯辩护律师： 庭长阁下。

韦伯庭长： 布鲁克斯上校。

布鲁克斯辩护律师： 我要对这个不成熟类型的证据提出异议。我看不出检方提出这些数据想显示什么。代替掠夺这个国家，表格似乎显示它们给了这个国家许多东西等。在实施它们的帮助时，如它们在这些文件中所叙述很多的，我没有从这个案例的检方观点中看出实际内容。因此我提出异议。

韦伯庭长： 这对于显示日本掠夺中国资源的程度和所谓侵略战争的结果是相当具体的。驳回异议。

豪克斯赫斯特检察官： 检方现在要提交其文件 2298 号为证据。这个显示华北开发公司和华中振兴公司所支付的资本、债券发行、投资和贷款。

韦伯庭长： 按程序收录。

法庭书记官： 检方文件 2298 号被接受为证据 469 号。

（上述文件被标记为检方证据 469 号，并被接受）

豪克斯赫斯特检察官： 我请法庭注意第 2 页上第 1 份表格的最后 1 行，其显示 1945 年 3 月 31 日，关于华中振兴公司相关已付资本的 11 086.4 946万元，所发行的 3.526 亿债券，投资 14 406.139 万元，贷款 482 765.186 万元。至于华北开发公司，这个数字显示在最后 1 行，就没有必要重复了。

韦伯庭长： 它们是贷款给公司还是由公司贷款？

豪克斯赫斯特检察官： 由公司贷款，是给公司的债券。

韦伯庭长： 你能肯定？

豪克斯赫斯特检察官： 投资和贷款额被要求从华中振兴公司年度报告中编辑，显示已付资本、所发行债券、投资和贷款，即公司为 1938 年、1939 年、1940 年结束于 12 月 31 日的年份的公司贷款，以及结束于 1941 年 3 月 31 日，其显示在第 1 页的证书上。

如果法庭同意，我要提交检方文件 2299 号为证据，是显示日本政府在南满铁路、华中振兴株式会社、华北开发株式会社以及满洲重工业株式会社利益的文件。

韦伯庭长： 按程序接受。

法庭书记官： 检方文件 2299 号被接受为证据 470 号。

（上述文件被标以检方证据 470 号并接受）

豪克斯赫斯特检察官： 文件第 1 页是至 1946 年 6 月 22 日，满铁的政府投资股票份额，其显示在 14 亿元资本中，日本政府拥有 7 亿元，"满洲国"政府拥有 5 000 万元。

韦伯庭长： 您的意思是"满洲国"政府有 5 000 万元？

豪克斯赫斯特检察官： 这样日本政府如在第 4 行显示的，占有满铁 50% 的资本，除了"满洲国"政府的 5 000 万元以外。文件第 2 页是满铁的补充声明，显示其在各公司组建时所拥有的百分比。请法庭注意在这些投资中包括广泛的工业领域，如公司名称所显示的那样。

转到第 3 页，在页底显示华中振兴株式会社的政府投资的股票，以及日本政府有占 9 842.425 万元，或公司百分比的 88.9%。

下一页显示公司名称，其中有华中振兴株式会社及其子公司，并显示所有权百分比。并请注意各种以公司名称命名的工业。

接着一页是政府对华北开发株式会社的股份投资，如 1946 年 6 月 22 日，显示日本政府拥有 2.5 425 亿元，或者 81.6%。

以后三页是公司名称——是华北开发公司的子株式会社；在左面一列法庭将看到各列出名称的公司集团股份所占百分比。

第9页是关于满洲重工业株式会社的情况。由于1946年6月22日日本政府并未投资于该公司，但在右边一列的第三块显示在1945年3月31日，在该公司的资本中，"满洲国"政府拥有2.25亿元。然后是罗列关于子公司的同样单句，显示所有权的百分比。

检方希望将下一文件提交为证据的是2471A文件。这是在本案这个阶段检方提交的最后一个文件。

韦伯庭长：这是什么？是日本在满洲和中国本土的投资吗？

豪克斯赫斯特检察官：是的，阁下。

韦伯庭长：按程序接受。

法庭副书记官：检方文件2471A号被接受为证据471号。

（上述文件被标记为检方证据471号接受）

韦伯庭长：布鲁克斯先生请。

布鲁克斯辩护律师：庭长阁下，如果法庭同意，关于证据470号，我们将注意第8页第6部分，其中陈述："由于没有准确数据，上面提供的数据不能保证。你将在最后一段看到这一句。"我想我们都犯了一个不小的错误。

豪克斯赫斯特检察官：如果法庭愿意，这个颁发给我们的文件，作为应该来自日本政府的数据，是依据联合国军最高司令官的指令的结果，或许是一部分已经被在轰炸中销毁的记录中唯一可用的数据。

韦伯庭长：我正奇怪它的范围多么宽。

豪克斯赫斯特检察官：什么？

韦伯庭长：其注解涉及整个文件？

豪克斯赫斯特检察官：不，没有。

韦伯庭长：我注意到关于它是公司原始文件的真实和正确版本的证明。

这个注解将显示限定于华北开发公司。

豪克斯赫斯特检察官：是的。

韦伯庭长：然而，我们将把布鲁克斯上校指出的作为注解。

豪克斯赫斯特检察官：是的，先生。还要注意，在第 7 页上关于已经报告的 419 个株式会社说，"但是，人们认为还有可观的投资没有被列入报告"。

韦伯庭长：为我们的目的，不必要把数据罗列到最后一盎司和最后一便士。

最好从 471 号证据继续。

豪克斯赫斯特检察官：第 2 页是日本政府在"满洲国"的投资，显示有名称的公司投资总数为 1.387 5 亿元。

文件第 3 页是日本政府在中国的投资。其显示在 1938 年总数为 5 557 万元，华中振兴株式会社为 1 888.2 万元，或者总数 7 445.2 万元。在第 5 页的表格上有一个相当不错的综述，根据企业分类的在满洲的投资总额，并显示日本政府投资 13.46 651 亿元，相关私人投资 168 亿元，总数 181.87 亿元。

在最后的第 7 页，显示在 419 个商行中，有 4 个在中国投资超过 2 983.78 亿元，其增长超过 1938 年投资总额的 183.5 573 万元。因此超过 2 970 亿的对华投资是在 1938 至 1945 年的七年间。

韦伯庭长：我们现在休庭 15 分钟。

（14：45 开始休庭）

（15：00 恢复开庭）

法庭执行官：法庭现在恢复开庭。

豪克斯赫斯特检察官：如果法庭同意，对于我给出的最后一个数据，我理解我说的是"10 亿"而不是百万元。我说"对中国 419 个企业的投资"，应该是"298 378 597 元"。

韦伯庭长：你必须努力使法庭搞明白根据你所说,在公司所做的这些巨大的贷款的数据,豪克斯赫斯特先生。

豪克斯赫斯特检察官：除了这个文件中的,我没有其他详细资料,如果法庭同意。否则,在当前这个案件的阶段,检方没有进一步的证据提交。

韦伯庭长：你应该能够澄清重要的事情,我们要请求帮助。我现在指第 2 页,证据第 469。那里有一个关于贷款的数据：4 827 651 860 元。我们确信这可以搞清楚这个如你所说的由公司进行的贷款的数据。它们出自在特别证据中或者其他我们可以讨论的档案中透露的数据。它们体现了这些公司的由我们前面所听到的一些事情强迫救济的运作,但我们无法猜测。

豪克斯赫斯特检察官：如果法庭同意,你所说的 2298 号文件,显示华中振兴公司 48 765.186 万元的贷款,以及华北开发公司 2.012 亿元,来自八份报告——由我的助手裘先生做的各公司年度报告——来自我们所能得到的唯一一份报告。它们在制作以后,可以返回部里,与一份声明一起。这个声明代表了一个正确的——一个更正的声明,在此证明下由部所提供。

韦伯庭长：我们还想知道这些贷款的钱来自哪里。

豪克斯赫斯特检察官：这个表格是为提供我们年度声明的已经关闭的机构储备委员会主席准备的,其中华中振兴株式会社的情况一方面是八个,另一方面也是八个。这些来自声明的,这些声明没有显示贷款来源。

韦伯庭长：你将得到我们的华中振兴株式会社 1945 年的收支报告。

豪克斯赫斯特检察官：我想有前往储备公司的机会取得法庭希望的情况。这是一份准备的总结,其中证明了更正数据以后。

韦伯庭长：你明白,法庭不准备猜测,这些资金的来源,作为它提供的证据，涉及猜测，你不能以此为依据。

豪克斯赫斯特检察官：是的，先生，我们将按照阁下的建议行事。

季南检察长：庭长阁下，我们请求法庭允许提供一名秩序以外的证人，超出正常分类的。由于他要求在他家里，因为他现在极度残疾。因此我请求来自英国的检察官柯明斯·卡尔现在提供这名证人。

柯明斯-卡尔检察官：如果法庭同意，我现在建议传唤怀特上校。他是一名证人，关于他我在一些天以前已经向法庭提出申请。

我建议从证据方面调查他，对证据我们已经向辩护律师提供了版本。然后我建议提供一些文件，其中有的是很长的，然后向证人提出来自这些文件的进一步的问题。

……

索　引

a

阿部信行　417,420
阿尔德罗万迪　12
布鲁克斯（阿尔弗雷德·布鲁克斯）
　78,128,205,206,209,240,246,247,
　253,254,258,264,265,367,369,
　423,425,426
拉扎勒斯（阿里斯蒂德斯·拉扎勒斯）
　159,160

ai

埃尔顿·海德　6
埃及　397
艾伯特·威廉姆斯　276

an

安东　2,26,44,282,323
安冈正笃　96
安徽　364,412
安卡拉　88
安藤　151,162
鞍山　14
岸信介　326,327

ba

巴黎　8,32

八纮一宇　274,362,403

bai

白城　323
白川　50,53,57,58,151
白里安　4,9,63
百灵庙　137,142
白逾桓　251

ban

坂田（义）　209
板垣征四郎　6,161,174

bao

宝坻　250
宝山　410

bei

北大营　38,40,41,119
北海道　104
北京（北平）　13－15,20,22,23,32,
　33,53,57,99,101,125,135,136,
　138－140,165,170,171,179－182,
　188－190,242,251,254,274,364,
　365,368,390,406,407
北京条约　26

北满　18,25,243

北满铁路　273,290-292

北票　243

北平地方维持会　408

北平临时政府(北平临时政权)　374,394,416

北平冶炼厂　368

北桥　410

ben

本溪湖煤铁公司　303

本庄　14,38,41,50,53,66,70,71,325,326

bi

比利时　364

比森　351

币原　28,37,127,132,203,204,206,236

bin

滨口　210

bing

竝谷　93

bo

波士顿　276

博山　396

伯力议定书　25

bu

布雷克尼(布鲁斯·布雷克尼)　191

cai

裁军国民同盟　211,213

cha

察北　177

察哈尔(察哈尔省)　1,19,133,135-137,141,142,176-178,180,255,395

chang

昌平　250

长白山　19

长春　3,14,26,39,42-44,164,235,241

长勇　106-112,115,116,129-131,149,150,209,210

长峰　100

长冈　333

长谷部　44

长芦　397

chao

朝鲜　3,14,18,19,26,34,36,41,43,44,46,47,55,61,62,67,99,101,151,159,163,235,241,242,315,350,361

巢鸭监狱　85,107,199,219,222,227,231

chen

陈大受　363,364,367

陈群　411

陈中孚　410

cheng

承德　176,255,323

chi

池宗墨　408
赤峰　323

chong

冲绳战役　130
崇明　410
重庆　13,257,274,406
重藤　90,91,151

chu

褚民谊　418

chuan

川岛　39,40,58
川沙　410
川越　173

cun

村冈　70

da

大阪　13,99,145,155
大仓组　255
大川派(大川团体)　92,114
大川周明　6,54,55,63,71,72,78,
　　90,92,105,108,192
大东亚　332,361-363,402,421
"大东亚共荣圈"("大东亚圈")　276,
　　363,401-404
大东亚省　361-363
大东亚战争　144,362,363,420
大达　333
大角　13,81
大连(达里尼)　13,14,26,33,164,
　　206,272,287,322
大蒙公司　255
大同煤矿　397
大屯煤矿　367
大兴安岭　19
大行社　91
大冶铁矿　259
大原信一　192,193

dai

代代木　199
大卫·尼尔森·萨顿　276

dan

丹利　316
多尼希　30

dao

岛本　38-40

de

德川华族　92
德国　12,18,46,88,359,364,409
德化　142
德王　137,141,142,177-179,186,
　　255
德王政权　170
德州　406
德克萨斯州　6

di

底特律　6
第一次世界大战　46

diao

(国联)调查团　1,3,5-7,7-15,17,
　38,42,43,47,48,88,89,201,239,
　242

ding

丁昌　251
丁超　242,243

dong

东北各省政务委员会　24
东北军　155,246
东边道　303
东大营　40,44
东京(东京都)　1,2,13,14,16,30,
　33,34,37,38,58,61,80,85,90,93,
　94,99,100,104,106,109,111,114,
　115,128,140,144,145,148,151,
　162,165,166,180,182,198,200,
　226,236,256,267,271,291,292,
　315-317,320,322,338,364,371,
　376,380,385-387,391,393,394,
　398,401,415
东京虎门　148
东京品川　187
东陵车站　42
东内蒙古　26
东三省　17,19,20,27,34,155,232
东条英机　133,146,268,340,354

东西伯利亚　47
东乡　51,66,86,147,342
东乡茂德　86
董康　407

du

"独立运动"　12
渡边　58

duo

多尔　354
多伦　255
多伦诺尔　176,177,180
多门　44
多田　136,138,180,182,190

e

俄国　17,18,25,26,47,88,109,111,
　210
俄国革命　18,25,88

en

海因里希·施内　12

er

二宫　90
"二十一条"　26
二二六事件　69,89,100,186

fa

法商电力公司　261-263

fan

凡尔赛条约　4

fang

芳泽　13

fei

非军事区　4,176,250
废弃裁军协定　89

feng

冯玉祥(冯将军)　21-23

fu

弗兰克·罗斯·麦考易　12
服部　199
福勃斯　240
沃伦(富兰克林·沃伦)　24,49,60,67,68,103,105,108,126,137,140,147
傅作义　137,141,186

gang

冈本敏男　74,173,180
冈本尚一　80
冈部长景　96
冈田内阁　6,61,83
冈田启介　49,51,56,57,59,61,62,65,67,68,70,72,74,78,80,83-86,183

gao

高丽营　250
高凌蔚　407
高木　90,94
高桥　58,72,84,316
高桥坦　251
高野弦雄　72

ge

格蕾丝·卢埃林　6

gen

根本中佐　115,209,210

gong

宫崎　210
公主岭　164,176

gu

古庄　252,253
顾维钧　13

gua

瓜达尔卡纳尔岛战役　355

guan

关东　26,325
关东半岛　2,25,272
关东局　321,322,361
关东军　2-6,14,27,37,38,49,53-56,58,72,74,79,87,98-104,106,108,110-113,115,116,118-124,127-129,131-139,141,142,144,150,154-156,159,161,162,165-168,171,173-186,189,190,195-197,201,202,206,252,254,271,273,274,281,302,321,322,324-326,328,329,335-338,347,351,354

关东军"特别服务站" 167
关东州 26,321,322,335,340,361,421
关东租借地 18,26,35,45,272,322,325,336

guang

广岛 124,145,167
广东 13
广田弘毅 6,83,254,291
广田内阁 83,84
广州 387-390

guo

郭松龄 21,22,53
国际检察局 30,33,44,49,82,83,158,159,215,240,256
国际联盟(国联) 1,3,5-7,10-12,17,47,48,88,89,201,239
国际联盟公约 7
国民党 4,22-24,32,53,105,172,251,252,391,409,412
国民党六中全会 417
国民政府(国民党政府) 4,13,19,24,172,251,257,274,377,388,390,393,406,420
国民政府国家建设委员会 364
国民政府资源委员会 364,367

ha

哈尔滨 5,14,18,36,44,226,242,243,323
哈里斯 320

hai

海南岛 419
海牙公约 4
海州 398,401

han

韩复榘 136
汉口 13,387-389,406

hang

杭州 13,409
杭州治安维持会 409

he

河北 1,4,17,19,135,136,250,251,365
河北省事件 251
河本中尉 38-40
河本大佐 101-104,152,201
河边虎四郎 174,178
何应钦 136,251
和平救国运动 417
荷属东印度 355
贺屋兴宣 72,73

hei

黑龙江(黑龙江省) 19,21,231,238,242,248

hen

豪克斯赫斯特(亨利·豪克斯赫斯特) 217,273,376-280,283-288,290,293-295,297-298,302,309,

314-321,323,325,326,337,342,343,345,358,359,362,364,367,369-371,384-388,393,395,396,399,401,406,415,416,418-428

亨利·克劳德尔　12

亨利·萨盖特　6

heng

横滨　373,391

横须贺　52

hou

后藤　69,74-76

后藤文夫　96

hu

胡思溥　251

湖北省　13,259

湖南省　365

沪西　410

hua

花谷　127

花井忠　83

华北　1,4,20,131,135-140,172,174,179-185,188,189,197,198,252,255,272,275,311,316,318,329,356,365,369,372-374,377,378,386,390-396,398,400,404,406-409,411,416,424

华北电信电话株式会社　394

华北独立政府　252

华北钢铁公司　364,365,367-369

华北开发公司　378,386,391,400,423-427

华北矿业公司　365

华中平原　387,388

华北事件　137

华北五省自治运动　135,185

华北政权　139,406,407,412

华北制铁公司　365,368

华北驻屯军　136,138,179,180,182-184,188,189,200,251

华北自治运动　128,135,136,181,185,190

华北自治运动　128,135,136,181,185,190

华北自治政府　189

华盛顿海军限制条约　82

华盛顿会议　26,28,32,46

华盛顿会议公约　46

华中电气通信公司　374

华中工业公司　259

华中临时政府　413

华中水电公司　258,259,261

华中盐业公司　401

华中振兴公司　258,378,391,397,400,423,424,427

huai

怀特　428

淮南煤矿　366,367

淮南煤矿铁路公司　366

huang

荒木贞夫　5,218

皇姑屯事件　49

hui

晖春　323

ji

"积极政策"　2
矶野　30
姬路　126,151
吉会铁路　163
吉林　14,19,42,44,163,231,235,
　　241-243,248,323
吉田茂　96
吉野　407
济南事变　104
冀察政权　137,139,140,142,170-
　　172,176,184
冀察政务委员会　4,170-172,179,
　　180,184
冀东防共自治政府　4,137

jia

加勒比海　208
加利福尼亚　364
嘉定　410

jian

菅野长治　410
间岛　18,44,235,304
建川美次　108

jiang

江朝宗　407
江苏　257,412
蒋介石　68,141,232

蒋介石政府　388,389
蒋孝先　251

jie

捷克斯洛伐克　47

jin

金（王朝）　19
金谷范三　58,66
今井　407
金岭镇　365
金岭镇铁矿公司　365
锦州　5,14,101,224,236,237,239,
　　241,243,323
近卫内阁　330,332,334
近卫声明　385
近卫文麿　387

jing

井上　91,96

jiu

九段偕行社（偕行社）　106,149,209,
　　210
九国公约　4,28,46,47,230,231,
　　276,371
九江　13
九门口　248
九州　145
久须美东马　149
酒井隆　139,251
酒井忠正　96
九一八事变　31,37,42,79
9月18日事变　118,119,125,126,

131

ju

居正　410
驹井　333

kai

开滦煤矿　397
凯洛格—白里安公约　32,62
凯末尔　88

kang

康德皇帝　123
抗日救国　184
抗日运动　172,251

ke

科德尔·赫尔　45
科尔　350
克根　351

kua

夸贾林岛　356

kuan

宽城子　44,164

kui

傀儡政府　2-5,54,71,81,410

lai

来栖　145

lan

蓝衣社　251

lao

劳伦斯　5
麦克马纳斯（劳伦斯·麦克马纳斯）
　84,88,103,123,125,131,137,143,
　211,212,219-222,231,232

li

礼萨汗　88
李杜　243
李顿　1,7,10,12,163,237,241,245,
　246,273,276,277,286
《李顿报告书》　16,17,32,34

lian

镰仓　90
联邦准备银行　377

liang

梁鸿志　411

liao

辽（王朝）　19
辽东半岛　18
辽河流域　19
辽宁（辽宁省）　19,237,248
辽阳　40,41,44
辽源　44

lin

林大使（林男爵）　33,34
林局长　95,96
林铣十郎（林将军）　58,183
林逸郎（林辩护律师）　144,146,154,

159,162
林总领事 203,204,206
林亭口 250
临时政府 272,274,377,406,408

ling

铃木（枢密院议长） 58,59,90,96,97,187
铃木京 148
铃木贞一 97
铃木政胜 284
铃木庄六 66
菱刈 74,325,326
领馆警察 27,36

liu

柳条沟事变 151
柳条湖车站 39
六县事件 177
6月4日事件 62

long

龙井村火车站 44
龙烟铁矿 368,395
龙烟铁矿公司 365,368,401

lu

卢埃林 249,250
卢沟桥事变 4
芦台 137,250
路易斯·斯迈思 268

luo

罗南 99,151,159
罗文干 14
泺县 365

lun

伦敦 86
伦敦海军条约 82,83

lv

旅顺 14,41,43,117,164,165,239,272,322
旅顺港（旅顺口） 26,41

ma

马耳他 208
马来亚 355
马萨诸塞 276
马占山 238,243

mai

列文（迈克尔·列文） 97,260,263,265-267
麦克阿瑟 159

man

馒头山煤矿 364,366
满蒙问题研究社 91
满日经济委员会 338
满铁（南满铁道株式会社） 6,26,97,206,272,280,287,288,304-306,321,322,327,329,335,336,338,345,346,354,424
满铁东亚经济调查局 6,112
满铁调查部 195,196
满洲 1-8,11-15,17-29,31-38,

43,45－48,52－57,59－65,67,68,70－72,74－79,81,94,96,97,99,101－105,107,109－121,123－127,129－136,142,143,149,150,152－156,161,163－169,172,175,176,183－185,188,193－197,200,207,208,210,211,216,218,222,223,232,234,235,238－241,243,246,252,255,271－275,277－280,282,287,288,290,292,296,298,300,303－306,308－310,312,313,316,318,321－324,326－332,334,338,339,344－358,361,366,368,369,372,398,404,416,422,425,426

满洲产业开发株式会社　344,354

满洲电信电话公司　321

"满洲独立"　193

"满洲国"　3,13,14,46,65,74－77,94,101－103,105,110,113,117,121－125,130,134－136,138,141,142,152,155,156,165－167,169,171,174－176,178,184,195－197,202,243,246,248,251,271,273－280,282,286－288,291,292,295,296,298－302,304,306,307,310,311,313,316－320,322,323,326－329,331,332,334－339,347,352,363,371,388,390,391,395－397,400－405,408,415－417,421－423,426

"'满洲国'经济建设大纲"（"'满洲国'五年发展计划"）　273

"满洲国"政府　3,14,77,116,123,124,134,167,168,273,274,277,280,282,283,287,288,290－292,294,300,303,306,310,311,327,333－335,346,351,424,425

"满洲国"组织法　278

满洲煤矿公司　300,304

满洲事变　63,72,80,87－89,94,95,103,107－117,124,126－132,134,149,152－154,163,173,174,193,194,197,211,274,288,322

满洲拓殖株式会社　279

满洲新业银行　301

满洲政策　54,59,74,94,175

满洲政府　252

满洲中央银行　301

满洲重工业株式会社（满洲重工业开发株式公社）　274,329,339,424,425

满族王朝　19

mei

梅津（梅津美治郎）　4,138,139,151,188－191

梅津—何应钦协定　139,171,176,188

美国　5,12,45－47,59－61,67,86,126,144－146,208,234,236,240,253,264,276,317,320,339,344,358,359,364,370－384,421

美国战略轰炸调查团　342

美国政府　45,371－376,380,382－384

美商上海电力公司　262

meng

蒙古　18,19,137,141,156

蒙古协会　187
蒙疆自治政府　142,187

mian

缅甸　421

min

名古屋　145

mo

莫洛　219,268
墨索里尼　88

mu

牡丹江　323
木村先生(满铁理事)　204
木户侯日记　89
目黑　115

nan

南次郎　6,74,173,212,214,322
南汇　410
南京　13,114,139,172,246,268,274,375,390,406,409,410,412,413,416 - 418,420
南京安全区国际委员会　268
南京暴行　269
南京政府　101 - 104,114,135 - 137,139,141,156,172,188,189,255,332,408,409
南京自治委员会　409
南岭　44
南满　18,21,26,35,57
南满铁路　2,18,21 - 23,26,35,39,40,43,45,101,120,152,154,163,164,176,206,235,237,322,325,424
南萨哈林岛　45
南市　261,399,410
南亚　272

nei

内蒙古　1 - 4,17 - 19,99,135 - 137,141 - 143,171,176 - 178,187,198,202,207,208,210,234,246,252,255,378,386,400
内蒙古地方自治政务委员会　137,149
内蒙古独立政府　141
内蒙古政府　141,142
内蒙古政务委员会　4
内蒙古自治委员会　142,202
内蒙古自治政府(内蒙古军政府)　141,142,255
内蒙古政务委员会　4
内田山　96

nen

嫩江　238
嫩江桥　238,246
嫩江桥事件　238

nian

鲇川义介　337

ning

宁河　250

niu

纽伦堡规则　227

纽伦堡审判(纽伦堡判决) 226-228

nuo

诺门坎战斗 145

pai

排日 164,188,251

pi

琵琶湖 318

ping

平津治安维持联合会 408

pu

浦东 257,258,266,410
浦东电气公司 257,258,261,266
浦东王家渡 260
朴茨茅斯条约 18,25
溥仪(亨利·溥仪) 3,14,277,323

qi

齐齐哈尔 5,14,237,238,241,242,323
齐燮元 407
崎山 333
企画院 314,330,334,335,337,341,342,351-353,390,393,394

qian

千田 179

qiao

乔治·布鲁伊特 267

桥本欣五郎 6,87,144,147-149,151,156,320

qin

秦德纯 142,171,177

qing

青岛 365,372,373,376,377
青岛码头 374
青岛码头公司 378
青岛制铁公司 365,368
青木 259
清濑一郎 59,62
清水 91,92

qiu

裘劭恒(裘,亨利·裘) 256,261,276

qu

麹町 109,129

quan

犬养毅 13,240

re

热河(热河省) 1-4,19,134,155,184,224,231,232,243,245,246,248,249

ren

任援道 411

ri

日本 1-8,11-18,21-29,31-38,

40-48,51-63,65,67,68,70,71,
75,76,80,83-86,88,89,98-101,
103-105,107-118,121-125,
127-131,133-138,140-147,
149,150,152-156,158,160-169,
171,172,175,179,180,184,185,
187,188,191-193,196,198-201,
204,205,207,208,212,214-216,
218,223,224,226,230,234-236,
238-243,246-248,250-256,
258-268,271-276,278-283,
286,287,289-292,295,298,299,
302-311,313-324,326,327,
330-332,334,335,338-341,
344-353,355-359,361-363,
365-392,395-406,408-410,
412-416,418-423,425

日本、德国和意大利三国条约　401
日本政府(帝国政府)　5,7,9,12,14,
26,29,30,32,33,36,46,48,51,
54-56,64,71,74,75,77,82,101,
113,115,156,162,163,167,183,
197,199,202,234-236,252,255,
265,273-275,279,280,282-284,
291,292,305,306,334,336,337,
340,372-384,400,408,416,417,
420,421,424-426

日中"关于南满洲及东部内蒙古之条
约"　26
日本、"满洲国"和中国共同宣言议定
书"　415
日本与德国反共协定　4
日本驻华派遣军　400
日俄战争(俄日战争)　27,45,105,
272

日满共同经济委员会("日满经济委员
会")　273
《日满经济共同委员会协定》　296
日满经济联盟(日满经济同盟)　296,
298-300
日满联合经济会议　357
日满条约(日满议定书)　121,196,
202,324,332,371
日满中联合声明　415-417
日美通商条约　375
日内瓦　1,7,8,14,239
日中基本条约　415,418

rong

荣臻　38

ruo

若槻礼次郎　148
若槻内阁　76,113,129
若杉　254

rui

瑞士　259

sa

萨哈林岛　361

san

三岛　148,151
三姓　243,304
三月事件　150,209
三宅坂　100
三宅正一郎　188,191

sen

森（政友会） 90

shan

山本荣治 406

山东（山东省） 17,135,136,356,365,373,390,396,397

山冈 199,200,207

山海关 13,42,101,140,241,242,248

山田半藏 161,162

山田纯三郎 410

山西省 99,102,159,183

杉山元 58,66

shang

上海 13,21,99,106,107,111,130,153,162,201,248,256－258,260－264,276,373－375,390,391,397,399,406,407,409－414,417

上海市大道政府（大道市政府） 409,410,412,414

上海内河航运汽船公司（上海内河航通公司） 374,378

上海市战区善后整理会 410

上海市政公署 412

上海事变 201

上海特别市政府 414

she

社稷会 96

社民党 210

shen

神户 145

神兵队事件 89

沈阳 2,7,13,14,21,23,26,33,34,37－44,53,57,100,101,103,118－120,127,128,131,164,166,203,204,206,231,234,235,239,241,282,323

沈阳步兵营 119

沈阳机场 119

沈阳事变 55,63,66,161,164,201

shi

11月8日事件 238

11月26日事件 238

十月事变 110,114,115

十月事件 111,131,148,150,151,209

石本 141,178,248

石景山 395

石景山炼铁厂 400

石景山制铁所 401

石原莞尔 106

史汀生 48

市谷台 100

shou

守屋 340

shu

枢密院 63,76,222－225,230,231,371,417

曙庄 109,148

shui

水丰洞大坝 318

shun

顺义 250

si

斯大林 88

寺内 407

寺田 210

四川省 13

四平街 42,235,304

四平街—洮南铁路 14

song

松本学 96

松冈日记 213

松冈洋右 6,329,332

松花江 19,318

松井石根 68

松尾 55

宋哲元 136,137,139,177,179,188–190

宋子文 14

su

苏锡文 410

苏丹 397

苏联（苏维埃社会主义共和国联盟，苏俄） 4,21,22,25,88,109,135,143,156,200,273,290–292,359

苏尼特右旗 141,142,180

sui

绥远 19,135,137,141,186,406

绥远百灵庙 141

绥远事件 158

绥中 248

穗积重威 86

sun

孙博士 22,23

tai

台湾 45,407

太平洋战争 129,130,143,163,263

太田金次郎（太田） 70,72,85,170,172173,199

太原 99,102,395,406

太原制铁所 401

泰国 363,421

tang

汤尔和 407

汤玉麟 246

唐山制铁公司 365,368

唐绍仪 410,411

塘沽停战协定（塘沽协定） 4,134,172,176,245,250

tao

洮南—昂昂溪铁路 14,238

ti

鹈泽（鹈泽总明） 320

tian

天皇 3,13,26,50,53,55,57,58,63,70,76,89,90,93,94,160,200,211,218,223,225,233,241,321,363,371,389

天津 4,33,101,140,180,188,189,238,239,251,364,365,373,408,410

天津事变 238

天津铁钢公司 365

天津治安维持会 408

天津制铁公司 365,368

天野 44

田纳西州纳什维尔 276

田师傅沟 303

田中备忘录 60

田中计划 52

田中隆吉 98,107,119,128,144,154,159,161,162,170,172,173,180,188,190,191,193,200,201

田中首相（田中外相，田中外务大臣，田中将军，田中男爵） 29,30-33,53,57-59,61,67,68,97,119,143,144,250

田中弥 209

田中内阁 2,28,46,52-55,57,59-63,68,101,152

田中清 209

tie

铁道守备队（独立铁道守备队） 27,35,43,44,234,241

tong

通辽 248

通州 137,250

樋口 209

同和汽车公司 305

童受民 256,257,261,264-266,268

tu

土耳其 88,109,147

土肥原—秦德纯协定 171

wai

外蒙古 4,19,135,141

wan

万宝山事件 36,131,149,150,153,163

万县 13

wang

（汪记）"国民政府" 4,13,19,24,172,251,257,274,377,406,420

王克敏 406,407

王揖唐 407

王以哲 38,41,42

wei

威廉·普劳特 276

韦伯（威廉·弗拉德·韦伯） 1,6,7,16,24,29-31,33,45,49,51,56,57,59-62,64-70,75,76,78,82-88,90,91,97,101,103,105,107,108,119,123-129,132,134,136,137,143,144,146,147,149,154,156-162,165,166,168,171,172,178,180,184,188,190-192,199-

201，203－208，210－223，225－229，231－234，236，237，240，244－247，249－258，260，261，263－271，273，276，277，279，280，283－288，290，292，294，295，297，298，301，309，314，316－321，323，325，326，337，342－345，359，362，367，369，370，384－388，393，395，396，398，401，406，415，418－420，422－427

洛根（威廉·洛根）　91，210，226－229，268－270

麦克科马克（威廉·麦克科马克）　29，132，134，213－217

帕特里克（威廉·帕特里克）　226

韦焕章　417

尾崎　101，103，104

尾崎行雄　211

维新政府　258，261，274，406，411，416

wen

温宗尧　411

文官屯　41

wo

沃特·麦肯锡　6

wu

五一五事件　89

吴佩孚　21，22，136，410

吴淞　410

武汉　390，398

武藤信义　287

武藤章　80

xi

西伯利亚　4，25，47

西尾寿造　174

西园寺　94

希特勒　88

熙洽　42，242

喜多　406

xia

霞山会馆　95

下志津　145

厦门　419

xian

闲院宫　93，94，183

xiang

香港　257，406，407

香河　250

相泽　58，85

相泽事件　58

xiao

小矶　90，249

xie

协和会　122

协约国条约　47

xin

新东亚　386，389，402

新京　119，177，178，180，181，186，255，287，322，323，354

新民　44,235,239
新桥驿　90
新义州　44

xing

兴安岭　165
兴亚院　275,359,360,385
兴亚院华中联络部　259
星野直树　122,343

xiong

熊本　151

xu

旭川　145

ya

鸭绿江　3,44,318
亚丁　397

yan

烟台　26,282,373
烟筒山　365
延吉　323
延庆　137,250

yang

阳泉　395
阳泉制铁所　401

ye

野村　144,199
野田中尉　40,210
叶山　90

yi

一木　95
霍恩斯坦·恩赛因　83
伊藤　68,69,199,257
伊藤清　68
伊藤制铁公司　365,368
宜昌　13
义和团事件　140
义和团事件议定书（义和团条约,辛丑条约）　188,200
翼赞壮年团　129
意大利　12,88,92,397

yin

殷汝耕　137
印第安纳州　6
印度支那　363,397,421

ying

影佐　410
英国（大不列颠）　5,12,144,208,259,364,366,421,428
营口　2,41,235
樱会　78,106-108,114,129,131,148,149,208-210

yong

永田　58
永田铁山　119

you

尤金·威廉姆斯　247
有马　92,240

有田八郎　379
友好政策　28

yu

于冲汉　152,169
于学忠　251
余晋龢　407
虞洽卿　410
宇垣　90－92,150,188,371,373
榆关（山海关）　13,42,101,140,241,242,248
御前会议（御前枢密顾问会议）　75,230,233,408,409,417

yuan

原常成　166
原田　89－91,93－96,411
袁世凯　20
远东　1,10,12,16,18,43,45,61,75,85,100,107,128,144,162,180,199,226,256,260,267,271,286,287,297,299,320,359,362,375,379－383,385,415
远藤　333

yue

达西（约翰·达西）　1,6,7,48,49,51,56,66,68,85－87,214,219,233,254,276
约翰·戈特　385,386,406
季南（约瑟夫·贝瑞·季南）　199,428
约瑟夫·格鲁　376,384
霍华德（约瑟夫·霍华德）　342,343,367
越境事件　3
排华骚乱　36

ze

载仁　183
泽田　340

zeng

曾扩情　251

zha

札幌　145
闸北　410
闸北水电公司　262

zhai

斋藤（关东军参谋长）　14,58,61,74－76,101,104,121－123,133,134,167,174,179,183,249,252,253,354
斋藤伯爵　58
斋藤（首相）　6,13,14,30,52,57,58,61,62,69,70,73－76,101,82,85,86,93－96,104,143,148,160,183,188,210,222－224,230,236,275,316,320－322,334,342,360,370,371,385,387,417
斋藤内阁　6,14,52,54,55,57,58,63－65,68,71－74,78,79,87

zhan

占领满洲计划　6

zhang

张北　177

张店　356

张鼓峰战斗　145,146

张海鹏　238

张河口　180

张家浜发电厂　260

张家口　188,255

张啸林　410

张学良　13,24,34,38,41,101,103,105,115,118,156,164,165,196,221－224,230－232,237,241

张作霖　20－23,25,32,34,52－54,57,58,60,62,63,66－68,71,100－105,117,151,165

张作霖事件　62,103,104,201

张作霖事件　62,103,104,201

章丘　396

彰德　406

zhao

昭和制钢所　303,344,345

爪哇　397

zhe

浙江　412

浙江省建设委员会　364

zhen

真崎甚三郎　58

真茹　410

珍珠港事变　44,350

zheng

郑家屯　235

郑孝胥　287

政友会　90

zhi

织田　93

直布罗陀　208

植田谦吉　186,322

zhong

中村大尉事件　36,153

中村事件　150,163

中村震太郎　36,131,149

中国　1－5,7,8,10－14,16－28,31,32,34－38,40－47,59－61,73,75,80,93,94,98－102,104,105,109,112,119,128,130,135,136,144,147,149,150,152－156,161,163－166,169,171,172,183－185,188,190,192,193,196,201,204,205,207,210,218,232,234,235,238,239,241－243,246－248,250－252,256－258,261,262,264－268,271,272,274,275,282,286,288,295,307,318,332,339,341,342,345,355,360,361,363－369,371－376,378－380,383,384,386－405,408－410,412,415－417,419－423,425,426

中国电话电报公司　374

中国电力公司　261,266

中国督军团　20

中国共产党　183
中国经济开发计划（中国经济开发方案）　390,394
中国事变　142,156,274,360,400,406,408
中国派遣军　140
中国义勇军　248
中国政府　7,11-13,27,235,236,251,259,274,399,420
中国驻屯军　253
中华民国　185,248,274,275,298,363,406,411,418-421
"中华民国临时政府"　407
"中华民国维新政府"　411
"中华民国政府"　416,418,419
中日基本条约　416
中日事变　353
中日条约　27,35,287,419
中日战争　416
中苏协定　21

中西　145,146
"中央政府"　4,409,414,417
重要产业统制法　292,294

zhu

朱深　407
竹内　94
驻朝鲜军　6,94

zi

淄川　396
自治运动　4,135-139,182,185,189,190

zuo

佐世保　51,65
佐藤　145
佐野　198,199
佐佐木　182